中国工业经济统计年鉴

1988

国家统计局工业交通统计司编

中国统计出版社

编 者 说 明

一、《中国工业经济统计年鉴—1988》是第一本全面反映中华人民共和国工业经济发展情况的资料性年刊。全书内容分为综合、中国工业经济的发展、中国工业经济的行业结构、中国工业经济的地区布局、中国工业的规模经济、中国乡村工业经济、中国知名工业企业名录等七个部分,另外附有我国主要工业经济指标同国外比较，篇末附有主要统计指标解释等，对主要统计指标的含义、统计范围、统计分类、统计方法的变动情况，作了简要说明。本年鉴可供各级领导、广大经济工作者、经济理论研究人员、企业管理人员了解和研究我国工业经济发展情况时采用和参考。

二、本年鉴同以往出版的《中国工业经济统计资料》相比，不仅继承和保留了原书的许多特色，而且在内容和编排形式上都作了很大的充实和改进。在内容上，新增加了历年工业企业单位数，职工人数和工资总额、物资消费总值及主要物资消费量、固定资产投资、主要专业生产设备拥有量、工业总产值、主要技术经济指标；搜集了第二次全国工业普查中工业职工分类、年龄、文化程度、技术职称情况、工业设备、电子计算机拥有量及工业设备自动化、半自动化状况、工业新产品、主要工业产品质量、主要工业行业全部商品产品总成本构成项目等资料，这些都是以往年度统计中难以取得、第一次公开发表的资料；同时，工业企业按职工人数、固定资产原值、工业总产值、利税总额分组的主要指标，全国主要工业行业产值物耗率、资金利税率、产值利税率、人均创利税最佳的10家大中型工业企业名录，以及按职工人数、固定资产原值、工业总产值、销售收入、利税总额大小排列的50家工业企业名录，也是第一次同读者见面。此外，对以往发表过的主要工业产品产量、主要财务指标及行业分组资料，也作了较大的调整和充实，增加了一些从未发表过的资料。本年鉴在编排形式上作了新的尝试，打破了多数年鉴按统计指标设计表式，即一指标一表式的编排形式，而是按照生产过程中劳动力、劳动对象、劳动手段三要素，先投入、后产出安排表种及表内指标的编排顺序，把全面反映工业经济发展情况的主要指标集中编排在一起，反映行业、地区经济发展的全貌。以便突出各表种和指标的全面性、系统性和实用性。

三、本年鉴中的全国性统计数字，均未包括台湾省、香港及澳门地区。

目　　录

1987年的中国工业经济

一、综合

二、中国工业经济的发展

三、中国工业经济的行业结构

四、中国工业经济的地区布局

五、中国工业的规模经济

六、中国乡村工业经济

七、中国知名工业企业名录

附录一、我国主要工业经济指标同国外比较

1987年的中国工业经济

1987年工业企业广泛开展“双增双节”运动，积极调整产品结构，深化企业改革，工业生产稳步协调发展，经济效益较上年有明显改善。据统计，全年完成工业总产值（包括村及村以下工业）13 813亿元，比上年增长17.7%，其中乡以上工业全年完成工业总产值11 829亿元，比上年增长14.8%，大大超过国家要求工业生产（乡及乡以上工业）增长7%的计划，提前三年实现了翻一番的目标。1987年工业经济发展的主要特点是：

1．宏观调控能力有所改善，工业生产均衡发展

由于国家在贷款发放、压缩固定资产投资规模，控制消费基金过快增长和劳动工资方面的一系列改革措施，加上生产的组织工作抓得较紧，使1987年工业生产一直持续稳定增长。与上年同期比较，一季度工业总产值增长14.1%，二季度增长15.5%，三季度增长15.7%，四季度增长13.4%，没有出现前几年工业生产起伏波动较大的情况。值得高兴的是，全民所有制工业随着企业活力的增强，增长速度明显加快，全年完成工业总产值8 250亿元，比上年增长11.3%，加快了5.1个百分点，集体所有制工业继续保持较高的增长速度，全年完成工业总产值4 782 亿元，比上年增长23.2%，其中乡办工业产值1 284亿元，比上年增长 28.2%，村办工业产值1 165亿元，比上年增长34.3%，由于乡、村办工业的过快增长，致使全国工业发展速度加快了约 4.5个百分点，其他经济类型工业持续大幅度增长，全年完成工业总产值279亿元，比上年增长63.3%。

2．市场机制的拉动作用明显增强

近两年，我国国内市场需求持续增长，1987年形成的社会商品购买力比上年增长20%，城乡居民对档次较高的消费品需求增大，选择性明显增强，加之国际上日元等升值，为我国发展出口提供了良好时机；同时，国家又有计划地调减了某些重要原材料的进口量，从而促进了工业内部行业结构和产品结构的调整。

在轻工业中，以农产品为原料的工业产值增长14.1%，比重有所下降；以工业品为原料的工业产值增长16.9%，比重有所上升，其中日用化学产品制造业增长 9.2 %，日用金属制品业增长13.9%，日用机械制造业增长 9.7 %，日用电器制造业增长22.6%，日用电子器具制造业增长达52.8%。这表明，我国消费品工业正在向深加工方向发展。市场畅销的彩色电视机、家用电冰箱、啤酒、毛线、日用精铝制品等虽分别以20.4%-78.4%的速度增长，但仍供不应求，随着价格逐步放开，一度处于萎缩的小商品生产有了明显回升，民用剪刀、指甲钳、打火机等小商品增长幅度均在20%以上，供需矛盾有所缓解。一些市场饱和滞销的产品产量下降，如手表下降16%，缝纫机减产 2 %。

在重工业中，电力工业和支农工业的发展明显加快。1986年建成投产的发电机组600多万千瓦，陆续发挥作用，1987年又新投产800多万千瓦的装机容量，使全年发电量达到4 973亿千瓦小时，比上年增长10.6%，一

注：工业总产值按当年价格计算，增长速度按可比价格计算。

部分地区的电力供需矛盾有所缓和。全年生产化肥1 672万吨，增长19.8%，全国1 000多个小合成氨厂开足马力生产，同时还注意了高效、多元、复合肥料的生产，硝酸磷肥比上年增产3万吨，磷铵增加4万吨；配混合肥料全年生产200万吨，比上年增长2.2倍，拖拉机3.7万台，增长29.7%，小型拖拉机110.6万台，增长42.8%。在原材料工业中，短线原材料增长较多，全年产钢带121.1万吨，增长24.3%，硅钢片67.9万吨，增长21.9%，十种有色金属189万吨，增长10.3%，但由于加工工业增长仍然偏快，达17%，部分原材料供应仍较紧张。

工业品出口增长较快，出口产品结构有所改善。据海关统计，全年工业制成品出口额达262亿美元，比上年增长33.2%，所占比重由上年的63.6%上升到66.5%，全年机电产品出口额已达37.9亿美元，增长52.8%，占全部出口额的比重上升到9.6%。

3. 工业企业产销衔接较好

据28个省、区、市，县及县以上的15.3万个全民和集体工业企业统计，全年完成产值8 705亿元，销售总值8 609亿元，产销率达98.9%，比上年提高0.3个百分点。由于产销衔接较好，待销售的产成品库存总值相对下降。1987年末上述企业产成品库存758.6亿元，可供销售31.7天，比上年减少2天多，相对减少资金占用近50亿元。产销衔接不仅表现为工业部门销售情况较好，商业部门销售形势也较好，以往“工业报喜、商业报忧”的状况初步有了改观。从全国看，老的积压产品减少，基本上没有出现新的积压。但由于产品结构的调整落后于市场变化，一些老产品积压，名优新产品供不应求。如老型号杂牌自行车、电风扇、机械手表等库存仍较多，销售困难。

4. 工业企业技术进步加快，技术开发工作正在加强

据工商银行统计，全年技术改造贷款项目3.7万项，其中建成投产2.6万项，新增产值460亿元，约占全部工业新增产值的三分之一左右。近年来，重点支持了原材料、轻纺和机电工业，促使其增加生产、出口创汇和加快引进技术的国产化进程。原材料工业系统更新改造投资193.8亿元，比上年增长26.4%，其中钢铁工业投资76.9亿元，增长27.8%，重点加强了对“三炉二机”（高炉、转炉、焦炉和烧结机、连铸机）的改造，并通过对引进技术的消化吸收，使其装备技术水平显著进步；轻纺工业系统更新改造投资156.4亿元，比上年增长21.6%，两年前由国家安排改造的1 200个沿海地区轻纺企业，现已完成390多项，提高了出口创汇能力，纺织行业的国产有梭织机技术改造获重大突破，改造后的织机已达国际先进水平；机械工业系统更新改造投资68.3亿元，比上年增长34.6%，一大批企业得到不同程度的改造，并取得初步成绩，仅原机械部系统企业改造后的新增产品的生产能力中就有145种产品达到国际先进水平；1987年彩色电视机的国产化率已达80%；出口船与远洋船的船用主机、辅机设备零部件国产化率达70%左右；为宝钢二期工程配套的2030、2050大型冷热连轧机、1900连铸机；发电设备、大型和超大型露天矿设备、港口起重运输设备、超高压输变电设备、大型煤化工设备、30万吨乙烯设备、大型复合肥料及合成氨设备的研制和生产都取得较大进展。

1987年，对全国9681户大中型工业企业技术开发情况的调查表明：依靠科技进步已逐渐引起企业的重视，企业办技术开发机构明显增加，47%的大中型企业设有专门技术开发机构4 938个，平均每个机构拥有人员51人，其中拥有大学及中级以上职称的人员

18人。从事技术开发的人员成倍增长，1987年，9 681户大中型企业拥有职工2 555.4万人，其中工程技术人员141.5万人，企业中从事技术开发的人员达70万人，占职工总数的2.7％，平均每个企业从事技术开发的人数由1985年的31人增加到72人，在70万技术开发人员中，科学家和工程师19.8万人，占28.2％，平均每万名职工中从事技术开发的科学家和工程师由1985年的56人增加到77人。企业对科技的投入逐年增加，1985年为53.2亿元，1986年为70亿元，1987年达88亿元，其占销售收入的比例有所提高，1985年为1.479％，1986年为1.484％，1987年为1.560％。

5．工业经济效益明显改善

1987年全民所有制独立核算工业企业年末定额流动资金为2 350亿元，定额流动资金周转天数为103天，比上年减少5天，加速4.6％；实现利税1 514亿元，比上年增加173亿元，增长12.9％，上交利税1 205亿元，增长6.1％；多数工业产品质量保持稳定，在重点考核的75项质量指标中，稳定和提高的有57项；在105项消耗指标中，稳定和降低的有72项。全国县以上工业企业共节约少用能源2 400万吨，节能率为5.2％；全民所有制工业企业全员劳动生产率为16 671元，比上年提高7.9％。

6．工业企业深化改革取得新进展

1987年工业企业广泛开展了以承包经营责任制为主的多种形式的改革，促进了生产的发展和效益的改善。据对20个省市区的不完全统计，在3.8万个国营工业企业中，实行厂长负责制的企业占67.5％，在大中型国营工业企业中，推行多种形式的承包经营责任制的企业占80.8％，在小型国营工业企业中改变经营方式的企业占47.3％。这标志着以搞活企业为中心环节的经济体制改革，正在由减税让利、扩大企业自主权，向完善企业内部经营机制的方向发展。

工业企业横向经济联合进一步巩固和发展，取得了明显的经济效益。据统计，截止1987年10月底，全国县及县以上工业企业组织的，经所在地授权部门批准，并在工商行政管理部门登记注册的经济联合体有6 780个，比上年略有减少，主要是一部分联合体在调整和完善的基础上又重新进行了组合，从联合的形式看：以名优产品为龙头或以骨干企业为核心的536个，占7.9％；专业化分工的285个，占4.2％；联合各方投资组建的2 754个，占40.6％；产品扩散的1 008个，占14.9％；以技术服务为主的1 143个，占16.9％；工商、工贸联合的511个，占7.5％；其他联合形式的543个，占8％。这些经济联合体参加联合的成员厂近1.6万个，共投入资金125.7亿元，职工人数342万人，1987年1—10月完成工业总产值604亿元，比上年同期增长38％，实现利润75.7亿元，增长38.1％，远高于全国工业的平均水平。

1987年工业经济发展中存在的主要问题是：

1．经济效益有待进一步提高

据统计，全民所有制独立核算工业企业可比产品成本普遍超支，全年超支额达298亿元，可比产品成本上升7％。成本超支中生产资料涨价部分约占四分之三左右，增加工资、增提折旧和大修理基金以及企业经营管理不善约占四分之一，成本超支导致企业亏损增加，全年全民所有制独立核算工业企业亏损面达13％，亏损额达61亿元，比上年增亏12％，其中主要是煤炭行业亏损较多，约占42％，煤炭生产亏损一方面受价格低的影响，另一方面也存在管理不善的问题；食品行业中一些以农产品为原料的产品生产，由于受原料供应和价格过高的影响，也出现了较多的亏损。

2. 工业生产增长速度仍然偏快

1987年国家计划要求工业生产（乡及乡以上工业）增长7％，但实际增长速度比计划高出一倍多。这样高的增长速度，不论是从工业同其他国民经济部门协调发展的角度，还是从工业内部结构的进一步调整看，都是不相适应的。导致生产增长过快的原因主要有三个：一是社会总需求过大。社会总需求连续几年增长过猛，1987年又有较大的增长，全年固定资产投资比上年增长16.1％，新形成的社会商品购买力增长20％。工业生产即使按现在的速度增长，也难以从根本上扭转市场供应紧张的状况。二是财政收入增长对工业生产的压力。要满足投资和消费增长的需要，财政收入就必需保持相应的增长，目前只有靠扩大产量来取得规模效益，1986年工业生产增长8.8％，利税总额增长0.1％，1987年工业生产增长14.8％，利税总额相应增长13.7％。三是在指导思想上还没有从根本上摆脱追求高速度的旧观念。一些地区和部门的领导往往把生产速度的高低作为考核政绩的主要指标，以致于片面追发展速度、忽略求经济效益的提高。

3. 工业品轮番涨价，危及市场

近年来，主要工业原材料、燃料、动力购进价格连续上涨，1987年又上涨9％以上，使企业难以消化，不得不采取提高本企业产品出厂价格的办法转移涨价因素，形成轮番涨价。1987年工业品出厂价格比上年上涨8％，上涨面达80％左右，其中生活资料上涨8.4％，生产资料上涨7.8％，生活资料涨价幅度超过了生产资料，这对稳定市场物价不利，增加了社会不稳定因素，也不利于改善企业经营环境。

一、综　　合

1987年全部工业主要指标

指标	绝对数	比重（%）	1987年为1986年(%)
一、工业企业单位数（万个）	747.41	100.0	111.4
全民所有制工业	9.76	1.3	100.8
集体所有制工业	181.93	24.3	99.8
其中：乡办工业	23.79	3.2	96.7
村办工业	70.80	9.5	112.5
个体工业	555.33	74.3	116.1
其他经济类型工业	0.39	0.1	162.5
其中：中外合营工业（个）	698	…	178.5
华侨或港澳工商业者经营工业（个）	53	…	189.3
外资经营工业（个）	20	…	58.8
轻工业	524.91	70.2	115.4
重工业	222.49	29.8	103.0
二、年末从业人数(万人)	10 791.66	100.0	106.7
全民所有制工业	4 011.07	37.2	103.2
集体所有制工业	5 339.90	49.5	105.3
其中：乡办工业	1 379.97	12.8	103.8
村办工业	1 735.21	16.1	111.5
个体工业	1 353.68	12.5	123.7
其他经济类型工业	87.01	0.8	141.2
三、固定资产原值（亿元）	9 538.09	100.0	116.2
全民所有制工业	7 677.90	80.5	113.8
集体所有制工业	1 751.70	18.4	125.1
其他经济类型工业	108.50	1.1	174.2
四、定额流动资金（亿元）	3 612.25	100.0	118.4
全民所有制工业	2 214.99	61.3	113.5
集体所有制工业	1 258.21	34.8	125.8
个体工业	86.97	2.4	146.5
其他经济类型工业	52.07	1.4	134.3
五、全部资金（亿元）	10 249.64	100.0	118.0
全民所有制工业	7 457.38	72.8	114.8
集体所有制工业	2 565.44	25.0	125.6
其中：乡办工业	761.25	7.4	127.7
村办工业	611.59	6.0	143.7
个体工业	86.97	0.8	146.5
其他经济类型工业	139.87	1.4	158.2

指标	绝对数	比重（%）	1987年为1986年(%)
六、工业总产值（亿元）	13 812.99	100.0	117.7
全民所有制工业	8 250.09	59.7	111.3
集体所有制工业	4 781.74	34.6	123.2
其中：乡办工业	1 284.19	9.3	128.2
村办工业	1 165.35	8.4	134.3
个体工业	502.40	3.6	156.6
其他经济类型工业	278.78	2.0	163.3
其中：中外合营工业	75.19	0.5	209.4
华侨或港澳工商业者经营工业	5.35	…	214.3
外资经营工业	5.47	…	120.3
轻工业	6 656.44	48.2	118.6
重工业	7 156.57	51.8	116.7
七、工业净产值（亿元）	4 261.76	100.0	14.2
全民所有制工业	2 597.54	60.9	7.5
集体所有制工业	1 425.05	33.4	20.2
其中：乡办工业	362.30	8.5	23.9
村办工业	385.15	9.0	33.4
个体工业	165.47	3.9	54.8
其他经济类型工业	73.70	1.7	60.3
轻工业	1 840.1	43.2	15.6
重工业	2 421.7	56.8	13.1
八、产品销售收入(亿元)	12 681.05	100.0	124.0
全民所有制工业	7 878.32	62.1	119.3
集体所有制工业	4 072.61	32.1	127.9
个体工业	502.40	4.0	162.8
其他经济类型工业	227.72	1.8	174.2
九、利润和税金总额（亿元）	2 074.71	100.0	114.7
全民所有制工业	1 514.14	73.0	112.9
集体所有制工业	507.90	24.5	116.8
个体工业	17.81	0.9	156.6
其他经济类型工业	34.86	1.7	169.2
十、上交利润和所得税总额（亿元）	1 514.36	100.0	109.1
全民所有制工业	1 205.13	79.6	106.1
集体所有制工业	271.80	17.9	119.5
个体工业	17.81	1.2	156.6
其他经济类型工业	19.62	1.3	150.1

注：本表价值量指标均按当年价格计算，工业总产值、净产值的发展速度按可比价格计算。

工业企业单位数、总产值、净产算均包括非独立核算工业企业，其他指标均是独立核算工业企业的数字。

1987年工业

指标	计算单位	1986年	1987年	1987年为1986年(%)
一、工业企业单位	万个	670.7	747.4	111.4
二、年末职工人数	万人	5 781.1	5 971.4	103.3
三、职工工资总额	亿元	749.7	857.3	114.4
四、工业固定资产投资	亿元	1 402.74	1 768.44	126.1
全民所有制单位	亿元	1 159.82	1 407.15	121.3
集体所有制单位	亿元	228.24	346.62	151.9
个体投资	亿元	14.68	14.67	99.9
五、工业物资消费总值	亿元	4 620.1	5 528.1	119.7
六、工业总产值	亿元	11 194	13 813	117.7
轻工业	亿元	5 330	5 864	118.6
重工业	亿元	6 656	7 157	116.7
七、主要工业产品产量				
布	亿米	164.7	173.1	105.1
机制纸及纸板	万吨	999	1 141	114.2
糖	万吨	525	506	96.4
自行车	万辆	3 568.3	4 116.7	115.4
缝纫机	万架	989.4	970.0	98.0
手表	万只	7 317.4	6 142.4	83.9
家用电冰箱	万台	225.02	401.34	178.4
电视机	万部	1 459.40	1 934.37	132.5
彩电	万部	414.60	672.72	162.3
家用洗衣机	万台	893.4	990.2	110.8
录放音机	万台	1 756.8	1 978.0	112.6
照相机	万架	202.54	256.70	126.7
原煤	亿吨	8.94	9.28	103.8
原油	万吨	13 069	13 414	102.6
发电量	亿千瓦小时	4 495	4 973	110.6
钢	万吨	5 220	5 628	107.8
成品钢材	万吨	4 058	4 386	108.1
水泥	万吨	16 606	18 625	112.2
木材	万立方米	6 502	6 408	98.6
金属切削机床	万台	16.37	17.22	105.2
八、工业净产值	亿元	3 580	4 242	114.0

经济主要指标

指　　标	计算单位	1986年	1987年	1987年为1986年(%)
九、全员劳动生产率	元/人·年	12 609	13 961	110.7
全民所有制工业	元/人·年	15 451	16 671	107.9
十、工业商品购进额	亿　元		3 810.3	
十一、工业商品零售额	亿　元	457.6	537.1	117.4
十二、工业制成品进口额	亿美元	372.55	363.01	97.4
十三、工业制成品出口额	亿美元	196.70	262.06	133.2
十四、主要财务指标				
固定资产原值	亿　元	7 921.4	9 158.2	115.6
固定资产净值	亿　元	5 416.8	6 346.8	117.2
年末流动资金占用数	亿　元		5 222.4	
定额流动资金占用数	亿　元		3 351.6	
全部资金	亿　元	8 149.4	9 490.1	116.5
产品销售收入	亿　元	8 963.2	10 890.1	121.5
利润和税金总额	亿　元	1 665.1	1 893.4	113.7
利　润	亿　元	877.6	1 005.0	114.5
税　金	亿　元	787.5	888.4	112.8
企业留利	亿　元	288.6	343.6	119.1
上交利税费	亿　元	541.0	545.7	100.9
每百元固定资产原值实现产值	元	119.1	124.3	104.4
每百元固定资产原值实现利税	元	21.0	20.7	98.6
每百元工业总产值占用流动资金	元	29.0	27.6	95.2
每百元销售收入实现利润	元	9.8	9.2	93.9
资金利税率	%	20.4	20.0	
产值利税率	%	17.7	16.6	
固定资产折旧率	%	4.57	4.57	
平均每一职工占有的固定资产	元	11 567	12 905	111.6
平均每一职工创造的工业净产值	元	4 350	4 915	113.0
平均每一职工创造的利润和税金	元	2 431	2 668	109.7
平均每一职工上交的利税费	元	1 940	2 021	104.2
平均每一职工占有的企业留利	元	451	484	107.3

国民经济各行业社会劳动者人数(一)

（年底数）　　　　单位：万人

年　份	合　计	农、林、牧、渔、水利业	工　业	地质普查和勘探业	建筑业	交通运输、邮电通讯业	商业、公共饮食业、物资供销和仓储业
1978	40 152	28 373	6 091	97	879	735	1 155
1979	41 024	28 692	6 298	99	943	765	1 248
1980	42 361	29 181	6 714	100	1 022	787	1 381
1981	43 725	29 836	6 975	99	1 058	824	1 511
1982	45 295	30 917	7 204	102	1 173	850	1 604
1983	46 436	31 209	7 397	103	1 314	907	1 762
1984	48 197	30 927	7 930	106	1 692	1 081	2 036
1985	49 873	31 187	8 349	106	2 069	1 222	2 363
1986	51 282	31 311	8 980	105	2 271	1 305	2 485
1987	52 783	31 720	9 343	107	2 419	1 373	2 655
比重(%)							
1978	100	70.7	15.2	0.2	2.2	1.8	2.9
1979	100	69.9	15.4	0.2	2.3	1.9	3.0
1980	100	68.9	15.8	0.2	2.4	1.9	3.3
1981	100	68.2	16.0	0.2	2.4	1.9	3.5
1982	100	68.3	15.9	0.2	2.6	1.9	3.5
1983	100	67.2	15.9	0.2	2.8	2.0	3.7
1984	100	64.2	16.5	0.2	3.5	2.2	4.2
1985	100	62.5	16.7	0.2	4.1	2.5	4.7
1986	100	61.1	17.5	0.2	4.4	2.5	4.8
1987	100	60.1	17.7	0.2	4.6	2.6	5.0
发展速度(%)							
1987为1978	131.5	111.8	153.4	110.3	275.2	186.8	229.9
1987为1980	124.6	108.7	139.2	107.0	236.7	174.5	192.3
1987为1986	102.9	101.3	104.0	101.9	106.5	105.2	106.8

注：1. 从1978年起村及村以下办工业劳动力已由农业划归工业（下同）。

2. 1978—1984年分行业数是按新的行业分类标准调整的数字（下同）。

国民经济各行业社会劳动者人数(二)

(年底数)　　　　单位：万人

年　份	房地产管理、公共事业、居民服务和咨询服务业	卫生、体育和社会福利事业	教育、文化艺术和广播电视事业	科学研究和综合技术服务事业	金融、保险业	国家机关、政党机关和社会团体	其他
1978	210	363	1 093	92	76	467	521
1979	244	386	1 131	100	86	505	527
1980	313	389	1 147	113	99	527	588
1981	343	375	1 095	127	107	556	819
1982	360	399	1 128	132	113	611	702
1983	403	415	1 151	133	117	646	879
1984	474	435	1 204	137	127	743	1 305
1985	437	467	1 273	144	138	799	1 319
1986	504	482	1 324	152	152	873	1 338
1987	540	496	1 375	158	170	925	1 502
比重（%）							
1978	0.5	0.9	2.7	0.2	0.2	1.2	1.3
1979	0.6	0.9	2.8	0.2	0.2	1.2	1.3
1980	0.7	0.9	2.7	0.3	0.2	1.2	1.4
1981	0.8	0.9	2.5	0.3	0.2	1.3	1.9
1982	0.8	0.9	2.5	0.3	0.2	1.3	1.5
1983	0.9	0.9	2.5	0.3	0.3	1.4	1.9
1984	1.0	0.9	2.5	0.3	0.3	1.5	2.7
1985	0.9	0.9	2.6	0.3	0.3	1.6	2.6
1986	1.0	0.9	2.6	0.3	0.3	1.7	2.6
1987	1.0	0.9	2.6	0.3	0.3	1.8	2.8
发展速度（%）							
1987为1978	257.1	136.6	125.8	171.7	223.7	198.1	288.3
1987为1980	175.2	127.5	119.9	139.8	171.7	175.5	255.4
1987为1986	107.1	102.9	103.9	103.9	111.8	106.0	112.3

国营企业年底固定资产原值

单位：亿元

年份	总计	工业	农业	建筑业（施工）	运输和邮电	商业粮食外贸	城市公用事业
1952	240.6	107.2		1.8	115.2	11.5	4.9
1957	522.9	272.2		21.7	182.7	33.9	10.6
1962	1 209.3	782.4		30.4	299.2	73.7	20.0
1965	1 445.8	961.0		22.9	337.9	91.0	24.1
1970	1 967.7	1 355.6		25.9	438.2	107.2	29.2
1975	3 414.3	2 290.3	90.8	47.5	672.0	209.6	37.6
1976	3 728.1	2 494.5	103.2	59.5	712.1	242.7	40.8
1977	4 052.9	2 722.2	114.3	64.4	748.8	276.9	43.5
1978	4 488.2	3 002.2	126.8	72.6	824.1	315.8	52.3
1979	4 892.5	3 248.5	146.5	80.4	890.2	358.7	59.1
1980	5 311.1	3 465.2	167.5	136.4	943.3	409.6	55.2
1981	5 769.2	3 748.5	171.8	174.6	994.2	464.1	77.9
1982	6 258.8	4 074.9	189.3	176.3	1 041.6	532.6	86.5
1983	6 833.3	4 465.7	199.3	189.0	1 110.8	596.5	95.1
1984	7 370.5	4 806.4	203.5	203.1	1 201.2	653.2	107.6
1985	8 004.9	5 307.1	214.4	224.3	1 327.8	566.7	123.9
1986	9 041.8	5 871.7	375.7	269.1	1 464.0	640.4	142.1
1987	10 200.5	6 627.7	415.0	300.0	1 679.3	672.8	169.4
比重（%）							
1952	100	44.6		0.7	47.9	4.8	2.0
1957	100	52.1		4.1	34.9	6.5	2.0
1962	100	64.7		2.5	24.7	6.1	1.7
1965	100	66.5		1.6	23.4	6.3	1.7
1970	100	68.9		1.3	22.3	5.4	1.5
1975	100	67.1	2.7	1.4	19.7	6.1	1.1
1978	100	66.9	2.8	1.6	18.4	7.0	1.2
1980	100	65.2	3.2	2.6	17.8	7.7	1.0
1981	100	65.0	3.0	3.0	17.2	8.0	1.4
1982	100	65.1	3.0	2.8	16.6	8.5	1.4
1983	100	65.4	2.9	2.8	16.3	8.7	1.4
1984	100	65.2	2.8	2.8	16.3	8.9	1.5
1985	100	66.3	2.7	2.8	16.6	7.1	1.5
1986	100	64.9	4.2	3.0	16.2	7.1	1.6
1987	100	65.0	4.1	2.9	16.5	6.6	1.7
发展速度（%）							
1987为1952	4 239.6	6 182.6		16 666.7	1 457.7	5 850.4	3 457.1
1987为1978	227.3	220.8	327.3	413.2	203.8	213.0	323.9
1987为1980	192.1	191.3	247.8	219.9	178.0	164.3	306.9
1987为1986	112.8	112.9	110.5	111.5	114.7	105.1	119.2

国营企业年底占用定额流动资金

单位：亿元

年　份	总　计	工　业	农　业	建筑业（施工）	运输和邮电	商业粮食外贸	物资供销
1952	171.7	33.0		3.7	7.1	123.2	4.3
1957	401.8	69.9		19.5	9.4	290.1	19.4
1962	739.0	208.4		15.8	26.8	392.8	93.9
1965	915.9	230.4		18.0	20.7	493.4	152.3
1970	1 469.8	482.0		16.0	35.5	747.0	186.9
1975	2 298.6	770.8	47.0	30.8	61.9	1 060.9	299.3
1976	2 384.7	844.5	60.4	35.0	67.7	1 052.7	294.4
1977	2 569.1	892.5	64.0	35.5	71.1	1 165.3	308.4
1978	2 853.4	959.4	122.4	38.6	72.2	1 300.0	326.0
1979	3 060.5	988.8	129.8	41.0	75.8	1 394.6	354.3
1980	3 222.8	997.0	123.9	57.6	69.1	1 509.6	346.4
1981	3 402.8	1 052.1	117.4	68.6	65.2	1 643.8	335.8
1982	3 635.4	1 104.3	120.2	75.3	62.2	1 818.5	329.2
1983	3 749.4	1 143.2	112.8	82.1	64.0	1 886.3	328.5
1984	3 915.1	1 288.3	92.7	100.6	70.1	1 840.7	384.0
1985	3 969.8	1 533.5	102.7	130.3	87.0	1 416.0	542.4
1986	4 566.5	1 805.7	152.8	169.6	101.6	1 619.1	543.2
1987	5 005.6	2 008.1	186.7	188.3	107.3	1 717.8	536.3
比重（%）							
1952	100	19.2		2.2	4.1	71.8	2.5
1957	100	17.4		4.9	2.3	72.2	4.8
1962	100	28.2		2.1	3.6	53.2	12.7
1965	100	25.2		2.0	2.3	53.9	16.6
1970	100	32.8		1.1	2.4	50.8	12.7
1975	100	33.5	2.0	1.3	2.7	46.2	13.0
1978	100	33.6	4.3	1.4	2.5	45.6	11.4
1980	100	30.9	3.8	1.8	2.1	46.8	10.7
1981	100	30.9	3.5	2.0	1.9	48.3	9.9
1982	100	30.4	3.3	2.1	1.7	50.0	9.1
1983	100	30.5	3.0	2.2	1.7	50.3	8.8
1984	100	32.9	2.4	2.6	1.8	47.0	9.8
1985	100	38.6	2.6	3.3	2.2	35.7	13.7
1986	100	39.5	3.3	3.7	2.2	35.5	11.9
1987	100	40.1	3.7	3.8	2.1	34.3	10.7
发展速度（%）							
1987为1952	2 915.3	6 085.2		5 089.2	1 511.3	1 394.3	12 472.1
1987为1978	175.4	209.3	152.5	487.8	148.6	132.1	164.5
1987为1980	155.3	201.4	150.7	326.9	155.3	113.8	154.8
1987为1986	109.6	111.2	122.2	111.0	105.6	106.1	98.7

社会总产值

计算单位：亿元

年份	社会总产值	农业	工业	建筑业	运输业	商业
1952	1 015	461	349	57	35	113
1957	1 606	537	704	118	60	187
1962	1 800	584	920	74	62	160
1965	2 695	833	1 402	177	91	192
1970	3 800	1 021	2 117	271	117	274
1975	5 379	1 260	3 207	437	160	315
1978	6 846	1 397	4 237	569	205	438
1980	8 542	1 933	5 155	767	247	440
1981	9 073	2 182	5 400	747	254	490
1982	9 963	2 480	5 811	912	286	474
1983	11 122	2 747	6 461	1 053	312	549
1984	13 166	3 214	7 617	1 263	383	689
1985	16 587	3 619	9 717	1 656	472	1 123
1986	19 066	4 013	11 194	2 038	579	1 242
1987	23 084	4 676	13 813	2 431	659	1 505
比重（%）						
1952	100	45.42	34.38	5.62	3.45	11.13
1957	100	33.44	43.84	7.35	3.74	11.64
1962	100	32.44	51.11	4.11	3.44	8.89
1965	100	30.91	52.02	6.57	3.38	7.12
1970	100	26.87	55.71	7.13	3.08	7.21
1975	100	23.42	59.62	8.12	2.97	5.86
1978	100	20.41	61.89	8.31	2.99	6.40
1980	100	22.63	60.35	8.98	2.89	5.15
1981	100	24.05	59.52	8.23	2.80	5.40
1982	100	24.89	58.33	9.15	2.87	4.76
1983	100	24.70	58.09	9.47	2.81	4.94
1984	100	24.41	57.85	9.59	2.91	5.23
1985	100	21.82	58.58	9.98	2.85	6.77
1986	100	21.05	58.71	10.69	3.04	6.51
1987	100	20.26	59.84	10.53	2.86	6.52
发展速度（%）						
1987为1952	1 822.4	371.6	4 516.9	2717.3	1 729.9	899.7
1987为1978	251.1	176.8	276.4	273.0	246.8	260.9
1987为1980	213.5	162.1	232.5	211.9	204.9	224.9
1987为1986	114.1	105.8	117.7	110.0	109.3	109.5

工 农 业 总 产 值

计算单位：亿元

年份	工农业总产值	农业总产值	工业总产值	轻工业总产值	重工业总产值
1952	810	461	349	225	124
1957	1 241	537	704	387	317
1962	1 504	584	920	434	486
1965	2 235	833	1 402	723	679
1970	3 138	1 021	2 117	976	1 141
1975	4 467	1 260	3 207	1 413	1 794
1978	5 634	1 397	4 237	1 826	2 411
1980	7 078	1 923	5 155	2 431	2 724
1981	7 581	2 181	5 400	2 781	2 619
1982	8 294	2 483	5 811	2 919	2 892
1983	9 211	2 750	6 461	3 135	3 326
1984	10 831	3 214	7 617	3 608	4 009
1985	13 336	3 619	9 717	4 610	5 107
1986	15 207	4 013	11 194	5 330	5 864
1987	18 489	4 676	13 813	6 656	7 157
比重（%）					
1952	100	56.9	43.1	27.8	15.3
1957	100	43.3	56.7	31.2	25.5
1962	100	38.8	61.2	28.9	32.3
1965	100	37.3	62.7	32.3	30.4
1970	100	33.7	66.3	30.6	35.7
1975	100	28.2	71.8	31.6	40.2
1978	100	24.8	75.2	32.4	42.8
1980	100	27.2	72.8	34.3	38.5
1981	100	28.8	71.2	36.7	34.5
1982	100	29.9	70.1	35.2	34.9
1983	100	29.9	70.1	34.0	36.1
1984	100	29.7	70.3	33.3	37.0
1985	100	27.1	72.9	34.6	38.3
1986	100	26.4	73.6	35.0	38.6
1987	100	25.3	74.7	36.0	38.7
发展速度（%）					
1987为1952	1 930.7	371.6	4 516.9	3 291.9	6 831.9
1987为1978	247.8	176.8	276.4	327.7	236.9
1987为1980	212.5	162.1	232.5	250.6	215.3
1987为1986	115.0	105.8	117.7	118.6	116.7

注：本表按当年价格计算，发展速度按可比价格计算，村及村以下办工业产值包括在工业总产值中。

国　民　收　入

计算单位：亿元

年　　份	国民收入	农　　业	工　　业	建筑业	运输业	商　　业
1952	589	340	115	21	25	88
1957	908	425	257	45	39	142
1962	924	444	303	32	38	107
1965	1 387	641	505	53	58	130
1970	1 926	778	789	80	74	205
1975	2 503	946	1 152	113	96	196
1978	3 010	986	1 487	125	118	294
1980	3 688	1 326	1 804	185	126	247
1981	3 940	1 509	1 840	193	130	268
1982	4 261	1 723	1 948	209	150	231
1983	4 730	1 921	2 136	259	160	254
1984	5 650	2 251	2 516	303	203	377
1985	7 031	2 492	3 163	409	250	717
1986	7 894	2 720	3 580	514	308	772
1987	9 301	3 154	4 262	617	349	939
比重（%）						
1952	100	57.73	19.52	3.57	4.24	14.94
1957	100	46.81	28.30	4.96	4.30	15.63
1962	100	48.06	32.79	3.46	4.11	11.58
1965	100	46.22	36.41	3.82	4.18	9.37
1970	100	40.39	40.98	4.15	3.84	10.64
1975	100	37.79	46.03	4.51	3.84	7.83
1978	100	32.76	49.40	4.15	3.92	9.77
1980	100	35.95	48.90	5.02	3.42	6.70
1981	100	38.30	46.70	4.90	3.30	6.80
1982	100	40.44	45.72	4.90	3.52	5.42
1983	100	40.61	45.16	5.48	3.38	5.37
1984	100	39.84	44.54	5.36	3.59	6.67
1985	100	35.43	44.99	5.82	3.56	10.20
1986	100	34.46	45.35	6.51	3.90	9.78
1987	100	33.91	45.61	6.63	3.75	10.10
发展速度（%）						
1987比1952	983.4	278.2	4 042.2	1 689.5	1 242.1	691.0
1987比1978	216.9	169.5	243.2	294.6	227.1	233.1
1987比1980	190.5	162.2	202.9	223.0	212.7	216.8
1987比1986	110.3	104.8	114.0	111.5	109.8	108.6

注：本表按当年价格计算，村及村以下工业净产值包括在工业净产值中，发展速度按可比价格计算。

工业主要指标在国民经济中的比重(一)

计算单位：%

年份	工业部门职工人数占国民经济各部门职工人数比重	全民所有制工业部门职工工资总额占全民所有制各部门职工工资总额比重	工业物资消费总值占工业、交通运输和基建单位物资消费总值比重	工业部门用电量占国民经济各部门用电量比重	工业基本建设投资占国民经济基本建设投资总额比重
1952	33.3	36.2			38.8
1957	33.0	32.5			50.5
1962	37.0	40.6			56.3
1965	35.1	36.8			49.5
1970	41.4	42.7			
1975	45.8	43.8			56.5
1978	44.8	43.5			54.5
1980	44.8	42.9		80.2	49.3
1981	44.8	42.5		79.5	48.8
1982	44.6	41.9	88.4	79.3	46.9
1983	44.5	41.1	88.2	79.5	47.5
1984	44.3	43.2	87.6	79.4	46.0
1985	45.0	43.2	86.9	79.7	41.6
1986	45.1	43.2	87.3	81.0	45.2
1987	45.2	43.6	87.6	80.3	50.8

工业主要指标在国民经济中的比重(二)

计算单位：%

年份	工业基建新增固定资产占国民经济基建新增固定资产比重	工业品购进额占商品购进总额比重①	工业品零售额占社会商品零售总额比重	工业制成品出口额占出口总额比重	工业净产值占工农业净产值比重
1952	36.3	48.3	13.7		34.1
1957	48.3	57.8	7.1		37.7
1962	49.8	66.3	4.6		40.6
1965	50.2	60.5	3.6		44.1
1970		65.6	3.2		50.4
1975	55.9	69.6	4.8		54.9
1978	51.2	72.6	4.7		60.1
1980	48.3	69.3	7.7		57.6
1981	50.2	68.3	8.3	53.4	54.9
1982	42.7	66.6	8.4	55.0	53.1
1983	42.1	65.1	8.8	56.7	52.6
1984	41.0	65.1	9.3	54.3	52.8
1985	39.2	69.7	9.3	49.4	55.9
1986	46.0	70.0	9.2	63.6	56.8
1987	50.0	71.8	9.2	66.5	57.4

注①：1986年及以前各年为全民所有制商业和供销合作社数字，1987年为社会商业数字。

工业经济主要比例关系

计算单位：%

指　　标	1952年	1957年	1978年	1980年	1986年	1987年
一、工农业总产值中农轻重比例						
农　业	56.9	43.3	24.8	27.2	26.4	25.3
轻工业	27.8	31.2	32.4	34.3	35.0	36.0
重工业	15.3	25.5	42.8	38.5	38.6	38.7
二、工业总产值中轻重工业比例						
轻工业	64.5	55.0	43.1	47.2	47.6	48.2
重工业	35.5	45.0	56.9	52.8	52.4	51.8
三、工业总产值中轻工业内部比例						
以农产品为原料	87.5	81.6	68.4	68.5	67.7	66.9
以工业品为原料	12.5	18.4	31.6	31.5	32.3	33.1
四、工业总产值中重工业内部比例						
采掘工业	15.3	14.6	12.0	11.3	11.3	10.3
原料工业	42.8	39.7	35.5	37.8	35.8	35.4
制造工业	41.9	45.7	52.5	50.9	53.0	54.2
五、工业总产值中能源、原材料工业比例						
能源工业	4.4	4.9	12.3	11.3	10.2	9.6
原材料工业	15.2	16.7	20.3	20.1	18.0	17.8
六、基本建设投资中农轻重投资比例						
农　业	13.4	8.3	10.6	9.3	3.0	3.1
轻工业	9.3	7.7	5.8	9.1	7.0	7.4
重工业	29.5	42.8	48.7	40.2	38.2	43.5
七、工业基建投资中轻重工业投资比例						
轻工业	24.0	15.2	10.7	18.5	15.5	14.5
重工业	76.0	84.8	89.3	81.5	84.5	85.5
八、工业基建投资中能源原材料工业投资比例						
能源工业	10.2	15.7	22.9	20.7	22.5	24.5
原材料工业			39.9	37.0	49.9	57.0
九、重工业产值占固定资产投资的比例					4.74	4.05
十、能源生产弹性系数	0.83	1.70	0.83	−0.11	0.26	0.20
十一、电力生产超前系数	0.94	1.42	1.10	0.71	0.80	0.60
十二、运输弹性系数	1.00	1.74	1.90	0.74	1.66	0.49

国家财政收入

计算单位：亿元

年份	总计	工业部门	轻工业	重工业	建筑部门	农业部门	交通运输部门	商业部门	其他部门
1952	183.72	62.24	42.39	19.85	0.85	37.06	9.54	41.73	32.30
1957	310.19	152.57	83.00	69.57	1.46	39.69	25.87	73.00	17.60
1962	313.55	180.81	94.73	86.08	−1.33	29.81	33.01	51.96	19.29
1965	473.32	347.40	142.46	204.94	0.63	34.30	42.16	31.61	17.22
1970	662.90	484.47	197.00	287.47	−0.58	34.89	48.94	82.55	12.63
1975	815.61	626.72	260.09	366.63	−1.13	30.00	64.34	68.86	26.82
1978	1 121.12	845.07	336.17	508.90	1.89	31.65	81.50	137.09	23.92
1980	1 085.23	897.35	375.77	521.58	1.03	33.11	70.34	16.47	66.93
1981	1 089.46	892.36	412.59	479.77	−1.08	38.76	62.76	3.23	93.38
1982	1 123.97	944.19	424.27	519.92	1.45	49.32	51.54	−41.83	119.30
1983	1 248.99	1074.55	426.30	648.25	11.47	67.57	71.18	−99.31	123.53
1984	1 501.86	1169.11	450.73	718.38	6.40	61.07	124.47	−12.54	153.35
1985	1 866.40	1194.66	491.93	702.73	7.52	87.38	131.33	143.62	301.89
比重(%)									
1952	100	33.9	23.1	10.8	0.5	20.2	5.2	22.7	17.5
1957	100	49.2	26.8	22.4	0.5	12.8	8.3	23.5	5.7
1962	100	57.7	30.2	27.5	−0.4	9.5	10.5	16.6	6.1
1965	100	73.4	30.1	43.3	0.1	7.3	8.9	6.7	3.6
1970	100	73.1	29.7	43.4	−0.1	5.3	7.4	12.4	1.9
1975	100	76.8	31.9	44.9	−0.1	3.7	7.9	8.4	3.3
1978	100	75.4	30.0	45.4	0.2	2.8	7.3	12.2	2.1
1980	100	82.7	34.6	48.1	0.1	3.0	6.5	1.5	6.2
1981	100	81.9	37.9	44.0	−0.1	3.5	5.8	0.3	8.6
1982	100	84.0	37.7	46.3	0.1	4.4	4.6	− 3.7	10.6
1983	100	86.0	34.1	51.9	0.9	5.4	5.7	− 7.9	9.9
1984	100	77.8	30.0	47.8	0.4	4.1	8.3	− 0.8	10.2
1985	100	64.0	26.4	37.6	0.4	4.7	7.8	7.7	16.2

各部门物质消耗占总产值的比重

（以总产值为100）

单位：%

年份	物质生产部门合计	农业	工业	建筑业	运输业	商业
1952	42.0	26.2	67.0	63.2	28.6	22.1
1957	43.5	20.9	63.5	61.9	35.0	24.1
1962	48.7	24.0	67.1	56.8	38.7	33.1
1965	48.5	23.0	64.0	70.1	36.3	32.3
1970	49.3	23.8	62.7	70.5	36.8	25.2
1975	53.5	24.9	64.1	74.1	40.0	37.8
1976	55.3	25.3	66.3	72.4	40.6	45.0
1977	56.0	27.1	66.1	73.2	40.8	38.0
1978	56.0	29.4	64.9	78.0	42.4	32.9
1979	56.2	27.8	65.2	79.8	42.1	40.1
1980	56.8	31.4	65.0	75.9	49.0	43.9
1981	56.6	30.8	65.9	74.2	48.8	45.3
1982	57.2	30.5	66.5	77.1	47.6	51.3
1983	57.5	30.1	66.9	75.4	48.7	53.7
1984	57.1	30.0	67.0	76.0	47.0	45.3
1985	57.6	31.1	67.4	75.3	47.0	36.2
1986	58.6	32.2	68.0	74.8	46.8	37.8
1987	59.7	32.6	69.1	74.6	47.1	37.6
“一五”时期平均	44.3	26.2	65.6	64.4	33.6	23.4
“二五”时期平均	50.8	24.0	65.4	67.0	36.0	24.6
1963—1965年平均	48.6	23.6	64.5	66.4	38.4	36.0
“三五”时期平均	48.1	23.7	63.6	69.6	37.8	26.2
“四五”时期平均	51.8	24.5	63.5	72.9	38.9	31.0
“五五”时期平均	56.1	28.5	65.4	76.2	43.4	39.7
“六五”时期平均	57.3	30.5	66.9	75.6	47.7	44.5

注：1．本表按当年价格计算，村及村以下办工业包括在工业中。

2．物质消耗的高低，除受经济效益好坏影响外，还受部门结构和技术条件变化等因素制约，不可简单进行比较。

工业职工平均每天创造的财富

	单　位	1952年	1965年	1978年	1980年	1986年	1987年
工业总产值（当年价格）	亿　元	1.0	3.8	11.6	14.1	30.7	37.8
工业净产值（当年价格）	亿　元	0.3	1.4	4.1	4.9	9.8	11.6
利润和税金(独立核算工业企业)	亿　元			2.5	2.9	4.6	5.2
纱	万　吨	0.18	0.36	0.65	0.80	1.09	1.20
布	亿　米	0.10	0.17	0.30	0.37	0.45	0.47
毛　线	吨	5	30	104	157	408	561
呢　绒	万　米	1.16	11.62	24.34	27.66	69.01	72.70
丝织品	万　米	17.8	93.7	167.4	207.9	410.7	438.9
机制纸及纸板	万　吨	0.10	0.47	1.20	1.47	2.74	3.13
缝纫机	万　架	0.02	0.34	1.33	2.10	2.71	2.66
自行车	万　辆	0.02	0.50	2.34	3.57	9.78	11.28
手　表	万　只		0.28	3.70	6.07	20.05	16.83
原　盐	万　吨	1.36	3.14	5.35	4.73	4.82	4.83
糖	万　吨	0.12	0.40	0.62	0.70	1.44	1.39
卷　烟	万　箱	0.73	1.31	3.24	4.16	7.11	7.89
罐　头	万　吨	…	0.03	0.13	0.16	0.45	0.44
收音机	万　部	…	0.22	3.20	8.23	4.35	4.83
电视机	万　部			0.14	0.68	4.00	5.30
录音机	台		13	130	2 037	48 132	54 192
家用电冰箱	台		8	76.7	134.2	6 164.9	10 995.6
家用洗衣机	台			1.1	672.1	24 476.7	27 128.8
电风扇	万　台			0.38	1.98	9.67	10.03
照相机	架		47	490	1 021	5 549	7 033
原　煤	万　吨	18	64	169	170	245	254
原　油	万　吨	0.12	3.10	28.51	29.03	35.81	36.75
天然气	亿立方米	…	0.03	0.38	0.39	0.38	0.38
发电量	亿千瓦小时	0.20	1.85	7.03	8.24	12.32	13.62
生　铁	万　吨	0.53	2.95	9.53	10.42	13.87	15.08
钢	万　吨	0.37	3.35	8.71	10.17	14.30	15.42
成品钢材	万　吨	0.29	2.41	6.05	7.44	11.12	12.02
水　泥	万　吨	0.78	4.48	17.87	21.88	45.50	51.03
平板玻璃	万重量箱	0.54	1.64	4.89	6.76	14.25	15.90
木　材	万立方米	3.38	10.90	14.14	14.68	17.81	17.56
硫　酸	万　吨	0.05	0.64	1.81	2.09	2.09	2.67
纯　碱	万　吨	0.05	0.24	0.36	0.44	0.59	0.65
烧　碱	万　吨	0.02	0.15	0.45	0.53	0.69	0.75
农用化肥	万　吨	0.01	0.47	2.38	3.38	3.82	4.58
金属切削机床	台	38	108	502	366	448	472
汽　车	辆		111	408	609	1013	1 293
拖拉机（14.7千瓦及以上）	台		26	311	268	78	102
小型拖拉机	台		10	888	597	2122	3 030

按人口平均的工业总产值、净产值和主要产品产量

（按当年价格计算）

年份	工业总产值（元）	轻工业总产值	重工业总产值	工业净产值（元）	布（米）	糖（公斤）	原煤（吨）	原油（公斤）	发电量（万千瓦）	钢（公斤）
1952	61	39	22	20	6.7	0.8	0.11	0.8	12.7	2.3
1953	77	48	29	27	8.0	1.1	0.12	1.1	15.6	3.0
1954	85	53	33	29	8.7	1.1	0.14	1.3	18.3	3.7
1955	87	51	35	29	7.1	1.2	0.16	1.6	20.0	4.6
1956	102	59	43	34	9.2	1.3	0.18	1.8	26.4	7.1
1957	109	60	49	40	7.8	1.3	0.20	2.3	29.9	8.3
1958	164	76	88	61	9.8	1.4	0.41	3.4	41.7	12.1
1959	221	92	129	78	11.3	1.6	0.55	5.6	62.9	20.6
1960	247	83	165	85	8.2	0.7	0.60	7.9	89.7	28.2
1961	161	68	93	52	4.7	0.6	0.42	8.1	72.9	13.2
1962	137	64	72	45	3.8	0.5	0.33	8.5	68.1	9.9
1963	144	64	79	49	4.8	0.6	0.31	9.4	70.8	11.0
1964	165	73	92	60	6.7	1.5	0.30	12.0	79.4	13.7
1965	193	100	94	70	8.7	2.0	0.32	15.6	93.2	16.9
1966	218	107	111	81	9.8	2.1	0.34	19.5	110.7	20.6
1967	181	96	85	66	8.6	1.9	0.27	18.2	101.4	13.5
1968	164	88	76	57	8.2	1.9	0.28	20.4	91.2	11.5
1969	206	104	103	73	10.2	1.5	0.33	26.9	116.5	16.5
1970	251	116	135	95	11.0	1.6	0.43	36.9	139.7	21.4
1971	283	122	162	105	9.9	1.7	0.46	46.2	162.4	25.0
1972	294	126	168	108	9.6	1.8	0.47	52.4	174.8	26.8
1973	313	136	177	114	9.8	2.1	0.47	60.1	187.0	28.3
1974	307	137	171	112	8.9	2.0	0.45	71.4	185.8	23.2
1975	347	153	194	125	10.2	1.9	0.52	83.4	211.9	25.9
1976	350	155	195	118	9.4	1.8	0.52	93.0	216.7	21.8
1977	392	172	220	133	10.7	1.9	0.58	98.6	235.2	25.0
1978	440	190	250	154	11.5	2.4	0.64	108.1	266.6	33.0
1979	480	210	270	167	12.5	2.6	0.65	108.8	289.1	35.3
1980	522	246	276	183	13.6	2.6	0.63	107.3	304.5	37.6
1981	540	278	262	184	14.3	3.2	0.62	101.1	309.1	35.6
1982	572	287	285	192	15.1	3.3	0.67	100.5	322.6	36.6
1983	629	305	324	208	14.5	3.7	0.70	103.2	341.9	38.9
1984	733	347	386	242	13.2	3.7	0.76	110.3	362.9	41.8
1985	925	439	486	301	14.0	4.3	0.83	118.9	391.0	44.5
1986	1 051	500	550	336	15.5	4.9	0.84	122.7	422.0	49.0
1987	1 278	616	662	393	16.0	4.7	0.86	124.1	460.2	52.1

二、中国工业经济的发展

各种经济类型的工业企业单位数

计算单位：万个

年份	企业单位数 总计	其中：大中型企业	1.全民所有制	2.集体所有制	其中：乡办工业	3.其他类型工业
1957	16.95		4.96	11.99		
1958	26.30		11.90	14.40		
1959	31.84		9.88	21.96		
1960	25.40		9.60	15.80	11.70	
1961	21.71		7.06	14.65	4.54	
1962	19.74		5.30	14.44	2.46	
1963	17.02		4.73	12.29	1.07	
1964	16.11		4.51	11.60	1.06	
1965	15.77		4.59	11.18	1.22	
1970	19.51	0.40	5.74	13.77	4.47	
1971	21.04	0.45	6.42	14.62	5.31	
1972	21.96	0.47	6.80	15.16	5.60	
1973	23.08	0.50	6.94	16.14	5.96	
1974	24.11	0.53	7.16	16.95	6.47	
1975	26.29	0.57	7.50	18.79	7.74	
1976	29.36	0.60	7.83	21.53	10.62	
1977	32.27	0.66	8.21	24.06	13.30	
1978	34.84	0.44	8.37	26.47	16.41	
1979	35.50	0.45	8.38	27.12	17.15	
1980	37.73	0.47	8.34	29.35	18.66	0.04
1981	38.15	0.50	8.42	29.68	18.55	0.05
1982	38.86	0.54	8.60	30.19	18.58	0.07
1983	39.25	0.59	8.71	30.46	18.61	0.08
1984	43.72	0.63	8.41	35.21	21.72	0.10
1985	46.32	0.79	9.37	36.78	21.71	0.17
1986	49.93	0.88	9.68	40.01	24.60	0.24
1987	49.36	0.99	9.76	39.21	23.79	0.39

注：1. 1978年大中型企业标准提高了，与以前各年大中型企业的口径不完全可比（下同）。

2. 其他类型工业是指全民与集体、全民与私人、集体与私人、中外合营、华侨港澳工商业者经营、外资经营和其他等工业（下同）。

3. 1980—1985年企业单位总计数中包括个体经营工业。

工业企业单位数中各种经济类型所占比重

计算单位：%

年　　份	企业单位数		1.全民所有制	2.集体所有制	其中：乡办工业	3.其他类型工业
	总　计	其中：大中型企业				
1957	100		29.3	70.7		
1958	100		45.2	54.8		
1959	100		31.0	69.0		
1960	100		37.8	62.2	46.1	
1961	100		32.5	67.5	20.9	
1962	100		26.8	73.2	12.5	
1963	100		27.8	72.2	6.3	
1964	100		28.0	72.0	6.6	
1965	100		29.1	70.9	7.7	
1970	100	2.1	29.4	70.6	22.9	
1971	100	2.1	30.5	69.5	25.2	
1972	100	2.1	31.0	69.0	25.5	
1973	100	2.2	30.1	69.9	25.8	
1974	100	2.2	29.7	70.3	26.8	
1975	100	2.2	28.5	71.5	29.4	
1976	100	2.0	26.7	73.3	36.2	
1977	100	2.0	25.4	74.6	41.2	
1978	100	1.3	24.0	76.0	47.1	
1979	100	1.3	23.6	76.4	48.3	
1980	100	1.2	22.1	77.8	49.5	0.1
1981	100	1.3	22.1	77.8	48.6	0.1
1982	100	1.4	22.1	77.7	47.8	0.2
1983	100	1.5	22.2	77.6	47.4	0.2
1984	100	1.5	19.2	80.6	49.7	0.2
1985	100	1.7	20.2	79.4	46.9	0.4
1986	100	1.8	19.4	80.1	49.3	0.5
1987	100	2.0	19.8	79.4	48.2	0.8

工业职工人数和工资总额

年份	年末职工人数(万人)	*全民所有制工业	城镇集体所有制工业	工资总额(亿元)	*全民所有制工业	城镇集体所有制工业
1952	533	510.3	23	25.4	24.6	0.8
1953	624	594.1	30	34.1	33.0	1.1
1954	731	609.5	121	38.7	35.2	3.5
1955	801	580.4	221	42.9	35.1	7.8
1956	1 051	717.0	334	58.1	43.4	14.7
1957	1 022	747.5	274	67.5	50.7	16.8
1958	2 516	2 315.5	200	87.4	76.1	11.3
1959	2 268	1 993.2	275	113.4	102.7	10.7
1960	2 482	2 144.4	338	127.3	114.0	13.2
1961	1 994	1 597.5	397	118.8	104.3	14.5
1962	1 597	1 178.2	419	103.6	86.9	16.7
1963	1 542	1 118.8	423	97.6	82.0	15.6
1964	1 605	1 159.0	446	99.9	84.4	15.5
1965	1 743	1 238.0	505	105.1	86.4	18.7
1966	1 868	1 324.0	544	111.8	89.9	21.9
1967	1 904	1 382.0	522	118.8	94.9	23.9
1968	1 942	1 492.0	450	119.9	99.0	20.9
1969	2 188	1 630.0	558	128.2	106.6	21.6
1970	2 575	1 959.0	616	141.9	118.7	23.2
1971	2 924	2 232.7	691	160.4	133.0	27.4
1972	3 159	2 350.0	809	183.1	149.0	34.1
1973	3 338	2 397.2	941	196.1	154.2	41.9
1974	3 480	2 494.4	986	202.7	161.0	41.7
1975	3 754	2 691.2	1 063	214.5	169.1	45.4
1976	3 942	2 865.9	1 076	226.5	178.2	48.3
1977	4 155	3 012.8	1 142	238.8	187.0	51.8
1978	4 354	3 139	1 215	268.0	209.6	58.4
1979	4 536	3 208	1 328	304.2	236.5	67.6
1980	4 762	3 334	1 428	360.0	275.5	84.6
1981	4 983	3 488	1 495	379.9	286.9	93.0
1982	5 115	3 582	1 533	401.3	303.0	98.3
1983	5 205	3 632	1 573	418.2	313.6	104.6
1984	5 343	3 669	1 641	516.8	385.2	128.4
1985	5 557	3 815	1 705	624.6	459.7	159.9
1986	5 781	3 955	1 781	749.7	557.0	186.1
1987	5 971	4 086	1 828	857.3	636.1	211.4

注：1978及以后各年是按新的标准行业分类调整的数字，且工资总额中包括肉食补贴。

工业职工人员分类、年龄、文化程度和技术职称情况

（1985年）

计算单位：万人

项　　目	总　计	按企业规模分组		按经济类型分组		
		大型企业	中型企业	全民所有制工业	集体所有制工业	其他经济类型工业
一、年末职工人数	6604.50	1 228.03	978.73	3 858.19	2 689.26	57.05
其中：少数民族	168.18	28.17	26.12	109.50	57.71	0.97
女　性	2653.06	391.07	350.74	1 326.35	1 301.56	25.15
实行计件工资的人员	1642.85	146.80	118.33	515.03	1 120.13	7.69
工　人	4802.26	777.04	658.02	2 615.16	2 145.52	41.58
学　徒	191.96	24.07	23.39	93.02	97.08	1.86
工程技术人员	182.39	69.89	41.62	155.52	25.00	1.87
管理人员	694.14	118.77	101.40	415.99	271.89	6.26
二、年末固定合同制职工人数	5810.61	1 156.00	868.77	3 272.95	2 500.80	36.86
按年龄分组：						
20岁及以下	538.73	68.56	58.14	212.63	323.15	2.95
21—35岁	3210.24	600.06	461.66	1 715.63	1 471.81	22.80
36—50岁	1699.86	398.06	290.06	1 114.65	576.14	9.07
51—55岁	254.36	69.45	44.42	173.85	79.09	1.42
56—60岁	85.75	18.37	13.17	50.81	34.37	0.57
61岁以上	21.67	1.49	1.31	5.37	16.25	0.05
按文化程度分组：						
大专以上	169.93	76.15	41.05	154.00	14.61	1.32
中　专	202.69	78.61	49.37	182.60	18.87	1.22
技　工	143.80	64.53	35.85	134.33	8.67	0.80
高　中	1026.36	202.74	166.09	606.25	412.71	7.40
初　中	2718.07	506.93	390.04	1 455.53	1 242.42	20.12
小　学	1314.90	201.86	167.49	655.60	654.04	5.26
不识字或识字不多	234.85	25.17	18.89	84.65	149.48	0.72
按技术职称分组：						
高级技术职称人员	0.86	0.58	0.11	0.79	0.07	…
中级技术职称人员	51.60	29.52	11.82	49.12	2.18	0.30
一般技术职称人员	142.96	56.81	34.08	127.33	14.67	0.96
按操作形式分组：						
手工操作工人	842.95	166.96	143.36	600.12	234.93	7.90
半机械化操作工人	775.10	130.43	140.26	527.05	240.21	7.84
机械化操作工人	414.68	107.44	91.76	329.64	81.07	3.97
自动控制作业工人	29.86	12.60	8.37	27.68	1.99	0.19

注：按操作形式分组的数字为县以上全民与集体所有制工业的数字。

工业物资消费总值和主要物资的消费量(一)

年份	物资消费总值(亿元)	能源消费量(万吨标准煤)	煤炭(万吨)	原油(万吨)	燃料油(万吨)	汽油(万吨)	柴油(万吨)	煤油(万吨)
1980		38 986	41 420	9 112.0	2 937.4	254.6	408.2	15.7
1981		37 476	40 081	8 634.8	2 709.3	241.2	443.5	13.7
1982	2 665.0	39 251	42 683	8 609.0	2 655.6	253.5	415.1	15.2
1983	2 965.3	41 329	45 399	8 998.3	2 698.6	281.3	397.5	16.4
1984	3 327.6	44 002	49 344	9 118.5	2 714.3	319.2	436.5	17.0
1985	3 997.5	49 922	56 620	9 389.9	2 662.2	450.6	640.7	20.1
1986	4 620.1	53 715	61 601	10 093.0	2 811.9	456.4	635.2	20.5
1987	5 528.1							

工业物资消费总值和主要物资的消费量(二)

年份	天然气(亿立方米)	电力(亿千瓦小时)	焦炭(万吨)	生铁(万吨)	钢材(万吨)	铜材(万吨)	铝材(万吨)	木材(万立方米)
1980	131.4	2 410.5	4 257.4					
1981	116.0	2 462.3	3 883.6	3 386.4	1 764.6	21.73	13.29	2 334.8
1982	110.9	2 602.6	3 952.6	3 536.2	2 078.2	24.66	14.42	2 475.8
1983	112.7	2 795.7	4 114.3	3 719.5	2 284.4	26.85	17.45	2 489.5
1984	113.7	3 000.3	4 374.7	4 069.9	2 566.9	31.41	21.04	2 578.3
1985	109.6	3 283.4	4 627.7	4 419.9	2 803.4	38.31	23.08	2 621.3
1986	115.4	3 648.8	5 136.6		2 843.5			2 540.2
1987		3 970.0			3 099.5			2 508.9

注：本表能源产品1985年以前为乡以上工业数字，1985及以后各年为包括村办工业的数字。物资消费总值及其他产品均为县以上工业企业的数字。

工业固定资产和固定资产投资

计算单位：亿元

年份	固定资产原值	*全民所有制工业	集体所有制工业	固定资产投资	*基本建设	更新改造
1952	149.2	148.8	0.4		28.34	
1953	176.2	175.7	0.5		38.37	
1954	220.2	219.5	0.7		42.95	
1955	250.2	249.5	0.7		68.20	
1956	286.1	282.5	3.6		72.40	
1957	339.6	334.6	5.0			
					173.00	
1958	443.1	435.6	7.5		208.85	
1959	584.0	571.9	12.1		229.57	
1960	736.0	721.8	14.2		76.79	
1961	816.7	800.8	15.9		40.09	
1962	872.7	855.4	17.3			
					49.16	
1963	908.1	889.6	18.5		72.06	
1964	971.4	951.7	19.7		88.96	
1965	1 064.1	1 040.0	24.1			
1966	1 148.2	1 120.0	28.2			
1967	1 204.6	1 176.0	28.6			
1968	1 258.2	1 229.0	29.2		541.51	
1969	1 329.6	1 294.0	35.6			
1970	1 507.5	1 462.0	45.5			
1971	1 673.2	1 610.0	63.2			
1972	1 900.4	1 806.9	93.5			
1973	2 143.2	2 033.6	109.6		746.94	
1974	2 325.3	2 196.1	129.2			
1975	2 577.5	2 428.3	149.2		231.03	
1976	2 825.0	2 621.8	203.2		208.73	
1977	3 114.2	2 882.2	232.0		217.36	
1978	3 477.6	3 193.4	284.2		273.16	
1979	3 803.8	3 466.7	337.1		256.85	
1980	4 134.0	3 730.1	396.8		275.61	113.89
1981	4 506.7	4 032.3	463.0	380.43	216.01	142.97
1982	4 926.7	4 375.0	535.4	467.43	260.60	170.84
1983	5 399.4	4 767.8	611.2	546.62	282.28	207.46
1984	5 916.0	5 170.0	718.8	653.52	341.59	225.43
1985	6 885.9	5 956.2	888.5	913.65	446.49	351.05
1986	7 921.4	6 744.8	1 114.3	1 159.82	531.64	479.16
1987	9 158.2	7 677.9	1 371.9	1 407.15	682.79	584.62

注：固定资产投资为全民所有制单位数字。"三五"、"四五"时期数字为估算数。

全国工业设备、电子计算机拥有量及工业设备自动化、半自动化状况

（1985年）　　计算单位：亿元

项　　目	总　计	按企业规模分组		按经济类型分组		
		大型企业	中型企业	全民所有制工业	集体所有制工业	其他经济类型工业
一、年末已安装设备合计	3 177.87	1 363.63	694.35	2 718.34	434.66	24.87
按出厂年限分组：						
80年代	1 237.37	435.80	23.12	960.96	259.63	16.78
70年代	1 365.86	612.94	29.10	1 205.83	153.24	6.79
60年代	354.72	171.09	105.39	337.30	16.40	1.02
50年代	195.58	130.55	46.39	191.19	4.20	0.19
建国以前	24.33	13.24	6.36	23.06	1.19	0.08
按使用情况分组：						
使　用	3 007.80	1 302.90	658.85	2 576.08	407.96	23.76
未使用	170.07	60.73	35.50	142.26	26.70	1.11
在合计中：待报废	42.47	14.81	9.25	37.61	4.67	0.19
在合计中：进口设备	578.89	410.38	91.01	534.62	35.43	8.84
其中：80年代	234.08	140.09	38.57	197.71	29.02	7.35
70年代	212.24	175.33	22.82	205.59	5.32	1.33
二、年末未安装设备合计	101.30	36.65	25.02	85.93	14.30	1.07
其中：进口设备	29.01	11.25	7.33	22.16	6.19	0.66
三、年末已安装电子计算机合计	21 402	14 908	6 494	21 161	138	103
按技术性能分组：						
大型计算机	7	7		7		
中型计算机	83	74	9	83		
小型计算机	728	640	88	725		3
微型计算机	20 584	14 187	6 397	20 346	138	100
按使用情况分组：						
用于生产	3 304	2 266	1 038	3 258	28	18
用于管理	11 620	7 848	3 772	11 462	92	66
用于科研	3 236	2 386	850	3 212	11	13
用于其他	3 242	2 408	834	3 229	7	6
四、年末未安装电子计算机合计	1 807	1 165	642	1 785	12	10
其中：国外制造	1 223	803	420	1 208	9	6
五、机器设备固定资产原值	2 909.74			2 909.74		
其中：自动化生产线	13.59			13.59		
其中：电子计算机控制的	7.95			7.95		
半自动化生产线	58.32			58.32		
其中：电子计算机控制的	17.40			17.40		
机械手（个）	2 401			2 401		

全国工业主要专业

	计算单位	1952年	1957年	1962年	1965年	1970年
一、黑色金属工业						
平　炉	座	26	42	82	84	91
	公称吨				14 275	15 815
	平方米	726	1 684	3 730	3 849	4 291
其中：500吨及以上	座			10	9	
	公称吨					
	平方米			944.5	851	
转　炉	座	27	75	679	390	240
	公称吨			2 160	1 429	1 631
其中：氧气顶吹	座				7	64
	公称吨				79	947
电　炉	座	79	142	658	818	1 068
	公称吨			1 794	1 849	2 738
	万千伏安				106.1	158.2
高　炉	座	34	126	1 159	351	1 016
	立方米	5 179	15 735	63 437	46 707	66 110
其中：1 000立方米以上	座				7	14
	立方米				9 416	19 384
轧钢设备	套				430	493
二、电力工业						
发电设备装机容量	万千瓦	196	464	1 304	1 508	2 377
其中：水电	万千瓦	19	102	238	302	624
火电	万千瓦	177	362	1 066	1 206	1 753
三、煤炭工业						
提升绞车	台	437	239	451	452	766
主要排水泵	台		1 409	3 349	3 683	4 467
压风机	台	594	1 313	3 061	3 304	3 035
主要扇风机	台		623	1 679	1 893	1 774
滚筒式采煤机	台					275
刨煤机	台					69
联合采煤机	台	4	109	283	361	190

注：煤炭工业1978年以前为统配煤矿数，1978年括号内及以后各年为县营及以上煤矿数。

生产设备拥有量(一)

1975年	1978年	1980年	1981年	1982年	1983年	1984年	1987年
96	98	94	94	93	90	89	73
17 188	17 063	16 633	16 633	15 993	15 645	15 635	13 040
4 649	4 766	4 642	4 642	4 558	4 474	4 373	3 661
13	10	10	10	10	10	11	10
6 500	5 000	5 000	5 000	5 000	5 000	5 500	5 000
1 239	955	955	955	955	955	1 050	955
283	276	229		196		175	184
2 716	3 034	3 130		3 069		3 200	3 466
92	119	123	123	115	119	119	132
1 954	2 454	2 698	2 698	2 728	2 790	2 989	3 247
1 537	1 678	1 645	1 645	1 572	1 552	1 601	1 427
3 803	4 156	4 163	4 163	4 222	4 354	4 510	4 714
230.6	265.4	270.2	270.2	275.3	283.1	297.1	305.2
965	982	833	833	511	475	487	1 011
83 113	87 204	86 331	86 331	81 507	81 036	81 488	91 936
22	25	26	26	26	26	25	25
30 998	35 948	37 275	37 275	37 097	37 097	35 997	36 205
685	784	868	868	951	1 023	1 043	1 141
4 341	5 712	6 587	6 900	7 236	7 644	8 012	10 269
1 343	1 728	2 032	2 193	2 296	2 416	2 560	3 008
2 998	3 984	4 555	4 707	4 940	5 228	5 452	7 261
753	749(2 849)	2 344	2 434	2 612	2 703	2 731	3 271
4 670	5 642(12 813)	12 197	13 342	13 542	13 741	13 377	15 800
3 960	4 837(8 634)	8 365	9 074	8 492	8 522	8 663	9 043
2 108	2 293(6 167)	5 453	6 087	5 994	7 075	6 497	6 771
760	1 377(1 498)	1 809	1 994	1 665	5 932	1 688	2 259
108	91(102)	77	61	88	53	32	35
83	21(28)	24	34	11	21	14	80

	计算单位	1952年	1957年	1962年	1965年	1970年
截煤机	台	181	446	569	672	592
液压支架	架					
单体液压支柱	根					
联合掘进机	台					
四、石油工业						
蒸馏设备	套	6	8	18	22	33
	万吨/年	99	245	625	1 423	4 402
裂化设备	套	3	6	9	18	22
	万吨/年	23	65	164	521	1 011
加氢设备（包括加氢精制和加氢裂化）	套			4	5	12
	万吨/年	1.7	17.1	23	52	163
焦化设备	套	2	7	11	12	11
	万吨/年	18	42	59	191	341
脱蜡设备	套	2	4	15	20	28
	万吨/年	70	76	130	174	292
五、化学工业						
硫酸接触转化器	座	9	21	159	217	
	吨/昼夜	432	1 264	4 070	7 158	
烧碱电解槽	台	1 211	2 208	7 795	6 257	
	吨/昼夜	149	436	1 162	1 640	
纯碱炭化塔	台	14	22	94	40	
	吨/昼夜	880	1 717	2 537	3 039	
合成氨合成塔	台		10	78	167	
	吨/昼夜		817	2 127	5 673	
六、建筑材料工业						
水泥回转窑	座	44	59	104	105	
	吨/小时		666	1 212	1 301	
水泥机械化立窑	台					
	吨/小时					
水泥磨	台	52	84	769	682	
	吨/小时		1 131	3 414	3 897	
七、森林工业（森工企业）						
油　锯	台		174	4 034	6 131	
电　锯	台		274	320	892	

生产设备拥有量（二）

1975年	1978年	1980年	1981年	1982年	1983年	1984年	1987年
376	158(303)	278	175	141	229	201	150
5 246	8 590 (9 139)	24 684	29 401	27 444	29 865	26 946	45 753
3 247	12 835(18 555)	47 169	76 485	149 966	176 772	246 966	939 233
22	31 (26)	91	121	119	126	126	270
51	65	66	70	71	70	74	76
6 764	9 291	9 386	9 867	9 913	10 368	10 484	11 048
35	48	48	50	50	54	55	70
1 720	2 578	2 692	2 813	2 843	2 987	3 011	3 756
6	17	19	24	28	19	28	35
285	329	390	448	639	466	574	596
12	12	12	13	13	13	13	17
506	485	508	548	548	540	588	226
38	39	41	32	42	41	43	44
481	520	607	639	651	662	717	671
80	89	91	90	85	81	89	106
13 931	15 713	15 906	16 285	15 597	14 588	15 740	15 916
10 576	13 259	12 981	11 905	11 958	12 489	12 988	14 287
4 524	5 861	6 934	6 454	6 679	6 774	7 307	8 003
45	56	57	63	65	64	68	91
3 994	5 219	5 055	5 964	6 102	6 158	5 918	9 376
81	100	107	109	108	112	115	117
11 605	21 235	27 276	27 446	27 598	28 637	30 301	30 170
192	247	305	349	369	433	451	538
2 549	2 954	3 278	3 532	3 852	4 363	4 763	5 963
175	331	467	620	793	1 048	1 317	2 333
1 086	1 896	2 822	3 517	4 312	5 596	6 996	12 695
3 119	3 717	4 372	4 578	4 767	4 918	5 119	4 645
10 692	14 236	18 385	19 006	19 345	21 051	23 448	29 681
19 180	16 893	15 575	14 396	13 313	11 966	16 263	10 534
2 653	2 177	2 184	2 331	2 240	2 160	3 109	2 023

全国工业主要专业

	计算单位	1952年	1957年	1962年	1965年	1970年
森铁机车	台	270	286	612	731	
森铁车辆	台	9 257	14 800	28 474	31 281	
集材拖拉机	台	143	888	1 120	2 313	
运材汽车	辆	42	706	2 584	4 092	
起重机	台	5	165	171	325	
八、纺织工业						
粘胶纤维纺丝机	锭					
	台					
合成纤维纺丝机	头					
	台					
棉纺锭	万锭	561.0	755.6	969.6	980.1	1 294.4
棉布织机	万台		42.14	30.22	30.92	37.85
其中：自动织机	万台		9.51	14.40	16.13	24.54
毛纺锭	万锭	12.31	15.62	24.72	27.98	31.37
毛织机	台	1 909	1 830	3 396	4 040	4 551
麻纺锭	万锭					
麻织机	台	1 212	1 418	2 362	2 174	3 628
其中：麻袋织机	台	1 042	1 196	2 125	1 821	3 185
桑蚕缫丝机	万绪	16.72	20.56	25.31	26.52	47.63
柞蚕缫丝机	万绪			3.03	3.55	4.33
丝织机	万台	4.42	3.09	2.66	2.67	3.03
九、轻工业						
机制纸浆蒸煮器	台	324	365	1 057	1 107	
	万吨/年	77.4	116.4	174.5	200.6	
造纸机	台	331	417	1 514	1 241	
	万吨/年	66.5	118.5	210.6	213.0	
其中：长网多缸造纸机	台	51	65	118		
	万吨/年	23.8	42.5	73.8		
甘蔗压榨机（处理原料量）	部	45	127	469	675	
	吨/日	6 926	22 471	88 675	99 755	
甜菜连续浸出器（处理原料量）	台		117	169	170	
	吨/日			13 250	13 862	

注：麻织机1975年及以前年份数字为黄麻织机拥有量。麻袋织机中1978年及以后各年不包括

生产设备拥有量（三）

1975年	1978年	1980年	1981年	1982年	1983年	1984年	1987年
882	878	878	858	869	786	724	740
27 469	28 647	24 427	24 282	27 423	26 169	20 558	11 691
6 268	6 564	6 390	6 333	6 225	6 314	6 488	6 528
12 331	13 735	15 107	15 686	15 033	14 438	18 804	15 090
663	622	840	949	1 292	625	1 115	673
32 686	46 652	47 189	46 909	47 882	47 566	59 036	83 092
749	747	767	764	780	779	1 020	1 513
4 070	5 616	6 784	7 998	8 120	9 292	10 289	21 720
274	567	501	574	603	674	667	1 180
1408.7	1561.9	1 779.7	1 893.5	2 019.0	2 140.6	2 219.7	2603
45.39	49.65	53.91	57.06	59.50	62.47	63.35	74.60
34.48	40.07	44.06	46.65	50.40	53.11	54.32	61.98
42.05	47.81	60.05	74.44	88.88	100.53	120.52	199.20
5 983	7 120	8 332	10 024	12 446	14 650	17 121	29 171
13.36	15.00	18.14	19.58	23.72	29.05	19.05	56.98
4 978	8 098	9 516	11 726	12 491	14 700	15 754	21 970
4 436	4 657	5 534	6 861	7 476	8 256	9 317	12 331
61.92	72.23	88.70	103.57	109.13	116.39	123.80	157.76
5.28	6.86	8.99	9.19	8.21	8.54	7.34	6.32
3.54	4.54	6.03	6.59	7.34	7.96	9.84	16.14
2 560	3 100	3 688	3 900	4 049	4 100	4 147	4 717
390.8	460.7	549.0	586.0	609.0	632.9	649.2	842
2 818	3 389	4 109	4 347	4 445	4 586	4 808	6 000
424.3	516.1	613.9	659.6	713.4	757.9	805.2	1 097
318	339	368	405	438	438	459	844
147.6	164.0	176.5	190.8	206.0	210.9	226.3	351
480	381	444	450	464	500	535	527
138 712	172 815	195 860	222 845	253 675	288 045	322 065	414 490
330	256	194	148	152	134	127	116
27 541	32 271	40 322	45 510	52 070	60 210	63 691	76 810

聚烯烃编织袋织机。

全国工业总产值

年份	绝对数（现价）（亿元）			指数（以上年为100）		
	工业总产值	轻工业	重工业	工业总产值	轻工业	重工业
1949	140	103	37			
1950	191	135	56	136.4	130.1	154.1
1951	264	179	85	138.2	133.6	149.1
1952	349	225	124	129.9	123.5	143.5
1953	450	282	168	130.3	126.7	136.9
1954	515	317	198	116.3	114.3	119.8
1955	534	316	218	105.6	100.0	114.5
1956	642	370	272	128.1	119.7	139.7
1957	704	387	317	111.5	105.7	118.4
1958	1 083	503	580	154.8	133.7	178.8
1959	1 483	616	867	136.1	122.0	148.1
1960	1 637	547	1 090	111.2	90.2	125.9
1961	1 062	451	611	61.8	78.4	53.5
1962	920	434	486	83.4	91.6	77.4
1963	993	445	548	108.5	102.3	113.8
1964	1164	516	648	119.6	117.8	121.0
1965	1402	723	679	126.4	147.7	110.2
1966	1 624	796	828	120.9	114.5	127.5
1967	1 382	733	649	86.2	92.9	80.0
1968	1 285	690	595	95.0	95.1	94.9
1969	1 665	837	828	134.3	125.2	143.9
1970	2 080	960	1 120	130.7	118.1	142.3
1971	2 414	1 037	1 377	116.4	108.0	122.9
1972	2 565	1 100	1 465	106.9	106.3	107.3
1973	2 794	1 212	1 582	109.5	110.7	108.7
1974	2 792	1 241	1 551	100.6	102.9	98.8
1975	3 207	1 413	1 794	115.5	113.4	117.2
1976	3 278	1 448	1 830	102.4	103.4	101.7
1977	3 725	1 638	2 087	114.6	114.6	114.5
1978	4 237	1 826	2 411	113.6	110.9	115.6
1979	4 681	2 045	2 636	108.8	109.9	108.0
1980	5 155	2 431	2 724	109.3	119.0	101.9
1981	5 400	2 781	2 619	104.3	114.3	95.4
1982	5 811	2 919	2 892	107.8	105.8	109.9
1983	6 461	3 135	3 326	111.2	109.3	113.1
1984	7 617	3 608	4 009	116.3	116.1	116.5
1985	9 717	4 610	5 107	121.4	122.7	120.2
1986	11 194	5 330	5 864	111.7	112.2	111.1
1987	13 813	6 656	7 157	117.7	118.6	116.7

注：本表包括村及村以下工业，工业总产值按当年价格计算，发展速度按可比价格计算。

主要工业产品产量(一)

年 份	化学纤维（万吨）	纱（万吨）	布（亿米）	毛线（万吨）	呢绒（万米）	毛毯（万条）	麻袋（亿条）	丝（万吨）	丝织品（亿米）	机制纸及纸板（万吨）
1949		32.7	18.9	0.18	544	22	0.10	0.18	0.50	11
1952		65.6	38.3	0.20	423	72	0.67	0.56	0.65	37
1957	0.02	84.4	50.5	0.57	1 817	86	0.83	0.99	1.45	91
1962	1.36	54.8	25.3	0.78	3 242	191	0.44	0.47	2.25	112
1965	5.01	130.0	62.8	1.10	4 240	242	1.25	0.91	3.42	173
1970	10.09	205.2	91.5	2.17	5 776	445	1.84	1.67	4.32	241
1975	15.48	210.8	94.0	2.66	6 943	513	1.91	2.31	4.54	341
1976	14.61	196.0	88.4	2.78	7 072	506	1.88	2.28	4.60	341
1977	18.98	223.0	101.5	3.11	7 840	539	2.45	2.69	5.29	377
1978	28.46	238.2	110.3	3.78	8 885	625	2.90	2.97	6.11	439
1979	32.63	263.5	121.5	4.44	9 017	690	3.44	2.97	6.63	493
1980	45.03	292.6	134.7	5.73	10 095	884	4.10	3.54	7.59	535
1981	52.73	317.0	142.7	7.65	11 308	1 067	4.29	3.74	8.35	540
1982	51.70	335.4	153.5	9.25	12 669	1 379	5.00	3.71	9.14	589
1983	54.07	327.0	148.8	10.21	14 291	1 622	5.51	3.69	9.99	661
1984	73.49	321.9	137.0	11.00	18 049	1 745	5.48	3.76	11.78	756
1985	94.78	353.5	146.7	12.59	21 816	2 015	6.27	4.22	14.49	911
1986	101.73	397.8	164.7	14.91	25 187	2 422	7.60	4.72	14.99	999
1987	117.50	436.8	173.1	20.47	26 537	3 019	8.59	5.19	16.02	1 141

主要工业产品产量(二)

年 份	缝纫机（万架）	自行车（万辆）	表（万只）	*手表	日用精铝制品（万吨）	灯泡（亿只）	合成洗涤剂（万吨）	原盐（万吨）	糖（万吨）	卷烟（万箱）
1949		1.4				0.13		299	20	160
1952	6.6	8.0				0.26		495	45	265
1957	27.8	80.6	0.04	0.04	0.28	0.69		828	86	446
1962	77.9	137.1	81.8	76.1	0.92	2.20	2.4	994	34	244
1965	123.8	183.8	108.3	100.8	1.14	1.92	3.0	1 147	146	478
1970	235.2	368.8	358.1	347.6	1.91	3.86	9.3	1 109	135	783
1975	356.7	623.2	809.0	782.2	3.98	5.20	22.3	1 481	174	992
1976	363.8	668.1	949.6	911.4	4.10	5.03	21.7	1 401	165	982
1977	424.2	742.7	1 152.8	1 104.3	5.24	6.17	25.7	1 710	182	1 211
1978	486.5	854.0	1 410.8	1 351.1	5.65	7.59	32.4	1 953	227	1 182
1979	586.8	1 009.5	1 750.4	1 707.0	5.49	8.50	39.7	1 477	250	1 303
1980	767.8	1 302.4	2 267.5	2 215.5	5.80	9.46	39.3	1 728	257	1 520
1981	1 039.1	1 754.3	2 906.6	2 872.4	5.68	9.66	47.8	1 832	317	1 704
1982	1 286.0	2 420.0	3 313.2	3 301.0	6.01	10.73	56.9	1 638	338	1 885
1983	1 087.2	2 758.2	3 478.1	3 469.0	6.78	12.49	67.7	1 613	377	1 938
1984	934.9	2 861.4	3 807.1	3 798.2	7.34	14.12	81.0	1 642	380	2 132
1985	991.2	3 227.7	5 447.1	5 431.1	7.26	15.33	100.5	1 479	451	2 370
1986	989.4	3 568.3	7 332.0	7 317.4	8.79	16.09	117.5	1 761	525	2 596
1987	970.0	4 116.7	6 159.4	6 142.4	10.58	16.83	119.2	1 764	506	2 881

主要工业产品产量(三)

年份	罐头（万吨）	乳制品（万吨）	啤酒（万吨）	家用电冰箱（万台）	家用洗衣机（万台）	电风扇（万台）	录放音机（万台）	收音机（万部）	电视机（万部）	*彩电
1949								0.4		
1952	1.3							1.7		
1957	6.2	1.27	5	0.16			0.1	35.2		
1962	7.3	0.76	10	0.09			…	90.3	0.36	
1965	12.2	2.12	9	0.30			0.5	81.5	0.44	
1970	19.3	2.96	16	0.52			1.4	323.1	1.05	…
1975	35.1	3.66	27	1.80			3.2	935.6	17.78	0.29
1976	35.2	3.67	30	2.12			4.1	969.1	18.45	0.28
1977	44.2	3.92	35	2.46			5.0	1 049.4	28.46	0.25
1978	48.8	4.65	40	2.80	0.04	137.8	4.7	1 167.7	51.73	0.38
1979	50.1	5.36	52	3.18	1.8	233.1	16.5	1 380.7	132.85	0.95
1980	57.2	6.32	69	4.90	24.5	723.7	74.3	3 003.8	249.20	3.21
1981	68.4	7.91	91	5.56	128.1	1 049.9	154.6	4 057.2	539.41	15.21
1982	78.5	9.97	117	9.99	253.3	918.6	347.1	1 723.9	592.01	28.81
1983	84.5	11.22	163	18.85	365.9	1 045.7	497.7	1 998.9	684.01	53.11
1984	109.0	13.02	224	54.74	578.1	1 770.7	776.4	2 220.3	1 003.81	133.95
1985	142.5	16.37	310	144.81	887.2	3 174.6	1 393.1	1 600.3	1 667.66	435.28
1986	164.1	22.58	413	225.02	893.4	3 528.7	1 756.8	1 589.5	1 459.40	414.60
1987	161.5	27.22	540	401.34	990.2	3 660.7	1 978.0	1 763.8	1 934.37	672.72

主要工业产品产量(四)

年份	单相空调器（万台）	吸尘器（台）	电熨斗（万只）	电饭锅（万个）	塑料制品（万吨）	日用搪瓷制品（万吨）	日用陶瓷器（亿件）	皮鞋（万双）	服装（亿件）	地毯（万平方米）
1949										
1952					0.2	0.9		1 200		15.2
1957					1.4	1.8	20.2	2 529		26.0
1962					4.8	4.1	18.8	2 500	2.35	54.4
1965					13.0	5.0	19.7	1 808	3.85	34.7
1970					32.8	6.9	19.3	4 729	3.66	40.0
1975					60.7	9.5	29.2	6 646	6.73	128.8
1976					64.2	9.8	29.8	7 382	7.18	139.5
1977					76.8	11.5	33.3	9 119	7.17	164.5
1978	0.02	4 136	91.11	3.64	92.3	12.9	34.7	10 053	6.73	179.9
1979	0.86	5 656	243.98	7.29	94.9	14.4	32.1	11 608	7.44	195.1
1980	1.32	14 816	501.32	20.36	114.4	15.1	34.8	15 745	9.45	229.0
1981	1.40	17 264	407.11	42.16	138.4	14.0	36.0	20 239	10.08	276.3
1982	2.44	22 342	460.60	135.76	166.1	13.4	38.6	18 661	9.85	322.6
1983	3.45	44 281	706.31	243.06	191.2	14.1	37.8	18 361	10.04	335.8
1984	6.12	91 004	1 039.29	278.83	215.3	14.7	36.2	19 676	11.06	375.1
1985	12.35	88 245	1 191.00	511.85	248.0	15.5	36.4	23 162	12.67	578.8
1986	9.65	84 012	1 143.90	711.41	274.5	16.5	43.0	26 440	27.00	576.5
1987	13.22	353 391	1 223.97	1 078.74	297.8	17.3	47.3	30 910	23.00	1 327.5

主要工业产品产量(五)

年份	漆器工艺品（万元）	照相机（万架）	原煤（亿吨）	原油（万吨）	天然气（亿立方米）	发电量（亿千瓦小时）	*水电	生铁（万吨）	钢（万吨）	成品钢材（万吨）
1949			0.32	12	0.07	43	7	25	15.8	13
1952			0.66	44	0.08	73	13	193	135	106
1957		0.01	1.31	146	0.7	193	48	594	535	415
1962	480	2.05	2.20	575	12.1	458	90	805	667	455
1965	672	1.72	2.32	1 131	11.0	676	104	1 077	1 223	881
1970	644	4.04	3.54	3 065	28.7	1 159	205	1 706	1 779	1 188
1975	2 242	18.49	4.82	7 706	88.5	1 958	476	2 449	2 390	1 622
1976	2 074	22.50	4.83	8 716	101.0	2 031	456	2 233	2 046	1 466
1977	2 524	24.66	5.50	9 364	121.2	2 234	476	2 505	2 374	1 633
1978	2 935	17.89	6.18	10 405	137.3	2 566	446	3 479	3 178	2 208
1979	3 718	23.81	6.35	10 615	145.1	2 820	501	3 673	3 448	2 497
1980	4 728	37.28	6.20	10 595	142.7	3 006	582	3 802	3 712	2 716
1981	4 995	62.30	6.22	10 122	127.4	3 093	655	3 417	3 560	2 670
1982	4 475	74.23	6.66	10 212	119.3	3 277	744	3 551	3 716	2 902
1983	4 253	92.56	7.15	10 607	122.1	3 514	864	3 738	4 002	3 072
1984	4 142	126.18	7.89	11 461	124.3	3 770	868	4 001	4 347	3 372
1985	5 177	178.97	8.72	12 490	129.3	4 107	924	4 384	4 679	3 693
1986	6 056	202.54	8.94	13 069	137.6	4 495	945	5 064	5 220	4 058
1987	9 026	256.70	9.28	13 414	138.9	4 973	1 000	5 503	5 628	4 386

主要工业产品产量(六)

年份	铁合金（万吨）	铁矿石（万吨）	焦炭（万吨）	水泥（万吨）	平板玻璃（万重量箱）	木材（万立方米）	硫酸（万吨）	纯碱（万吨）	烧碱（万吨）	合成氨（万吨）
1949	0.1	59	54	66	91	567	4.0	8.8	1.5	0.5
1952	1.7	429	289	286	198	1 233	19.0	19.2	7.9	3.8
1957	10.5	1 937	830	686	430	2 787	63.2	50.6	19.8	15.3
1962	19.7	2 578	1 342	600	367	2 375	96.8	51.9	29.0	48.3
1965	33.9	3 149	1 333	1 634	599	3 978	234.0	88.2	55.6	148.4
1970	59.5	6 422	2 330	2 575	928	3 782	291.4	107.7	89.2	244.5
1975	76.9	9 693	3 680	4 626	1 262	4 703	484.7	124.3	128.9	607.7
1976	65.9	8 970	3 570	4 670	1 261	4 573	450.8	111.7	121.5	618.5
1977	73.2	9 384	3 929	5 565	1 481	4 967	537.5	107.7	138.6	870.4
1978	93.9	11 779	4 690	6 524	1 784	5 162	661.0	132.9	164.0	1 183.5
1979	117.3	11 876	4 583	7 390	2 083	5 439	699.8	148.6	182.6	1 348.2
1980	99.4	11 259	4 343	7 986	2 466	5 359	764.3	161.3	192.3	1 497.4
1981	79.9	10 459	3 895	8 290	2 701	4 942	780.7	165.2	192.3	1 483.3
1982	88.9	10 732	4 019	9 520	3 154	5 041	817.5	173.5	207.3	1 546.3
1983	108.8	11 339	4 220	10 825	3 647	5 232	869.6	179.3	212.3	1 677.1
1984	127.5	12 670	4 557	12 302	4 190	6 385	817.2	188.0	222.2	1 837.4
1985	149.4	13 819	4 802	14 595	4 942	6 323	676.4	201.1	235.3	1 718.8
1986	159.7	14 751	5 276	16 606	5 202	6 502	763.1	214.6	251.8	1 672.9
1987	184.6	16 143	5 795	18 625	5 803	6 408	983.3	236.3	273.9	1 940.6

注：木材从1984年新包括了乡村集体生产建设用材和社员经过批准在集体林中砍伐的建房等用材，故数字与以前各年不可比。

主要工业产品产量(七)

年份	农用化肥（万吨）	*氮肥	磷肥	化学农药（万吨）	乙烯（万吨）	电石（万吨）	塑料（万吨）	合成橡胶（万吨）	轮胎外胎（万条）	油漆（万吨）
1949	0.6	0.6				0.3			3	0.50
1952	3.9	3.9		0.2		1.1	0.2		42	2.70
1957	15.1	12.9	2.2	6.5		4.9	1.3		88	6.34
1962	46.4	33.8	12.6	8.8	0.08	19.4	4.0	0.13	128	4.16
1965	172.6	103.7	68.8	19.3	0.30	44.0	9.7	1.59	232	16.12
1970	243.5	152.3	90.7	32.1	1.51	69.6	17.6	2.54	425	18.38
1975	524.7	370.9	153.1	42.2	6.47	98.3	33.0	5.67	700	26.97
1976	524.4	381.5	141.8	39.1	13.35	96.3	34.5	5.99	676	26.14
1977	723.8	550.9	170.8	45.7	30.27	98.9	52.4	7.76	772	28.48
1978	869.3	763.9	103.3	53.3	38.03	123.8	67.9	10.19	939	34.36
1979	1 065.4	882.1	181.7	53.7	43.49	140.7	79.3	12.06	1 169	42.64
1980	1 232.1	999.3	230.8	53.7	48.99	152.0	89.8	12.30	1 146	48.01
1981	1 239.0	985.7	250.8	48.4	50.48	151.3	91.6	12.49	729	47.76
1982	1 278.1	1 021.9	253.7	45.7	56.49	167.5	100.3	13.60	864	52.97
1983	1 378.9	1 109.4	266.6	33.1	65.37	180.8	112.1	16.89	1 271	61.17
1984	1 460.2	1 221.0	236.0	29.9	64.80	184.6	118.0	17.41	1 569	72.57
1985	1 322.2	1 143.8	176.0	21.1	65.21	195.3	123.4	18.11	1 926	78.18
1986	1 395.7	1 159.2	234.0	20.3	69.52	215.0	132.1	18.84	1 924	75.52
1987	1 672.2	1 342.3	325.9	16.1	93.72	241.2	152.6	21.87	2 333	82.85

主要工业产品产量(八)

年份	染料（万吨）	化学药品（万吨）	纺织机械（万吨）	轻工机械（万吨）	矿山设备（万吨）	冶金设备（万吨）	石油设备（万吨）	化工设备（万吨）	发电设备（万千瓦）	交流电动机（万千瓦）
1949	0.52			0.02	0.07			0.02		
1952	1.64	0.01	1.99	0.06	0.18	0.02		0.10	0.6	64
1957	3.42	0.22	4.33	1.60	5.29	1.38	0.59	0.72	19.8	146
1962	2.94	0.71	2.23	0.35	3.45	2.22	0.51	1.55	15.2	343
1965	6.76	1.05	8.63	1.86	4.00	1.74	1.29	3.42	68.3	405
1970	8.79	2.15	11.47	4.69	9.63	7.25	3.23	5.90	291.8	1 456
1975	7.32	3.05	11.92	8.27	19.61	8.21	6.32	7.59	496.5	2 799
1976	5.89	3.12	10.53	7.11	16.15	6.15	6.87	6.05	400.2	2 609
1977	6.75	3.52	12.08	7.85	18.45	4.85	7.26	6.52	318.1	2 696
1978	8.29	4.07	19.25	9.12	24.29	6.82	8.29	6.75	483.8	3 195
1979	7.17	4.17	18.72	10.67	26.37	7.29	9.30	6.64	621.2	3 563
1980	6.50	4.01	24.04	13.20	16.25	4.10	5.71	6.98	419.3	2 570
1981	7.66	3.73	27.34	14.08	11.49	3.51	9.77	5.46	139.5	2 126
1982	8.56	4.22	31.64	15.47	15.82	3.82	9.38	6.32	164.5	2 420
1983	7.49	4.80	32.70	16.44	20.16	3.88	10.07	6.96	274.0	2 868
1984	7.48	5.35	28.65	20.32	25.81	4.97	12.23	9.30	467.4	3 051
1985	9.15	15.77	34.24	20.40	31.43	5.12	16.69	11.39	563.6	3 484
1986	10.74	15.14	38.12	21.90	30.06	4.82	18.11	11.54	722.4	3 967
1987	11.59	18.05	46.56	24.70	29.72	8.79	20.72	13.30	941.1	4 172

注：1.冶金设备1985年以后为冶炼设备与金属轧制设备之和。

2.化学药品1970年以前为七大类药品，1975—1984年为十二大类药品，1985年以后为二十四大类药品。

主要工业产品产量(九)

年份	锻压设备（万台）	滚动轴承（万套）	金属切削机床（万台）	汽车（万辆）	拖拉机（14.7千瓦及以上）（万台）	小型拖拉机（万台）	内燃机（商品量）（万马力）	铁路机车（台）	铁路客车（辆）	铁路货车（万辆）
1949	0.03	14	0.16				1		23	0.14
1952	0.11	118	1.37				4	20	6	0.58
1957	0.29	1 060	2.80	0.79			69	167	454	0.73
1962	0.39	1 671	2.25	0.97	0.71	0.01	126	1	70	0.16
1965	0.75	3 080	3.96	4.05	0.96	0.36	279	146	160	0.29
1970	2.17	10 773	13.89	8.72	3.19	5.14	733	573	576	1.38
1975	4.47	16 273	17.49	13.98	7.84	20.94	2 348	526	804	1.57
1976	3.74	13 983	15.70	13.52	7.37	24.00	2 331	327	556	0.80
1977	4.91	16 478	19.87	12.54	9.93	32.05	2 741	293	538	0.64
1978	3.75	17 932	18.32	14.91	11.35	32.42	2 818	521	784	1.70
1979	3.60	21 518	13.96	18.57	12.56	31.75	2 908	573	856	1.60
1980	4.84	22 755	13.36	22.23	9.77	21.79	2 531	512	1 002	1.06
1981	5.16	21 817	10.26	17.56	5.28	19.89	2 004	398	1 159	0.88
1982	4.62	25 624	9.98	19.63	4.03	29.83	2 296	486	1 153	1.06
1983	4.38	27 790	12.10	23.98	3.70	49.77	2 899	589	1 230	1.58
1984	4.81	29 265	13.35	31.64	3.97	68.86	4 072	658	1 200	1.81
1985	6.69	32 687	16.72	43.72	4.50	82.25	8 334	746	1 447	1.93
1986	6.50	36 219	16.37	36.98	2.86	77.45	7 415	818	1 522	2.06
1987	7.56	41 136	17.22	47.18	3.71	110.60	8 736	909	1 791	2.16

主要工业产品产量与解放前最高年产量比较

产品名称	计算单位	解放前最高年产量		指数（以解放前最高年产量为100）		
		年份	产量	1949年	1952年	1987年
纱	万吨	1933	44.5	73.5	147.4	981.6
布	亿米	1936	27.9	67.7	137.3	620.4
火柴	万件	1937	860	78.1	105.9	307.4
原盐	万吨	1943	392	76.3	126.3	450.0
糖	万吨	1936	41	48.8	109.8	1 234.1
卷烟	万箱	1947	236	67.8	112.3	1 220.8
原煤	亿吨	1942	0.62	51.6	106.5	1 496.8
原油	万吨	1943	32	37.5	137.5	41 918.8
发电量	亿千瓦小时	1941	60	71.7	121.7	8 288.3
钢	万吨	1943	92.3	17.1	146.3	6 097.5
生铁	万吨	1943	180	13.9	107.2	3 057.2
水泥	万吨	1942	229	28.8	124.9	8 133.2
平板玻璃	万重量箱	1941	129	70.5	153.5	4 498.4
硫酸	万吨	1942	18.0	22.2	105.6	5 462.8
纯碱	万吨	1940	10.3	85.4	186.4	2 294.2
烧碱	万吨	1941	1.2	125.0	658.3	22 825.0
金属切削机床	万台	1941	0.54	29.6	253.7	3 188.9

工 业 新 产 品

（重点工业企业，1985年）

	企业单位数（个）	新产品品种数（种）	工业总产值（现价：万元）	新产品价值（万元）	新产品价值占工业总产值比重（%）
总　　计	3 556	7 329	17 770 150	2 212 596	12.45
煤炭工业	44	68	387 106	22 669	5.86
电力工业	46	151	60 276	14 109	23.41
黑色金属工业	44	209	3 314 939	80 110	2.42
有色金属工业	35	96	412 411	19 585	4.75
石油化学工业	38	164	2 585 628	80 958	3.13
化学工业	377	509	1 648 182	177 862	10.79
建筑材料工业	105	74	233 863	42 191	18.04
森林工业	11	15	12 513	592	4.73
机械工业	746	3 053	3 227 757	616 766	19.11
其中：铁路运输设备制造工业	44	39	273 224	80 077	29.31
地质专用设备制造工业	13	26	14 041	2 058	14.66
电子工业	389	1 752	1 150 044	390 821	33.98
其中：通讯设备制造工业	55	267	86 183	21 705	25.18
军工各部合计（民用产品）	149	415	615 515	181 203	29.44
兵器工业	18	30	145 145	31 356	21.60
船舶工业	45	136	204 110	73 416	35.97
航空工业	23	53	78 947	18 613	23.58
核工业	11	98	47 648	3 287	6.90
航天工业	52	98	139 665	54 531	39.04
轻工业	872	191	1 800 523	420 658	23.36
纺织工业	273	112(大类)	1 450 190	84 453	5.82
丝绸工业	102	36	331 646	23 294	7.02
医药工业	325	484	539 557	57 325	10.62

注：本表煤炭工业、电力工业均为机电产品。

主要工业产品质量

（重点工业企业，按价值量计算）

	企业单位数（个）	1985年第四季度主要产品产值(万元)				比重(%)		
		合计	优等品	一等品	合格品	优等品	一等品	合格品
总计	**8 012**	**5 113 189**	**672 602**	**1 112 114**	**3 328 473**	**13.15**	**21.75**	**65.10**
煤炭工业	181	260 346	41 511	89 915	128 920	15.94	34.54	49.52
电力工业	13	1 612	579	74	959	35.92	4.59	59.49
黑色金属工业	156	1 291 817	90 872	229 291	971 654	7.03	17.75	75.22
有色金属工业	68	254 081	140 519	35 761	77 801	55.31	14.07	30.62
石油化学工业	59	511 218	83 450	117 814	309 954	16.32	23.05	60.63
化学工业	1 834	433 643	79 098	228 627	125 918	18.24	52.72	29.04
建筑材料工业	2 248	263 803	25 969	58 816	179 018	9.84	22.30	67.86
森林工业	131	8 973	1 038	2 570	5 365	11.57	28.64	59.79
机械工业	1 218	387 799	25 085	144 483	218 231	6.47	37.26	56.27
其中：铁路运输设备制造工业	16	32 638		20 339	12 299		62.32	37.68
地质专用设备制造工业	16	2 129	55	1 015	1 059	2.58	47.68	49.74
电子工业	542	1 232 356	26 194	118 450	1 087 712	2.13	9.61	88.26
其中：通讯设备制造工业	56	14 061	3 386	5 321	5 354	24.08	37.84	38.08
军工各部合计（民用产品）	59	120 229	89 349	17 446	13 434	74.32	14.51	11.17
船舶工业	18	92 913	85 701	6 540	672	92.24	7.04	0.72
航空工业	5	6 762	1 885	4 763	114	27.88	70.43	1.69
核工业	5	1 761	873	198	690	49.58	11.24	39.18
航天工业	31	18 793	890	5 945	11 958	4.74	31.63	63.63
纺织工业	673	250 398	9 409	54 719	186 270	3.76	21.85	74.39
丝绸工业	291	36 477	14 472	11 859	10 146	39.67	32.51	27.82
医药工业	545	60 437	45 057	2 289	13 091	74.55	3.79	21.66

注：本表电力工业是机电产品，煤炭工业除洗选煤外，也是机电产品。

全国工业净产值

计算单位：亿元

年份	工业净产值	工业总产值	净产值占总产值比重（%）
1949	45	140	32.14
1950	60	191	31.41
1951	84	264	31.82
1952	115	349	32.95
1953	156	450	34.67
1954	174	515	33.79
1955	179	534	33.52
1956	212	642	33.02
1957	257	704	36.51
1958	401	1 083	37.03
1959	527	1 483	35.54
1960	565	1 637	34.51
1961	345	1 062	32.49
1962	303	920	32.93
1963	337	993	33.94
1964	422	1 164	36.25
1965	505	1 402	36.02
1966	606	1 624	37.32
1967	505	1 382	36.54
1968	449	1 285	34.94
1969	587	1 665	35.26
1970	789	2 080	37.93
1971	891	2 414	36.91
1972	942	2 565	36.73
1973	1 020	2 794	36.51
1974	1 015	2 792	36.35
1975	1 152	3 207	35.92
1976	1 106	3 278	33.74
1977	1 263	3 725	33.91
1978	1 487	4 237	35.10
1979	1 628	4 681	34.78
1980	1 804	5 155	35.00
1981	1 840	5 400	34.07
1982	1 948	5 811	33.52
1983	2 136	6 461	33.06
1984	2 516	7 617	33.03
1985	3 163	9 717	32.55
1986	3 580	11 194	31.98
1987	4 262	13 813	30.85

注：本表指标按当年价格计算，并包括村及村以下工业。

全国独立核算工业企业主要财务指标

计算单位：亿元

年份	固定资产原值	固定资产净值	产品销售税金	亏损企业亏损总额	利润总额	利润和税金总额
1949	124.0					
1950	130.0					
1951	141.0					
1952	149.2				28.3	
1953	176.2				41.4	
1954	220.2				47.9	
1955	250.2				52.7	
1956	286.1				60.1	
1957	339.6				79.5	
1958	443.1					
1959	584.0					
1960	736.0					
1961	816.7					
1962	872.7					
1963	908.1					
1964	971.4					
1965	1 064.1				233.0	
1966	1 148.2					
1967	1 204.6					
1968	1 258.2					
1969	1 329.6					
1970	1 507.5					
1971	1 673.2					
1972	1 900.4					
1973	2 143.2					
1974	2 325.3					
1975	2 577.5	1 828.5		56.8	428.7	
1976	2 825.0				387.1	
1977	3 114.2	2 173.1	416.5	63.0	470.9	752.3
1978	3 477.6	2 423.7	316.7	45.1	599.3	916.0
1979	3 803.8	2 629.7	339.8	40.2	654.3	994.1
1980	4 134.0	2 830.2	368.5	38.8	692.3	1 060.8
1981	4 506.7	3 063.6	398.6	53.5	682.4	1 081.0
1982	4 926.7	3 322.0	437.4	55.8	704.2	1 141.6
1983	5 399.4	3 623.7	463.9	37.6	772.1	1 236.0
1984	5 916.0	3 935.6	533.9	34.2	852.4	1 386.3
1985	6 885.9	4 664.3	719.9	40.5	944.1	1 664.0
1986	7 921.4	5 416.8	787.5	72.4	877.6	1 665.1
1987	9 158.2	6 346.8	888.4	84.7	1 005.0	1 893.4

全民所有制独立核算工业企业主要财务指标

计算单位：亿元

年份	固定资产原值	固定资产净值	定额流动资金年平均余额	亏损企业亏损总额	利润总额	利润和税金总额	全部商品产品总成本
1952	148.8	100.8	46.0		28.2	37.3	69.7
1953	175.7	120.4	57.6		41.2	54.2	99.7
1954	219.5	151.9	59.8		47.6	64.3	118.9
1955	249.5	171.3	64.8		52.1	70.9	130.6
1956	282.5	197.7	72.5		59.5	86.8	159.6
1957	334.6	239.8	90.5		78.8	114.4	173.9
1958	435.6	330.6	139.0		160.6	218.5	397.8
1959	571.9	447.1	217.4		234.1	323.8	600.6
1960	721.8	570.8	303.7		285.2	381.6	774.7
1961	800.8	624.9	291.6		82.8	145.6	552.8
1962	855.4	657.3	235.3		76.3	135.0	485.3
1963	889.6	670.7	231.4		121.0	185.0	455.24
1964	951.7	709.7	238.6		166.1	243.8	525.50
1965	1 040.0	777.2	260.1		217.0	309.2	634.30
1966	1 120.0	828.9	290.5		271.0	386.4	747.61
1967	1 176.0	854.1	359.7		165.0	263.8	650.46
1968	1 229.0	884.4	407.2		129.0	223.6	626.68
1969	1 294.0	919.1	443.3		219.0	345.0	857.06
1970	1 462.0	1 033.3	511.8		311.0	472.1	1 005.40
1971	1 610.0	1 156.9	582.5		336.1	522.4	1 181.25
1972	1 806.9	1 301.1	673.5	32.25	355.1	546.2	1 251.24
1973	2 033.6	1 459.0	741.1	39.93	369.2	566.8	1 367.03
1974	2 196.1	1 561.2	801.9	61.77	316.3	512.7	1 376.03
1975	2 428.3	1 716.3	852.7	55.07	363.4	582.7	1 724.03
1976	2 621.8	1 846.4	928.0	76.87	317.1	535.5	1 717.77
1977	2 882.2	2 011.3	973.9	60.70	384.5	633.9	1 944.07
1978	3 193.4	2 225.7	1 047.3	42.06	508.8	790.7	2 208.39
1979	3 466.7	2 378.6	1 109.0	36.38	562.8	864.4	2 479.96
1980	3 730.1	2 528.0	1 135.7	34.30	585.4	907.1	2 681.11
1981	4 032.3	2 709.3	1 163.7	45.96	579.7	923.3	2 771.02
1982	4 375.0	2 914.0	1 231.9	47.57	597.7	972.2	3 020.61
1983	4 767.8	3 161.0	1 291.5	32.11	640.9	1 032.8	3 301.54
1984	5 170.0	3 395.5	1 359.6	26.61	706.2	1 152.8	3 717.48
1985	5 956.2	3 980.8	1 623.3	32.44	738.2	1 334.1	4 585.06
1986	6 744.8	4 543.8	1 951.8	54.49	689.9	1 341.4	5 242.43
1987	7 677.9	5 242.4	2 215.0	61.04	787.0	1 514.1	6 246.95

注：1．本表1952—1957年资料中包括公私合营和私营，以便于以后使用。

2．1958—1960年的利润和税金总额数字不实，有些偏高。

3．利润总额1981年开始包括固定资金占用费和流动资金占用费，1982—1984年包括卷烟提价收入；利润和税金总额1982—1984年还包括盐税。

全民所有制独立核算工业企业主要财务分析指标

年份	每百元固定资产原值实现的产值（元）	每百元固定资产原值实现的利税（元）	资金利润率（%）	资金利税率（%）	产值利税率（%）	每百元工业总产值占用流动资金（元）	可比产品成本降低率（%）
1952	134.1	25.1	19.2	25.4	18.7	23.1	2.3
1953	147.4	30.8	23.1	30.4	20.9	22.2	3.1
1954	136.3	29.3	22.5	30.4	21.5	20.0	6.2
1955	131.1	28.4	22.1	30.0	21.7	19.8	7.0
1956	151.4	30.7	22.0	32.1	20.3	17.0	8.8
1957	139.3	34.2	23.9	34.6	24.5	19.4	3.8
1958	179.3	50.2	34.2	46.5	28.0	17.8	8.3
1959	187.7	56.6	35.2	48.7	30.2	20.3	6.6
1960	171.9	52.9	32.6	43.6	30.7	24.5	2.8
1961	91.9	18.2	9.0	15.9	19.8	39.6	—13.9
1962	71.1	15.8	8.5	15.1	22.2	38.7	4.2
1963	75.1	20.8	13.4	20.5	27.7	34.6	9.5
1964	84.3	25.6	17.5	25.7	30.4	29.7	8.6
1965	98.1	29.7	20.9	29.8	30.3	25.5	8.8
1966	110.4	34.5	24.2	34.5	31.3	23.5	8.9
1967	88.7	22.4	13.6	21.7	25.3	34.5	— 2.6
1968	81.0	18.2	10.0	17.3	22.5	40.9	— 2.5
1969	104.1	26.7	16.1	25.3	25.6	32.9	6.3
1970	117.1	32.3	20.1	30.6	27.6	29.9	9.3
1971	123.2	32.4	19.3	30.0	26.3	29.4	3.5
1972	115.4	30.2	18.0	27.7	26.2	32.3	1.7
1973	110.3	27.9	16.8	25.8	25.3	33.0	0.9
1974	100.8	23.3	13.4	21.7	23.2	36.2	— 2.6
1975	105.2	24.0	14.1	22.7	22.8	33.4	3.9
1976	95.9	20.4	11.4	19.3	21.3	36.9	— 2.3
1977	98.8	22.0	12.9	21.2	22.3	34.2	4.6
1978	102.6	24.8	15.5	24.2	24.1	32.0	4.6
1979	103.1	24.9	16.1	24.8	24.2	31.0	0.3
1980	101.2	24.3	16.0	24.8	24.0	30.1	— 1.1
1981	95.7(96.1)	22.9	15.0	23.8	23.9	30.2(30.0)	— 1.2
1982	94.8	22.2	14.4	23.4	23.4	29.7	— 0.4
1983	95.1	21.7	14.4	23.2	22.8	28.5	0.2
1984	96.1	22.3	14.9	24.2	23.2	27.4	— 2.0
1985	95.0	22.4	13.2	23.8	23.6	28.7	— 7.7
1986	89.0	19.9	10.6	20.7	22.3	32.5	— 7.3
1987	87.1	19.7	10.6	20.3	22.6	33.1	— 7.0

注：1981年括号数及以前各年按1980年不变价格工业总产值计算，其他各年均按1970年不变价格工业总产值计算。

全国独立核算工业企业全员劳动生产率

计算单位:元/人·年

年份	全部工业	全民所有制工业	集体所有制工业	其他经济类型工业
1952	2 081	4 200		
1953	2 580	4 540		
1954	2 735	5 104		
1955	2 860	5 608		
1956	3 829	6 672		
1957	4 270	6 376		
1958	3 155	5 834		
1959	3 423	5 397		
1960	4 740	5 880		
1961	3 300	4 188		
1962	3 644	4 830		
1963	4 655	6 121		
1964	5 584	7 350		
1965	6 666	8 995		
1966	7 468	10 171		
1967	6 109	8 222		
1968	5 638	7 633		
1969	7 006	9 035		
1970	7 888	10 167		
1971	7 761	10 080		
1972	7 429	9 537		
1973	7 603	9 853		
1974	7 220	9 347		
1975	7 722	10 035		
1976	7 132	9 172		
1977	7 701	9 914		
1978	8 458	11 131	5 733	
1979	8 706	11 838	5 868	
1980	8 952	12 081	6 549	
1981	8 946	11 863	6 697	
1982	9 364	12 133	6 969	
1983	10 151	13 049	7 611	
1984	11 190	14 070	9 227	
1985	12 372	15 080	8 206	22 752
1986	12 609	15 451	8 600	22 009
1987	13 961	16 671	9 979	26 203

注：全员劳动生产率是按指数换算成1980年价格计算的。

集体所有制工业全员劳动生产率1984年以前为城镇集体所有制工业的数字，1985年以后为乡以上工业的数字。

三、中国工业经济的行业结构

主要工业行业的工业企业单位数(一)

计算单位：个

年份	总计	冶金工业	电力工业	煤炭及炼焦工业	石油工业	化学工业	机械工业	建筑材料工业
1957	169 478	2 200	1 506	1 808	45	4 423	35 589	5 994
1962	197 362	1 693	3 228	3 702	219	5 612	57 143	8 231
1965	157 654	1 049	3 683	2 122	80	3 689	42 193	8 467
1970	195 151	2 488	4 759	6 265	80	7 039	45 101	11 516
1975	262 885	3 497	5 652	7 274	170	15 202	82 096	23 122
1978	348 447	4 934	8 262	9 827	250	22 393	103 753	44 118
1980	377 255	4 968	9 780	8 732	360	23 608	107 284	48 911
1981	381 543	4 602	10 295	8 460	348	23 844	104 112	48 547
1982	388 621	4 631	10 923	8 568	324	24 338	102 286	50 298
1983	392 545	4 793	11 118	8 824	324	25 217	101 649	51 904
1984	437 207	5 747	12 241	10 479	365	28 711	107 570	59 105
1985	463 210	7 205	13 173	10 767	497	33 797	110 950	63 249
1986	499 284	8 621	13 946	11 531	609	36 162	116 270	70 142
1987	493 573	8 920	13 896	11 126	774	38 806	119 068	69 920

主要工业行业的工业企业单位数(二)

计算单位：个

年份	森林工业	食品工业	纺织工业	缝纫工业	皮革工业	造纸工业	文教艺术用品工业	其他工业
1957	25 829	28 651	13 945	22 382	4 121	1 884	6 894	12 304
1962	26 317	23 998	9 962	23 252	3 106	3 196	6 772	20 931
1965	13 790	23 109	8 471	18 845	2 663	1 853	6 588	21 106
1970	6 204	21 949	9 583			2 104		
1975	9 287	31 529	9 964	16 912	2 954	2 189	7 349	45 688
1978	12 128	40 953	12 145	19 829	3 500	3 648	9 905	52 802
1980	16 795	51 774	15 314	22 061	5 174	4 350	13 720	44 423
1981	17 477	55 627	17 068	23 089	6 306	4 690	15 325	41 753
1982	18 265	60 107	18 116	23 026	6 491	4 680	16 603	39 965
1983	18 251	62 547	18 404	22 159	6 390	4 504	16 988	39 473
1984	21 344	74 010	19 681	23 503	6 895	4 439	18 699	44 418
1985	24 658	79 750	21 961	23 545	7 735	4 551	24 311	37 06
1986	26 608	85 533	23 714	23 551	8 505	4 819	26 596	42 677
1987	25 223	81 187	25 972	21 614	8 883	5 126	29 365	33 693

主要工业行业

年份	总计	冶金工业	电力工业	煤炭及炼焦工业	石油工业	化学工业	机械工业
(按1952年不变价格计算)							
1952	343	20.2	4.3	9.1	1.8	16.6	39.0
1953	447	27.6	5.1	10.1	2.1	22.6	60.8
1954	520	33.6	6.2	12.2	3.1	28.7	71.9
1955	549	41.9	7.0	14.3	4.5	32.0	80.6
1956	703	59.4	9.3	16.7	6.5	47.2	125.2
1957	784	72.6	10.9	20.1	7.4	64.6	143.0
(按1957年不变价格计算)							
1957	704	60.0	11.7	23.1	8.0	48.2	119.0
1958	1 090	110.2	16.0	45.6	12.4	83.9	234.3
1959	1 484	161.0	26.1	63.1	19.1	119.3	360.7
1960	1 650	205.2	37.8	71.0	23.8	142.7	492.8
1961	1 019	114.3	31.1	48.8	18.5	102.7	237.0
1962	850	85.7	30.0	37.2	21.8	94.3	171.7
1963	922	95.3	32.1	37.0	24.0	108.1	189.8
1964	1 103	117.9	36.3	34.4	33.2	137.5	227.7
1965	1 394	149.5	43.1	37.9	45.1	179.4	310.2
1966	1 686	181.0	53.0	41.0	62.0	253.0	420.0
1967	1 453	133.0	49.0	30.0	54.0	222.0	312.0
1968	1 380	107.0	47.0	32.5	62.0	194.0	272.0
1969	1 853	166.0	64.0	40.5	69.0	298.0	433.0
1970	2 421	228.1	74.5	56.9	105.3	399.2	647.9
1971	2 782	272.3	88.4	65.4	127.3	467.6	834.2
(按1970年不变价格计算)							
1971	2 389	265.9	88.5	82.7	109.9	260.0	605.1
1972	2 547	280.2	97.2	85.6	125.2	286.8	638.5
1973	2 789	300.4	106.1	85.5	137.8	318.3	710.0
1974	2 796	262.8	107.2	82.5	157.0	308.0	743.5
1975	3 219	288.3	124.7	97.6	179.8	364.5	890.5
1976	3 262	265.5	129.4	98.2	201.4	360.2	897.7
1977	3 728	290.5	141.4	111.5	226.8	423.7	1 037.1
1978	4 231	368.9	161.4	126.7	233.3	525.0	1 155.5
1979	4 591	410.3	176.7	128.2	249.6	561.8	1 244.8
1980	4 992	430.3	188.4	124.0	252.3	622.3	1 273.6
1981	5 199	415.4	194.1	122.1	245.4	651.3	1 226.2
(按1980年不变价格计算)							
1981	5 178	456.7	194.9	157.3	282.1	591.4	1 080.0
1982	5 577	485.2	207.1	166.3	288.0	659.0	1 225.1
1983	6 164	523.7	220.2	178.3	310.1	741.1	1 440.5
1984	7 030	579.4	235.6	194.7	334.1	830.3	1 757.1
1985	8 295	664.0	272.7	208.5	372.6	926.7	2 235.1
1986	8 979	749.93	292.19	215.55	405.21	1 039.50	2 372.44
1987	10 307	822.36	322.79	224.76	434.67	1 217.05	2 887.10

注：本表包括乡及乡以上全部独立核算工业企业和非独立核算工业生产单位。

工业总产值

计算单位：亿元

建筑材料工业	森林工业	食品工业	纺织工业	缝纫工业	皮革工业	造纸工业	文教艺术用品工业	其他工业
（按1952年不变价格计算）								
10.3	22.3	82.8	94.3	15.2	4.7	7.6	7.0	
14.3	30.4	103.5	115.0	21.3	5.6	8.8	10.7	
15.7	35.9	118.7	126.7	22.0	5.7	10.0	12.5	
16.0	32.4	130.1	121.7	22.0	5.6	11.2	14.0	
22.5	40.0	140.6	147.0	30.7	7.2	14.4	17.8	
25.6	42.4	153.6	142.5	30.5	8.7	18.2	17.4	19.4
（按1957年不变价格计算）								
22.7	40.6	138.4	143.6	30.8	8.9	15.4	15.1	18.5
40.7	48.8	169.5	199.6	36.6	11.9	20.6	20.1	
68.5	57.1	192.0	252.9	57.3	17.2	28.8	28.6	32.0
77.7	60.4	172.5	202.7	34.9	18.3	30.5	34.7	
30.9	36.2	141.6	136.2	33.5	12.0	18.0	23.5	
18.0	31.6	126.9	122.3	32.1	9.0	17.4	20.4	31.8
23.1	33.6	131.6	136.9	30.8	8.2	19.8	22.4	
31.1	37.7	152.9	175.8	34.1	8.4	22.0	24.1	
39.6	39.9	175.5	220.7	37.1	9.2	24.5	29.6	52.5
54.0	41.0	160.0	240.0			25.0		
43.0	35.0	157.0	219.0			23.0		
36.0	28.0	157.0	205.0			20.0		
51.0	34.0	164.0	263.0			26.0		
62.1	36.3	197.9	324.2			28.8		
71.5	38.8	218.5	312.9			30.6		
（按1970年不变价格计算）								
66.8	45.6	284.8	311.0			32.2		
77.6	51.6	316.6	313.6	54.3	21.3	34.4	40.3	124.4
83.6	56.0	348.9	349.2	60.0	20.3	38.3	48.6	125.7
83.2	57.2	358.5	346.0	63.3	21.4	36.1	53.0	116.6
100.0	61.1	386.1	396.1	72.9	24.9	41.4	60.7	130.5
109.8	65.7	388.6	394.1	78.5	26.9	41.5	62.9	141.9
133.3	70.0	435.7	460.7	88.8	31.2	47.5	71.2	158.9
153.9	77.4	471.7	529.1	90.8	33.9	53.8	83.1	166.3
167.3	84.8	518.7	593.1	101.0	37.8	60.3	96.5	159.8
181.5	86.7	568.0	735.5	134.7	50.9	64.1	112.1	168.1
180.9	86.2	640.2	868.3	153.4	57.8	64.0	121.5	172.2
（按1980年不变价格计算）								
195.1	104.9	690.1	856.0	147.2	58.6	69.4	121.8	172.3
222.6	112.3	755.5	866.9	141.9	55.7	74.0	129.4	188.7
245.4	116.1	794.3	956.0	153.5	57.0	81.4	134.1	212.7
287.3	126.8	865.8	1 082.9	178.7	62.2	92.2	151.9	250.8
350.6	133.1	951.7	1 273.2	199.3	76.5	107.7	213.2	309.5
408.19	142.74	1 032.55	1 351.31	209.33	89.60	120.31	227.24	322.68
459.57	157.50	1 147.79	1 512.87	242.83	104.34	138.21	276.99	358.32

主要工业行业工

年份	总计	冶金工业	电力工业	煤炭及炼焦工业	石油工业
			(按1952年不变价格计算)		
1952	100	5.9	1.3	2.4	0.5
1953	100	6.2	1.1	2.1	0.5
1954	100	6.5	1.2	2.1	0.6
1955	100	7.6	1.3	2.4	0.8
1956	100	8.4	1.3	2.2	0.9
1957	100	9.3	1.4	2.3	0.9
			(按1957年不变价格计算)		
1957	100	8.5	1.7	2.9	1.1
1958	100	10.1	1.5	3.8	1.1
1959	100	10.8	1.8	3.9	1.3
1960	100	12.4	2.3	3.9	1.4
1961	100	11.2	3.1	4.5	1.8
1962	100	10.1	3.5	4.2	2.6
1963	100	10.3	3.5	3.9	2.6
1964	100	10.7	3.3	3.0	3.0
1965	100	10.7	3.1	2.6	3.2
1966	100	10.7	3.1	2.3	3.7
1967	100	9.2	3.4	2.0	3.7
1968	100	7.8	3.4	2.2	4.5
1969	100	9.0	3.5	2.1	3.7
1970	100	9.4	3.1	2.3	4.3
1971	100	9.8	3.2	2.3	4.6
			(按1970年不变价格计算)		
1971	100	11.1	3.7	3.3	4.6
1972	100	11.0	3.8	3.1	4.9
1973	100	10.8	3.8	2.8	4.9
1974	100	9.4	3.8	2.7	5.6
1975	100	9.0	3.9	2.8	5.6
1976	100	8.1	4.0	2.8	6.2
1977	100	7.8	3.8	2.8	6.1
1978	100	8.7	3.8	2.8	5.5
1979	100	8.9	3.8	2.6	5.4
1980	100	8.6	3.8	2.3	5.1
1981	100	8.0	3.7	2.2	4.7
			(按1980年不变价格计算)		
1981	100	8.8	3.8	2.8	5.4
1982	100	8.7	3.7	2.8	5.2
1983	100	8.5	3.6	2.7	5.0
1984	100	8.2	3.4	2.6	4.8
1985	100	8.0	3.3	2.5	4.5
1986	100	8.4	3.3	2.4	4.5
1987	100	8.0	3.1	2.2	4.2

注：本表包括乡及乡以上全部独立核算工业企业和非独立核算工业生产单位。

业总产值构成

计算单位：%

化学工业	机械工业	建筑材料工业	森林工业	食品工业	纺织工业	造纸工业
		（按1952年不变价格计算）				
4.8	11.4	3.0	6.5	24.1	27.5	2.2
5.1	13.6	3.2	6.8	23.2	25.7	2.0
5.5	13.8	3.0	6.9	22.8	24.4	1.9
5.8	14.7	2.9	5.9	23.7	22.2	2.0
6.7	17.8	3.2	5.7	20.0	20.9	2.0
8.2	18.2	3.3	5.4	19.6	18.2	2.3
		（按1957年不变价格计算）				
6.8	16.9	3.2	5.8	19.7	20.4	2.2
7.7	21.5	3.7	4.5	15.6	18.3	1.9
8.0	24.3	4.6	3.8	12.9	17.0	1.9
8.6	29.9	4.7	3.7	10.5	12.3	1.8
10.1	23.3	3.0	3.6	13.9	13.4	1.8
11.1	20.2	2.1	3.7	14.9	14.4	2.0
11.7	20.6	2.5	3.6	14.3	14.8	2.1
12.5	20.6	2.8	3.4	13.9	15.9	2.0
12.9	22.3	2.8	2.9	12.6	15.8	1.8
15.0	24.9	3.2	2.4	9.5	14.2	1.5
15.3	21.5	3.0	2.4	10.8	15.1	1.6
14.1	19.7	2.6	2.0	11.4	14.9	1.4
16.1	23.4	2.8	1.8	8.8	14.2	1.4
16.5	26.8	2.6	1.5	8.2	13.4	1.2
16.8	30.0	2.6	1.4	7.9	11.2	1.1
		（按1970年不变价格计算）				
10.9	25.3	2.8	1.9	11.9	13.0	1.3
11.3	25.1	3.0	2.0	12.4	12.3	1.4
11.4	25.5	3.0	2.0	12.5	12.5	1.4
11.0	26.6	3.0	2.0	12.8	12.4	1.3
11.3	27.7	3.1	1.9	12.0	12.3	1.3
11.0	27.5	3.4	2.0	11.9	12.1	1.3
11.4	27.8	3.6	1.9	11.7	12.4	1.3
12.4	27.3	3.6	1.8	11.1	12.5	1.3
12.2	27.1	3.6	1.8	11.3	12.9	1.3
12.5	25.5	3.6	1.7	11.4	14.7	1.3
12.5	23.6	3.5	1.7	12.3	16.7	1.2
		（按1980年不变价格计算）				
11.4	20.9	3.8	2.0	13.3	16.5	1.3
11.8	22.0	4.0	2.0	13.5	15.5	1.3
12.0	23.4	4.0	1.9	12.9	15.5	1.3
11.8	25.0	4.1	1.8	12.3	15.4	1.3
11.2	26.9	4.2	1.6	11.5	15.3	1.3
11.6	26.4	4.6	1.6	11.5	15.1	2.3
11.8	28.0	4.5	1.5	11.1	14.7	2.4

年份/行业	固定资产原值	固定资产净值	利润总额	利润和税金总额	亏损企业亏损额
总计					
1978	3 477.63	2 225.65	599.35	916.01	45.13
1979	3 803.80	2 629.66	654.29	994.13	40.17
1980	4 134.00	2 830.24	692.33	1 060.78	38.81
1981	4 506.73	3 063.59	639.21	1 081.02	53.54
1982	4 926.66	3 321.99	628.29	1 114.06	55.82
1983	5 399.42	3 623.67	753.17	1 209.09	37.60
1984	5 916.04	3 935.56	837.82	1 363.25	34.24
1985	6 885.85	4 664.27	944.09	1 664.03	40.52
1986	7 921.41	5 416.81	877.58	1 665.09	72.42
1987	9 158.24	6 346.78	1 004.96	1 893.36	84.68
一、冶金工业					
1978	502.43	347.79	47.86	69.62	11.86
1979	551.10	394.50	59.20	82.17	9.91
1980	582.09	411.15	70.54	95.08	5.21
1981	609.30	421.52	63.36	93.74	4.99
1982	637.76	434.06	63.56	103.33	4.30
1983	689.41	466.88	86.14	119.18	1.91
1984	746.90	496.00	98.16	138.89	1.10
1985	843.58	557.93	109.84	174.55	0.97
1986	998.57	682.58	113.76	190.36	2.26
1987	1 112.26	761.23	123.41	212.71	3.06
二、电力工业					
1978	374.32	255.79	50.79	70.78	0.76
1979	433.64	304.55	56.16	77.15	0.62
1980	473.02	333.76	58.12	80.78	0.53
1981	516.20	358.39	55.40	84.82	0.48
1982	578.92	399.84	49.99	88.05	1.41
1983	620.93	426.75	62.56	91.08	0.69
1984	671.99	459.23	58.46	93.49	0.58
1985	862.92	607.06	51.92	107.86	1.23
1986	985.72	704.24	54.34	117.52	2.13
1987	1 107.09	796.26	64.04	136.14	2.70
三、煤炭及炼焦工业					
1978	305.73	251.14	3.57	12.09	7.71
1979	323.83	221.69	9.25	18.94	7.53
1980	363.79	238.65	7.26	17.68	9.97
1981	396.91	260.25	0.10	14.14	13.39
1982	432.22	275.91	－0.24	12.34	14.23
1983	472.83	299.62	2.29	13.80	13.50
1984	519.58	331.56	3.21	14.17	13.63
1985	605.71	390.05	0.63	8.83	16.22
1986	674.51	441.92	－8.47	0.32	22.88
1987	757.74	507.10	－12.01	－2.15	27.33

注：本表包括乡及乡以上全部独立核算工业企业。固定资产净值1978年为全民独立核算工业企业数字。

要财务指标(一)

单位：亿元

年 份/行 业	固定资产原值	固定资产净值	利润总额	利润和税金总额	亏损企业亏损额
四、石油工业					
1978	186.42	101.92	96.13	120.96	0.03
1979	212.91	118.60	95.72	122.52	0.05
1980	244.81	132.34	96.10	123.41	0.07
1981	276.64	150.57	90.74	119.24	0.31
1982	302.13	157.83	85.13	117.06	0.17
1983	350.83	179.50	85.91	120.56	0.13
1984	408.50	194.98	98.03	141.47	0.01
1985	471.42	274.30	80.82	152.06	0.02
1986	558.64	323.40	76.93	151.30	0.27
1987	666.28	412.87	84.43	161.60	2.00
五、化学工业					
1978	369.15	244.16	73.55	111.91	10.84
1979	395.88	284.11	78.55	119.22	9.38
1980	429.28	306.35	83.64	126.67	6.02
1981	466.74	328.88	76.62	126.93	6.29
1982	506.33	353.49	85.87	141.59	5.03
1983	541.69	370.34	105.79	161.17	2.20
1984	583.97	395.66	110.80	174.27	1.76
1985	661.20	468.41	96.93	176.36	6.09
1986	759.50	515.45	90.28	182.63	9.79
1987	869.59	590.92	122.11	229.76	4.91
六、机械工业					
1978	967.92	564.02	161.48	209.17	7.12
1979	1 035.98	706.93	167.12	218.71	6.31
1980	1 144.67	773.72	148.01	200.64	10.12
1981	1 210.99	812.83	113.66	174.54	17.17
1982	1 282.67	852.61	129.95	200.40	16.75
1983	1 354.65	887.79	187.13	254.59	7.07
1984	1 424.86	926.56	232.48	315.54	4.44
1985	1 550.59	1 008.09	308.00	431.31	4.67
1986	1 728.36	1 123.29	253.58	372.71	14.45
1987	1 961.65	1 285.03	271.80	412.04	16.92
七、建筑材料工业					
1978	157.69	87.89	18.67	30.46	2.27
1979	175.21	127.28	22.95	35.27	1.72
1980	198.62	144.23	26.39	39.97	1.48
1981	221.98	160.46	22.56	37.94	2.37
1982	248.68	177.88	29.75	45.52	1.84
1983	277.36	197.25	35.98	52.17	1.57
1984	311.21	220.55	37.91	56.87	1.78
1985	383.77	273.90	50.53	76.58	1.99
1986	453.42	323.69	55.48	85.92	3.58
1987	534.78	385.16	50.75	86.42	5.64

主要工业行业主

年　份/行　业	固定资产原值	固定资产净值	利　润　总　额	利润和税金总额	亏损企业亏损额
八、森林工业					
1978	87.40	66.10	8.05	12.77	0.25
1979	94.75	77.83	9.13	14.36	0.24
1980	97.43	76.04	11.42	17.49	0.30
1981	107.81	78.78	12.16	19.13	0.72
1982	120.49	87.67	12.74	20.83	0.91
1983	131.74	95.85	14.34	22.21	0.78
1984	141.40	99.77	14.44	22.99	0.55
1985	155.30	109.17	15.79	25.42	0.58
1986	171.68	119.63	14.18	24.69	1.17
1987	195.33	139.54	23.32	37.87	1.14
九、食品工业					
1978	119.14	80.29	22.19	89.81	2.22
1979	133.98	95.87	26.15	99.35	2.04
1980	154.10	111.88	32.23	109.69	2.46
1981	182.32	133.13	35.47	131.29	3.40
1982	218.83	163.24	36.04	141.09	4.54
1983	254.04	190.73	37.12	142.91	4.58
1984	297.33	224.52	46.12	164.67	4.85
1985	366.09	279.71	55.23	202.67	4.10
1986	448.60	346.13	54.01	231.14	6.33
1987	550.81	428.45	63.04	278.09	8.75
十、纺织工业					
1978	168.31	96.46	68.43	118.36	0.54
1979	184.73	118.78	78.02	130.85	0.62
1980	209.84	138.58	101.39	165.45	0.46
1981	254.72	174.60	113.98	193.51	0.85
1982	300.69	210.47	81.82	157.40	2.10
1983	376.75	278.15	75.15	138.36	1.86
1984	442.34	328.36	73.07	139.65	2.50
1985	529.68	371.44	89.84	176.68	1.91
1986	606.28	451.87	91.14	173.72	4.18
1987	766.79	575.58	121.80	189.34	4.98
十一、缝纫工业					
1978	11.47	3.46	5.40	8.16	0.17
1979	12.45	8.65	6.32	9.23	0.06
1980	15.55	11.07	9.94	14.29	0.07
1981	20.62	15.03	10.53	15.70	0.19
1982	24.90	18.29	8.59	13.54	0.58
1983	29.17	21.35	9.76	14.85	0.33
1984	33.70	24.29	11.02	16.84	0.35
1985	42.50	30.51	13.28	21.02	0.41
1986	52.09	38.16	10.24	18.26	1.30
1987	65.18	48.13	11.96	20.27	1.37

要财务指标(二)

单位：亿元

年 份/行 业	固定资产原值	固定资产净值	利润总额	利润和税金总额	亏损企业亏损额
十二、皮革工业					
1978	10.49	3.12	2.98	4.47	0.10
1979	11.32	7.74	3.53	5.43	0.06
1980	14.21	9.98	5.49	7.84	0.09
1981	17.69	12.60	5.11	7.81	0.18
1982	20.66	14.87	3.15	5.79	0.64
1983	22.94	16.38	3.48	6.16	0.54
1984	25.13	17.75	3.77	6.78	0.41
1985	30.29	21.32	6.34	10.55	0.21
1986	35.82	25.47	6.72	11.28	0.44
1987	43.39	31.16	6.96	11.95	0.71
十三、造纸工业					
1978	45.29	24.34	7.16	11.79	0.32
1979	50.64	32.51	9.96	15.56	0.24
1980	56.53	37.41	9.24	15.10	0.52
1981	62.03	41.62	6.78	13.34	1.10
1982	67.46	45.21	6.26	13.60	1.33
1983	73.41	49.16	8.00	15.12	0.72
1984	80.55	54.26	9.21	17.36	0.42
1985	90.42	60.94	12.97	23.69	0.27
1986	106.62	71.57	12.99	25.26	0.49
1987	125.03	86.20	15.62	30.42	0.80
十四、文教艺术用品工业					
1978	33.87	19.27	11.96	15.95	0.08
1979	36.65	25.58	13.04	17.63	0.19
1980	42.28	29.61	15.44	20.42	0.13
1981	49.25	34.33	16.03	21.84	0.31
1982	56.50	39.18	18.79	23.13	0.36
1983	63.02	43.77	18.03	24.06	0.26
1984	70.54	49.24	18.00	24.83	0.39
1985	86.96	62.04	23.51	33.74	0.37
1986	105.36	75.85	23.07	34.67	0.52
1987	130.44	95.40	26.68	40.27	0.77
十五、其他工业					
1978	137.99	79.91	21.14	29.71	0.86
1979	150.73	105.02	19.22	27.77	1.19
1980	107.78	75.47	17.12	26.27	1.38
1981	113.53	80.62	16.72	27.06	1.79
1982	128.44	91.44	18.88	30.36	1.65
1983	140.64	100.13	21.50	32.87	1.45
1984	158.04	112.82	23.14	35.43	1.46
1985	205.42	149.41	28.47	42.71	1.48
1986	236.24	173.36	29.33	45.31	2.63
1987	271.85	203.77	31.06	48.65	3.57

主要工业行业全部商品产品总成本构成项目(一)

(全民所有制独立核算工业)　　　　计算单位：亿元

行业	全部商品产品总成本							
	合计	原材料	燃料和动力	工资	提取的职工福利基金	废品损失	车间经费	企业管理费
总计								
1980年	2 664.28	1 743.08	236.32	136.43	11.13	7.03	326.06	204.26
1984年	3 758.98	2 431.91	345.73	169.15	15.73	10.04	468.11	318.31
1985年	4 539.39	2 949.34	407.11	203.91	18.69	6.19	556.10	398.05
轻工业								
1980年	1 083.40	864.57	44.30	40.74	3.00	1.63	73.73	55.45
1984年	1 531.55	1 192.76	70.05	53.10	5.16	2.29	111.95	96.24
1985年	1 844.34	1 433.74	84.90	64.54	6.28	－2.90	134.32	123.45
重工业								
1980年	1 580.88	878.51	192.03	95.69	8.13	5.40	252.32	148.80
1984年	2 227.43	1 239.15	275.68	116.05	10.57	7.75	356.16	222.07
1985年	2 695.05	1 515.60	322.21	139.37	12.41	9.09	421.78	274.60
煤炭采选业								
1980年	105.55	34.61	9.78	26.48	2.29	0.01	18.39	14.00
1984年	139.56	41.72	11.70	34.21	2.83	0.03	28.14	20.92
1985年	177.07	49.75	13.37	42.46	3.21	0.03	39.35	28.91
石油和天然气开采业								
1980年	60.62	22.29	4.65	3.19	0.31	0.02	23.90	6.26
1984年	80.87	30.29	7.12	2.78	0.27	0.04	32.23	8.15
1985年	96.14	36.18	8.24	3.45	0.34	0.03	40.45	7.44
黑色金属矿采选业								
1980年	5.91	2.58	0.82	0.41	0.04	…	1.17	0.89
1984年	7.61	3.29	1.00	0.51	0.05	0	1.51	1.25
1985年	9.76	4.15	1.39	0.62	0.06	…	1.98	1.56
有色金属矿采选业								
1980年	14.75	5.64	1.91	1.40	0.13	…	3.07	2.60
1984年	19.63	7.15	2.42	1.70	0.16	…	4.46	3.73
1985年	23.41	8.60	2.83	1.99	0.20	…	5.29	4.50
建筑材料及其他非金属矿采选业								
1980年	7.58	1.91	0.81	1.27	0.12	…	2.24	1.23
1984年	10.06	2.53	1.06	1.57	0.14	0.01	2.98	1.77
1985年	11.12	2.72	1.24	1.77	0.16	…	3.15	2.07

主要工业行业全部商品产品总成本构成项目(二)

计算单位：亿元

行业	全部商品产品总成本							
	合计	原材料	燃料和动力	工资	提取的职工福利基金	废品损失	车间经费	企业管理费
采盐业								
1980年	4.67	0.64	0.88	0.68	0.07	…	1.71	0.68
1984年	5.58	0.94	1.28	0.65	0.07	…	1.73	0.92
1985年	6.07	0.99	1.36	0.69	0.07	…	1.92	1.05
木材及竹材采运业								
1980年	33.34	15.76	1.62	3.37	0.33	0.04	8.98	3.24
1984年	44.84	21.74	1.99	3.84	0.37	0.12	12.20	4.59
1985年	46.71	23.01	2.11	4.01	0.39	0.14	12.15	4.91
自来水生产和供应业								
1980年	6.04	0.75	2.22	0.44	0.04	…	1.97	0.61
1984年	9.67	1.58	3.03	0.65	0.06	…	3.25	1.10
1985年	11.48	1.81	3.59	0.76	0.08	…	3.87	1.38
食品制造业								
1980年	221.13	188.79	7.42	6.62	0.64	0.15	9.72	7.81
1984年	350.26	297.87	12.55	9.29	0.90	0.16	15.69	13.80
1985年	415.68	351.91	15.41	10.94	1.05	0.17	18.74	17.46
饮料制造业								
1980年	39.79	29.45	2.26	1.78	0.17	0.01	3.20	2.92
1984年	72.39	52.44	4.33	2.84	0.27	0.04	6.01	6.46
1985年	87.79	62.66	5.22	3.48	0.33	0.04	7.42	8.63
烟草加工业								
1980年	28.86	26.35	0.33	0.63	0.05	…	0.69	0.80
1984年	56.96	51.69	0.69	0.93	0.09	…	1.58	1.97
1985年	78.45	71.42	0.89	1.27	0.12	0.01	2.01	2.73
饲料工业								
1980年	0.93	0.82	0.02	0.03	…	0	0.03	0.03
1984年	8.27	7.50	0.08	0.14	0.01	…	0.26	0.28
1985年	15.65	14.15	0.16	0.23	0.02	…	0.52	0.57
纺织业								
1980年	418.14	352.45	11.53	14.43	0.80	0.02	22.29	16.62
1984年	489.51	389.56	17.34	18.53	1.82	0.04	33.62	28.59
1985年	548.51	425.43	21.12	23.06	2.27	0.09	40.37	36.16
缝纫业								
1980年	19.26	16.74	0.11	0.67	0.04	…	1.01	0.69
1984年	20.89	17.23	0.16	0.82	0.06	…	1.56	1.06
1985年	25.71	21.03	0.20	1.00	0.09	0.01	1.93	1.45

主要工业行业全部商品产品总成本构成项目(三)

计算单位：亿元

行业	全部商品产品总成本							
	合计	原材料	燃料和动力	工资	提取的职工福利基金	废品损失	车间经费	企业管理费
皮革、毛皮及其制品业								
1980年	19.71	15.59	0.35	0.91	0.08	0.01	1.55	1.22
1984年	22.47	16.97	0.50	1.06	0.10	0.01	2.07	1.77
1985年	29.00	22.22	0.61	1.26	0.12	0.01	2.50	2.28
木材加工及竹、藤、棕、草制品业								
1980年	15.81	11.69	0.81	0.92	0.08	…	1.30	1.00
1984年	23.09	17.17	1.26	1.15	0.11	0.01	1.80	1.60
1985年	25.03	18.23	1.50	1.27	0.12	0.01	2.00	1.88
家具制造业								
1980年	3.26	2.14	0.09	0.19	0.02	…	0.19	0.17
1984年	4.63	3.11	0.12	0.37	0.04	…	0.57	0.42
1985年	5.41	3.63	0.14	0.44	0.04	…	0.64	0.51
造纸及纸制品业								
1980年	47.85	32.37	5.50	0.06	…	…	0.16	0.07
1984年	64.92	43.20	7.97	2.28	0.22	0.04	5.59	5.62
1985年	78.95	51.90	9.73	2.83	0.27	0.06	7.03	7.13
印刷业								
1980年	20.00	12.54	0.37	2.14	0.18	0.01	2.63	2.11
1984年	25.83	15.66	0.55	2.53	0.25	0.04	3.79	3.01
1985年	32.19	19.68	0.67	2.96	0.29	0.06	4.65	3.87
文教体育用品制造业								
1980年	8.35	6.10	0.14	0.41	0.03	0.01	1.08	0.58
1984年	11.00	7.79	0.19	0.47	0.05	0.03	1.52	0.97
1985年	12.79	8.91	0.22	0.53	0.06	0.02	1.85	1.19
工艺美术品制造业								
1980年	3.33	1.93	0.05	0.29	0.02	0.01	0.60	0.43
1984年	4.16	2.51	0.08	0.37	0.03	0.01	0.73	0.43
1985年	6.57	4.58	0.10	0.43	0.04	0.01	0.77	0.64
电力、蒸汽、热水生产和供应业								
1980年	108.32	6.46	49.26	5.51	0.35	…	40.24	6.50
1984年	173.98	9.40	79.49	7.34	0.77	0.01	66.20	10.78
1985年	203.61	10.98	91.34	8.65	0.92	0.01	78.62	13.09
石油加工业								
1980年	102.28	88.59	3.39	0.34	0.03	…	6.23	3.70
1984年	134.48	114.84	5.09	0.38	0.04	…	8.51	5.62
1985年	150.24	127.61	6.11	0.47	0.05	…	9.59	6.42

主要工业行业全部商品产品总成本构成项目(四)

计算单位：亿元

行 业	全部商品产品总成本							
	合 计	原材料	燃料和动力	工 资	提取的职工福利基金	废品损失	车间经费	企业管理费
炼焦、煤气及煤制品业								
1980年	11.43	8.74	0.56	0.32	0.03	…	1.18	0.59
1984年	14.90	11.13	0.81	0.40	0.04	…	1.56	0.98
1985年	18.21	13.80	0.96	0.48	0.04	…	1.83	1.11
化学工业								
1980年	243.76	159.36	32.43	6.73	0.57	0.07	26.81	17.79
1984年	353.24	227.53	47.48	8.59	0.81	0.06	39.90	28.87
1985年	376.45	240.92	50.06	9.38	0.88	0.08	41.18	33.94
医药工业								
1980年	46.26	35.02	2.65	1.37	0.11	0.02	3.52	3.56
1984年	74.83	56.12	4.49	1.89	0.19	0.02	5.72	6.41
1985年	84.35	62.39	5.14	2.22	0.22	0.03	6.30	8.04
化学纤维工业								
1980年	27.43	19.86	2.81	0.36	0.02	0.69	2.52	1.17
1984年	47.61	34.62	4.57	0.54	0.05	0.08	4.74	2.28
1985年	62.77	52.35	5.64	0.74	0.07	－4.73	5.58	3.12
橡胶制品业								
1980年	46.55	37.94	1.75	1.31	0.08	0.02	3.12	2.33
1984年	62.13	49.21	2.55	1.60	0.15	0.06	4.54	4.02
1985年	73.65	57.87	3.20	2.00	0.19	0.08	5.30	5.00
塑料制品业								
1980年	18.82	15.25	0.50	0.57	0.04	0.01	1.36	1.08
1984年	28.90	23.04	0.84	0.77	0.08	0.02	2.06	2.09
1985年	33.43	25.94	1.06	0.90	0.09	0.02	2.65	2.75
建筑材料及其他非金属矿物制品业								
1980年	97.78	39.30	19.63	9.75	0.89	0.54	17.13	10.54
1984年	141.48	55.97	31.81	11.90	1.14	0.88	23.54	16.24
1985年	174.85	69.12	39.46	14.30	1.34	1.00	28.85	20.77
黑色金属冶炼及压延加工业								
1980年	224.71	139.31	39.97	6.09	0.28	0.02	27.80	11.25
1984年	284.54	174.86	50.66	7.25	0.48	0.04	35.92	15.31
1985年	364.19	228.44	62.69	9.81	0.73	0.03	42.32	20.17

主要工业行业全部商品产品总成本构成项目(五)

计算单位：亿元

行业	全部商品产品总成本							
	合计	原材料	燃料和动力	工资	提取的职工福利基金	废品损失	车间经费	企业管理费
有色金属冶炼及压延加工业								
1980年	72.37	49.78	9.40	1.65	0.13	0.03	7.44	3.93
1984年	94.99	64.09	12.07	2.03	0.20	0.01	10.34	6.26
1985年	110.20	72.88	14.09	2.55	0.24	0.01	12.67	7.76
金属制品业								
1980年	36.11	23.69	1.68	2.20	0.17	0.19	4.97	3.21
1984年	45.58	29.65	2.21	2.50	0.25	0.31	6.11	4.55
1985年	56.90	37.51	2.77	2.93	0.29	0.37	7.33	5.72
机械工业								
1980年	278.17	161.68	11.66	18.58	1.64	3.09	42.47	39.05
1984年	413.65	255.96	16.43	21.30	2.12	4.32	56.23	57.29
1985年	531.74	340.58	20.11	25.23	2.52	5.07	66.03	72.21
交通运输设备制造业								
1980年	121.74	77.61	5.49	6.04	0.56	1.01	17.09	13.93
1984年	180.87	122.53	6.69	7.06	0.63	1.27	22.14	20.55
1985年	226.44	158.41	8.00	8.10	0.73	1.38	25.51	24.30
电气机械及器材制造业								
1980年	76.50	56.12	1.97	3.18	0.28	0.32	6.77	7.87
1984年	109.24	81.05	2.84	3.73	0.37	0.51	8.97	11.78
1985年	139.98	104.58	3.44	4.54	0.44	0.61	10.88	15.49
电子及通信设备制造业								
1980年	44.27	29.65	1.02	2.56	0.24	0.49	4.07	6.25
1984年	94.42	70.41	1.64	3.23	0.32	0.94	6.48	11.40
1985年	149.54	118.09	2.11	3.94	0.39	1.30	8.54	15.18
仪器仪表及其他计量器具制造业								
1980年	19.79	11.22	0.44	1.53	0.13	0.13	2.70	3.63
1984年	27.82	16.47	0.56	1.75	0.17	0.20	3.49	5.19
1985年	33.21	20.15	0.67	1.95	0.20	0.21	3.75	6.28
其他工业								
1980年	3.11	2.36	0.05	0.16	0.01	…	0.31	0.22
1984年	4.10	3.08	0.09	0.22	0.02	0.01	0.39	0.30
1985年	6.15	4.78	0.12	0.26	0.02	0.01	0.58	0.38

煤炭工业主要技术经济指标(一)

年　份	商品煤灰分(%)	商品煤含矸率(%)	每万吨原煤生产耗坑木(立方米)	原煤综合耗电(千瓦小时/吨)	洗精煤回收率(%)	洗精煤灰分(%)	原煤生产全员效率(吨/工)	回采工效率(吨/工)
1952			244.1				0.661	2.341
1953	20.43		251.2			9.43	0.736	2.916
1954	18.83		255.7			9.49	0.789	3.133
1955	20.07		251.8			9.76	0.850	3.129
1956	19.46		259.2			9.72	0.943	3.693
1957	20.57		248.1		50.22	9.59	0.978	3.545
1958	20.46		224.3		54.63	10.53	1.304	4.167
1959	21.52		219.6		53.30	10.94	1.117	3.677
1960	21.68	2.13	184.3		53.58	11.62	1.059	3.471
1961	23.26	3.02	233.6		48.93	11.77	0.739	2.847
1962	23.17	2.29	253.7	29.69	49.78	11.35	0.655	2.807
1963	21.51	1.27	225.1	30.40	51.67	10.68	0.663	2.998
1964	20.01	0.77	200.8	30.37	56.28	10.32	0.769	3.493
1965	19.56	0.64	167.5	28.19	59.25	9.73	0.863	3.821
1966	20.15	0.62	145.3	26.34	60.74	9.62	0.950	3.906
1967	21.05		149.2		60.72	9.87	0.720	2.895
1968	21.79		169.8		62.12	9.71	0.732	2.838
1969	22.29		160.1		58.24	11.32	0.792	2.915
1970	22.87	1.03	133.3	25.62	55.77	10.28	0.910	3.074
1971	22.92	0.96	130.8	26.17	55.62	11.53	0.915	3.090
1972	22.87	0.87	127.4	28.05	55.77	10.22	0.881	3.080
1973	23.41	0.83	130.3	30.23	56.42	10.61	0.847	3.214
1974	23.59	0.97	134.4	31.59	53.33	10.80	0.794	2.985
1975	23.54	1.02	127.4	30.25	54.86	10.79	0.901	3.513
1976	23.27	1.06	122.5	31.62	56.41	10.67	0.849	3.322
1977	23.41	1.10	120.3	31.92	56.27	10.76	0.871	3.479
1978	22.91	0.90	109.9	31.45	56.87	10.50	0.931	3.698
1979	22.05	0.64	100.7	32.08	56.66	10.30	0.965	4.076
1980	21.58	0.51	90.4	34.34	56.16	10.27	0.912	4.129
1981	21.17	0.46	86.8	35.68	54.65	10.34	0.870	4.040
1982	20.91	0.45	80.2	35.88	52.49	10.32	0.873	4.094
1983	20.31	0.40	73.2	36.35	54.08	10.31	0.891	4.229
1984	20.05	0.39	67.7	36.68	54.37	10.30	0.903	4.292
1985	19.78	0.33	62.71	37.29	55.01	10.27	0.939	4.405
1986	19.77	0.25	58.39	39.12	52.94	10.28	1.001	4.544
1987	19.19	0.19	53.20	39.55	53.30	10.27	1.053	4.881

煤炭工业主要技术经济指标(二)

年　份	掘进工效率(米/工)	回采工作面平均个数(个)	回采工作面平均月产量(吨/个)	掘进工作面平均月进度(米/个·月)	采煤机械化程度(%)	开拓煤量可采期(年)	准备煤量可采期(月)	回采煤量可采期(月)
1952			4 331					
1953		658	4 253					
1954		658	4 935	59.7				
1955	0.255	821	4 968					
1956	0.307	977	5 130	97				
1957	0.277	1 156	5 137		4.12			
1958	0.296	1 496	6 194	102.6				
1959	0.236	1 664	7 051	106.1				
1960	0.216	1 867	7 313	115.3	9.67			
1961	0.164	1 900	5 541	88.4				
1962	0.161	1 782	5 167	83.0				
1963	0.176	1 841	5 332	83.2				
1964	0.193	1 678	6 016	92.0				
1965	0.196	1 707	6 646	100.6	9.34			
1966	0.193	1 702	7 342	116.7	14.34			
1967	0.133	1 559	5 800	94.0	15.85			
1968		1 627	6 370					
1969		1 762	7 079		14.28			
1970		1 982	7 931		18.43			
1971	0.126	2 141	8 039		19.91			
1972	0.121	2 209	7 941	109.3	20.17			
1973	0.123	2 131	8 177	112.9	21.90			
1974	0.107	2 064	8 153	103.8	23.59			
1975	0.122	2 024	9 658	122.8	27.78	6.56	32.78	7.42
1976	0.113	1 978	9 633	117.2	28.00	6.04	31.14	6.80
1977	0.115	1 986	10 356	120.4	27.53	6.91	35.88	7.88
1978	0.122	2 167	10 989	119.4	32.52	6.79	34.53	7.11
1979	0.134	2 212	11 220	116.8	32.34	6.45	33.57	7.31
1980	0.125	2 167	11 032	107.9	37.06	7.19	36.90	7.90
1981	0.115	2 134	10 908	99.7	39.77	7.59	38.65	8.12
1982	0.113	2 166	11 150	101.0	39.99	7.80	39.85	8.36
1983	0.113	2 148	11 643	102.4	41.79	8.16	43.03	8.46
1984	0.114	2 314	11 555	105.0	42.62	8.23	44.42	8.48
1985	0.116	2 341	11 728	104.2	44.98	8.35	47.25	8.75
1986	0.114	2 292	12 197	104.1	44.98	8.10	46.66	8.60
1987	0.117	2 171	13 082	107.1	54.48	8.22	49.21	8.87

电力工业主要技术经济指标

年份	发电设备平均利用小时(500千瓦以上电厂)(小时)			发电厂用电率(%)			线路损失率(%)	发电标准煤耗(克/千瓦小时)	供电标准煤耗(克/千瓦小时)
		*水电	火电		*水电	火电			
1952	3 800	7 000	3 457	6.17	0.22	7.42	11.29	727	
1953	4 400	5 898	4 181	5.99	0.23	7.16	10.29	693	
1954	4 530	6 249	4 235	5.66	0.18	7.08	9.56	678	
1955	4 510	5 033	4 377	5.89	0.166	7.27	8.59	655	
1956	4 760	5 847	4 913	6.12	0.175	7.13	8.81	625	
1957	4 794	5 105	4 659	5.99	0.142	7.17	8.61	604	
1958	5 518	3 871	5 963	6.31	0.169	7.00	7.57	559	601
1959	6 076	3 407	6 678	6.67	0.187	7.17	7.35	551	594
1960	5 800	4 415	6 080	7.12	0.132	7.85	7.11	553	600
1961	3 822	3 566	3 872	8.09	0.167	9.17	7.41	568	625
1962	3 554	3 843	3 490	7.87	0.200	9.31	8.73	549	605
1963	3 736	3 625	3 761	7.69	0.196	8.92	8.37	520	571
1964	4 228	4 126	4 250	7.18	0.18	8.47	8.10	497	543
1965	4 920	3 728	5 217	6.98	0.207	7.98	7.31	477	518
1966	5 350	3 832	5 756	6.55	0.183	7.50	7.73	461	498
1967	4 448	3 539	4 694	(6.70)	(0.184)	(7.72)	(8.60)	(463)	(502)
1968	3 972	2 862	4 207	(6.75)	(0.219)	(7.71)	(9.00)	(464)	(503)
1969	4 760	3 451	5 163	(6.65)	(0.211)	(7.80)	(9.43)	(464)	(503)
1970	5 526	3 790	6 100	(6.54)	(0.172)	(7.78)	(9.22)	(463)	(502)
1971	5 810	3 795	6 540	6.68	0.171	7.89	9.48	465	505
1972	5 746	3 700	6 536	6.68	0.173	7.88	9.43	464	504
1973	5 530	4 305	6 030	6.26	0.146	7.83	9.53	457	496
1974	5 010	4 050	5 400	6.19	0.161	7.87	9.91	450	488
1975	5 197	4 147	5 631	6.23	0.154	7.91	10.21	450	489
1976	4 869	3565	5 413	6.34	0.173	7.88	10.32	449	487
1977	4 947	3512	5 522	6.41	0.190	7.83	10.19	446	484
1978	5 149	2941	6 018	6.61	0.210	7.71	9.64	434	471
1979	5 175	3112	5 956	6.54	0.195	7.63	9.24	422	457
1980	5 078	3293	5 775	6.44	0.190	7.65	8.93	413	448
1981	4 955	3520	5 511	6.40	0.197	7.76	8.98	407	442
1982	5 007	3708	5 542	6.32	0.209	7.71	8.64	404	438
1983	5 101	4104	5 513	6.21	0.234	7.78	8.53	400	434
1984	5 190	3860	5 748	6.28	0.250	7.70	8.28	398	432
1985	5 308	3853	5 893	6.42	0.28	7.78	8.18	398	431
1986	5 388	3 882	5 974	6.54	0.28	7.83	8.15	398	432
1987	5 392	3 771	6 011	6.66	0.31	7.88	8.48	398	432

注：（1）发电厂用电率及发、供电标准煤耗1971年以前为500千瓦以上电厂数，1971年及以后为6 000千瓦以上电厂数。

（2）括号内系估计数。

石油工业主要技术经济指标

年份	油井利用率（%）	外运原油含水率（%）	企业原油自用率（%）	石油产品质量合格率（%）	加工一吨原油耗电（千瓦小时）	加工一吨原油耗燃料油（公斤）	原油加工损失率（%）	企业原油损耗率（%）	生产一吨原油耗电（千瓦小时）	石油产品综合商品总收率（%）
1952	78.8						12.97			
1957	84.0						4.64			
1960	80.8		2.64		48.86	78.94	2.35	5.26		
1962	69.3		2.14		46.73	144.99	2.44	2.08		
1965			1.18	99.99	43.54	79.00	1.92	2.03		
1966	75.5		0.68	100.00	46.47	46.30	1.51	1.45		
1967	69.4		1.11		47.89	63.32	1.66	1.48		
1968	60.3		1.43		37.29	56.65	2.00	1.51		
1969	71.6		0.94		48.80	65.29	2.00	1.71		
1970	81.3		1.34		36.80	52.40	1.30	1.89		88.40
1971	82.1		1.01		34.50	57.60	1.20	2.12		88.90
1972	80.8	1.66	1.22	99.90	37.82	53.95	2.23	2.90	32.70	87.90
1973	81.8	1.66	1.34	99.90	37.69	48.76	2.11	2.55	24.60	88.71
1974	80.2	1.57	1.22	99.95	35.38	44.30	2.06	2.64	24.70	89.58
1975	82.7	1.53	1.25	99.99	37.32	43.62	2.03	2.93	25.73	89.94
1976	82.5	1.02	1.68	99.99	35.85	42.42	2.14	2.58	28.80	89.88
1977	82.5	0.87	1.56	99.98	33.80	41.90	2.08	2.65	32.55	90.04
1978	86.0	0.69	1.74	99.99	39.23	38.43	2.05	2.37	35.01	90.28
1979	90.3	0.48	1.84	100.00	40.16	33.66	2.09	2.49	40.82	91.03
1980	89.6	0.34	1.64	99.93	39.44	29.21	0.90	2.27	38.84	91.81
1981	89.8	0.37	1.54	99.99	39.77	26.13	0.84	2.30	39.82	92.16
1982	91.1	0.37	1.50	99.99	39.49	22.57	0.77	2.29	42.96	92.74
1983	92.0	0.32	1.50	100.00	34.59	19.24	1.09	2.30	45.08	92.98
1984	92.8	0.34	1.46	99.99	40.69	18.59	0.73	2.03	47.24	93.46
1985	86.22	0.36	1.52	99.99	41.86	18.73	0.80	1.65	51.58	93.32
1986	86.70	0.41	1.55	99.99	42.29	19.71	0.86	1.57	59.39	91.30
1987	86.67	0.40	1.64	100	41.73	20.02	0.90	1.55	64.50	92.11

冶金工业主要技术经济指标(一)

年份	铁矿采矿工人实物劳动生产率（采剥总量吨/人·年）		铁矿选矿（%）				
	露天	坑下	原矿品位	精矿品位	尾矿品位	选矿金属回收率	选矿工人实物劳动生产率（吨/人·年）
1952			43.48	64.54	11.21	90.47	
1957	2 404	430	36.01	61.09	12.35	80.82	1 946
1960	2 523	374	34.89	61.91	15.17	70.05	3 148
1962	2 188	214	34.92	60.79	13.35	75.37	1 609
1965	5 221	341	32.95	60.82	10.08	83.51	2 481
1966	5 791	343	33.11	60.65	10.63	83.20	2 557
1970	3 960	317	33.17	59.93	12.07	77.43	2 548
1971	4 100	350	32.97	59.93	12.53	77.77	2 620
1972	3 859	354	32.45	60.51	12.07	77.99	2 549
1973	3 861	296	32.02	60.02	11.40	78.80	2 591
1974	3 733	293	31.17	60.11	11.43	76.66	2 459
1975	3 866	337	31.78	59.77	11.81	77.45	2 487
1976	3 547	334	31.50	60.05	11.72	76.41	2 230
1977	3 447	303	31.42	60.52	11.85	76.81	2 032
1978	5 309	390	31.47	61.12	11.82	76.43	2 484
1979	4 992	369	31.57	62.45	11.62	77.02	2 674
1980	4 858	405	31.72	62.89	11.35	77.09	2 684
1981	4 677	392	31.49	62.66	11.44	76.66	2 499
1982	4 796	387	31.16	62.52	11.66	75.57	2 379
1983	4 879	418	31.30	62.13	12.02	75.17	2 417
1984	5 694	445	31.38	62.06	11.84	75.57	2 586
1985	5 661	477	32.29	62.44	11.80	75.71	2 700
1986	6 218	443	32.12	62.69	11.59	75.62	2 841
1987	6 883	496	31.78	62.89	11.33	76.22	3 116

冶金工业主要技术经济指标(二)

年份	高炉					平炉			
	利用系数(吨/立方米·昼夜)	入炉焦比(公斤/吨)	生铁合格率(%)	入炉矿石品位(%)	工人实物劳动生产率(吨/人·年)	利用系数(吨/平方米·昼夜)	钢锭合格率(%)	钢铁料消耗(公斤/吨)	炉顶寿命(次)
1952	1.02	976	99.28			4.78	95.43	1 072	
1957	1.32	768	99.44	50.85		7.21	99.03		
1960	1.33	783	86.64	50.15		7.64	96.35	1 055	
1962	0.98	756	97.86	48.42	465	7.04	97.76	1 039	244
1965	1.44	586	99.85	49.67	1 574	8.07	98.47	1 014	832
1966	1.50	558	99.79	49.66	1 930	8.48	98.80	1 016	700
1970	1.25	632	95.47	48.70		7.34	97.59	1 052	360
1971	1.131	641	94.74	49.04	783	7.52	97.16	1 058	370
1972	1.135	629	95.96	49.65	742	7.47	97.22	1 062	369
1973	1.167	609	98.21	49.50	842	7.54	96.69	1 061	369
1974	1.031	632	96.59	49.63	708	5.83	95.76	1 078	319
1975	1.090	638	94.18	49.87	802	6.32	95.06	1 107	264
1976	0.994	640	94.64	50.00	700	5.83	94.52	1 135	289
1977	1.100	623	96.29	50.68	750	6.36	95.32	1 114	268
1978	1.429	562	99.41	52.80	1 100	8.22	97.24	1 081	359
1979	1.482	553	99.81	53.72	1 196	8.53	98.40	1 070	382
1980	1.555	539	99.92	53.75	1 302	8.77	98.76	1 079	418
1981	1.471	540	99.94	53.33	1 225	8.26	98.62	1 090	393
1982	1.548	538	99.94	52.52	1 282	8.37	97.95	1 095	390
1983	1.591	535	99.95	52.26	1 387	8.90	98.37	1 095	377
1984	1.649	524	99.95	52.38	1 413	9.67	98.84	1 092	373
1985	1.688	565	99.78		1 466	10.40	98.77	1 105	363
1986	1.738	571	99.87	53.61	1 614	10.99	98.88	1 120	338
1987	1.7	592	99.79	53.44	1 645	11.43	98.83	1 113	351

冶金工业主要技术经济指标(三)

年 份	平炉		侧吹转炉					
	平均冶炼时间(时:分)	工人实物劳动生产率(吨/人·年)	利用系数(吨/公称吨·昼夜)	钢锭合格率(%)	钢铁料消耗(公斤/吨)	炉衬寿命(次)	平均每炉冶炼时间(分)	工人实物劳动生产率(吨/人·年)
1952			13.11	95.87				
1957			39.82	98.90	1 174			
1960			11.86	87.37	1 518			
1962	9:52	294	13.47	97.45	1 279	78	33.0	137
1965	8:33	635	22.02	98.79	1 226	137	36.5	305
1966	8:28	758	25.55	98.23	1 229	163	33.0	
1970			21.98	97.98	1 268	129		
1971	11:00	441	24.93	98.11	1 268	128	36.0	275
1972	9:31	460	27.06	98.26	1 267	134	35.0	271
1973	9:15	463	28.56	98.07	1 278	134	34.4	379
1974	9:18	394	23.15	97.62	1 281	119	36.0	300
1975	9:05	371	24.97	97.19	1 310	122	37.2	277
1976	9:17	299	22.02	95.45	1 356	144	37.0	180
1977	8:47	382	24.29	95.52	1 309	139	36.8	257
1978	8:13	497	28.44	97.60	1 247	161	35.1	299
1979	7:43	555	30.62	99.00	1 205	168	34.0	334
1980	7:21	569	31.20	99.26	1 190	184	33.0	354
1981	7:26	515	33.79	99.22	1 186	168	33.0	338
1982	7:25	506	35.59	99.20	1 173	260	48.0	269
1983	7:15	534	35.20	99.26	1 171	323	48.0	266
1984	7:00	527	32.10	99.19	1 171	283	49.0	261
1985	6:49	490	31.12	99.14	1 177	246	53	261
1986	6:22	556	33.9	99.29	1 173	281	51	288
1987	6:00	577	35.53	99.34	1 157	291		324

注：侧吹转炉各项指标1982年及以后均为唐钢数，其他钢铁厂已不用此法生产。

冶金工业主要技术经济指标(四)

年份	顶吹转炉						电炉		
	利用系数(吨/公称吨·昼夜)	钢锭合格率(%)	钢铁料消耗(公斤/吨)	炉衬寿命(炉)	平均每炉冶炼时间(分)	工人实物劳动生产率(吨/人·年)	利用系数(吨/百万伏安·昼夜)	钢锭合格率(%)	钢铁料消耗(公斤/吨)
1952							7.40	96.93	1 205
1957							18.62	98.58	
1960							20.28	94.66	1 138
1962							14.42	96.77	1 098
1965	12.74	99.02	1 116	319	29.7	380	18.51	98.13	1 074
1966	18.79	99.27	1 118	226	31.0		19.06	98.59	1 062
1970	16.99	97.78	1 148	199			19.04	97.37	1 102
1971	16.21	97.21	1 161	154	32.0	329	19.70	97.54	1 095
1972	19.21	96.80	1 178	197	30.8	362	20.43	97.88	1 089
1973	13.13	96.08	1 191	239	32.7	397	20.16	98.25	1 084
1974	9.48	96.22	1 189	200	33.0	366	17.83	97.37	1 093
1975	11.32	95.07	1 198	206	34.4	430	17.96	97.14	1 096
1976	10.04	94.45	1 213	197	33.6	345	14.23	96.82	1 097
1977	12.07	94.94	1 220	241	34.4	379	13.06	96.86	1 090
1978	14.27	96.93	1 184	398	34.5	572	15.79	98.45	1 057
1979	15.29	98.43	1 152	542	34.0	594	16.57	99.36	1 043
1980	16.54	98.63	1 152	560	35.0	575	16.58	99.45	1 042
1981	16.31	98.38	1 150	501	35.0	604	16.01	99.40	1 046
1982	16.94	98.45	1 148	521	34.0	619	16.50	99.41	1 037
1983	18.08	98.72	1 143	541	34.0	635	17.88	99.43	1 034
1984	20.30	99.03	1 137	570	34.0	675	17.83	99.51	1 037
1985	19.82	99.33	1 133	606	34	688	17.32	99.45	1 040
1986	19.46	99.12	1 126	655	32	741	17.73	99.41	1 029
1987	20.64	99.07	1 125	725	33	751	17.15	99.49	1 022

冶金工业主要技术经济指标(五)

年 份	电炉		轧钢材合格率(%)	焦炭结焦率(%)	有色金属选矿回收率(%)				
	冶炼电耗(千瓦小时/吨)	平均每炉冶炼时间(时:分)			铜	铅	锌	镍	钨
1952					88.61	77.07	71.73		67.51
1957					90.99	89.42	82.97		72.64
1960					80.29	83.14	78.98	68.43	79.19
1962	844	4:54	98.16	78.05	82.72	81.74	82.19	79.54	77.67
1965	696	4:08	98.39	75.60	88.73	87.95	85.39	73.80	84.22
1966	692	4:14	98.42	75.33	90.95	89.30	86.22	74.04	85.44
1970	696		97.70	78.24	85.80	82.97	83.52	66.58	83.31
1971	700	4:04	97.80	76.39	85.72	84.48	84.37	68.24	83.61
1972	691	3:59	97.90	75.76	85.60	85.05	85.00	67.50	83.39
1973	668	3:58	98.00	75.94	87.56	85.20	83.20	69.51	83.54
1974	691	3:54	98.10	76.19	87.50	82.35	86.00	70.38	83.30
1975	698	3:58	97.90	76.33	87.50	82.69	87.31	69.79	83.75
1976	710	4:01	97.59	75.78	87.10	84.80	85.68	70.95	84.06
1977	702	3:58	97.96	76.34	88.28	82.95	80.63	69.84	85.64
1978	677	4:04	98.53	76.66	88.75	83.75	87.32	70.07	87.53
1979	659	3:59	99.06	76.82	88.50	85.00	86.60	69.80	87.40
1980	647	3:55	99.04	76.64	88.30	85.30	88.20	69.80	85.80
1981	651	3:52	98.75	76.89	88.00	86.20	89.10	73.30	85.10
1982	643	3:52	98.73	76.99	86.30	86.40	88.40	74.40	83.90
1983	625	3:48	98.98	77.08	87.10	86.00	88.50	82.20	83.70
1984	619	3:46	99.01	76.77	87.40	84.70	87.70	82.30	81.40
1985	626	3:45	98.86	76.81	85.8	83.1	88.1	82.2	81.6
1986	607	3:40	98.70	76.58	86.10	84.10	88.10	82.10	81.70
1987	590	3:40	98.86	77.23	85.62	83.86	87.18	83.12	82.04

冶金工业主要技术经济指标(六)

年份	选矿回收率(%)		有色金属精矿品位(%)					粗铜冶炼回收率(%)	电解铝耗直流电(千瓦小时/吨)
	锡	钼	铜	铅	锌	镍	锡		
1952	64.57	90.34	10.94	55.20	50.98		61.67	93.75	
1957	63.09	86.78	10.34	54.91	51.05		61.46	95.60	16511
1960	58.15	79.65	14.50	58.00	49.57	3.34	57.48	92.25	18181
1962	58.88	78.69	14.23	59.49	50.42	4.04	54.78	94.34	16614
1965	63.67	85.88	15.67	64.04	50.86	4.69	51.35	96.95	16080
1966	65.26	86.03	15.75	64.65	51.83	4.82	47.06	97.20	15723
1970	58.20	86.31	13.51	54.44	46.49	3.48	45.76	94.42	19210
1971	59.70	82.02	14.69	57.77	47.55	3.75	43.64	95.68	19028
1972	60.60	84.94	15.20	55.20	47.80	3.77	44.50	95.99	17142
1973	59.89	84.68	15.27	56.80	47.76	4.03	44.37	96.41	16575
1974	60.00	84.36	15.30	55.80	48.00	4.02	42.60	96.19	16798
1975	58.23	83.60	15.73	55.83	48.44	3.92	42.79	96.69	17260
1976	57.02	82.37	15.58	50.36	44.37	3.97	42.26	95.77	16941
1977	56.27	79.20	16.40	58.55	50.95	3.95	43.50	96.38	16879
1978	59.95	82.64	18.31	56.98	50.80	4.15	45.28	96.61	16059
1979	60.60	87.30	20.00	58.20	50.60	4.30	44.50	96.86	15820
1980	61.00	84.80	21.60	62.00	50.30	4.50	50.00	97.05	15432
1981	58.10	84.10	22.70	61.10	50.30	4.70	44.30	96.90	15730
1982	56.80	84.30	22.50	59.90	49.90	4.93	43.10	97.06	16108
1983	58.60	83.80	22.50	59.60	49.90	5.38	44.20	97.15	15633
1984	57.00	80.20	22.80	61.00	50.20	5.66	43.89	97.20	15456
1985	58.3	80.24	21.60	60.30	50.50	5.74	42.40	97.27	15047
1986	54.60	82.02	21.44	60.70	50.50	5.86	41.40	97.16	15294
1987	56.80	82.56	21.91	61.08	49.96	5.97	44.47	97.30	15378

化学工业主要技术经济指标

年份	合成氨耗电（千瓦小时/吨）	电石耗焦炭（公斤/吨）	电石耗电（千瓦小时/吨）	硫酸耗硫铁矿（公斤/吨）	纯碱耗原盐（公斤/吨）	电解烧碱耗直流电（隔膜法液碱）（实耗）（千瓦小时/吨）	电解烧碱耗直流电（水银法液碱）（千瓦小时/吨）	合成氨耗焦、白煤（公斤/吨）
1952	2 453	631		1 091	1 931	3 382		焦1 538 白煤1 561
1957	2 168	661	3 637	1 037	1 511	3 080		焦1 356 白煤1 259
1960	2 111	705	3 624	1 193	1 644	2 723		焦1 795 白煤1 455
1962	2 038	666	4 086	1 110	1 571	2 635		焦1 572 白煤1 361
1965	1 572	590	3 878	983	1 433	2 318	3 200	1 263
1966	1 567	574	3 272	982	1 400	2 353	3 188	焦1 271 白煤1 283
1970	1 743	689	3 468	1 038	1 510	2 522	3 572	焦1 383 白煤1 540
1971	1 719	578	3 519	1 062	1 504	2 543	3 679	焦1 399 白煤1 532
1972	1 663	580	3 555	1 042	1 477	2 547	3 607	1 476
1973	1 644	587	3 569	1 027	1 469	2 516	3 767	1 444
1974	1 660	593	3 603	1 035	1 504	2 516	3 775	1 531
1975	1 619	598	3 663	1 034	1 512	2 536	3 847	1 513
1976	1 640	618	3 725	1 036	1 474	2 568	4 048	1 665
1977	1 603	613	3 842	1 018	1 517	2 572	3 958	1 540
1978	1 516	598	3 626	1 006	1 487	2 546	3 478	1 448
1979	1 466	595	3 598	994	1 469	2 497	3 404	1 362
1980	1 441	587	3 584	992	1 465	2 449	3 082	1 326
1981	1 445	580	3 558	994	1 460	2 465	3 274	1 321
1982	1 434	575	3 518	988	1 457	2 448	3 200	1 314
1983	1 406	558	3 479	987	1 447	2 397	3 182	1 301
1984	1 352	561	3 450	987	1 449	2 393	3 214	1 281
1985	1 385	557	3 468	994	1 452	2 359	3 307	1 283
1986	1 418	560	3 472	980	1 467	2 356	3 256	1 262
1987	1 260	558	3 418	992	1 462	2 344	3 238	1 346

机械工业主要技术经济指标

年　　份	铸铁件废品率(%)	铸钢件废品率(%)	机械加工件废品率(%)	金属切削机床利用率(%)	钢材利用率(%)	轴承钢利用率(%)
1952						
1957	7.9	4.5	2.1			
1960	12.5	7.0	1.5			
1962	11.2	9.0	2.1			
1965						
1966						
1970						
1971	11.2	5.5	2.6	68.9		
1972	11.9	5.5	2.1	67.4		
1973	14.4	5.4	2.4	63.9		
1974	14.0	7.3	1.9			
1975	13.0	7.8	2.45	59.91		
1976	14.2	6.26	3.27	57.45		
1977	13.6	8.12	3.18	54.61	62.6	39.8
1978	11.1	6.35	2.01	55.56	65.8	37.5
1979	10.7	5.19	1.82	52.13	67.4	41.0
1980	10.3	4.70	1.50	49.10	67.8	33.9
1981	10.1	5.00	2.20	45.20	66.9	40.9
1982	8.6	5.08	2.11	49.10	65.4	42.3
1983	10.0	4.85	1.92	48.20	65.8	43.3
1984	7.8	6.31	2.03	48.20	65.8	43.8
1985	8.9	4.6	1.85	50.30	67.5	43.6
1986	9.27	4.41	1.67	48.4	67.4	44.3
1987	9.93	4.24	1.96	49.6	68.5	45.9

建筑材料工业主要技术经济指标

年 份	出厂水泥合格率(%)	水泥平均标号(号)	回转窑运转率(%)	水泥熟料耗标准煤(公斤/吨)	水泥综合耗电(千瓦小时/吨)	平板玻璃一级品率(%)	每重量箱平板玻璃耗标准煤(公斤)	每重量箱平板玻璃耗纯碱(公斤)
1952			73.49	278.5		84.48	39.80	10.32
1957		412	86.25	247.0		89.96	29.51	10.05
1960		402	74.93	278.2		79.10	39.50	9.86
1962		470	39.43	239.9		82.97	43.70	9.89
1965	99.99	483	84.50	221.8		84.49	32.90	10.11
1966	99.99	488	89.20	216.3	87.86	69.10	31.53	10.2
1970	99.80	479	81.20	223.1	91.20	73.42	36.43	9.89
1971	99.71	482	82.17	224.2	94.06	71.90	35.59	9.63
1972	99.78	485	75.79	223.6	93.44	68.06	34.81	9.64
1973	99.88	484	78.32	215.1	95.41	56.02	43.92	9.90
1974	99.91	490	67.99	216.2	96.81	61.72	40.15	10.09
1975	99.80	483	76.82	215.9	95.86	61.60	41.01	9.94
1976	99.79	486	68.43	215.4	99.15	62.37	44.26	10.26
1977	99.76	479	73.33	214.4	98.25	56.02	38.32	9.96
1978	99.94	493	79.97	211.2	96.70	65.12	35.09	9.95
1979	99.97	502	84.12	207.16	96.00	72.86	32.39	9.75
1980	99.99	448	85.27	206.54	96.65	77.78	30.85	9.76
1981	99.99	452	84.51	207.53	98.62	79.80	30.67	9.81
1982	99.97	449	83.26	207.62	100.00	78.94	30.55	9.73
1983	99.96	484	83.62	206.01	100.90	82.50	30.10	9.72
1984	100.00	472	82.67	205.85	102.39	83.31	29.88	9.78
1985	99.99	604	84,07	201.10	103.93	82.25	30.76	10.12
1986	99.99	611	81.34	198.15	105.59	75.56	31.04	10.03
1987	100	618	80.77	193.30	106.23	69.49	32.66	10.12

森林工业主要技术经济指标

年份	平均每台拖拉机年集材量（立方米）	平均每辆汽车年运材量（立方米）	平均每台森铁机车年运材量（立方米）	木材采运工人实物劳动生产率（立方米/人）	锯材出材率（%）	胶合板一、二等品率（%）
1957	6 019	6 063	29 078		69.1	
1960	5 830	7 382	39 041		70.5	
1962	3 530	4 175	18 816		67.6	
1965	5 452	5 482	34 949		70.2	
1966	5 891	6 402	39 142		69.5	
1970						
1971	5 174	5 228	35 747		69.2	
1972	4 806	5 027	35 308		68.8	
1973	5 083	5 500	36 745		69.1	
1974	4 920	5 389	34 439		68.7	
1975	5 138	5 533	35 073		68.9	
1976	5 030	5 561	34 058		68.1	
1977	4 902	5 636	33 135		68.1	
1978	4 772	5 824	33 902		69.4	
1979	4 755	5 825	34 703		68.2	
1980	4 492	5 431	32 128		69.5	
1981	4 395	4 983	29 805		69.2	
1982	4 401	4 607	29 330		69.6	
1983	4 503	4 985	29 505		70.2	
1984	4 418	5 038	24 159		71.9	
1985	4 284	4 804	26 442	134.9	71.4	86.6
1986	4 355	4 754	26 110	134.6	70.1	78.3
1987	4 261	4 654	27 446	136.0	67.5	85.9

注：锯材一等品率从1965到1979年的数字，除1975年外均为锯材一、二等品率。

纺织工业主要技术经济指标(一)

年 份	棉纱一等一级以上品率(%)	每千锭时平均产纱量(公斤)	每吨棉纱通扯净用棉量(公斤)	每吨棉纱耗电量(千瓦小时)	棉纱锭设备利用率(%)	棉布入库一等品率(%)	棉布织机每台时产量(米)
1952			199.0		89.2		3.99
1957	65.2	20.7	193.6		82.7		4.07
1960	86.2	23.4	193.0	254	74.0	90.8	3.83
1962	93.3	18.3	192.6	276	50.4	95.2	3.38
1965	88.1	22.3	192.9	277	89.5	97.4	4.06
1966	90.8	24.5	192.8		91.6	94.8	4.19
1970	90.1	28.8	193.3			82.5	4.33
1971	91.2	27.8	193.2	253		86.9	4.31
1972	94.9	27.3	192.7	263	84.1	91.7	4.20
1973	94.7	26.8	192.1	278	92.0	92.0	4.10
1974	95.2	26.0	192.4	288	89.5	88.5	3.90
1975	93.8	26.4	192.7	293	96.6	84.4	3.90
1976	92.1	25.7	193.1	303	93.0	85.7	3.80
1977	89.9	26.2	193.2	305	94.7	84.5	3.90
1978	96.7	26.5	(192.0) 1 070	(314) 1 750	95.2	92.7	4.15
1979	98.57	25.8	1 068	1 778	102.9	95.6	4.21
1980	98.38	24.8	1 065	1 827	102.4	96.7	4.15
1981	98.59	23.9	1 064	1 888	101.0	96.0	3.99
1982	98.86	24.7	1 067	1 862	97.8	95.9	3.97
1983	98.77	24.1	1 067	1 894	94.7	95.52	3.84
1984	98.95	22.8	1 063	1 943	94.0	95.53	3.65
1985	98.49	22.41	1 064	1 983	96.36	94.89	3.57
1986	98.77	21.27	1 068	1 914	98.18	95.33	3.59
1987	98.82	22.48	1 068	1 946	99.45	95.78	3.57

注：1．每吨棉纱通扯净用棉量1978年括号内及以前年份的数字均为每件棉纱通扯净用棉量。2．每吨棉纱耗电量1978年括号内及以前各年的数字均为每件棉纱耗电量。

纺织工业主要技术经济指标(二)

年　份	每百米棉布用纱量(公斤)	每百米棉布用电量(千瓦小时)	棉布织机设备利用率(%)	印染布入库一等品率(%)	粘胶纤维 正品率(%)	粘胶纤维 一等品率(%)	每吨粘胶纤维用浆粕(吨)
1952	13.9		89.4				
1957	13.4		72.9		36.2		1.22
1960	14.4	12.5	69.1	93.3	84.7		1.23
1962	15.6	14.1	46.0	93.7	90.4		1.11
1965	15.8	14.8	88.5	94.5	96.0	70.0	
1966	16.1		92.5	93.3	89.7	55.6	1.06
1970	16.7				76.5		1.06
1971	16.9	16.9			74.3		1.10
1972	16.8	17.4	81.6	87.6	80.7	60.2	1.09
1973	16.7	18.5	88.6	87.2	84.3	52.0	1.11
1974	16.5	19.0	82.2	84.4	77.2	44.4	1.13
1975	16.4	19.2	93.5	82.4	76.9	37.7	1.14
1976	16.4	19.6	90.8	81.1	77.3	41.2	1.15
1977	16.6	19.4	93.1	81.7	82.4	48.0	1.12
1978	16.3	19.6	92.2	87.6	91.3	60.9	1.10
1979	16.1	20.4	98.3	90.1	96.24	78.40	1.10
1980	16.1	20.3	99.5	90.7	98.40	87.16	1.08
1981	15.8	21.1	99.9	88.8	98.43	89.10	1.08
1982	15.6	21.0	99.0	88.9	98.58	89.93	1.08
1983	16.6	21.7	96.3	87.7	98.76	90.01	1.07
1984	18.8	22.7	93.4	86.2	99.07	90.81	1.06
1985	16.17	23.07	97.54	84.93	98.60	92.15	1 053(短纤) 1 114(长丝)
1986	16.30	23.02	96.42	83.78	99.06	90.73	1 051(短纤) 1 129(长丝)
1987	16.70	23.44	96.84	84.56	98.48	89.75	1 054(短纤) 1 165(长丝)

纺织工业主要技术经济指标(三)

年份	每吨粘胶纤维耗硫酸(吨)	每吨粘胶纤维耗烧碱(吨)	每吨粘胶纤维耗电(千瓦小时)	每吨粘胶纤维耗标准煤(吨)	合成纤维	
					正品率(%)	一等品率(%)
1952	1.40	0.87				
1957	1.48	0.92				
1960	1.45	0.83	4 408	4.90		
1962	1.12	0.71	4 780	5.2	94.7	91.0
1965	1.05	0.68	4 349	4.62		
1966	1.11	0.74			92.0	
1970	1.10	0.74			97.5	
1972	1.10	0.75	3 813		98.4	90.7
1973	1.13	0.75	3 966		98.9	88.0
1974	1.14	0.77	3 897		98.4	87.0
1975	1.16	0.78	4 036	5.30	97.1	84.7
1976	1.14	0.78	3 722	5.10	97.1	83.9
1977	1.10	0.75	3 761	4.70	94.5	80.0
1978	1.06	0.72	3 600	4.27	96.25	81.34
1979	1.05	0.72	3 927	4.61	98.29	87.42
1980	1.03	0.71	3 676	4.25	99.11	94.20
1981	1.04	0.69	3 448	4.06	97.98	89.75
1982	1.02	0.70	3 608	3.92	98.49	90.04
1983	1.03	0.70	3 786	4.28	98.97	91.78
1984	1.01	0.69	4 240	4.05	99.14	91.43
1985	0.92(短纤)	0.65(短纤)	1 967(短纤)	2.34(短纤)	98.91	89.91
	1.33(长丝)	0.84(长丝)	9 205(长丝)	9.23(长丝)		
1986	0.90(短纤)	0.65(短纤)	1 917(短纤)	2.20(短纤)	98.41	89.13
	1.37(长丝)	0.85(长丝)	9 514(长丝)	8.21(长丝)		
1987	0.90(短纤)	0.64(短纤)	1 948(短纤)	0.22(短纤)	98.11	90.32
	1.44(长丝)	0.86(长丝)	10 060(长丝)	0.92(长丝)		

轻工业主要技术经济指标(一)

年份	机制纸及纸板成品率(%)	* 新闻纸成品率(%)	凸版纸成品率(%)	缝纫机质量分(分)	自行车质量分(分)	手表质量分(分)	原盐优等、一等品率(%)
1952							
1957							
1960							
1962							
1965							
1966							
1970	85.9	64.0	83.0				
1971	87.8	89.3	84.2	72.8	74.3		
1972				82.1	77.4		87.9
1973	88.5	88.9	86.9	80.1	81.5		69.1
1974	87.1	87.5	80.8	77.5	82.8	84.9	81.8
1975	85.0	86.8	75.6	73.4	73.4		83.6
1976	83.8	86.2	71.9	77.3	76.8		91.6
1977	85.7	86.0	75.7	75.5	73.4	78.0	82.3
1978	89.3	88.9	81.1	80.3	80.4	81.0	81.0
1979	92.6	92.3	88.5	83.8	76.2	83.6	80.9
1980	92.6	92.7	87.8	90.3	81.9	88.1	83.6
1981	91.6	92.1	86.3	87.2	85.7	84.7	93.5
1982	91.7	92.7	86.8	88.9	89.0	90.4	95.2
1983	91.7	92.5	87.7	89.5	91.4	91.3	95.8
1984	94.6	93.0	97.5	91.6	93.3	90.0	94.6
1985	92.30	92.90	90.60	91.86	94.18	114.8	95.40
1986	92.30	92.90	88.40	91.30	93.70	94.02	86.00
1987	92.30	91.90	89.80	92.03	93.19	92.78	87.20

注：1985年手表质量分满分为130分。

轻工业主要技术经济指标(二)

年　　份	甘　蔗 产糖率 (%)	甜　菜 产糖率 (%)	每吨本色化 学木浆耗木材 (立方米)	每架家用缝 纫机耗生铁 (公斤)	每辆28″ 载重自行 车耗钢材 (公斤)	每箱卷烟 耗 烟 叶 (公斤)
1952						
1957						
1960						
1962						
1965						
1966						
1970	10.4	12.4	4.6			60.4
1971	12.0	13.0	5.2			60.7
1972	11.8	13.4	5.0	32.0		60.4
1973	12.0	12.9	5.1	31.1		59.7
1974	11.9	12.3	5.0	33.4		58.2
1975	11.5	12.1	5.2	33.0		58.4
1976	10.9	13.6	5.1	33.1		57.7
1977	11.7	13.6	4.9	33.2		58.8
1978	12.0	12.8	4.9	32.7		59.2
1979	12.0	13.3	4.9	32.6		58.4
1980	11.9	12.2	4.7	33.0		57.7
1981	11.5	11.2	4.7	32.9		57.0
1982	11.0	11.9	4.6	32.8		57.1
1983	10.1	11.9	4.6	32.3		56.9
1984	10.6	11.7	4.6	31.7	29.7	56.6
1985	11.1	11.8	4.6	31.6	29.9	56.8
1986	11.1	11.9	4.7	31.7	29.5	56.4
1987	11.1	11.9	4.7	31.41	29.2	55.2

行业	工业企业单位数（个）	年末职工人数（万人）	职工工资总额（亿元）	固定资产投资（亿元）
总计	**417 904**	**7 298.02**	**747.80**	**1 407.15**
煤炭采选业	9 458	553.30	76.09	98.65
石油和天然气开采业	29	66.07	9.79	166.21
黑色金属矿采选业	1 270	29.36	3.40	12.84
有色金属矿采选业	2 040	63.69	9.35	16.77
建筑材料及其他非金属矿采选业	10 092	92.87		7.83
土砂石开采业	7 798	59.21		
化学矿采选业	801	15.88		
采盐业	607	23.35		3.22
其他矿采选业	25	0.19		0.09
木材及竹材采运业	1 337	118.78	16.62	13.55
自来水生产和供应业	2 836	22.14	3.18	15.82
食品制造业	43 664	345.29	46.65	45.88
粮食加工	13 713	60.99		
饮料制造业	14 706	123.42		40.33
烟草加工业	304	26.71		13.49
饲料工业	3 643	11.98	0.96	3.95
纺织业	23 026	852.86	83.23	73.24
棉纺织业	7 777	444.54		
毛纺织业	1 885	85.71		
丝绢纺织业	3 412	119.67		
缝纫业	18 965	217.58	12.57	2.17
皮革、毛皮及其制品业	7 990	97.58	7.14	3.08
木材加工及竹、藤、棕、草制品业	10 989	84.14	5.18	4.29
锯材加工业	2 748	31.12		
人造板制造业	612	16.77		
家具制造业	11 383	70.35	4.56	1.22
木制家具制造业	9 215	52.03		
造纸及纸制品业	9 762	149.19	11.85	18.58
造纸业	4 766	103.15		
纸制品业	4 930	45.32		
印刷业	10 538	100.72	9.15	6.07
文教体育用品制造业	3 943	47.20	3.17	1.67
工艺美术品制造业	10 228	131.51	6.21	0.97
电力、蒸汽、热水生产和供应业	11 407	136.34	21.52	235.54
电力生产业	9 465	78.11		
水力发电业	8 782	32.47		
电力供应业	1 914	56.87		

经济主要指标(一)

续表

固定资产原值(亿元)	流动资金年末占用数(亿元)	工业总产值(亿元)	全员劳动生产率(元/人.年)	工业净产值(亿元)	利润总额(亿元)	利润和税金总额(亿元)	企业留利(亿元)
9 158.21	**5 222.39**	**11 381.56**	**13 961**	**3 487.71**	**1 004.96**	**1 893.37**	**343.62**
720.13	115.91	253.33	3 768	101.79	－14.08	－5.63	1.18
507.71	78.59	292.17	27 175	174.28	32.63	52.20	2.49
36.93	11.17	22.36	6 071	8.93	3.12	3.87	1.30
103.11	26.87	56.03	6 665	22.20	7.89	9.30	3.35
54.05	24.32	47.66	4 766	20.10	4.12	6.28	1.78
22.64	12.51	28.76	4 546	12.02	2.33	3.47	0.99
16.78	5.18	8.06	4 600	3.47	0.66	1.06	0.37
26.30	7.99	23.65	9 477	15.90	2.41	4.61	0.99
0.06	0.04	0.07	3 469	0.03	0.01	0.01	0.00
118.32	49.64	87.30	3 646	49.63	13.62	22.03	6.89
100.20	12.06	25.85	9 958	10.14	5.59	6.44	2.72
346.15	245.61	806.36	20 167	131.33	42.08	68.23	17.67
56.09	33.25	256.49	34 900	27.27	1.40	2.94	6.21
141.36	148.99	228.60	14 013	68.78	13.22	43.25	4.73
41.97	84.04	277.12	81 589	170.74	6.15	164.15	3.29
13.28	15.33	51.09	40 813	6.59	3.60	3.97	2.17
613.34	571.07	1 373.49	16 417	321.83	99.98	158.37	34.31
340.44	245.49	750.77	18 199	168.10	57.52	84.13	19.51
80.73	90.20	163.54	17 209	47.95	13.62	29.21	4.89
67.77	67.89	167.80	13 195	37.33	10.31	16.26	3.80
65.18	112.53	227.51	11 162	61.30	11.96	20.27	4.17
43.39	73.13	119.84	10 741	30.21	6.96	11.95	2.42
50.93	40.95	80.22	7 253	22.21	6.59	10.01	2.82
19.97	16.58	33.26	6 642	7.95	2.57	4.03	1.17
18.22	9.97	20.37	9 502	6.01	2.28	3.10	0.87
29.61	35.47	62.41	8 702	18.26	3.18	5.93	1.27
22.10	24.87	41.00	7 664	12.70	2.03	3.85	0.80
144.04	81.18	228.89	13 322	62.77	18.60	36.02	6.10
124.37	59.03	170.01	13 772	49.28	15.56	30.31	4.91
19.01	21.67	57.61	12 309	13.25	2.98	5.60	1.16
76.69	46.98	111.93	10 051	34.68	12.97	17.50	5.03
21.44	26.69	58.49	12 162	19.47	6.54	10.28	2.24
32.31	53.30	103.97	8 111	35.44	7.17	12.49	2.35
1 107.09	102.82	362.27	23 775	157.62	64.04	136.14	13.15
724.44	50.31	263.85	29 754	96.31	34.29	81.55	6.57
290.96	14.46	56.44	16 024	34.91	15.52	27.79	2.59
375.99	51.18	96.22	15 866	60.79	29.68	54.43	6.49

行业	工业企业单位数（个）	年末职工人数（万人）	职工工资总额（亿元）	固定资产投资（亿元）
石油加工业	626	36.39	7.01	26.19
炼焦、煤气及煤制品业	2 038	20.64	2.62	16.42
化学工业	16 228	375.33	16.01	132.16
基本化学原料制造业	3 893	77.59		
有机化学产品制造业	5 303	85.33		
日用化学产品制造业	2 443	35.86		
医药工业	2 664	72.48	9.30	12.96
化学纤维工业	435	35.77	4.71	23.95
橡胶制品业	3 587	80.97	8.25	9.00
塑料制品业	13 234	134.67	8.72	5.17
建筑材料及其他非金属矿物制品业	55 837	739.07	44.66	69.26
水泥制造业	5 296	155.89		
黑色金属冶炼及压延加工业	2 766	285.33	44.01	113.06
有色金属冶炼及压延加工业	1 933	87.87	12.27	36.92
金属制品业	30 460	288.87	19.87	9.90
日用金属制品业	5 931	72.71		
机械工业	42 412	955.53	193.29	72.96
工业专用设备制造业	6 209	196.09		
日用机械制造业	1 606	70.80		
自行车制造业	772	34.11		
缝纫机制造业	311	12.57		
钟表制造业	439	21.02		
照相机制造业	84	3.11		
交通运输设备制造业	10 227	294.71		40.35
铁路运输设备制造业	252	26.71		
汽车制造业	3 625	119.21		
电气机械及器材制造业	14 013	252.87		23.84
日用电器制造业	2 518	44.22		
洗衣机制造业	148	6.14		
电冰箱制造业	165	6.73		
电热器具制造业	483	6.13		
电子及通信设备制造业	4 043	149.79		22.56
日用电子器具制造业	901	32.65		
电视机制造业	288	12.09		
收音机、录音机制造业	577	19.71		
仪器仪表及其他计量器具制造业	3 434	77.52		5.30
其他工业	5 725	43.34	8.63	1.75

经济主要指标(二)

续表

固定资产原值(亿元)	流动资金年末占用数(亿元)	工业总产值(亿元)	全员劳动生产率(元/人.年)	工业净产值(亿元)	利润总额(亿元)	利润和税金总额(亿元)	企业留利(亿元)
158.57	48.26	338.71	73 862	129.94	51.80	109.40	5.25
40.61	11.06	32.89	11 369	6.09	1.81	3.32	1.77
648.96	294.44	819.28	18 706	231.59	78.06	150.89	25.32
109.13	44.79	139.09	13 949	42.62	13.55	26.91	4.84
153.35	91.18	261.49	27 398	82.52	26.53	61.00	6.51
36.17	38.65	98.52	26 090	25.51	7.99	16.48	2.56
80.90	86.03	207.63	30 029	57.88	27.16	36.62	9.17
153.45	53.73	129.01	43 234	40.11	21.82	30.97	3.49
66.75	65.63	166.05	21 200	49.21	10.76	30.93	2.93
110.82	100.54	207.90	15 309	51.71	14.50	23.98	4.02
554.89	277.90	593.22	6 010	212.93	53.39	93.17	20.55
215.72	68.87	182.72	6 623	63.08	22.87	34.60	7.65
758.22	297.98	766.15	19 160	227.05	89.47	161.45	39.98
214.00	113.31	276.00	25 949	61.38	22.93	38.09	6.40
156.65	173.03	338.03	11 028	100.15	29.18	45.08	9.66
36.85	44.51	94.19	12 570	28.36	8.07	13.38	2.57
988.77	834.86	1 233.03	12 001	388.72	122.29	183.14	47.04
220.69	195.75	248.36	11 491	83.62	28.53	41.01	10.52
65.04	58.27	152.53	22 046	50.75	17.83	33.20	4.67
28.52	29.84	97.08	25 750	28.49	11.68	19.90	2.77
10.45	7.76	20.41	16 045	5.98	2.36	3.46	0.66
23.20	18.04	30.23	20 826	14.60	3.22	9.01	1.04
2.87	2.63	4.82	14 760	1.68	0.57	0.83	0.20
368.87	301.12	425.96	13 368	119.06	38.87	55.30	18.15
38.52	16.31	41.31	13 860	10.69	4.33	6.05	1.74
136.15	137.39	234.00	17 837	65.37	25.52	36.11	11.18
204.44	284.57	480.90	19 071	134.20	41.61	70.60	13.07
36.20	73.01	130.88	33 252	33.73	11.01	17.76	3.04
7.75	13.29	30.51	56 435	6.86	2.74	3.79	0.71
9.84	18.69	37.61	55 851	9.93	5.12	7.00	1.20
3.03	7.31	9.52	17 101	2.73	0.50	0.90	0.17
174.08	220.14	339.01	28 604	88.96	29.46	42.86	9.60
30.78	81.91	153.46	60 865	30.57	9.52	15.47	2.99
17.08	44.97	102.10	109 576	18.36	6.85	10.88	2.11
13.16	35.66	50.51	32 319	11.95	2.63	4.51	0.87
67.79	69.35	81.53	10 867	31.72	10.19	14.68	3.56
16.84	25.77	45.63	9 506	12.74	3.32	5.24	1.21

按行业分组的工业

行　　业	每百元固定资产原值实现产值（元）	每百元固定资产原值实现利税（元）	每百元工业总产值占用流动资金（元）	每百元销售收入实现利润（元）
总　　计	**124.28**	**20.67**	**27.62**	**9.23**
煤炭采选业	35.18	－0.78	24.59	－4.68
石油和天然气开采业	57.55	10.28	14.26	18.21
黑色金属矿采选业	60.53	10.47	28.73	15.13
有色金属矿采选业	54.34	9.02	30.71	14.51
建筑材料及其他非金属矿采选业	88.18	11.61	24.16	9.71
土砂石开采业	127.01	15.32	19.11	9.34
化学矿采选业	48.05	6.29	30.45	8.44
采盐业	89.91	17.53	20.30	14.82
其他矿采选业	117.03	21.34	21.56	15.45
木材及竹材采运业	73.78	18.62	23.36	13.25
自来水生产和供应业	25.80	6.43	12.66	22.24
食品制造业	232.95	19.71	15.71	5.59
粮食加工业	457.28	5.24	5.22	0.64
饮料制造业	161.72	30.60	41.00	5.70
烟草加工业	660.31	391.13	18.03	2.19
饲料工业	384.73	29.93	14.50	7.18
纺织业	223.94	25.82	25.38	7.95
棉纺织业	220.53	24.71	21.18	8.05
毛纺织业	202.57	36.19	35.50	9.18
丝绢纺织业	247.58	23.99	24.79	7.23
缝纫业	349.04	31.10	29.25	5.87
皮革、毛皮及其制品业	276.17	27.54	37.22	6.34
木材加工及竹、藤、棕、草制品业	157.50	19.65	26.74	8.11
锯材加工业	166.57	20.17	25.53	7.29
人造板制造业	111.78	16.99	26.10	10.77
家具制造业	210.76	20.01	33.70	5.68
木制家具制造业	185.55	17.42	36.07	5.57
造纸及纸制品业	158.91	25.00	19.87	8.30
造纸业	136.70	24.37	20.28	9.29
纸制品业	303.01	29.46	18.59	5.38
印刷业	145.95	22.82	24.88	13.91
文教体育用品制造业	272.77	47.92	26.13	11.75
工艺美术品制造业	321.81	38.65	29.99	7.82
电力、蒸汽、热水生产和供应业	32.72	12.30	7.67	14.00
电力生产业	36.42	11.26	7.02	12.49
水力发电业	19.40	9.55	7.15	24.03
电力供应业	25.59	14.48	9.31	16.47

经济主要指标(三)

续表

资金利税率(%)	产值利税率(%)	固定资产折旧率(%)	平均每一职工占有的固定资产(元)	平均每一职工创造的工业净产值(元)	平均每一职工创造的利润和税金(元)	平均每一职工上交的利税费(元)	平均每一职工占有的企业留利(元)
19.95	16.64	4.57	12 905	4 915	2 668	2 021	484
-1.04	-2.22	4.50	13 382	1 891	-105	293	22
14.64	17.87	4.77	78 693	27 012	8 091	6 677	386
12.60	17.29	5.03	12 899	3 118	1 350	770	455
11.34	16.60	4.69	16 419	3 535	1 481	763	534
13.04	13.17	5.06	5 921	2 202	688	410	195
16.34	12.06	5.93	3 902	2 071	598	324	171
7.77	13.09	3.86	10 770	2 230	677	467	236
19.98	19.49	4.34	11 436	6 914	2 004	1 506	431
26.12	18.23	6.67	3 212	1 776	685	312	129
21.16	25.23	3.15	10 353	4 343	1 927	1 479	603
7.90	24.93	3.14	46 614	4 718	2 998	1 520	1 264
17.47	8.46	4.55	10 693	4 057	2 108	1 405	546
5.24	1.15	4.27	9 431	4 585	494	1 312	1 045
20.76	18.92	4.72	11 755	5 719	3 596	3 401	393
192.65	59.23	4.13	16 676	67 844	65 225	68 996	1 309
21.04	7.78	4.68	11 458	5 690	3 429	772	1 870
19.80	11.53	4.96	7 595	3 985	1 961	1 234	425
21.10	11.21	4.79	8 089	3 994	1 999	1 208	464
23.95	17.86	5.10	9 873	5 864	3 573	2 661	598
17.50	9.69	5.25	5 905	3 253	1 417	891	331
17.67	8.91	6.21	3 100	2 915	964	600	198
15.78	9.97	5.64	4 580	3 188	1 261	823	256
17.06	12.48	5.12	6 339	2 764	1 246	830	351
17.78	12.11	5.05	6 789	2 704	1 370	1 068	396
16.07	15.20	4.81	11 428	3 771	1 942	1 077	543
14.06	9.50	5.72	4 314	2 661	863	548	185
12.57	9.39	5.55	4 359	2 506	759	487	159
24.71	15.73	4.98	10 058	4 384	2 515	1 925	426
25.21	17.83	4.81	12 638	5 008	3 080	2 423	499
22.63	9.72	6.06	4 311	3 005	1 270	831	262
20.94	15.63	5.06	7 761	3 509	1 771	971	509
33.51	17.57	5.62	4 674	4 244	2 240	1 445	488
22.51	12.01	6.49	2 581	2 832	998	618	188
16.52	37.58	3.43	84 023	11 963	10 332	8 948	998
14.97	30.91	3.44	96 000	12 763	10 807	9 703	871
11.97	49.24	3.93	92 226	11 064	8 810	5 982	820
19.88	56.56	3.41	68 360	11 052	9 895	8 102	1 181

按行业分组的工业

行业	每百元固定资产原值实现产值（元）	每百元固定资产原值实现利税（元）	每百元工业总产值占用流动资金（元）	每百元销售收入实现利润（元）
石油加工业	213.61	68.99	8.26	15.89
炼焦、煤气及煤制品业	81.01	8.17	13.79	5.32
化学工业	126.24	23.25	21.50	9.76
基本化学原料制造业	127.46	24.66	18.65	10.04
有机化学产品制造业	170.51	39.78	20.99	10.30
日用化学产品制造业	272.39	45.57	24.99	8.67
医药工业	256.64	45.26	24.74	13.66
化学纤维工业	84.08	20.18	24.04	14.85
橡胶制品业	248.76	46.33	23.72	6.71
塑料制品业	187.59	21.64	26.27	7.25
建筑材料及其他非金属矿物制品业	106.91	16.79	25.99	9.56
水泥制造业	84.71	16.04	20.78	12.84
黑色金属冶炼及压延加工业	101.05	21.29	26.04	11.93
有色金属冶炼及压延加工业	128.98	17.80	25.92	10.79
金属制品业	215.79	28.78	29.91	9.44
日用金属制品业	255.60	36.32	28.06	9.15
机械工业	124.70	18.52	45.42	10.40
工业专用设备制造业	112.54	18.59	52.98	12.23
日用机械制造业	234.52	51.04	22.48	12.02
自行车制造业	340.35	69.77	16.95	12.39
缝纫机制造业	195.32	33.10	22.22	11.23
钟表制造业	130.32	38.84	37.64	11.43
照相机制造业	167.89	28.85	39.80	11.74
交通运输设备制造业	115.48	14.99	48.35	9.17
铁路运输设备制造业	107.22	15.70	30.73	9.17
汽车制造业	171.87	26.52	34.82	10.95
电气机械及器材制造业	235.22	34.53	36.68	9.27
日用电器制造业	361.49	49.04	29.30	8.94
洗衣机制造业	393.78	48.94	23.73	9.88
电冰箱制造业	382.16	71.07	19.20	13.70
电热器具制造业	313.81	29.82	41.60	5.51
电子及通信设备制造业	194.74	24.62	38.70	8.87
日用电子器具制造业	498.60	50.25	29.15	6.23
电视机制造业	597.72	63.68	23.58	6.56
收音机、录音机制造业	383.68	34.23	39.35	5.53
仪器仪表及其他计量器具制造业	120.26	21.65	59.56	12.70
其他工业	270.93	31.10	32.02	7.25

经济主要指标(四)

续表

资金利税率(%)	产值利税率(%)	固定资产折旧率(%)	平均每一职工占有的固定资产(元)	平均每一职工创造的工业净产值(元)	平均每一职工创造的利润和税金(元)	平均每一职工上交的利税费(元)	平均每一职工占有的企业留利(元)
86.94	32.30	5.29	45 506	37 292	31 395	28 433	1 507
9.32	10.08	3.88	20 523	3 077	1 676	1 624	894
24.90	18.42	5.04	17 804	6 354	4 140	3 043	695
27.63	19.35	5.51	14 635	5 716	3 609	2 605	649
38.34	23.33	5.27	18 481	9 944	7 351	5 799	784
32.66	16.73	4.74	10 294	7 259	4 691	3 708	728
33.99	17.64	5.50	11 571	8 278	5 237	2 900	1 312
19.93	24.00	4.85	44 420	11 612	8 965	7 246	1 009
36.21	18.62	5.02	8 455	6 233	3 917	3 386	371
17.08	11.54	5.86	8 459	3 947	1 830	1 076	307
16.78	15.71	5.19	7 417	2 846	1 245	889	275
17.57	18.93	5.12	14 205	4 154	2 278	1 563	504
22.00	21.07	3.80	27 192	8 143	5 790	4 341	1 434
18.18	13.80	3.95	24 987	7 167	4 448	3 311	748
21.77	13.34	5.63	5 561	3 555	1 600	987	343
25.84	14.21	5.58	5 211	4 010	1 893	1 208	363
15.36	14.85	4.57	10 574	4 157	1 959	1 253	503
15.28	16.51	4.70	11 509	4 361	2 139	1 304	549
41.33	21.76	5.00	9 363	7 306	4 779	3 780	672
53.58	20.50	5.13	8 644	8 634	6 031	4 553	840
29.31	16.95	5.00	8 391	4 804	2 778	1 875	529
32.92	29.80	4.86	11 039	6 947	4 287	3 943	494
20.67	17.18	4.87	9 572	5 599	2 761	2 041	673
12.50	12.98	4.41	12 719	4 105	1 907	1 228	626
15.97	14.64	3.76	14 639	4 062	2 298	1 686	660
21.33	15.43	5.59	11 647	5 592	3 089	1 965	956
22.32	14.68	5.19	8 283	5 437	2 860	1 952	530
26.47	13.57	5.78	8 370	7 798	4 105	2 376	704
28.24	12.43	5.99	12 969	11 490	6 347	3 568	1 185
44.84	18.60	5.24	15 586	15 729	11 077	4 613	1 908
14.54	9.50	5.78	5 056	4 553	1 508	902	276
16.72	12.64	6.03	11 976	6 120	2 949	1 633	661
22.50	10.08	6.14	9 996	9 928	5 023	3 019	970
28.86	10.65	6.50	14 709	15 811	9 366	5 356	1 813
15.07	8.92	5.73	7 180	6 516	2 457	1 644	474
15.78	18.00	4.49	8 872	4 152	1 921	1 204	466
19.04	11.48	6.30	3 880	2 936	1 207	704	279

煤炭采选业主要经济指标

指　　标	计算单位	1986年	1987年
一、企业单位数	个	9 976	9 458
其中：亏损企业	个	2 605	2 658
二、年末职工人数	万人	432.50	435.02
三、职工工资总额	亿元	71.13	74.69
四、固定资产投资	亿元	92.54	98.65
五、工业总产值	亿元	235.55	253.33
六、工业净产值	亿元	97.53	101.79
七、全员劳动生产率	元/人·年	3 563	3 768
八、主要产品产量			
原　煤	亿吨	8.94	9.28
洗精煤	万吨	6 987	7 230
九、主要财务指标			
固定资产原值	亿元	646.34	720.13
固定资产净值	亿元	421.68	478.27
流动资金年末占用数	亿元		115.91
产品销售收入	亿元	274.59	300.71
亏损企业亏损额	亿元	22.18	26.24
利润总额	亿元	−10.56	−14.07
利润和税金总额	亿元	− 2.97	− 5.62
企业留利	亿元	1.31	1.18
每百元固定资产原值实现产值	元	36.44	35.18
每百元固定资产原值实现利税	元	−0.46	−0.77
每百元工业总产值占用流动资金	元	25.79	24.59
每百元销售收入实现利润	元	−3.85	−4.67
资金利税率	%	−0.62	−1.03
产值利税率	%	−1.26	−2.21
固定资产折旧率	%	4.87	4.50

指　　标	计算单位	1986年	1987年
平均每一职工占有的固定资产	元	11 734	13 382
平均每一职工创造的工业净产值	元	1 771	1 891
平均每一职工创造的利润和税金	元	− 54	− 104
平均每一职工上交的利税费	元	300	293
平均每一职工占有的企业留利	元	24	22
十、主要技术经济指标			
采煤机械化程度	%	44.98	54.48
剥采比	立方米/吨	4.94	4.56
商品煤灰分	%	19.77	19.19
商品煤含矸率	%	0.25	0.19
洗精煤灰分	%	10.28	10.27
洗精煤水分	%	11.31	11.36
企业坑木消耗	立方米/万吨	67.02	57.60
原煤生产坑木消耗	立方米/万吨	58.39	53.20
原煤生产炸药消耗	公斤/万吨	2 735	2 565
原煤生产钢材消耗	吨/万吨	11.27	10.66
原煤综合电力消耗	千瓦小时/吨	39.12	39.55
原煤生产电力消耗	千瓦小时/吨	27.37	27.57
洗精煤回收率	%	52.94	53.3
原煤全员效率	吨/工	1.001	1.053
回采工效率	吨/工	4.544	4.881
掘进工效率	米/工	0.114	0.117

石油和天然气开采业主要经济指标

指标	计算单位	1986年	1987年	指标	计算单位	1986年	1987年
一、企业单位数	个	25	29	每百元销售收入实现利润	元	18.32	18.21
其中：亏损企业	个	4	6	资金利税率	%	16.55	14.64
三、年末职工人数	万人	52.63	66.07	产值利税率	%	21.00	17.87
三、职工工资总额	亿元	8.92	9.79	固定资产折旧率	%	5.44	4.77
四、固定资产投资	亿元	137.82	166.21	平均每一职工占有的固定资产	元	65 452	78 693
五、工业总产值	亿元	231.78	292.17	平均每一职工创造的工业净产值	元	19 482	27 012
六、工业净产值	亿元	127.35	174.28	平均每一职工创造的利润和税金	元	7 445	8 091
七、全员劳动生产率	元/人、年	26063	27 175	平均每一职工上交的利税费	元	7 984	6 677
八、主要产品产量				平均每一职工占有的企业留利	元	490	386
原油	万吨	13 068.8	13 414.0	十、主要技术经济指标			
天然原油	万吨	13 038.6	13 393.0	油井综合利用率	%	86.70	86.67
人造原油	万吨	30.2	20.5	注水井利用率	%	96.53	96.51
天然气	亿立方米	137.64	138.94	原油商品率	%	97.59	97.59
气田气	亿立方米	58.94	59.04	油田原油损耗率	%	1.57	1.55
油田气	亿立方米	78.7	79.9	原油统配商品率	%	95.66	95.71
九、主要财务指标				油田企业原油自用率	%	1.55	1.64
固定资产原值	亿元	427.85	507.71	油田外运原油含水率	%	0.41	0.40
固定资产净值	亿元	244.98	315.01	气井利用率	%	84.99	83.59
流动资金年末占用数	亿元		78.59	采油时率	%	86.70	86.67
产品销售收入	亿元	165.18	179.13	原油(天然气)生产用电单耗	千瓦小时/吨	59.39	64.50
亏损企业亏损总额	亿元	0.18	1.99	原油(天然气)综合用电单耗	千瓦小时/吨	70.31	76.95
利润总额	亿元	30.27	32.63				
利润和税金总额	亿元	48.66	52.20				
企业留利	亿元	3.20	2.49				
每百元固定资产原值实现产值	元	54.17	57.55				
每百元固定资产原值实现利税	元	11.37	10.28				
每百元工业总产值占用流动资金	元	16.55	14.26				

黑色金属矿采选

指　　　标	计算单位	1986年	1987年
一、企业单位数	个	1 345	1 270
其中：亏损企业	个	95	120
二、年末职工人数	万人	19.99	29.36
三、职工工资总额	亿元	2.97	3.40
四、固定资产投资	亿元	9.36	12.84
五、工业总产值	亿元	19.40	22.36
六、工业净产值	亿元	8.43	8.93
七、全员劳动生产率	元/人、年	5 318	6 071
八、主要产品产量			
铁矿石原矿量	万吨	14 751	16 143
铁精矿(实物量)	万吨	4 714	5 201
人造富铁矿	万吨	7 654	8 373
锰矿石	万吨	272.3	2 61.0
九、主要财务指标			
固定资产原值	亿元	33.26	36.93
固定资产净值	亿元	21.34	24.25
流动资金年末占用数	亿元		11.17
产品销售收入	亿元	17.60	20.65
亏损企业亏损总额	亿元	0.12	0.22
利润总额	亿元	3.57	3.12
利润和税金总额	亿元	4.21	3.87
企业留利	亿元	1.53	1.30
每百元固定资产原值实现产值	元	58.34	60.53
每百元固定资产原值实现利税	元	12.65	10.47
每百元工业总产值占用流动资金	元	27.29	28.73
每百元销售收入实现利润	元	20.27	15.13
资金利税率	%	15.72	13.60
产值利税率	%	21.68	17.29
固定资产折旧率	%	6.53	5.03
平均每一职工占有的固定资产	元	11 525	12 899
平均每一职工创造的工业净产值	元	2 921	3 118
平均每一职工创造的利润和税金	元	1 458	1 350
平均每一职工上交的利税费	元	825	770
平均每一职工占有的企业留利	元	532	455
十、主要技术经济指标			

续表

指标	计算单位	1986年	1987年
露天采出矿石品位	%	32.12	31.78
露天输出矿石合格率	%	98.56	98.97
露天采矿炸药消耗	公斤/万吨	2 199	2 135
露天采矿电力消耗	千瓦小时/万吨	14 372	14 161
露天采矿全员实物劳动生产率	吨/人	4 311	4 943
露天采矿工人实物劳动生产率	吨/人	6 218	6 883
露天采矿电铲效率	万吨/立方米、台		
露天采矿钻机效率	米/台	14 750	14 473
露天采矿汽车效率	万吨、公里/台		
露天采矿电机车效率	万吨、公里/台		
露天采矿剥采比	吨/吨	2.30	2.30
坑下采矿采出矿石品位	%	36.82	36.99
坑下采矿输出矿石合格率	%	97.62	94.08
坑下采矿炸药消耗	公斤/万吨	6 076	5 699
坑下采矿木材消耗	立方米/万吨	12.00	8.39
坑下采矿电力消耗	千瓦小时/吨	22.72	22.56
坑下采矿全员实物劳动生产率	吨/人	288	348
坑下采矿工人实物劳动生产率	吨/人	443	496
坑下采矿凿岩机采矿效率	米/台班	21.94	24.28
坑下采矿凿岩机掘进效率	米/台班	0.46	0.52
坑下采矿电机车效率	吨/台班		
坑下采矿万吨掘进量	米/万吨		
铁精粉品位	%	62.69	62.89
尾矿品位	%	11.59	11.33
选矿金属实际回收率	%	75.62	76.22
选矿钢球消耗	公斤/吨	1.25	1.30
选矿电力消耗	千瓦小时/吨	26.59	27.09
选矿比	倍	2.66	2.67
选矿全员实物劳动生产率	吨/人	2 069	2 278
选矿工人实物劳动生产率	吨/人	2 841	3 116
磨矿机利用系数	吨/立方米、台时	2.88	2.96
烧结铁矿合格率	%	90.31	92.05
烧结铁矿平均品位	%	51.86	52.17
烧结铁矿工人实物劳动生产率	吨/人	1 888	2 075
烧结机有效面积利用系数	吨/平方米、台时	1.31	1.35

建筑材料及其他非金属矿采选业主要经济指标

指　　标	计算单位	1986年	1987年
一、企业单位数	个	10 660	10 092
其中：亏损企业	个	1 071	1 191
二、年末职工人数	万人		92.87
三、职工工资总额	亿元		
四、固定资产投资	亿元	7.60	7.83
五、工业总产值	亿元	41.18	47.66
六、工业净产值	亿元	18.50	20.10
七、全员劳动生产率	元/人·年	4 062	4 766
八、主要产品产量			
耐火粘土成品矿	万吨	402.99	423.31
硫铁矿生产量（折含硫35%）	万吨	783.53	1 087.00
其中：全民所有制企业	万吨	565.17	747.6
硫铁矿运出量（折含硫35%）	万吨	677.77	993.89
其中：全民所有制企业	万吨	483.79	698.02
磷矿石生产量（折含P_2O_5 30%）	万吨	962.43	1 516.54
其中：全民所有制企业	万吨	426.34	696.38
磷矿石运出量（折含P_2O_5 30%）	万吨	1 105.1	1 526.32
其中：全民所有制企业	万吨	528.8	717.97
硼矿（折B_2O_3 12%）	万吨	45.03	62.08
石棉	万吨	15.07	14.47
石膏	万吨	586.4	695.2
石墨	万吨	27.05	29.66
滑石	万吨	98.80	120.44
工业原料云母	吨	1 518	1 257
薄片云母	吨	128.58	108.0

指　　标	计算单位	1986年	1987年
铸石	万吨	3.80	4.38
九、主要财务指标			
固定资产原值	亿元	50.37	54.05
固定资产净值	亿元	34.06	20.05
流动资金年末占用数	亿元		24.32
产品销售收入	亿元	36.26	42.44
亏损企业亏损总额	亿元	0.80	0.62
利润总额	亿元	3.57	4.12
利润和税金总额	亿元	5.45	6.28
企业留利	亿元	1.42	1.78
每百元固定资产原值实现产值	元	81.76	88.18
每百元固定资产原值实现利税	元	10.82	11.61
每百元工业总产值占用流动资金	元	26.43	24.16
每百元销售收入实现利润	元	9.85	9.71
资金利税率	%	12.13	13.04
产值利税率	%	13.24	13.17
固定资产折旧率	%	5.31	5.06
平均每一职工占有的固定资产	元	5 302	5 921
平均每一职工创造的工业净产值	元	1 947	2 202
平均每一职工创造的利润和税金	元	574	688
平均每一职工上交的利税费	元	342	410
平均每一职工占有的企业留利	元	150	195
十、主要技术经济指标			
磷矿石精矿品位	%	28.42	29.09

木材及竹材采运业主要经济指标

指标	计算单位	1986年	1987年	指标	计算单位	1986年	1987年
一、企业单位数	个	1 474	1 337	每百元工业总产值占用流动资金	元	27.40	23.36
其中：亏损企业	个	105	77	每百元销售收入实现利润	元	9.53	13.25
二、年末职工人数	万人	107.52	118.78	资金利税率	%	14.03	21.16
三、职工工资总额	亿元	14.49	16.62	产值利税率	%	19.49	25.23
四、固定资产投资	亿元	8.30	13.55	固定资产折旧率	%	3.17	3.15
五、工业总产值	亿元	64.81	87.30	平均每一职工占有的固定资产	元	9 224	10 353
六、工业净产值	亿元	35.65	49.63	平均每一职工创造的工业净产值	元	3 108	4 343
七、全员劳动生产率	元/人·年	3 500	3 646	平均每一职工创造的利润和税金	元	1 101	1 927
八、主要产品产量				平均每一职工上交的利税费	元	963	1 479
木材（一本帐口径）	万立方米	6 502.42	6 407.86	平均每一职工占有的企业留利	元	266	603
原木	万立方米	5 418.69	5 386.12	十、主要技术经济指标			
小规格材	万立方米	543.61	567.93	每台集材拖拉机集材量	立方米/台	4 355	4 261
薪材	万立方米	540.12	453.81	每台运材森铁机车运材量	立方米/台	26 110	27 446
竹材	万根	7 716	11 854.81	每辆运材汽车运材量	立方米/辆	4 754	4 654
九、主要财务指标				木材采运工人实物劳动生产率	立方米/人	135	136
固定资产原值	亿元	105.80	118.32	贮木场原条出材率	%	89.6	90.5
固定资产净值	亿元	72.31	83.69				
流动资金年末占用数	亿元		49.64				
产品销售收入	亿元	72.65	102.77				
亏损企业亏损总额	亿元	0.42	0.37				
利润总额	亿元	6.92	13.62				
利润和税金总额	亿元	12.63	22.03				
企业留利	亿元	3.01	6.89				
每百元固定资产原值实现产值	元	61.26	73.78				
每百元固定资产原值实现利税	元	11.94	18.62				

食品、饮料、烟草制

指　　　标	计算单位	1986年	1987年
一、企业单位数	个	62 169	58 674
其中：亏损企业	个	9 290	9 277
二、年末职工人数	万人	326.16	495.42
三、职工工资总额	亿元	36.57	46.65
四、固定资产投资	亿元	80.81	99.70
五、工业总产值	亿元	1 096.81	1 312.08
六、工业净产值	亿元	305.34	370.85
七、全员劳动生产率	元/人·年	20 300	21 885
八、主要产品产量			
食用植物油	万吨	442.82	478.03
糖	万吨	524.64	505.58
干蛋品	吨	2 284	1 186
乳制品	吨	212 738	272 174
罐　头	万吨	164.1	161.52
味　精	吨	97 721	128 228
柠檬酸	吨	35 175	48 223
饮料酒（混合量）	万吨	985.28	1 194.61
其中：啤酒	万吨	413.01	540.43
非酒精饮料	万吨	183.94	246.64
卷　烟	万箱	2 596.46	2 881.03
九、主要财务指标			
固定资产原值	亿元	428.72	529.48
固定资产净值	亿元	332.23	413.73
流动资金年末占用数	亿元		478.64
产品销售收入	亿元	1 039.07	1 266.12
亏损企业亏损总额	亿元	6.33	8.60
利润总额	亿元	51.88	61.45
利润和税金总额	亿元	227.83	275.62
企业留利	亿元	21.55	25.69
每百元固定资产原值实现产值	元	255.83	247.81
每百元固定资产原值实现利税	元	53.14	52.06
每百元工业总产值占用流动资金	元	24.16	20.61
每百元销售收入实现利润	元	4.99	4.85

造业主要经济指标

指　　标	计算单位	1986年	1987年
资金利税率	%	41.10	40.29
产值利税率	%	24.78	21.01
固定资产折旧率	%	4.75	4.56
平均每一职工占有的固定资产	元	9 465	11 286
平均每一职工创造的工业净产值	元	7 335	7 905
平均每一职工创造的利润和税金	元	5 030	5 875
平均每一职工上交的利税费	元	4 879	5 543
平均每一职工占有的企业留利	元	476	548
十、主要技术经济指标			
菜籽出油率	%	32.83	33.03
大豆出油率	%	12.15	12.47
棉籽出油率	%	13.56	13.85
花生出油率	%	40.25	40.24
芝麻出油率	%	43.70	43.61
甘蔗产糖率	%	11.1	11.1
甘蔗糖成品合格率	%	97.6	97.7
每百吨甘蔗糖耗用标准煤	吨	7.2	6.9
每百吨甜菜糖耗用标准煤	吨	9.2	8.8
甘蔗糖工人实物劳动生产率	吨/人	31.32	34.21
甜菜糖工人实物劳动生产率	吨/人	25.51	20.24
出口罐头合格率(硬包装罐头)	%	97	97
罐头工人实物劳动生产率	吨/人	6.27	6.55
啤酒合格率	%	98	98
每吨啤酒耗麦芽	公斤	134	133
每吨啤酒耗大米（或杂粮）	公斤	62	62
每吨啤酒耗标准煤	公斤	187	175
啤酒工人实物劳动生产率	吨/人	61.42	64.27
甜菜产糖率	%	11.8	11.9
甜菜糖成品合格率	%	94.9	92.1
卷烟合格率	%	88.9	98.8
每吨卷烟耗烟叶量	公斤	56.4	55.2
每吨卷烟耗标准煤	公斤	20.8	20.0
卷烟工人实物劳动生产率	箱/人	197.4	174.0

纺 织 业 主 要

指 标	计算单位	1986年	1987年
一、企业单位数	个	21 181	23 026
其中：亏损企业	个	3 296	3 842
二、年末职工人数	万人	450.02	345.29
三、职工工资总额	亿元	54.31	83.23
四、固定资产投资	亿元	63.24	73.24
五、工业总产值	亿元	1 163.30	1 373.49
六、工业净产值	亿元	284.09	321.83
七、全员劳动生产率	元/人·年	16 086	16 417
八、主要产品产量			
纱	万吨	397.79	436.81
其中：纯棉纱	万吨	275.59	311.74
布	亿米	146.73	173.05
其中：纯棉布	亿米	100.64	108.41
针棉织品（折用棉纱线量）	万吨	76.81	87.82
毛 巾	亿条	15.22	20.42
袜 子	万双	98 151	117 902
毛 线	万吨	14.91	20.47
其中：纯毛	万吨	2.61	3.64
呢 绒	万米	25 187	26 537
其中：纯毛织品	万米	7 401	8 798
毛 毯	万米	2 422	3 018.53
麻 袋	万米	76 042	85 914
丝	吨	47 158	51 864
丝织品	万米	149 946	160 223
九、主要财务指标			
固定资产原值	亿元	490.82	613.34
固定资产净值	亿元	359.42	451.18
流动资金年末占用数	亿元		571.07
产品销售收入	亿元	1 060.70	1 258.19
亏损企业亏损总额	亿元	4.06	4.84
利润总额	亿元	74.31	99.98
利润和税金总额	亿元	148.60	158.37
企业留利	亿元	24.87	34.31
每百元固定资产原值实现产值	元	237.01	223.94
每百元固定资产原值实现利税	元	30.28	25.82
每百元工业总产值占用流动资金	元	26.04	25.33
每百元销售收入实现利润	元	7.01	7.95
资金利税率	%	22.44	19.80

经 济 指 标

指　　标	计算单位	1986年	1987年
产值利税率	%	12.77	11.53
固定资产折旧率	%	5.03	4.96
平均每一职工占有的固定资产	元	6 595	7 595
平均每一职工创造的工业净产值	元	3 817	3 985
平均每一职工创造的利润和税金	元	1 997	1 961
平均每一职工上交的利税费	元	1 474	1 234
平均每一职工占有的企业留利	元	334	425
十、主要技术经济指标			
棉纱一等一级以上品率	%	98.77	98.82
棉布入库一等品率	%	95.33	95.78
印染布入库一等品率	%	83.78	84.56
精纺毛织品入库一等品率	%	90.69	90.87
毛线入库一等品率	%	93.93	93.95
桑蚕丝正品率	%	98.88	98.99
丝织品入库一等品率	%	83.49	82.00
棉纱通扯净用棉量(包括化纤)	公斤/吨	1 068	1 068
棉纱耗电	千瓦小时/吨	1 914	1 946
棉布用纱量	公斤/百米	16.30	16.70
棉布耗电	千瓦小时/百米	23.02	23.44
印染布耗碱	公斤/百米	1.86	1.84
印染布耗标准煤	公斤/百米	45.69	43.33
棉纱工人实物劳动生产率	吨/工	30.51	29.58
棉布工人实物劳动生产率	万米/工	97.50	94.64
每千锭时平均产纱量（混合数）	公斤	21.27	22.48
棉纺锭设备利用率	%	98.18	99.45
棉布织机每台时产量（混合数）	米	3.59	3.57
棉布织机设备利用率	%	96.42	96.84
棉布织机设备运转率	%	94.06	93.85
毛线精纺锭千锭时产量	公斤	57.34	55.67
精梳毛织机每台时产量	米	2.14	2.08
粗梳毛织机每台时产量	米	2.75	2.63
长毛绒织机每台时产量	米	3.17	3.33
驼绒织机每台时产量	米	13.20	12.09
提花毛毯织机每台时产量	米	1.27	1.20
麻袋织机每台时产量	米	24.29	23.76
苎麻织机每台时产量	米	2.75	2.64
丝织机每台时产量	米	2.18	2.07

指　　标	计算单位	1986年	1987年
一、企业单位数	个	9 040	9 762
其中：亏损企业	个	1 465	1 750
二、年末职工人数	万人	61.61	149.19
三、职工工资总额	亿元	7.51	11.85
四、固定资产投资	亿元	15.21	18.58
五、工业总产值	亿元	177.19	228.89
六、工业净产值	亿元	50.66	62.77
七、全员劳动生产率	元/人·年	12 461	13 322
八、主要产品产量			
纸　浆	万吨	892.44	694.49
生打纸浆	万吨	213.27	174.06
机制纸及纸板	万吨	998.63	1 141.07
机制纸	万吨	569.05	661.76
其中：新闻纸	万吨	41.44	36.55
凸版纸	万吨	75.62	75.35
书写纸	万吨	50.45	38.91
有光纸	万吨	50.16	41.26
纸袋纸	万吨	45.66	48.79
牛皮纸	万吨	17.59	17.22
机制纸板	万吨	429.58	479.31
其中：油毡原纸	万吨	34.70	22.15
包装纸板	万吨	388.72	235.39
九、主要财务指标			
固定资产原值	亿元	120.73	144.04
固定资产净值	亿元	81.90	100.24
流动资金年末占用数	亿元		81.18
产品销售收入	亿元	174.55	223.99
亏损企业亏损总额	亿元	0.69	1.04

主要经济指标

指标	计算单位	1986年	1987年
利润总额	亿元	15.35	18.60
利润和税金总额	亿元	15.35	36.02
企业留利	亿元	4.49	6.90
每百元固定资产原值实现产值	元	146.76	158.91
每百元固定资产原值实现利税	元	24.60	25.00
每百元工业总产值占用流动资金	元	20.94	19.87
每百元销售收入实现利润	元	8.80	8.30
资金利税率	%	24.96	24.71
产值利税率	%	16.76	15.73
固定资产折旧率	%	5.00	4.98
平均每一职工占有的固定资产	元	9 260	10 058
平均每一职工创造的工业净产值	元	3 885	4 384
平均每一职工创造的利润和税金	元	2 278	2 515
平均每一职工上交的利税费	元	1 779	1 925
平均每一职工占有的企业留利	元	344	426
十、主要技术经济指标			
机制纸及纸板成品率	%	92.30	92.30
其中：新闻纸成品率	%	92.90	91.90
凸板纸成品率	%	88.40	89.80
每吨本色化学木浆用碱	公斤	469	473
每吨漂白稻麦草浆用碱	公斤	324	324
每吨甘蔗渣浆用碱	公斤	284	279
每吨本色化学木浆耗木材	立方米	4.70	4.66
每吨机械木浆耗木材	立方米	2.50	2.59
每吨机械木浆耗电	千瓦小时	1 548	1 544
每吨新闻纸耗电	千瓦小时	549	559
机制纸及纸板工人实物劳动生产率	吨/人	19.79	19.01

电力、蒸汽、热水生产

指　　标	计算单位	1986年	1987年
一、企业单位数	个	11 515	11 407
其中：亏损企业	个	1 451	1 397
二、年末职工人数	万人	123.58	136.34
三、职工工资总额	亿元	17.60	21.52
四、固定资产投资	亿元	181.37	235.54
五、工业总产值	亿元	309.87	362.27
六、工业净产值	亿元	142.89	157.62
七、全员劳动生产率	元/人·年	22 924	23 775
八、主要产品产量			
发电量	亿千瓦小时	4 495.36	4 972.66
水　电	亿千瓦小时	945.34	1 000.07
火　电	亿千瓦小时	3 550.02	3 972.59
在总计中：			
乡村办电站发电量	亿千瓦小时	84.6	94.91
在总计中：			
500千瓦及以上电厂	亿千瓦小时	4 413.08	4 883.82
水　电	亿千瓦小时	890.40	936.80
火　电	亿千瓦小时	3 522.68	3 947.02
供热量	万百万千卡	9 871	11 076.23
九、主要财务指标			
固定资产原值	亿元	985.72	1 107.09
固定资产净值	亿元	704.24	796.26
流动资金年末占用数	亿元		102.82
产品销售收入	亿元	389.60	457.33
亏损企业亏损总额	亿元	2.13	2.70
利润总额	亿元	54.34	64.04

及供应业主要经济指标

指　　标	计算单位	1986年	1987年
利润和税金总额	亿元	117.52	136.14
企业留利	亿元	11.31	13.15
每百元固定资产原值实现产值	元	31.44	32.72
每百元固定资产原值实现利税	元	11.92	12.30
每百元工业总产值占用流动资金	元	9.15	7.67
每百元销售收入实现的利润	元	13.95	14.00
资金利税率	%	16.08	16.52
产值利税率	%	37.93	37.58
固定资产折旧率	%	3.15	3.43
平均每一职工占有的固定资产	元	78 076	84 023
平均每一职工创造的工业净产值	元	11 318	11 963
平均每一职工创造的利润和税金	元	9 308	10 332
平均每一职工上交的利税费	元	8 601	8 948
平均每一职工占有的企业留利	元	897	998
十、主要技术经济指标			
周波合格率	%	96.52	97.87
发电用标准煤耗(6 000千瓦以上)	克/千瓦小时	398	398
供电用标准煤耗(6 000千瓦以上)	克/千瓦小时	432	432
发电厂用电率（6 000千瓦以上）	%	6.54	6.66
水电厂用电率	%	0.28	0.31
火电厂用电率	%	7.83	7.88
线路损失率（500千瓦以上）	%	8.15	8.48
发电设备容量平均利用小时(500千瓦以上)	小时	5 388	5 392
水电发电设备平均利用小时	小时	3 882	3 771
火电发电设备平均利用小时	小时	5 974	6 011

指　　　标	计算单位	1986年	1987年
一、企业单位数	个	485	626
其中：亏损企业	个	31	46
二、年末职工人数	万人	33.25	36.39
三、职工工资总额	亿元	5.50	7.01
四、固定资产投资	亿元	16.23	26.19
五、工业总产值	亿元	297.87	338.71
六、工业净产值	亿元	121.25	129.94
七、全员劳动生产率	元/人·年	74 745	73 862
八、主要产品产量			
原油加工量	万吨	9 158.56	9 718.35
汽　油	万吨	1 646.77	1 712.40
溶剂油	万吨	47.83	49.90
煤　油	万吨	414.02	415.53
柴　油	万吨	2 199.34	2 338.18
润滑油	万吨	164.36	179.04
燃料油	万吨	2 865.60	3 115.34
石脑油	万吨	319.46	354.09
石　蜡	万吨	58.74	62.47
石油焦	万吨	104.54	116.84
石油沥青	万吨	256.64	264.88
洗涤剂原料	万吨	4.18	4.30
添加剂	万吨	3.78	3.99
九、主要财务指标			
固定资产原值	亿元	130.79	158.57
固定资产净值	亿元	78.42	97.86
流动资金年末占用数	亿元		48.26
产品销售收入	亿元	289.85	352.94
亏损企业亏损总额	亿元	0.09	0.01

主 要 经 济 指 标

指　　　　标	计算单位	1986年	1987年
利润总额	亿元	46.66	51.80
利润和税金总额	亿元	102.64	109.40
企业留利	亿元	5.08	5.25
每百元固定资产原值实现产值	元	227.74	213.21
每百元固定资产原值实现利税	元	78.48	68.99
每百元工业总产值占用流动资金	元	8.13	8.26
每百元销售收入实现利润	元	16.10	15.89
资金利税率	%	100.00	86.94
产值利税率	%	34.46	32.30
固定资产折旧率	%	5.39	5.29
平均每一职工占有的固定资产	元	42 345	45 506
平均每一职工创造的工业净产值	元	39 255	37 292
平均每一职工创造的利润和税金	元	33 232	31 395
平均每一职工上交的利税费	元	33 489	28 439
平均每一职工占有的企业留利	元	1 646	1 507
十、主要技术经济指标			
汽、煤、柴、润总收率	%	48.47	49.57
石油产品综合商品收率	%	91.30	92.11
原油加工损失率	%	0.86	0.90
燃料油收率	%	32.05	31.11
燃料油商品率	%	88.71	92.76
石油产品质量合格率	%	99.99	100
优质产品产值率	%	38.63	44.98
生产一吨原油耗油页岩量	吨/吨	31.89	31.42
加工原油耗电	千瓦小时/吨	42.29	41.73
加工原油耗燃料油	公斤/吨	19.71	20.02
炼油工人实物劳动生产率	吨/人	938	923

化学工业主

指标	计算单位	1986年	1987年
一、企业单位数	个	15 063	16 228
其中：亏损企业	个	2 977	2 479
二、年末职工人数	万人	268.01	375.33
三、职工工资总额	亿元	34.02	46.01
四、固定资产投资	亿元	94.60	132.16
五、工业总产值	亿元	638.89	819.28
六、工业净产值	亿元	179.95	231.59
七、全员劳动生产率	元/人·年	17 144	18 706
八、主要产品产量			
硫　酸	万吨	763.11	983.29
纯　碱	万吨	214.63	236.31
烧　碱	万吨	251.80	273.91
合成氨	万吨	1 672.87	1 940.56
农用化肥	万吨	1 395.65	1 672.16
其中：氮肥	万吨	1 159.23	1 342.31
磷肥	万吨	233.96	325.88
化学农药	万吨	20.33	16.12
乙　烯	万吨	69.52	93.72
电石（折合量）	万吨	215.03	241.16
合成洗涤剂	万吨	117.52	119.21
肥　皂	万吨	109.59	111.81
油　漆	万吨	75.52	82.85
染　料	万吨	10.74	11.59
九、主要财务指标			
固定资产原值	亿元	579.61	648.96
固定资产净值	亿元	386.09	429.87
流动资金年末占用数	亿元		294.44
产品销售收入	亿元	636.34	799.49
亏损企业亏损总额	亿元	8.22	3.29
利润总额	亿元	52.78	78.06
利润和税金总额	亿元	113.22	150.89
企业留利	亿元	17.98	25.32
每百元固定资产原值实现产值	元	110.23	126.24
每百元固定资产原值实现利税	元	19.53	23.25
每百元工业总产值占用流动资金	元	24.74	21.50
每百元销售收入实现利润	元	8.29	9.76
资金利税率	%	20.81	24.90
产值利税率	%	17.72	18.42

要 经 济 指 标

指标	计算单位	1986年	1987年
固定资产折旧率	%	4.82	5.04
平均每一职工占有的固定资产	元	16 974	17 804
平均每一职工创造的工业净产值	元	5 270	6 354
平均每一职工创造的利润和税金	元	3 316	4 140
平均每一职工上交的利税费	元	2 832	3 043
平均每一职工占有的企业留利	元	527	695
十、主要技术经济指标			
硫酸合格率	%	99.998	100
纯碱（氨碱法）合格率	%	99.9	99.97
普通过磷酸钙平均有效磷含量	%	14.62	14.77
尿素合格率	%	99.62	99.82
电石平均发气量	升/公斤	294	304
电解烧碱(隔膜法液碱)合格率	%	100	100
聚氯乙烯合格率	%	99.4	99.8
合成氨耗焦白煤(入炉84%)	公斤/吨	1 262	1 346
合成氨耗电	千瓦小时/吨	1 418	1 260
电石耗焦炭	公斤/吨	560	558
电石耗电	千瓦小时/吨	3 472	3 418
电解烧碱(隔膜法液碱)耗直流电	千瓦小时/吨	2 356	2 344
电解烧碱（水银法液碱）耗直流电	千瓦小时/吨	3 256	3 238
硫酸耗硫铁矿	公斤/吨	980	992
硫酸耗电	千瓦小时/吨	97	105
聚氯乙烯耗电石	公斤/吨	1 466	1 468
普通过磷酸钙耗磷矿	公斤/吨	3 743	2 232
普通过磷酸钙耗硫酸	公斤/吨	2 414	2 003
硫酸工人实物劳动生产率	吨/人·年	553	654
纯碱(氨碱法)工人实物劳动生产率	吨/人·年	417	421
纯碱（联碱法）工人实物劳动生产率	吨/人·年	462	480
电解烧碱(隔膜液碱100%)工人实物劳动生产率	吨/人·年	292	278
电解烧碱(水银液碱100%)工人实物劳动生产率	吨/人·年	235	242
合成氨工人实物劳动生产率	吨/人·年	194	231
硫酸(100%)触媒容积利用系数	吨/立方米·日	3.6	3.7
纯碱(氨碱法)炭化塔容积利用系数	吨/立方米·日	0.78	0.75
纯碱(联碱法)炭化塔容积利用系数	吨/立方米·日	0.52	0.48
合成氨造气炉利用系数	立方米/立方米·日	19 295	21 810
合成氨触媒容积利用系数	立方米/立方米·日	33	26
尿素合成塔利用系数	吨/立方米·日	7.57	7.74

医 药 工 业 主

指 标	计算单位	1986年	1987年
一、企业单位数	个	2 431	2 664
其中：亏损企业	个	182	176
二、年末职工人数	万人	48.88	72.48
三、职工工资总额	亿元	6.49	9.30
四、固定资产投资	亿元	9.19	12.96
五、工业总产值	亿元	154.39	207.63
六、工业净产值	亿元	42.53	57.88
七、全员劳动生产率	元/人·年	26 114	30 029
八、主要产品产量			
化学药品	吨	151 393	180 468
其中：抗感染药类	吨	26 248	28 660
其中：普鲁卡因青霉素	吨	139	155
氯霉素	吨	987	1 000
金霉素	吨	75	184
四环素	吨	2 660	2 754
土霉素	吨	5 196	6 270
红霉素	吨	206.69	269.00
消化系统用药	吨	554	747
解热镇痛药	吨	20 488	18 011
其中：阿斯匹林	吨	4 444	4 165
咖啡因	吨		
安乃近	吨	4 752	5 176
维生素	吨	5 244	5 852
其中：A	吨	78	74
B_1硝酸盐	吨	571	590
B_2	吨	76	87
C	吨	3 793.5	4 178.0
中成药	万吨	20.71	24.15
九、主要财务指标			
固定资产原值	亿元	65.80	80.90

要 经 济 指 标

指 标	计算单位	1986年	1987年
固定资产净值	亿元	44.75	56.37
流动资金年末占用数	亿元		86.03
产品销售收入	亿元	151.14	198.87
亏损企业亏损总额	亿元	0.23	0.16
利润总额	亿元		27.16
利润和税金总额	亿元	27.53	36.62
企业留利	亿元	6.01	9.67
每百元固定资产原值实现产值	元	234.63	256.64
每百元固定资产原值实现利税	元	41.84	45.26
每百元工业总产值占用流动资金	元	26.14	24.74
每百元销售收入实现利润	元	12.48	13.66
资金利税率	%	32.35	33.99
产值利税率	%	17.83	17.64
固定资产折旧率	%	5.50	5.50
平均每一职工占有的固定资产	元	10 271	11 571
平均每一职工创造的工业净产值	元	6 638	8 278
平均每一职工创造的利润和税金	元	4 297	5 237
平均每一职工上交的利税费	元	2 778	2 900
平均每一职工占有的企业留利	元	937	1 312
十、主要技术经济指标			
青霉素钾盐优级品率	%	100	99.14
青霉素钾盐主要原料总单耗	公斤/十亿单位	18.18	18.29
氨苄青霉素钠优级品率	%	85	76
氨苄青霉素钠主要原料总单耗	公斤/十亿单位	1.664	1.713
硫酸链霉素优级品率	%	77.77	64.85
硫酸链霉素主要原料总单耗	公斤/十亿单位	14.67	13.32
维生素C优级品率	%	100	78.94
维生素C主要原料总单耗	公斤/公斤	4.604	
咖啡因优级品率	%	100	84.48
咖啡因主要原料总单耗	公斤/公斤	4.929	5.033

指　　　　　标	计算单位	1986年	1987年
一、企业单位数	个	366	435
其中：亏损企业	个	43	68
二、年末职工工人数	万人	26.02	35.77
三、职工工资总额	亿元	3.53	4.71
四、固定资产投资	亿元	21.40	23.95
五、工业总产值	亿元	99.28	129.01
六、工业净产值	亿元	32.46	40.11
七、全员劳动生产率	元/人·年	38 194	43 234
八、主要产品产量			
化学纤维	万吨	101.73	117.5
人造纤维合计	万吨	18.66	19.3
在合计中：人造棉	吨	95 299	22 984
人造毛	吨	52 994	68 090
人造丝	吨	38 290	41 738
合成纤维合计	万吨	83.07	98.2
在合计中：短纤维	吨	609 601	645 474
长　丝	吨	216 593	331 409
涤　丝	吨	4 487	4 949
在合计中：锦　纶	吨	74 784	90 954
涤　纶	吨	579 552	721 538
维　纶	吨	62 606	56 841
腈　纶	吨	74 044	74 722
氯　纶	吨	7 304	6 200
丙　纶	吨	32 377	31 070
六、主要财务指标			
固定资产原值	亿元	115.46	153.45
固定资产净值	亿元	92.45	124.40
流动资金年末占用数	亿元		53.73
产品销售收入	亿元	111.32	146.94
亏损企业亏损总额	亿元	0.12	0.14
利润总额	亿元	16.83	21.82
利润和税金总额	亿元	25.12	30.97
企业留利	亿元	2.78	3.49
每百元固定资产原值实现产值	元	85.98	84.08
每百元固定资产原值实现利税	元	21.75	20.18
每百元工业总产值占用流动资金	元	25.69	24.04
每百元销售收入实现利润	元	15.12	14.85
资金利税率	%	21.29	19.93
产值利税率	%	25.30	24.00
固定资产折旧率	%	4.59	4.85

主 要 经 济 指 标

指　　　　标	计　算 单　位	1986年	1987年
平均每一职工占有的固定资产	元	37 268	44 420
平均每一职工创造的工业净产值	元	10 477	11 612
平均每一职工创造的利润和税金	元	8 107	8 965
平均每一职工上交的利税费	元	5 733	7 246
平均每一职工占有的企业留利	元	896	1 009
十、主要技术经济指标			
粘胶纤维正品率	%	99.06	98.48
粘胶纤维一等品率	%	90.73	89.75
每吨粘胶短纤维用浆粕	公斤/吨	1 051	1 054
每吨粘胶长丝用浆粕	公斤/吨	1 129	1 165
每吨粘胶短纤维用硫酸量	公斤/吨	899	895
每吨粘胶长丝用硫酸量	公斤/吨	1 374	1 436
每吨粘胶短纤维用烧硫量	公斤/吨	648	637
每吨粘胶长丝用烧碱量	公斤/吨	845	856
每吨粘胶短纤维用电量	千瓦小时/吨	1 917	1 948
每吨粘胶长丝用电量	千瓦小时/吨	9 514	10 060
每吨粘胶短纤维用标准煤量	公斤/吨	2 197	2 201
每吨粘胶长丝用标准煤量	公斤/吨	8 212	9 204
合成纤维正品率	%	98.41	98.11
合成纤维一等品率	%	89.13	90.32
每吨锦纶用己内酰胺	公斤/吨	1 119	1 063
每吨锦纶用电量	千瓦小时/吨	3 353	3 336
每吨锦纶用标准煤量	公斤/吨	2 451	2 004
涤纶合格率	%	98.29	98.00
每吨涤纶用对苯二甲酸二甲脂	公斤/吨	1 037	1 131
每吨涤纶短纤维用电量	千瓦小时/吨	888	708
每吨涤纶长丝用电量	千瓦小时/吨	2 875	2 856
每吨涤纶短纤维用标准煤量	公斤/吨	742	687
每吨涤纶长丝用标准煤量	公斤/吨	934	833
腈纶合格率	%	99.40	99.27
每吨腈纶用丙烯腈	公斤/吨	966	964
每吨腈纶用丙烯酸甲脂	公斤/吨	85.54	83.52
每吨腈纶用电量	千瓦小时/吨	2 562	2 374
每吨腈纶用标准煤量	公斤/吨	5 459	5 083
维纶合格率	%	99.21	98.89
每吨维纶用聚乙烯醇	公斤/吨	953	941
每吨维纶用芒硝	公斤/吨	587	393
每吨维纶用甲醛	公斤/吨	410	380
每吨维纶用电量	千瓦小时/吨	2 499	2 491
每吨维纶用标准煤量	公斤/吨	2 507	2 510

橡胶制品业主

指标	计算单位	1986年	1987年
一、企业单位数	个	3376	2587
其中：亏损企业	个	465	571
二、年末职工人数	万人	38.85	80.97
三、职工工资总额	亿元	5.08	8.25
四、固定资产投资	亿元	8.33	9.00
五、工业总产值	亿元	148.28	166.05
六、工业净产值	亿元	47.52	49.21
七、全员劳动生产率	元/人·年	20514	21200
八、主要产品产量			
合成橡胶	万吨	18.84	21.87
其中：丁苯橡胶	吨	74215	104235
丁腈橡胶	吨	4110	4228
氯丁橡胶	吨	18392	16688
顺丁橡胶	吨	88532	91628
再生胶	吨	146273.1	147787.9
轮胎外胎	万条	1924.32	2333.19
轮胎内胎	万条	2134.89	2483.45
手推车外胎	万条	2534.42	2483.58
手推车内胎	万条	3285.55	3288.24
自行车外胎	万条	10751.45	11888.7
自行车内胎	万条	12513.94	14044.64
运输带	万平方米	4484.92	4247.23
传送带	万平方米	1237.15	1245.72
胶　管	万吋米	10038.88	11523.92
九、主要财务指标			
固定资产原值	亿元	57.96	66.75
固定资产净值	亿元	39.77	46.02
流动资金年末占用数	亿元		65.63
产品销售收入	亿元	141.60	160.22
亏损企业亏损总额	亿元	0.37	0.60

要 经 济 指 标

指　　　　标	计　算 单　位	1986年	1987年
利润总额	亿元	13.59	10.76
利润和税金总额	亿元	31.93	30.93
企业留利	亿元	3.31	2.93
每百元固定资产原值实现产值	元	255.81	248.76
每百元固定资产原值实现利税	元	55.08	46.33
每百元工业总产值占用流动资金	元	22.77	23.72
每百元销售收入实现利润	元	9.60	6.71
资金利税率	%	43.43	36.21
产值利税率	%	21.53	18.62
固定资产折旧率	%	5.13	5.02
平均每一职工占有的固定资产	元	7 794	8 455
平均每一职工创造的工业净产值	元	6 390	6 233
平均每一职工创造的利润和税金	元	4 293	3 917
平均每一职工上交的利税费	元	3 601	3 386
平均每一职工占有的企业留利	元	445	371
十、主要技术经济指标			
丁苯橡胶合格率	%	100	99.6
丁苯橡胶耗丁二烯	公斤/吨	762	616
丁苯橡胶耗苯乙烯	公斤/吨	259	268
丁苯橡胶工人实物劳动生产率	吨/人	74	16
丁腈橡胶合格率	%	100	100
丁腈橡胶耗丁二烯	公斤/吨	802	791
丁腈橡胶耗丙烯腈	公斤/吨	354	357
顺丁橡胶一级品率	%	99.67	99.72
顺丁橡胶耗丁二烯	公斤/吨	1 034	1 032
氯丁橡胶一级品率	%	89.5	93.8
氯丁橡胶耗电石	公斤/吨	3 027	3 027
氯丁橡胶工人实物劳动生产率	吨/人	9.83	11.06
外胎综合合格率	%	99.73	99.72

塑料制品业主

指　　标	计算单位	1986年	1987年
一、企业单位数	个	12 448	13 234
其中：亏损企业	个	2 258	2 141
二、年末职工人数	万人	19.06	134.67
三、职工工资总额	亿元	2.23	8.72
四、固定资产投资	亿元	7.16	5.17
五、工业总产值	亿元	161.95	207.90
六、工业净产值	亿元	41.46	51.71
七、全员劳动生产率	元/人·年	13 704	15 309
八、主要产品产量			
塑料制品	万吨	274.45	297.83
其中：聚氯乙烯制品	万吨	104.91	80.51
其中：薄膜	万吨	69.37	60.01
人造革	万吨	15.37	12.24
泡沫塑料	吨	61 167	49 796
聚乙烯制品	吨	93.85	79.53
聚苯乙烯制品	万吨	51 662	95 634
酚醛制品	吨	16 949	13 351
聚胺酯制品	吨	39 583	40 895
聚丙烯制品	吨	42.24	29.75
九、主要财务指标			
固定资产原值	亿元	87.18	110.82
固定资产净值	亿元	66.94	85.78
流动资金年末占用数	亿元		100.54
产品销售收入	亿元	155.64	199.94
亏损企业亏损总额	亿元	1.00	1.00
利润总额	亿元	10.99	14.50

要 经 济 指 标

指　　　标	计　算 单　位	1986年	1987年
利润和税金总额	亿元	18.80	23.98
企业留利	亿元	2.81	4.02
每百元固定资产原值实现产值	元	185.76	187.59
每百元固定资产原值实现利税	元	21.56	11.64
每百元工业总产值占用流动资金	元	30.11	26.27
每百元销售收入实现利润	元	7.06	7.25
资金利税率	%	16.24	17.08
产值利税率	%	11.61	11.54
固定资产折旧率	%	5.80	5.86
平均每一职工占有的固定资产	元	6 932	8 459
平均每一职工创造的工业净产值	元	3 297	3 947
平均每一职工创造的利润和税金	元	1 495	1 830
平均每一职工上交的利税费	元	942	1 076
平均每一职工占有的企业留利	元	224	307
十、主要技术经济指标			
聚氯乙烯全塑鞋合格率	%	97.8	96.9
聚氯乙烯压延薄膜一级品率	%	96.6	96.8
聚乙烯吹塑薄膜合格率	%	97.9	98.1
聚丙烯编织袋一级品率	%	96.4	96.9
每吨聚氯乙烯全塑鞋耗原料	吨	1.05	1.05
每吨聚氯乙烯压延薄膜耗树脂	吨	0.65	0.64
每吨聚氯乙烯压延薄膜耗增塑剂	吨	0.31	0.31
每吨聚乙烯吹塑薄膜耗树脂	吨	1.03	1.02

指　　　标	计算单位	1986年	1987年
一、企业单位数	个	56 055	55 837
其中：亏损企业	个	7 179	8 953
二、年末职工人数	万人	264.36	739.07
三、职工工资总额	亿元	33.21	44.66
四、固定资产投资	亿元	64.78	69.26
五、工业总产值	亿元	516.89	593.22
六、工业净产值	亿元	197.27	212.93
七、全员劳动生产率	元/人·年	5 530	6 010
八、主要产品产量			
水泥	万吨	16 606.16	18 624.93
平板玻璃	万重量箱	5 201.84	5 802.68
卫生陶瓷	万件	949.48	1 050.19
砖	亿块	3 748.68	3 990.71
瓦	亿片	422.79	448.27
日用陶瓷器	亿件	43.00	47.32
日用玻璃制品	万吨	483.89	503.33
九、主要财务指标			
固定资产原值	亿元	470.41	554.89
固定资产净值	亿元	336.55	401.13
流动资金年末占用数	亿元		277.90
产品销售收入	亿元	479.93	558.23
亏损企业亏损总额	亿元	3.89	6.65
利润总额	亿元	58.82	53.39
利润和税金总额	亿元	93.88	93.17
企业留利	亿元	19.88	20.55
每百元固定资产原值实现产值	元	109.88	106.91
每百元固定资产原值实现利税	元	19.96	16.79
每百元工业总产值占用流动资金	元	25.66	25.99

矿物制品业主要经济指标

指标	计算单位	1986年	1987年
每百元销售收入实现利润	元	12.26	9.56
资金利税率	%	20.01	16.78
产值利税率	%	18.16	15.71
固定资产折旧率	%	5.35	5.19
平均每一职工占有的固定资产	元	6 490	7 417
平均每一职工创造的工业净产值	元	2 722	2 846
平均每一职工创造的利润和税金	元	1 295	1 245
平均每一职工上交的利税费	元	861	889
平均每一职工占有的企业留利	元	274	275
十、主要技术经济指标			
出厂水泥合格率	%	99.99	100
熟料平均标号	号	611	618
每吨水泥综合能耗	公斤	207.59	202.29
每吨熟料烧成标准煤耗	公斤	198.15	193.30
每吨水泥综合电力消耗量	千瓦小时	105.59	106.23
回转窑小时产量	吨/小时	3 496	3 636
回转窑单位体积小时产量	公斤/立方米·小时	30.88	30 80
回转窑单位面积小时产量	公斤/平方米·小时	25.36	25 61
水泥磨小时产量	吨/小时	5 588	5 849
回转窑运转率	%	81.34	80.77
全员水泥实物劳动生产率	吨/人	255	255
平板玻璃一级品率	%	75.56	69.49
每重量箱平板玻璃综合能耗	公斤	33.06	35.36
每重量箱平板玻璃耗标准煤	公斤	31.04	32.66
每重量箱平板玻璃纯碱消耗量	公斤	10.03	10.12
每重量箱平板玻璃芒硝消耗量	公斤	1.63	1.64
每重量箱平板玻璃电力消耗量	千瓦小时	5.43	5.37
玻璃熔窑熔化能力	公斤/平方米·日	1 366	1 369
全员平板玻璃实物劳动生产率	重量箱/人	871.1	
每吨日用陶瓷耗用标准煤	吨	1.20	1.29
每吨日用玻璃耗用标准煤	吨	0.65	0.67

黑色金属冶炼及压延

指　　　　标	计算单位	1986年	1987年
一、企业单位数	个	2 840	2 766
其中：亏损企业	个	409	479
二、年末职工人数	万人	234.79	285.33
三、职工工资总额	亿元	35.99	44.01
四、固定资产投资	亿元	81.37	113.06
五、工业总产值	亿元	660.53	766.15
六、工业净产值	亿元	193.30	227.05
七、全员劳动生产率	元/人·年	17 885	19160
八、主要产品产量			
钢	万吨	5 219.7	5 627.5
生铁	万吨	5 063.8	5 503.2
成品钢材	万吨	4 058.1	4 385.77
其中：优质型材	万吨	405.18	448.28
线材	万吨	632.16	619.65
特厚钢板	万吨	9.27	10.09
中厚钢板	万吨	493.02	568.01
薄钢板	万吨	390.47	393.75
硅钢片	万吨	55.7	67.88
钢带	万吨	97.4	121.09
无缝钢管	万吨	146.2	162.88
焊接钢管	万吨	229.2	244.76
钢丝	万吨	62.11	71.85
铁合金	万吨	159.69	184.63
焦炭	万吨	5 275.54	5 795.12
九、主要财务指标			
固定资产原值	亿元	566.40	758.22
固定资产净值	亿元	484.33	534.19
流动资金年末占用数	亿元		297.98
产品销售收入	亿元	629.68	749.78
亏损企业亏损总额	亿元	0.60	1.01
利润总额	亿元	83.73	89.47
利润和税金总额	亿元	145.67	161.45
企业留利	亿元	36.20	39.98
每百元固定资产原值实现产值	元	96.42	101.05
每百元固定资产原值实现利税	元	21.26	21.29
每百元工业总产值占用流动资金	元	25.79	26.04
每百元销售收入实现利润	元	13.30	10.79
资金利税率	%	22.25	22.00
产值利税率	%	22.05	21.07
固定资产折旧率	%	3.63	3.80

加工业主要经济指标

指　　标	计算单位	1986年	1987年
平均每一职工占有的固定资产	元	25 096	27 192
平均每一职工创造的工业净产值	元	7 081	8 143
平均每一职工创造的利润和税金	元	5 336	5 790
平均每一职工上交的利税费	元	3 939	4 341
平均每一职工占有的企业留利	元	1 326	1 434
十、主要技术经济指标			
生铁合格率	%	99.87	99.79
综合焦比	公斤/吨	594	592
生铁消耗原料矿	公斤/吨	1 763	1 772
炼铁工人实物劳动生产率	吨/人	699	689
高炉有效容积利用系数	吨/立方米·昼夜	1.7	1.7
平炉钢锭合格率	%	98.88	98.83
平炉钢铁料消耗	公斤/吨	1 120	1 113
平炉工人实物劳动生产率	吨/人	556	577
平炉日历作业率	%	79.79	80.38
平炉每炉炼钢时间	小时	6	6
侧吹转炉钢锭合格率	%	98.64	98.46
侧吹转炉钢铁料消耗	公斤/吨	1 246	1 251
侧吹转炉工人实物劳动生产率	吨/人	173	128
侧吹转炉日历作业率	%	21.96	20.95
侧吹转炉每炉炼钢时间	分钟		
顶吹转炉钢锭合格率	%	98.89	98.85
顶吹转炉钢铁料消耗	公斤/吨	1 126	1 135
顶吹转炉工人实物劳动生产率	吨/人	440	510
顶吹转炉日历作业率	%	48.91	51.16
顶吹转炉每炉炼钢时间	分钟	32	34
电炉钢锭合格率	%	98.88	98.91
电炉钢铁料消耗	公斤/吨	1 055	1 047
电炉工人实物劳动生产率	吨/人	163	166
电炉日历作业率	%	72.79	71.63
电炉每炉炼钢时间	时:分	3:40	3:41
钢材合格率	%	98.31	98.36
热轧轧机日历作业率	%	57.16	56.63
冶金焦灰分	%	13.76	14.05
冶金焦硫分	%	0.69	0.70
结焦率	%	76.58	77.23
冶金焦率	%	93.30	92.42
全焦耗湿煤	公斤/吨	1 433	1 400
炼焦工人实物劳动生产率	吨/人	1 695	1 069

金 属 制 品 业 主

指　　标	计算单位	1986年	1987年
一、企业单位数	个	30 125	30 460
其中：亏损企业	个	3 161	3 894
二、年末职工人数	万人	50.98	288.87
三、职工工资总额	亿元	6.72	19.87
四、固定资产投资	亿元	7.73	9.90
五、工业总产值	亿元	274.08	338.03
六、工业净产值	亿元	86.42	100.15
七、全员劳动生产率	元/人·年	9 698	11 028
八、主要产品产量			
刃具	万件	29 391.32	35 979.50
钢丝绳	万吨	17.65	18.59
日用搪瓷器	万吨	16.45	17.26
其中：搪瓷面盆	万个	8 622	8 467
搪瓷口杯	万个	8 484	8 419
日用精铝制品	万吨	8.79	10.58
其中：铝锅	万口	4 016.1	5 000.1
高压锅	万口	327.5	654.0
烧水壶	万个	1 931	2 400
铝饭盒	万个	1 755.8	1 595.1
铸铁锅	万口	8 143	8 606
菜刀	万把	1 895.8	3 822
挂锁	万把	47 799	56 117
剪刀	万把	10 307.7	13 184.7
理发推子	万把	427.8	380.6
打火机	万个	10 716.7	12 953.8
煤油炉	万个	505.1	543
电吹风	万把	96.08	110.25
秋皮钉	吨	15 069	17 750
电焊条	万吨	41.98	49.07
九、主要财务指标			

要 经 济 指 标

指 标	计算单位	1986年	1987年
固定资产原值	亿元	130.32	156.65
固定资产净值	亿元	87.46	105.95
流动资金年末占用数	亿元		173.03
产品销售收入	亿元	255.32	309.17
亏损企业亏损总额	亿元	1.00	1.42
利润总额	亿元	28.26	29.18
利润和税金总额	亿元	42.36	45.08
企业留利	亿元	8.65	9.66
每百元固定资产原值实现产值	元	210.32	215.79
每百元固定资产原值实现利税	元	32.51	28.78
每百元工业总产值占用流动资金	元	29.64	29.91
每百元销售收入实现利润	元	11.07	9.44
资金利税率	%	25.11	21.77
产值利税率	%	1 546	13.34
固定资产折旧率	%	6.03	5.63
平均每一职工占有的固定资产	元	4 898	5 561
平均每一职工创造的工业净产值	元	3 248	3 555
平均每一职工创造的利润和税金	元	1 592	1 600
平均每一职工上交的利税费	元	977	987
平均每一职工占有的企业留利	元	325	343
十、主要技术经济指标			
搪瓷面盆一级品率	%	82.70	84.00
搪瓷口杯一级品率	%	77.70	78.20
日用搪瓷制品铁皮利用率	%	82.30	82.60
日用搪瓷工人实物劳动生产率	吨/人	3.44	3.52
铝锅一级品率	%	69.60	71.20
每口铝锅耗用铝材	公斤	0.83	0.80
铁包锁一等品率	%	93.7	94.4
铜包锁一等品率	%	93.9	94.0
铁锅合格率	%	92.4	92.8

机械、电气、电子设备制

指　　标	计算单位	1986年	1987年
一、企业单位数	个	72 421	74 129
其中：亏损企业	个	7 464	8 338
二、年末职工人数	万　人		1 536.74
三、职工工资总额	亿　元		
四、固定资产投资	亿　元	148.16	165.01
五、工业总产值	亿　元	2 082.11	2 560.43
六、工业净产值	亿　元	657.27	762.66
七、全员劳动生产率	元/人·年	12 402	14 639
八、主要产品产量			
工业锅炉	台	35 288	35 356
	蒸发量吨	87 005	85 483
内燃机	万马力	7 415.34	8 736.49
发电设备(500千瓦及以上)	台(组)	564	1 205
	万千瓦	722.35	941.06
电站汽轮机(500千瓦及以上)	台	199	260
	万千瓦	531.26	728.88
电站锅炉	台	257	370
	蒸发量吨	26 445	37 614
金属切削机床	万　台	16.37	17.22
锻压机械	万　台	6.50	7.56
铸造机械	万　台	0.51	0.60
起重设备	万　吨	52.76	51.09
工矿电机车	台	1 615	2 688
泵	万　台	261.91	332.02
风机	万　台	40.09	44.60
气体压缩机	万　台	5.32	4.46
滚动轴承	万　套	36 219	41 136
高中压阀门	万　吨	5.82	5.73
标准紧固件	亿　件	358.22	474.19
矿山设备	万　吨	30.06	29.72
冶炼设备	万　吨	2.74	4.24
金属轧制设备	万　吨	2.08	4.55
石油设备	万　吨	18.11	20.72
化工设备	万　吨	11.54	13.30

造业主要经济指标(一)

指　　标	计算单位	1986年	1987年
化纤设备	万吨	1 939	1 587
纺织设备	万吨	16.69	24.68
粮食加工机械	万台	25.86	30.34
橡胶加工机械	吨	18 490	18 895
塑料加工机械	吨	21 618	25 574
印刷机械	万吨	6.07	6.02
大中型拖拉机	万台	2.86	3.71
小型拖拉机	万台	77.45	110.60
机引耕作机械	万台	19.32	27.80
种植机械	万台	5.40	10.89
手推胶轮车	万轮	1 039.48	1 036.87
中小农具	亿件	4.76	5.47
农用大中型拖车	万辆	11.17	8.57
畜力胶轮车	万辆	26.82	30.42
医疗器械	亿元	9.74	10.58
电影机械	台	31875	24 549
复印机械	台	17 990	18 059
自行车	万辆	3 568.26	4 116.68
缝纫机	万架	989.41	969.97
表	万只	7 331.99	6 159.36
钟	万只	1 995.5	2 853.7
照相机	万架	202.54	256.70
机车	台	818	909
蒸汽机车	台	363	365
内燃机车	台	334	402
电力机车	台	121	142
客车	辆	1 522	1 791
货车	辆	20 592	21 639
汽车	万辆	36.98	47.18
其中：载货汽车	万辆	22.91	29.84
越野汽车	辆	23 478	28 382
汽车底盘	辆	81 527	92 464
客　车	辆	11 851	14 653

指　　标	计算单位	1986年	1987年
小轿车	辆	11 705	17 860
民用改装汽车	辆	86 076	108 995
摩托车	万辆	65.57	73.77
民用钢质船舶	艘	8 433	9 777
机动渔船	艘	717	516
交流电动机	万千瓦	3 967.05	4 171.79
直流电机	万千瓦	234.04	248.56
变压器	万千伏安	7 729.57	9 296.72
高压隔离开关	组	137 535	153 148
电力电容器	万千乏	1 550.09	1 608.36
电力电缆	万公里	28.54	27.85
干电池	亿只	51.30	56.05
绝缘材料	吨	54 024	55 757
家用洗衣机	万台	893.39	990.16
家用电冰箱	万台	225.02	401.34
电风扇	万台	3 528.67	2 660.68
单相空调器	万台	9.65	13.22
电熨斗	万个	1 143.90	1 223.97
电　灶	万个	12.37	5.06
电饭锅及电热蒸煮器具	万个	711.41	1 078.74
电热毯	万条	391.04	329.39
灯　泡	亿只	16.09	16.83
电焊机	台	114 315	117 159
电话机	万部	471.68	451.96
半导体器件	亿只	10.99	16.09
电子元件	亿只	105.81	152.00
电视机	万部	1 459.40	1 934.37
其中：彩色电视机	万部	414.60	672.72
收音机	万部	1 589.50	1 763.82
录放音机	万台	1 756.82	1 978.03
电子计算机	部	263	203
电子计算器	万台	377.13	383.86

造业主要经济指标(二)

指　　标	计算单位	1986年	1987年
工业自动化仪表	万台(件)	1 351.43	1 406.54
电工仪器仪表	万台(只)	2 437.76	2 708.52
成分分析仪器	万　台	5.90	6.22
光学仪器	万　台	29.39	31.44
专用仪器仪表	万　台	21.42	20.32
九、主要财务指标			
固定资产原值	亿　元	1 596.74	1 803.95
固定资产净值	亿　元	1 034.77	1 178.13
流动资金年末占用数	亿　元		1 710.04
产品销售收入	亿　元	1 943.94	2 460.96
亏损企业亏损总额	亿　元	13.42	15.46
利润总额	亿　元	225.43	242.42
利润和税金总额	亿　元	330.33	366.58
企业留利	亿　元	80.09	91.42
每百元固定资产原值实现产值	元	130.40	141.93
每百元固定资产原值实现利税	元	20.69	20.32
每百元工业总产值占用流动资金	元	47.72	43.83
每百元销售收入实现利润	元	11.60	9.85
资金利税率	%	16.28	15.94
产值利税率	%	15.87	14.32
固定资产折旧率	%	4.69	4.74
平均每一职工占有的固定资产	元	9 717	10 651
平均每一职工创造的工业净产值	元	4 000	4 503
平均每一职工创造的利润和税金	元	2 010	2 164
平均每一职工上交的利税费	元	1 333	1 381
平均每一职工占有的企业留利	元	487	540
十、主要技术经济指标			
铸铁件综合废品率	%	9.27	9.93
铸钢件综合废品率	%	4.41	4.24
机械加工件综合废品率	%	1.67	1.96
每吨锻锤能力产量	吨	253	242
每千吨锻造水压机能力产量	吨	1 793	1 932

机械、电气、电子设备制造业主要经济指标(三)

指标	计算单位	1986年	1987年
金属切削机床利用率	%	48.4	49.6
每吨电炉钢冶炼耗电	千瓦小时/吨	786.9	965.1
化铁炉每吨金属炉料耗焦量	公斤	130.0	124.1
钢材利用率	%	67.4	68.5
其中：轴承钢利用率	%	44.33	45.94
硅钢片利用率	%	60.6	60.3
铜材利用率	%	81.69	85.02
铝材利用率	%	79.14	77.26
铸铁车间每平方米总面积产量	吨/平方米	0.40	0.43
铸铁车间每一职工产量	吨/人	12.03	12.20
铸钢车间每平方米总面积产量	吨/平方米	0.30	0.32
焊缝探伤一次合格率	%	98	91
焊接车间每平方米总面积产量	吨/平方米	0.28	0.54
每吨锻件加热炉耗煤量	公斤/吨	1 670.75	1 410.47
热处理件废品率	%	0.17	0.18
热处理设备利用率	%	42.03	49.23
自行车质量分	分	93.74	92.78
每辆28吋载重自行车耗用钢材	公斤	29.50	29.2
自行车工人实物劳动生产率	辆/人	294	311
缝纫机质量分	分	91.30	92.03
每架家用缝纫机耗用生铁	公斤	31.70	31.41
家用缝纫机工人实物劳动生产率	架/人	178	179
手表质量分	分	94.32	92.78
手表工人实物劳动生产率	只/人	738	662
闹钟质量分	分	98.34	98.2
每只闹钟耗铜及铜材	公斤	1 581	1 667
闹钟工人实物劳动生产率	只/人	1 041	1 173
新造机车一等品率	%	100	100
新造客车一等品率	%	96.46	96.9
新造货车一等品率	%	95.47	96.4
新造机车返修率	%	6.78	6.5
新造客车返修率	%	0.13	0.1
新造货车返修率	%	0.03	0
铸钢件成品率	%	64.13	64.2
铸铁件成品率	%	72.40	72.2
电炉钢耗电量	千瓦小时/吨	777	769
船舶工业			
铸铁件综合废品率	%	6.83	6.35
铸钢件综合废品率	%	2.07	3.28
机械加工件综合废品率	%	0.57	0.55
每吨锻锤能力产量	吨	145	160
每千吨锻造水压机能力产量	吨		1 406
金属切削机床利用率	%	33.8	32.3
每吨电炉钢冶炼耗电	千瓦小时/吨	774	780
化铁炉每吨金属炉料耗焦量	公斤/吨	122	125
单缸洗衣机一次合格率	%	91.80	92.9
双缸洗衣机一次合格率	%	87.70	88.9
洗衣机工人实物劳动生产率	台/人	347	404
家用电冰箱一次合格率	%	90.5	89.9
家用电冰箱工人实物劳动生产率	台/人	143	145
台扇一次合格率	%	84.90	84.9
普通灯泡综合合格率	%	88.30	88.6
每万只15-40瓦普通灯泡耗钨丝	万米	1.25	1.3
灯泡工人实物劳动生产率	千只/人	19.70	24.9
彩色显像管(18″、22′)成品率	%	80.01	81.64
碳膜电阻(1/8W)合格率	%		90.52
铝电解电容器(300V)合格率	%		96.05
彩色电视机(14″、18″)合格率	%	97.28	98.31
黑白电视机(12″、14″)合格率	%	97.73	98.77
收录机(立体声)合格率	%		90.19

四、中国工业经济的地区布局

东部、中部、西部地区工业经济主要指标(一)

年份	工业总产值(亿元)			化学纤维(万吨)			纱(万吨)		
	东部	中部	西部	东部	中部	西部	东部	中部	西部
1952	234.4	94	14.9				53.8	11.1	0.7
1957	508.8	231.2	43.9	0.02			59.7	23.4	1.3
1962	535.0	254.2	61.0	1.36			35.7	17.6	1.5
1965	805.1	492.3	96.5	3.96	1.05		82.9	42.9	4.2
1970	1 502.9	742	175.9	7.76	1.78	0.55	124.9	72.3	8
1975	1 913	1 049.3	256.5	11.22	3.32	0.94	123.1	80.3	7.4
1978	2 505.4	1 380.9	344.5	22.88	4.7	0.88	139.8	87.8	10.6
1980	2 992.5	1 617.2	382.7	32.65	10.54	1.84	166.1	112.9	13.6
1981	3 049	1 731.8	396.9	38.12	12.43	2.18	178.5	122.8	15.7
1982	3 244.8	1 886.4	446.3	37.03	12.48	2.19	187.1	131.2	17.1
1983	3 572.5	2 097	494.9	40.28	11.98	1.81	185.6	125.3	16.1
1984	4 098.4	2 373	558.5	54.73	16.63	2.13	187.9	118.6	15.4
1985	4 985.21	2 221.47	1 054.44	72.38	17.81	4.6	207.04	104.73	41.71
1986	5 446.74	2 410.74	1 121.24	78.25	19.08	4.39	233.67	118.52	45.60
1987	6 302.93	2 739.96	1 264.25	90.45	21.89	5.16	255.67	131.29	49.85
比重%									
1952	68.28	27.38	4.34				82.01	16.92	1.07
1957	64.91	29.49	5.60	100.00			70.73	27.73	1.54
1962	62.93	29.90	7.17	100.00			65.15	32.12	2.74
1965	57.76	35.32	6.92	79.04	20.96		63.77	33.00	3.23
1970	62.08	30.65	7.27	76.91	17.64	5.45	60.87	35.23	3.90
1975	59.43	32.60	7.97	72.48	21.45	6.07	58.40	38.09	3.51
1978	59.22	32.64	8.14	80.39	16.51	3.09	58.69	36.86	4.45
1980	59.94	32.39	7.67	72.51	23.41	4.09	56.77	38.59	4.65
1981	58.89	33.45	7.67	72.29	23.57	4.13	56.31	38.74	4.95
1982	58.18	33.82	8.00	71.62	24.14	4.24	55.78	39.12	5.10
1983	57.95	34.02	8.03	74.50	22.16	3.35	56.76	38.32	4.92
1984	58.30	33.76	7.94	74.47	22.63	2.90	58.37	36.84	4.78
1985	60.35	26.89	12.76	76.36	18.79	4.85	58.57	29.63	11.80
1986	60.66	26.85	12.49	76.93	18.76	4.32	58.74	29.79	11.46
1987	61.15	26.58	12.27	76.98	18.63	4.39	58.53	30.06	11.41

注：1952年和1957年是按1952年不变价格计算；1962年、1965年和1970年是按1957年不变价格计算；1971年至1980年是按1970年不变价格计算；1981年至1987年是按1980年不变价格计算。

东部、中部、西部地区工业经济主要指标(二)

年 份	布 (亿 米)			毛 线 (吨)			呢 绒 (万 米)		
	东 部	中 部	西 部	东 部	中 部	西 部	东 部	中 部	西 部
1952	31.04	6.39	0.86	1 896	79	4	387	31	5
1957	36.32	12.54	1.64	5 084	361	207	1 665	121	31
1962	16.46	7.8	1.05	6 166	391	1 245	2 940	198	104
1965	40.7	19.66	2.44	8 288	998	1 674	3 550	348	342
1970	55.69	31.31	4.45	16 379	2 285	2 990	4 650	495	632
1975	55.67	34.32	4.02	18 104	3 856	4 667	5 504	735	704
1978	64.49	40.14	5.66	25 406	6 162	6 240	6 725	1 031	1 129
1980	75.87	52.07	6.76	37 476	8 771	11 062	7 503	1 350	1 242
1981	80.48	54.99	7.21	49 530	14 015	12 933	8 505	1 468	1 335
1982	86.2	59.37	7.94	58 420	18 794	15 270	9 560	1 672	1 437
1983	83.17	57.88	7.79	65 969	20 517	15 651	10 406	2 180	1 705
1984	79.9	50.03	7.03	71 521	22 124	16 390	12 854	3 043	2 152
1985	85.99	41.43	19.26	85 595	25 499	14 832	15 248	4 048	2 520
1986	96.01	47.48	21.24	102 193	30 304	16 555	17 752	4 600	2 835
1987	101.15	49.91	21.97	148 438	37 350	18 938	18 451	4 890	3 199
比重(%)									
1952	81.07	16.69	2.25	95.81	3.99	0.20	91.49	7.33	1.18
1957	71.92	24.83	3.25	89.95	6.39	3.66	91.63	6.66	1.71
1962	65.03	30.82	4.15	79.03	5.01	15.96	90.68	6.11	3.21
1965	64.81	31.31	3.89	75.62	9.11	15.27	83.73	8.21	8.07
1970	60.90	34.24	4.87	75.64	10.55	13.81	80.49	8.57	10.94
1975	59.22	36.51	4.28	67.99	14.48	17.53	79.27	10.59	10.14
1978	58.47	36.39	5.13	67.20	16.30	16.50	75.69	11.60	12.71
1980	56.33	38.66	5.02	65.39	15.30	19.30	74.32	13.37	12.30
1981	56.41	38.54	5.05	64.76	18.33	16.91	75.21	12.98	11.81
1982	56.15	38.68	5.17	63.17	20.32	16.51	75.46	13.20	11.34
1983	55.88	38.89	5.23	64.59	20.09	15.32	72.82	15.25	11.93
1984	58.34	36.53	5.13	65.00	20.11	14.90	71.22	16.86	11.92
1985	58.62	28.25	13.13	67.97	20.25	11.78	69.89	18.56	11.55
1986	58.28	28.82	12.89	68.56	20.33	11.11	70.48	18.26	11.26
1987	58.46	28.84	12.70	72.51	18.24	9.25	69.52	18.43	12.05

东部、中部、西部地区工业经济主要指标(三)

年份	丝(吨)			丝织品(万米)			机制纸及纸板(万吨)		
	东部	中部	西部	东部	中部	西部	东部	中部	西部
1952	5 042	545		5 572	854	50	25.93	11.05	0.20
1957	8 561	1 178	174	12 754	1 657	43	61.18	29.14	0.98
1962	3 466	1 130	71	20 382	1 978	140	68.83	39.34	3.43
1965	7 437	1 569	143	29 691	4 120	374	105.03	62.21	5.84
1970	13 203	2 248	1 291	38 200	5 381	1 593	146.98	85.78	8.73
1975	15 562	5 024	2 469	36 316	6 972	2 126	192.90	130.70	17.60
1978	20 087	6 926	2 686	49 518	9 321	2 213	237.36	173.67	27.69
1980	23 884	8 663	2 797	61 709	11 872	2 365	282.38	221.08	31.13
1981	24 656	10 953	1 780	67 921	12 946	2 606	288.01	221.93	30.43
1982	24 113	12 291	661	74 300	15 723	1 345	313.70	241.81	33.62
1983	23 289	12 863	746	80 100	17 576	2 236	344.59	279.85	36.83
1984	24 721	12 273	629	94 489	20 940	2 369	392.19	320.85	42.96
1985	28 536	1 846	11 817	117 932	22 935	9 052	472.03	329.51	109.61
1986	32 207	2 308	12 643	123 427	16 983	9 537	527.26	350.66	120.71
1987	35 220	2 583	14 061	130 850	18 061	11 312	611.40	397.32	132.35
比重%									
1952	90.25	9.75	0.00	86.04	13.19	0.77	69.74	29.72	0.54
1957	86.36	11.88	1.76	88.24	11.46	0.30	67.01	31.92	1.07
1962	74.27	24.21	1.52	90.59	8.79	0.62	61.68	35.25	3.07
1965	81.29	17.15	1.56	86.85	12.05	1.09	60.68	35.94	3.37
1970	78.86	13.43	7.71	83.85	12.46	3.69	60.86	35.52	3.62
1975	67.50	21.79	10.71	79.97	15.35	4.68	56.54	38.31	5.16
1978	67.64	23.32	9.04	81.11	15.27	3.62	54.10	39.59	6.31
1980	67.54	24.55	7.91	81.25	15.63	3.11	52.82	41.36	5.82
1981	65.94	29.29	4.76	81.37	15.51	3.12	53.30	41.07	5.63
1982	65.06	33.16	1.78	81.32	17.21	1.47	53.25	41.05	5.71
1983	63.12	34.86	2.02	80.17	17.59	2.24	52.11	42.32	5.57
1984	65.71	32.62	1.67	80.21	17.78	2.01	51.88	42.44	5.68
1985	67.62	4.37	28.00	78.66	15.30	6.04	51.81	36.16	12.03
1986	68.30	4.89	26.81	82.31	11.33	6.36	52.80	35.11	12.09
1987	67.91	4.98	27.11	81.67	11.27	7.06	53.58	34.82	11.60

东部、中部、西部地区工业经济主要指标(四)

年份	缝纫机(万架)			自行车(万辆)			手表(万只)		
	东部	中部	西部	东部	中部	西部	东部	中部	西部
1952	6.61			8.00					
1957	24.12	3.69		80.52	0.06		0.04		
1962	75.41	2.45		136.03	1.11		76.09		
1965	114.58	9.25		177.75	6.05		100.76		
1970	216.83	18.36		350.93	17.81	0.03	345.83	1.80	
1975	295.76	60.04	0.92	586.77	35.32	1.15	733.96	47.45	0.80
1978	403.89	81.29	1.28	795.00	55.27	3.77	1 216.51	129.01	5.62
1980	591.40	168.88	7.53	1 136.82	150.92	14.62	1 873.18	330.93	11.40
1981	744.44	265.98	28.63	1 437.35	288.41	28.50	2 358.29	492.13	22.02
1982	889.34	342.46	54.16	1 860.77	500.97	58.26	2 728.84	549.52	22.62
1983	843.12	224.10	19.99	2 114.21	567.65	76.36	2 855.20	581.57	32.26
1984	800.59	31.06	3.20	2 237.03	550.14	74.19	3 109.77	639.57	48.87
1985	830.60	85.36	75.25	2 543.57	560.05	123.96	4 165.62	956.26	309.17
1986	818.20	93.26	77.95	2 712.45	707.05	148.76	6 078.53	868.73	370.11
1987	799.30	80.96	89.71	3 032.85	885.06	198.77	5 327.61	556.98	257.85
比重(%)									
1952	100.00			100.00					
1957	86.73	13.27		99.93	0.07		100.00		
1962	96.85	3.15		99.19	0.81		100.00		
1965	92.53	7.47		96.71	3.29		100.00		
1970	92.19	7.81		95.16	4.83	0.01	99.48	0.52	
1975	82.91	16.83	0.26	94.15	5.67	0.18	93.83	6.07	0.10
1978	83.03	16.71	0.26	93.09	6.47	0.44	90.04	9.55	0.42
1980	77.02	21.99	0.99	87.29	11.59	1.12	84.55	14.94	0.51
1981	71.65	25.60	2.76	81.93	16.44	1.62	82.10	17.13	0.77
1982	69.16	26.63	4.21	76.89	20.70	2.41	82.67	16.65	0.69
1983	77.55	20.61	1.84	76.65	20.58	2.77	82.31	16.76	0.93
1984	85.64	14.02	0.34	78.18	19.23	2.59	81.87	16.84	1.29
1985	83.80	8.61	7.59	78.81	17.35	3.84	76.70	17.61	5.69
1986	82.70	9.43	7.88	76.02	19.81	4.17	83.07	11.87	5.06
1987	82.40	8.35	9.25	73.67	21.50	4.83	86.73	9.07	4.20

东部、中部、西部地区工业经济主要指标(五)

年 份	原 盐 (万吨)			糖 (万 吨)			卷 烟 (万 箱)		
	东 部	中 部	西 部	东 部	中 部	西 部	东 部	中 部	西 部
1952	424.7	48.6	21.2	27.34	11.55	6.23	156.85	96.26	11.89
1957	696.0	70.7	59.0	50.85	24.96	10.63	302.51	118.80	24.30
1962	844.2	102.4	47.2	24.18	3.74	6.45	121.27	86.24	36.17
1965	997.9	87.8	61.1	92.96	27.83	25.28	241.71	184.30	52.35
1970	882.4	71.2	155.3	75.75	30.08	29.17	379.72	326.55	76.88
1975	1 173.9	159.0	147.6	99.22	38.79	35.81	430.55	458.60	102.50
1978	1 528.1	213.5	211.9	139.14	40.43	47.10	498.00	536.05	147.69
1980	1 341.34	235.2	151.7	127.60	57.66	71.80	609.48	697.22	213.32
1981	1 451.39	243.57	137.43	159.94	70.55	86.12	663.63	796.75	243.64
1982	1 243.0	250.7	144.7	166.27	80.19	91.93	700.74	910.54	273.89
1983	1 178.8	265.5	168.4	186.29	79.63	111.22	680.92	951.58	305.08
1984	1 191.8	276.2	173.9	166.83	96.98	116.07	737.21	1 039.61	355.30
1985	1 027.63	189.18	262.04	292.26	92.03	67.04	848.35	1 005.98	515.42
1986	1 239.65	205.23	316.28	349.35	93.74	81.55	915.45	1 085.94	595.07
1987	1 098.56	217.75	448.16	342.58	76.24	86.76	976.16	1 180.51	724.36
比重(%)									
1952	85.88	9.83	4.29	60.59	25.60	13.81	59.19	36.32	4.49
1957	84.33	8.54	7.13	58.83	28.88	12.30	67.89	26.66	5.45
1962	84.95	10.30	4.75	70.35	10.88	18.77	49.77	35.39	14.84
1965	87.02	7.66	5.32	63.64	19.05	17.31	50.53	38.53	10.94
1970	79.57	6.42	14.00	56.11	22.28	21.61	48.49	41.70	9.82
1975	79.29	10.74	9.97	57.08	22.32	20.60	43.42	46.25	10.34
1978	78.22	10.93	10.85	61.38	17.84	20.78	42.14	45.36	12.50
1980	77.61	13.61	8.78	49.64	22.43	27.93	40.10	45.87	14.03
1981	79.21	13.29	7.50	50.52	22.28	27.20	38.94	46.76	14.30
1982	75.87	15.30	8.83	49.14	23.70	27.17	37.17	48.30	14.53
1983	73.09	16.46	10.44	49.40	21.11	29.49	35.14	49.11	15.75
1984	72.59	16.82	10.59	43.92	25.53	30.55	34.58	48.76	16.66
1985	69.49	12.79	17.72	64.76	20.39	14.85	35.80	42.45	21.75
1986	70.39	11.65	17.96	66.59	17.87	15.54	35.26	41.82	22.92
1987	62.26	12.34	25.40	67.76	15.08	17.16	33.88	40.98	25.14

东部、中部、西部地区工业经济主要指标(六)

年份	原煤(万吨)			原油(万吨)			发电量(亿千瓦小时)		
	东部	中部	西部	东部	中部	西部	东部	中部	西部
1952	2 917.7	3 486.9	244.6	23.4	0.7	19.5	45.8	25.3	1.5
1957	5 005	7 119	949	54.0	4.4	85.4	115.5	70.8	7.1
1962	7 652	12 005	2 298	46.9	365.5	162.2	246.9	172.6	38.3
1965	7 936	12 624	2 617	139.0	844.5	147.9	365.1	245.1	65.8
1970	12 389	18 876	4 134	619.7	2 217.3	227.7	595.0	429.0	134.6
1975	15 477	26 269	6 478	2 461.9	4 846.3	397.6	971.2	732.5	254.7
1978	19 008.7	34 151.9	8 623.8	4 405.7	5 511.3	488.2	1269.4	961.4	334.7
1980	17 394	36 154	8 467	4 316.7	5 680.1	597.8	1 462.3	1 167.4	376.5
1981	16 534.6	37 208.8	8 420.1	3 704.2	5 827.6	590.4	1 491.27	1 213.59	387.83
1982	17 223.8	40 171.6	9 237.4	3 667.4	5 935.1	609.8	1 566.7	1 278.9	431.2
1983	18 011.9	43 536.5	9 904.8	3 888.3	6 082.8	635.7	1 664.9	1 390.3	459.2
1984	18 995.1	49 110.4	10 817.2	4 479.9	6 318.3	663.1	1778.8	1 489.4	501.7
1985	20 938.7	49 710.8	16 579.2	5 101.25	6 638.55	749.72	2018.32	1 381.81	706.76
1986	21 252.9	50 931.33	17 219.66	5 476.25	6 777.8	814.76	2 169.25	1 559.03	767.08
1987	21 750	52 559	18 488	5 672	6 876	865.0	2 397.44	1 739.77	835.45
比重%									
1952	43.88	52.44	3.68	53.67	1.61	44.72	63.09	34.85	2.07
1957	38.29	54.46	7.26	38.41	3.02	58.57	59.72	36.61	3.67
1962	34.85	54.68	10.47	8.16	63.61	28.23	53.93	37.70	8.37
1965	34.24	54.47	11.29	12.29	74.64	13.07	54.01	36.26	9.73
1970	35.00	53.32	11.68	20.22	72.35	7.43	51.36	37.03	11.62
1975	32.09	54.47	13.43	31.95	62.89	5.16	49.59	37.40	13.01
1978	30.77	55.28	13.96	42.34	52.97	4.69	49.48	37.47	13.05
1980	28.05	58.30	13.65	40.74	53.61	5.64	48.64	38.83	12.52
1981	26.60	59.86	13.55	36.59	57.57	5.83	48.22	39.24	12.54
1982	25.85	60.29	13.86	35.91	58.12	5.97	47.81	39.03	13.16
1983	25.21	60.93	13.86	36.66	57.35	5.99	47.37	39.56	13.07
1984	24.07	62.23	13.71	39.09	55.13	5.79	47.18	39.51	13.31
1985	24.00	56.99	19.01	40.84	53.15	6.00	49.14	33.65	17.21
1986	23.77	56.97	19.26	41.90	51.86	6.23	48.26	34.68	17.06
1987	23.44	56.64	19.92	42.29	51.26	6.45	48.21	34.99	16.80

东部、中部、西部地区工业经济主要指标(七)

年 份	钢（万 吨）			生 铁（万 吨）			成品钢材(万吨)		
	东 部	中 部	西 部	东 部	中 部	西 部	东 部	中 部	西 部
1952	115.8	18.8	0.3	152.8	36.2	3.7	91.1	14.4	0.2
1957	442.0	89.8	3.2	477.9	104.2	11.5	341.2	71.1	2.8
1962	514.7	138.4	14.1	552.8	200.8	51.5	375.8	73.5	5.6
1965	885.5	288.0	49.5	766.6	244.8	65.3	692.0	176.0	13.0
1970	1 209.6	454.2	114.8	1 078.3	518.0	109.3	828.6	320.1	39.6
1975	1 605.0	668.5	116.9	1 499.6	785.4	164.1	1 117.5	430.6	73.9
1978	1 976.6	997.8	203.6	1 975.7	1 220.3	282.6	1 398.8	695.6	113.2
1980	2 204.5	1 252.5	255.1	2 155.3	1 334.3	312.8	1 688.7	891.4	136.1
1981	2 128.1	1 184.8	247.6	1 922.01	1 191.6	302.3	1 661.4	879.82	128.93
1982	2 151.4	1 306.3	258.1	1 988.7	1 252.6	309.5	1 768.6	967.7	165.7
1983	2 292.6	1 435.0	274.5	2 057.1	1 336.0	344.7	1 844.2	1 044.4	183.3
1984	2 453.8	1 585.1	308.6	2 181.0	1 448.1	372.0	1 988.4	1 171.1	212.8
1985	2 644.31	1 461.35	573.80	2 377.39	1 453.79	552.64	2 157.4	1 131.31	404.41
1986	3 059.40	1 537.74	622.57	2 751.83	1 655.60	656.41	2 356.74	1 270.55	430.82
1987	3 308.52	1 662.37	656.63	2 993.55	1 834.87	674.77	2 550.06	1 360.27	475.44
比重(%)									
1952	85.84	13.94	0.22	79.29	18.79	1.92	86.19	13.62	0.19
1957	82.62	16.79	0.60	80.51	17.55	1.94	82.20	17.13	0.67
1962	77.14	20.74	2.11	68.66	24.94	6.40	82.61	16.16	1.23
1965	72.40	23.55	4.05	71.20	22.74	6.06	78.55	19.98	1.48
1970	68.01	25.54	6.45	63.22	30.37	6.41	69.73	26.94	3.33
1975	67.14	27.97	4.89	61.23	32.07	6.70	68.90	26.55	4.56
1978	62.20	31.40	6.41	56.80	35.08	8.12	63.36	31.51	5.13
1980	59.39	33.74	6.87	56.68	35.09	8.23	62.17	32.82	5.01
1981	59.77	33.28	6.95	56.26	34.89	8.86	62.22	32.95	4.83
1982	57.90	35.16	6.95	56.01	35.28	8.72	60.94	33.35	5.71
1983	57.28	35.86	6.86	55.04	35.74	9.22	60.03	34.00	5.97
1984	56.44	36.46	7.10	54.51	36.19	9.30	58.96	34.73	6.31
1985	56.51	31.23	12.26	54.23	33.16	12.61	58.41	30.64	10.95
1986	58.61	29.46	11.93	54.34	32.69	12.96	58.07	31.31	10.62
1987	58.79	29.54	11.67	54.40	33.34	12.26	58.14	31.02	10.84

东部、中部、西部地区工业经济主要指标(八)

年份	水泥（万吨）			平板玻璃(万重量箱)			木材（万立方米）		
	东部	中部	西部	东部	中部	西部	东部	中部	西部
1952	226.9	57.7	1.5	213.2			187.4	897.9	147.9
1957	494.2	181.6	10.2	461.7			617.8	1 694.1	475.1
1962	344.2	209.5	46.1	398.0	1.4		383.6	1 585.7	405.3
1965	885.4	534.7	213.9	578.4	108.8		743.8	2 477.1	757.1
1970	1 336.6	903.6	334.7	737.2	249.8	66.2	542.2	2 854.1	385.5
1975	2 216.3	1 807.3	602.8	880.0	461.1	112.0	735.3	3 453.7	513.7
1978	3 036.7	2 645.1	841.8	1 275.5	590.7	138.2	868.1	3 666.3	627.6
1980	3 733.0	3 275.6	977.1	1 719.3	870.9	180.3	862.1	3 418.1	1 079.3
1981	3 995.63	3 329.25	964.8	1 906.42	932.22	225.80	817.5	3 133.15	991.7
1982	4 560.1	3 826.4	1 133.9	2129.1	1 131.6	285.0	791.7	3 214.6	1 035.0
1983	5 163.9	4 337.2	1 324.1	2 464.8	1 323.2	379.4	886.5	3 286.8	1 059.0
1984	5 959.9	4 859.4	1 482.3	2727.1	1 563.5	539.6	1 481.0	3 697.1	1 206.7
1985	7 511.26	4 533.53	2 549.99	2950.76	1 623.69	368.0	1 604.45	3 641.1	1 077.98
1986	8 639.69	5 213.59	2 752.88	2957.38	1 771.94	472.52	1 547.34	3 878.4	1 079.64
1987	9 852.94	5 741.42	3 030.57	3277.22	1 910.82	614.64	1 461.56	3 874.1	1 072.09
比重%									
1952	79.31	20.17	0.52	100.00			15.20	72.81	11.99
1957	72.04	26.47	1.49	100.00			22.17	60.79	17.05
1962	57.39	34.93	7.69	99.65	0.35		16.15	66.78	17.07
1965	54.19	32.72	13.09	84.17	15.83	0.00	18.70	62.27	19.03
1970	51.91	35.09	13.00	70.00	23.72	6.29	14.34	75.47	10.19
1975	47.91	39.06	13.03	60.56	31.73	7.71	15.64	73.44	10.92
1978	46.55	40.55	12.90	63.64	29.47	6.89	16.82	71.02	12.16
1980	46.75	41.02	12.24	62.06	31.43	6.51	16.09	63.78	20.14
1981	48.20	40.16	11.64	62.21	30.42	7.37	16.54	63.39	20.07
1982	47.90	40.19	11.91	60.05	31.91	8.04	15.70	63.77	20.53
1983	47.70	40.07	12.23	59.14	31.75	9.10	16.94	62.82	20.24
1984	48.45	39.50	12.05	56.46	32.37	11.17	23.20	57.90	18.90
1985	51.47	31.06	17.47	59.70	32.85	7.45	25.37	57.58	17.05
1986	52.03	31.40	16.58	56.85	34.06	9.08	23.79	59.62	16.60
1987	52.90	30.83	16.27	56.48	32.93	10.59	22.81	60.46	16.73

注：平板玻璃1985年以前按万标准箱计算。

东部、中部、西部地区工业经济主要指标(九)

年份	硫酸(万吨)			纯碱(万吨)			烧碱(万吨)		
	东部	中部	西部	东部	中部	西部	东部	中部	西部
1952	18.83	0.14	0.05	18.83	0.33	0.04	6.88	1.00	0.03
1957	61.23	1.74	0.20	50.10	0.50	0.04	18.16	1.14	0.48
1962	80.57	14.76	1.46	49.45	1.65	0.80	23.07	5.11	0.79
1965	171.72	54.12	8.20	83.21	4.93	0.04	43.62	10.08	1.85
1970	193.65	70.96	26.76	104.68	2.99	0.04	67.50	18.30	3.40
1975	307.00	129.11	48.56	120.92	3.25	0.11	93.11	29.37	6.46
1978	379.27	211.83	69.94	119.19	13.03	0.65	111.25	44.02	8.77
1980	430.64	259.67	73.94	140.50	20.07	0.71	130.57	52.53	9.17
1981	428.86	277.80	74.02	141.65	22.60	0.90	130.19	53.59	8.55
1982	441.79	298.53	77.15	143.86	28.84	0.79	138.24	59.50	9.58
1983	459.42	327.42	82.78	145.23	33.09	1.00	141.16	61.11	10.01
1984	426.56	310.35	80.26	151.16	35.45	1.42	146.59	65.04	10.60
1985	370.12	192.02	114.23	161.28	24.65	15.18	156.85	52.16	26.30
1986	385.54	233.69	143.88	167.43	29.80	17.40	165.27	58.73	27.80
1987	486.59	309.91	186.79	176.99	36.74	22.58	178.54	65.86	29.51
比重(%)									
1952	99.00	0.74	0.26	98.07	1.72	0.21	86.98	12.64	0.38
1957	96.93	2.75	0.32	98.93	0.99	0.08	91.81	5.76	2.43
1962	83.24	15.25	1.51	95.28	3.18	1.54	79.63	17.64	2.73
1965	73.37	23.12	3.50	94.36	5.59	0.05	78.52	18.15	3.33
1970	66.46	24.35	9.18	97.19	2.78	0.04	75.67	20.52	3.81
1975	63.34	26.64	10.02	97.30	2.62	0.09	72.21	22.78	5.01
1978	57.37	32.04	10.58	89.70	9.81	0.49	67.82	26.83	5.35
1980	56.35	33.98	9.67	87.12	12.44	0.44	67.91	27.32	4.77
1981	54.93	35.58	9.48	85.77	13.68	0.54	67.69	27.86	4.45
1982	54.04	36.52	9.44	82.92	16.62	0.46	66.68	28.70	4.62
1983	52.83	37.65	9.52	80.99	18.45	0.56	66.50	28.79	4.72
1984	52.20	37.98	9.82	80.39	18.85	0.76	65.96	29.27	4.77
1985	54.72	28.39	16.89	80.19	12.26	7.55	66.66	22.17	11.18
1986	50.52	30.62	18.85	78.01	13.88	8.11	65.64	23.32	11.04
1987	49.49	31.52	19.00	74.90	15.55	9.56	65.18	24.04	10.77

东部、中部、西部地区工业经济主要指标(十)

年　份	农用化肥(万吨)			发电设备(万千瓦)			金属切削机床(万台)		
	东　部	中　部	西　部	东　部	中　部	西　部	东　部	中　部	西　部
1952	3.87			0.30	0.28		1.26	0.10	0.01
1957	13.2	1.81	0.03	12.53	7.25		2.36	0.35	0.09
1962	24.31	17.56	4.51	8.16	7.05		1.72	0.44	0.09
1965	85.22	64.97	22.43	23.5	44.76		3.10	0.73	0.13
1970	121.80	94.55	27.12	130.40	159.10	2.30	9.39	3.49	1.01
1975	240.11	220.82	63.81	291.97	197.08	7.49	11.82	4.51	1.16
1978	406.60	365.70	97.00	228.52	244.47	10.84	11.68	5.45	1.19
1980	565.28	531.29	135.51	170.61	239.00	9.70	8.36	3.92	1.08
1981	554.79	541.70	142.49	64.50	72.27	2.77	7.00	2.58	0.68
1982	558.52	572.02	147.53	83.02	76.59	4.92	6.77	2.50	0.71
1983	593.98	626.94	157.93	151.92	118.26	3.80	8.02	3.18	0.90
1984	612.43	675.91	171.81	239.29	224.36	3.72	8.70	3.53	1.12
1985	564.83	468.64	288.76	294.65	143.68	124.94	11.13	3.44	2.15
1986	601.65	484.45	309.55	349.93	187.05	185.37	11.31	3.09	1.97
1987	721.71	600.93	349.52	450.20	310.74	180.12	12.25	3.07	1.89
比重%									
1952	100.00			51.72	48.28		91.97	7.30	0.73
1957	87.77	12.03	0.20	63.35	36.65		84.29	12.50	3.21
1962	52.41	37.86	9.72	53.65	46.35		76.44	19.56	4.00
1965	49.37	37.64	12.99	34.43	65.57		78.28	18.43	3.28
1970	50.03	38.83	11.14	44.69	54.52	0.79	67.60	25.13	7.27
1975	45.76	42.08	12.16	58.80	39.69	1.51	67.58	25.79	6.63
1978	46.77	42.07	11.16	47.23	50.53	2.24	63.76	29.75	6.50
1980	45.88	43.12	11.00	40.69	57.00	2.31	62.57	29.34	8.08
1981	44.78	43.72	11.50	46.22	51.79	1.99	68.23	25.15	6.63
1982	43.70	44.76	11.54	50.46	46.55	2.99	67.84	25.05	7.11
1983	43.08	45.47	11.45	55.45	43.16	1.39	66.28	26.28	7.44
1984	41.94	46.29	11.77	51.20	48.00	0.80	65.17	26.44	8.39
1985	42.72	35.44	21.84	52.31	25.51	22.18	66.57	20.57	12.86
1986	43.11	34.71	22.18	48.44	25.89	25.66	69.09	18.88	12.03
1987	43.16	35.94	20.90	47.84	33.02	19.14	71.18	17.84	10.98

东部、中部、西部地区工业经济主要指标(十一)

年 份	汽 车 (万 辆)			大中型拖拉机(台)			小型拖拉机(台)		
	东 部	中 部	西 部	东 部	中 部	西 部	东 部	中 部	西 部
1957		0.79							
1962	0.18	0.79		90	6 987	22	84		
1965	0.63	3.42		1 434	8 091	60	3 177	447	
1970	2.70	5.79	0.23	7 136	23 189	1 639	37 843	9 920	3 621
1975	5.98	7.70	0.03	35 746	38 082	4 614	115 430	69 840	24 130
1978	6.65	7.92	0.34	55 754	51 894	5 867	140 597	139 894	43 752
1980	9.78	12.10	0.35	49 583	42 323	5 746	115 533	77 924	24 433
1981	6.50	10.90	0.16	31 623	20 178	1 045	119 490	69 060	10 352
1982	7.01	12.38	0.24	26 208	13 521	611	175 940	99 308	23 015
1983	8.61	15.06	0.31	25 003	11 550	483	266 884	188 748	42 078
1984	11.61	19.20	0.83	25 635	13 579	513	350 004	271 592	67 036
1985	18.56	22.81	2.35	31 425	13 215	322	425 020	303 446	94 060
1986	17.71	17.61	1.65	17 345	11 280	16	428 453	271 776	74 263
1987	23.35	20.96	2.87	22 248	14 870	5	601 355	393 159	111 466
比重(%)									
1957		100.00							
1962	18.56	81.44		1.27	98.42	0.31	100.00		
1965	15.56	84.44		14.96	84.41	0.63	87.67	12.33	
1970	30.96	66.40	2.64	22.33	72.55	5.13	73.65	19.31	7.05
1975	43.62	56.16	0.22	45.57	48.55	5.88	55.12	33.35	11.52
1978	44.60	53.12	2.28	49.12	45.72	5.17	43.36	43.14	13.49
1980	43.99	54.43	1.57	50.78	43.34	5.88	53.02	35.76	11.21
1981	37.02	62.07	0.91	59.84	38.18	1.98	60.07	34.72	5.20
1982	35.71	63.07	1.22	64.97	33.52	1.51	58.99	33.30	7.72
1983	35.90	62.80	1.29	67.51	31.19	1.30	53.62	37.92	8.45
1984	36.69	60.68	2.62	64.53	34.18	1.29	50.83	39.44	9.73
1985	42.45	52.17	5.38	69.89	29.39	0.72	51.67	36.89	7.00
1986	47.90	47.63	4.46	60.56	39.38	0.06	55.32	35.09	9.59
1987	49.49	44.43	6.08	59.93	40.06	0.01	54.37	35.55	10.08

各地区煤炭采选业主要经济指标（一）

（1987年）

地区	工业企业单位数（个）	*亏损企业（个）	年末职工人数（万人）	职工工资总额（万元）	固定资产投资（亿元）	工业总产值（亿元）	工业净产值（亿元）	全员劳动生产率（元/人·年）	原煤（万吨）	洗精煤（万吨）
全国总计	**9 458**	**2 658**	**553.30**	**745 899.0**	**89.76**	**253.33**	**101.79**	**3 768**	**92 796.47**	**7 229.72**
北京	42	7	5.58	10 446.0	0.26	2.32	0.84	3 431	899.78	35.24
天津	0	0	0.00	0.00	0.00	0.00	0.00	0		
河北	298	60	38.74	63 640.3	7.12	19.38	7.71	4 064	6 342.60	1358.99
山西	1 521	281	69.69	90 315.0	22.08	51.17	23.97	7 155	23 093.70	700.13
内蒙古	335	42	19.93	24 163.4	5.01	7.86	2.82	3 636	3 410.17	119.83
辽宁	224	80	40.13	52 400.9	6.20	15.19	3.92	2 952	4 351.60	466.98
吉林	236	102	23.02	27 990.3	1.54	5.79	1.68	2 145	2 108.72	111.05
黑龙江	396	125	46.60	60 804.7	8.31	23.18	10.02	3 900	6 820.77	829.36
上海	0	0	0.00		0.00	0.00	0.00			
江苏	73	47	12.87	31 542.6	3.37	8.90	3.86	3 368	2 235.08	421.61
浙江	90	28	2.61	3 484.8	0.30	1.24	0.48	3 072	144.29	
安徽	115	26	24.06	34 514.6	6.22	11.45	3.50	3 335	2 884.34	507.26
福建	119	8	4.43	6 433.2	0.57	2.26	1.00	3 382	787.19	
江西	369	164	18.63	19 407.8	1.11	6.76	2.63	2 493	1 970.23	169.04
山东	312	70	42.61	60 487.6	5.84	21.57	8.23	3 552	5 317.74	856.25
河南	291	124	45.46	64 956.4	6.64	21.19	8.77	3 854	8 062.20	464.90
湖北	398	109	6.10	5 510.5	0.25	1.92	0.72	2 046	849.12	2.09
湖南	806	286	25.66	29 710.0	1.55	9.88	3.42	2 397	3 360.08	154.34
广东	165	24	7.78	12 043.2	0.68	3.12	1.34	2 460	873.56	8.48
广西	89	27	5.86	9 389.4	0.39	2.18	0.71	1 820	796.50	
四川	1 718	643	47.16	52 967.7	4.50	14.48	6.30	2 582	6 132.49	494.84
贵州	534	51	11.95	15 721.9	1.46	4.39	1.67	3 221	3 122.36	264.00
云南	412	204	9.32	8 321.6	0.73	3.34	1.59	4 085	1 945.90	78.95
西藏	2	2	0.07	214.3	0.01	0.00	0.00	477	0.63	
陕西	375	77	17.45	21 943.3	2.42	5.39	1.82	3 265	2 855.63	50.51
甘肃	211	24	8.35	13 681.4	1.10	3.15	1.38	3 566	1 282.40	
青海	36	11	1.61	3 202.6	0.07	0.67	0.38	3 602	274.32	
宁夏	68	6	6.28	12 470.9	1.17	3.69	1.51	5 424	1 296.67	135.87
新疆	223	30	6.36	10 134.6	0.85	2.85	1.51	4 416	1 578.40	

注：工资总额为区县以上全民所有制和集体所有制独立核算工业企业的数字，固定资产投资为全民所有制工业基本建设和更新改造投资额之和，其他价值量指标均为全部独立核算工业企业的数字。工业总产值，净产值均为当年价格的数字。（下同）

各地区煤炭采选业主要经济指标(二)

(1987年)

地区	固定资产原值(亿元)	固定资产净值(亿元)	流动资金年末占用数(亿元)	产品销售收入(亿元)	亏损企业亏损总额(亿元)	利润总额(亿元)	利润和税金总额(亿元)	企业留利(亿元)	每百元固定资产原值实现产值(元)	每百元固定资产原值实现利税(元)
全国总计	720.13	478.27	115.91	300.71	26.24	-14.07	-5.62	1.18	35.18	-0.77
北京	7.36	4.24	1.38	2.56	0.42	-0.36	-0.26	0.09	31.58	-3.55
天津	0.00	0.00	0.00	0.00	0.00	0.00	0.00	0.00	0.00	0.00
河北	60.25	39.08	7.23	27.08	1.30	-0.86	-0.18	0.07	32.17	-0.29
山西	111.53	76.65	20.41	52.35	0.23	5.92	7.61	0.43	45.88	6.83
内蒙古	37.68	27.70	5.09	9.65	1.25	-1.06	-0.79	0.07	20.87	-2.09
辽宁	65.10	39.25	8.68	22.16	4.64	-4.44	-3.91	-1.13	23.33	-6.00
吉林	22.20	14.09	4.50	6.39	2.60	-2.56	-2.35	0.04	26.08	-10.60
黑龙江	65.30	43.90	12.78	29.26	1.54	-0.86	-0.11	0.31	35.49	-0.17
上海	0.00	0.00	0.00	0.00	0.00	0.00	0.00	0.00	0.00	0.00
江苏	26.69	17.01	3.27	11.04	0.82	-0.43	-0.19	0.09	33.34	-0.72
浙江	2.41	1.50	0.64	1.19	0.06	-0.02	-0.01	0.08	51.59	0.57
安徽	38.20	28.36	3.92	14.98	1.25	-1.14	-0.74	0.07	29.98	-1.93
福建	4.02	2.67	0.78	2.17	0.02	0.08	0.15	0.11	56.25	3.70
江西	14.70	8.96	3.59	8.07	0.55	-0.40	-0.16	0.04	46.01	-1.09
山东	53.88	38.06	8.08	26.40	1.54	-0.66	-0.04	0.13	40.03	0.08
河南	55.57	35.88	9.71	26.43	1.09	-0.16	-0.55	0.16	38.13	0.99
湖北	5.02	3.36	1.16	1.85	0.34	-0.29	-0.24	0.02	38.32	-4.71
湖南	20.75	13.33	3.03	10.25	1.62	-1.19	-0.89	0.05	47.61	-4.27
广东	6.60	3.68	1.11	3.22	0.35	-0.24	-0.14	0.09	47.28	-2.16
广西	6.71	4.11	0.78	2.18	0.51	-0.48	-0.41	0.09	32.51	-6.15
四川	37.45	24.63	6.08	17.58	2.19	-1.93	-1.45	0.08	38.66	-3.86
贵州	17.05	11.11	2.44	5.57	0.70	-0.64	-0.50	0.06	25.75	-2.91
云南	8.60	5.76	1.44	3.54	0.57	-0.12	-0.00	0.09	38.86	-0.04
西藏	0.04	0.03	0.04	0.00	0.03	-0.03	-0.03	0.00	8.69	-74.18
陕西	21.55	14.23	3.95	5.64	1.54	-1.44	-1.21	0.04	24.99	-5.60
甘肃	10.37	7.01	1.82	2.96	0.47	-0.39	-0.30	0.02	30.38	-2.85
青海	2.36	1.69	0.42	0.63	0.08	-0.05	-0.04	0.00	28.47	-1.51
宁夏	10.93	7.12	2.01	4.73	0.30	-0.24	-0.12	0.02	33.75	-1.06
新疆	7.81	4.86	1.58	2.83	0.23	-0.10	0.00	0.03	36.54	0.03

各地区煤炭采选业主要经济指标(三)

(1987年)

地区	每百元工业总产值占用流动资金(元)	每百元销售收入实现利润(元)	资金利税率(%)	产值利税率(%)	固定资产折旧率(%)	平均每一职工占有的固定资产(元)	平均每一职工创造的工业净产值(元)	平均每一职工创造的利润和税金(元)	平均每一职工上交的利税费(元)	平均每一职工占有的企业留利(元)
全国总计	**24.59**	**−4.67**	**−1.03**	**−2.21**	**4.50**	**13 382**	**1 891**	**−104**	**293**	**22**
北京	26.74	−14.01	−5.38	−11.25	4.85	13 117	1 493	−466	208	154
天津	0.00	0.00	0.00	0.00	0.00	0	0	0	0	0
河北	20.33	−3.16	−0.41	−0.91	4.18	15 686	2 006	−46	329	19
山西	23.96	11.31	8.56	14.88	5.87	16 750	3 600	1 144	1 209	65
内蒙古	39.47	−10.97	−2.56	−10.01	3.33	20 121	1 505	−420	209	40
辽宁	29.75	−20.04	−8.93	−25.72	3.56	17 051	1 028	−1 023	155	−295
吉林	38.06	−40.01	−14.43	−40.63	3.47	9 857	745	−1 044	−193	19
黑龙江	27.29	−2.93	−0.23	−0.49	4.95	14 909	2 288	−26	294	71
上海	0.00	0.00	0.00	0.00	0.00	0	0	0	0	0
江苏	20.83	−3.87	−1.02	−2.17	4.86	15 119	2 185	−109	292	51
浙江	21.87	−1.62	0.77	1.10	5.30	9 243	1 828	52	107	304
安徽	20.75	−7.60	−2.40	−6.45	3.57	16 888	1 548	−327	306	31
福建	15.25	3.81	4.94	6.58	7.03	9 235	2 301	342	232	242
江西	23.75	−4.97	−1.51	−2.37	4.56	8 023	1 436	−87	100	22
山东	19.11	−2.51	0.10	0.19	4.71	12 789	1 953	10	288	32
河南	27.09	−0.59	1.32	2.59	5.31	12 333	1 947	122	205	35
湖北	25.70	−15.57	−6.12	−12.28	4.20	8 361	1 198	−393	124	38
湖南	14.96	−11.60	−5.99	−8.97	4.69	8 191	1 351	−350	34	21
广东	16.62	−7.51	−3.39	−4.56	2.56	8 565	1 737	−185	−30	119
广西	17.55	−22.19	−9.20	−18.92	2.41	11 268	1 197	−693	277	155
四川	19.10	−10.98	−5.28	−9.99	3.69	8 085	1 360	−312	−17	18
贵州	28.01	−11.50	−4.02	−11.30	2.99	14 409	1 415	−419	55	50
云南	20.35	−3.35	−0.05	−0.10	5.91	9 419	1 745	−4	373	102
西藏	918.40	−909.94	−52.97	−853.33	3.57	6 448	105	−4 783	4	0
陕西	40.68	−25.54	−7.34	−22.39	4.67	12 836	1 082	−718	−119	24
甘肃	30.70	−13.20	−3.70	−9.37	3.62	12 523	1 666	−356	3	27
青海	34.12	−8.76	−1.86	−5.32	3.93	13 995	2 265	−212	286	22
宁夏	34.84	5.11	−1.38	−3.14	4.02	17 668	2 447	−187	247	37
新疆	26.75	−3.39	0.05	0.09	4.66	12 411	2 400	4	305	50

各地区石油和天然气开采业主要经济指标(一)

(1987年)

地区	工业企业单位数(个)	#亏损企业(个)	年末职工人数(万人)	职工工资总额(万元)	固定资产投资(亿元)	工业总产值(亿元)	工业净产值(亿元)	全员劳动生产率(元/人·年)	原油(万吨)	天然气(亿立方米)
全国总计	29	6	66.07	97 932.0	54.06	292.17	174.28	27 175	13 413.99	1 389 446
北京	0	0	0.00		0.00	0.00	0.00	0		
天津	1	0	2.44	4 111.3	7.65	6.27	1.98	24 936	453.01	43 335
河北	2	1	3.42	5 277.6	0.01	14.40	6.51	28 593	795.39	23 735
山西	0	0	0.00		0.00	0.00	0.00	0		
内蒙古	0	0	0.00		0.00	0.00	0.00	0		
辽宁	1	0	5.47	10 236.3	9.47	20.03	9.02	26 510	1 146.10	180 713
吉林	4	3	2.28	4 383.0	1.31	6.68	4.48	14 283	286.48	9 531
黑龙江	1	0	11.09	19 429.3	5.79	100.31	69.91	58 095	5 555.32	220 472
上海	0	0	0.00		0.09	0.00	1.00	0		
江苏	1	1	0.68	1 113.1	0.50	2.53	1.86	11 091	65.80	4 129
浙江	0	0	0.00		0.00	0.00	0.00	0		
安徽	0	0	0.00		0.00	0.00	0.00	0	2.24	
福建	0	0	0.00		0.00	0.00	0.00	0		
江西	0	0	0.00		0.00	0.00	0.00	0		
山东	1	0	15.29	15 600.0	6.51	71.23	47.44	24 329	3 160.00	148 250
河南	2	0	5.05	8 110.1	3.87	18.49	10.02	23 260	932.04	103 284
湖北	1	0	2.99	1 466.2	0.51	5.90	1.75	14 298	101.00	5 111
湖南	0	0	0.00	10.8	0.00	0.00	0.00	0		
广东	2	0	0.01		1.65	1.76	1.14	435 101	45.34	
广西	0	0	0.00	108.7	0.00	0.00	0.00	0	7.42	
四川	3	0	5.38	5 484.6	2.70	11.55	6.46	9029	11.85	598 849
贵州	0	0	0.00	25.6	0.00	0.00	0.00	0		2 387
云南	0	0	0.00		0.00	0.00	0.00	0		
西藏	0	0	0.00		0.00	0.00	0.00	0		
陕西	5	0	0.62	1 532.5	0.58	1.05	0.55	14 561	35.69	336
甘肃	2	1	5.14	9 295.2	0.46	8.20	2.31	11 293	152.82	1 693
青海	1	0	0.27	792.3	2.12	2.22	1.59	39 939	57.53	2 890
宁夏	1	0	0.50	1 096.3	0.00	0.81	0.25	11 068	30.84	847
新疆	1	0	5.45	9 859.1	7.44	20.75	9.01	26 556	575.12	43 884

各地区石油和天然气开采业主要经济指标(二)

(1987年)

地区	固定资产原值(亿元)	固定资产净值(亿元)	流动资金年末占用数(亿元)	产品销售收入(亿元)	亏损企业亏损总额(亿元)	利润总额(亿元)	利润和税金总额(亿元)	企业留利(亿元)	每百元固定资产原值实现产值(元)	每百元固定资产原值实现利税(元)
全国总计	**507.71**	**315.01**	**78.59**	**179.13**	**1.99**	**32.63**	**52.20**	**2.49**	**57.55**	**10.28**
北京	0.00	0.00	0.00	0.00	0.00	0.00	0.00	0.00	0.00	0.00
天津	24.69	12.44	3.64	6.26	0.00	0.76	1.17	0.25	25.39	4.73
河北	29.19	13.25	5.37	9.51	1.72	−1.47	−0.32	0.19	49.34	−1.10
山西	0.00	0.00	0.00	0.00	0.00	0.00	0.00	0.00	0.00	0.00
内蒙古	0.00	0.00	0.00	0.00	0.00	0.00	0.00	0.00	0.00	0.00
辽宁	50.37	31.30	8.56	15.15	0.00	0.72	2.51	0.22	39.76	4.99
吉林	17.46	11.22	2.06	2.62	0.05	0.02	0.13	0.10	38.23	0.73
黑龙江	107.65	72.55	16.73	63.42	0.00	21.27	28.22	0.88	93.18	26.22
上海	0.00	0.00	0.00	0.00	0.00	0.00	0.00	0.00	0.00	0.00
江苏	3.01	1.80	0.21	0.82	0.02	−0.02	0.02	0.03	83.94	0.61
浙江	0.00	0.00	0.00	0.00	0.00	0.00	0.00	0.00	0.00	0.00
安徽	0.00	0.00	0.00	0.00	0.00	0.00	0.00	0.00	0.00	0.00
福建	0.00	0.00	0.00	0.00	0.00	0.00	0.00	0.00	0.00	0.00
江西	0.00	0.00	0.00	0.00	0.00	0.00	0.00	0.00	0.00	0.00
山东	100.34	67.43	5.44	32.21	0.00	9.12	13.11	0.00	70.99	13.06
河南	53.77	40.41	5.87	12.42	0.00	0.63	1.93	0.10	34.39	3.59
湖北	12.95	7.03	5.80	4.62	0.00	0.08	0.32	0.07	45.53	2.44
湖南	0.00	0.00	0.00	0.00	0.00	0.00	0.00	0.00	0.00	0.00
广东	2.81	2.25	0.06	1.89	0.00	0.70	0.79	0.00	62.78	28.10
广西	0.00	0.00	0.00	0.00	0.00	0.00	0.00	0.00	0.00	0.00
四川	28.30	11.27	4.02	11.74	0.00	0.12	0.81	0.06	40.83	2.87
贵州	0.00	0.00	0.00	0.00	0.00	0.00	0.00	0.00	0.00	0.00
云南	0.00	0.00	0.00	0.00	0.00	0.00	0.00	0.00	0.00	0.00
西藏	0.00	0.00	0.00	0.00	0.00	0.00	0.00	0.00	0.00	0.00
陕西	2.12	1.43	0.42	1.13	0.00	0.17	0.46	0.06	49.54	21.77
甘肃	24.20	13.28	3.47	5.87	0.20	−0.06	0.60	0.25	33.90	2.50
青海	4.04	3.58	0.34	0.86	0.00	0.04	0.09	0.03	54.84	2.24
宁夏	3.74	2.47	0.31	0.72	0.00	0.06	0.11	0.00	21.69	3.01
新疆	43.08	23.30	6.28	9.88	0.00	0.49	2.25	0.24	48.17	5.22

各地区石油和天然气开采业主要经济指标(三)

(1987年)

地区	每百元工业总产值占用流动资金(元)	每百元销售收入实现利润(元)	资金利税率(%)	产值利税率(%)	固定资产折旧率(%)	平均每一职工占有的固定资产(元)	平均每一职工创造的工业净产值(元)	平均每一职工创造的利润和税金(元)	平均每一职工上交的利税费(元)	平均每一职工占有的企业留利(元)
全国总计	14.26	18.21	14.64	17.87	4.77	78 693	27 012	8 091	6 677	386
北京	0.00	0.00	0.00	0.00	0.00	0	0	0	0	0
天津	33.71	12.07	8.03	18.63	4.48	102 249	8 214	4 837	5 210	1 051
河北	19.47	-15.43	-2.00	-2.23	6.35	87 301	19 469	-960	4 256	568
山西	0.00	0.00	0.00	0.00	0.00	0	0	0	0	0
内蒙古	0.00	0.00	0.00	0.00	0.00	0	0	0	0	0
辽宁	18.30	4.76	7.19	12.54	6.10	94 342	16 897	4 706	7 969	421
吉林	13.25	0.63	1.06	1.91	4.32	80 748	20 697	591	1 280	440
黑龙江	9.01	33.53	34.59	28.13	4.41	100 760	65 436	26 415	19 313	827
上海	0.00	0.00	0.00	0.00	0.00	0	0	0	0	0
江苏	7.90	-2.92	0.91	0.72	5.56	47 039	29 118	285	1 663	513
浙江	0.00	0.00	0.00	0.00	0.00	0	0	0	0	0
安徽	0.00	0.00	0.00	0.00	0.00	0	0	0	0	0
福建	0.00	0.00	0.00	0.00	0.00	0	0	0	0	0
江西	0.00	0.00	0.00	0.00	0.00	0	0	0	0	0
山东	10.09	28.31	17.57	18.40	4.45	67 958	32 130	8 878	4 511	0
河南	18.49	5.10	4.41	10.45	3.97	112 405	20 949	4 038	7 065	214
湖北	62.61	1.80	2.95	5.36	5.14	44 848	6 069	1 095	851	244
湖南	0.00	0.00	0.00	0.00	0.00	0	0	0	0	0
广东	0.00	36.76	35.12	44.76	3.00	3 158 551	1 277 539	887 517	105 618	371
广西	0.00	0.00	0.00	0.00	0.00	0	0	0	0	0
四川	28.68	1.05	5.56	7.02	5.56	53 112	12 122	1 522	1 421	116
贵州	0.00	0.00	0.00	0.00	0.00	0	0	0	0	0
云南	0.00	0.00	0.00	0.00	0.00	0	0	0	0	0
西藏	0.00	0.00	0.00	0.00	0.00	0	0	0	0	0
陕西	20.85	14.71	27.90	43.95	8.41	35 406	9 124	7 709	6 055	1 067
甘肃	27.76	-0.98	3.89	7.37	3.88	47 306	4 510	1 182	2 393	481
青海	12.13	4.77	2.35	4.09	2.80	149 845	58 856	3 358	3 353	1 047
宁夏	9.54	7.94	4.42	13.87	2.44	74 241	4 988	2 233	2 233	0
新疆	12.02	5.00	8.71	10.83	5.30	75 913	15 884	3 961	3 880	420

各地区黑色金属矿采选业主要经济指标(一)

(1987年)

地区	工业企业单位数(个)	#亏损企业(个)	年末职工人数(万人)	职工工资总额(万元)	固定资产投资(亿元)	工业总产值(亿元)	工业净产值(亿元)	全员劳动生产率(元/人·年)	铁矿石原矿量(万吨)	铁矿石成品矿(万吨)
全国总计	1 270	120	29.36	32 233.7	10.72	22.36	8.93	6 071	16 142.82	8 065.99
北京	4	0	0.08	41.0	0.66	0.08	0.02	9 172	1 888.22	599.00
天津	0	0	0.00		0.00	0.00	0.00	0		
河北	280	14	5.87	5 363.7	2.02	5.04	1.73	7 697	2 082.81	1 153.96
山西	71	7	0.93	687.4	0.17	0.58	0.21	6 545	1 032.68	696.13
内蒙古	24	2	0.28	270.7	0.71	0.15	0.06	4 420	778.46	299.71
辽宁	69	13	2.36	523.9	2.26	0.82	0.32	3 197	4 288.82	1 535.22
吉林	4	1	0.14	126.7	0.00	0.05	0.03	2 677	167.81	77.70
黑龙江	5	2	0.34	484.3	0.01	0.13	0.04	2 550	35.30	18.43
上海	0	0	0.00	1 500.0	0.00	0.00	0.00	0	156.05	105.16
江苏	14	5	1.39	1 259.8	0.21	0.56	0.22	3 133	153.56	67.25
浙江	8	1	0.38	689.3	0.03	0.32	0.11	6 164	148.40	51.54
安徽	79	11	1.43	626.7	0.05	0.56	0.25	3 127	882.43	444.98
福建	36	1	0.58	739.1	0.05	0.55	0.29	7 378	145.13	131.79
江西	13	2	0.51	756.2	0.08	0.29	0.11	4 093	175.96	85.46
山东	51	8	1.82	1 904.9	0.03	1.47	0.56	6 047	482.09	293.98
河南	10	0	0.25	44.7	0.00	0.15	0.04	5 720	163.68	76.74
湖北	46	8	0.70	531.8	1.34	0.36	0.13	4 785	672.84	470.87
湖南	141	14	2.67	3 350.0	0.38	1.81	0.62	4 901	100.00	80.17
广东	59	4	2.37	4 359.0	0.78	3.51	1.53	9 938	939.10	726.27
广西	102	7	1.56	1 780.1	0.20	1.44	0.58	6 623	76.05	65.42
四川	74	8	3.22	5 479.1	0.47	3.04	1.35	7 732	956.09	530.63
贵州	54	4	0.63	183.5	0.02	0.29	0.11	4 134	124.57	83.94
云南	62	4	0.88	579.9	0.21	0.47	0.22	4 535	241.04	248.25
西藏	1	0	0.05	119.6	0.01	0.09	0.07	13 217		
陕西	35	4	0.45	118.1	0.25	0.15	0.06	3 018	85.42	42.12
甘肃	21	1	0.10	238.3	0.66	0.07	0.03	4 540	310.54	133.85
青海	0	0	0.00		0.00	0.00	0.00	0		
宁夏	5	0	0.03	24.3	0.00	0.01	0.01	2 688	4.50	
新疆	2	0	0.32	451.6	0.10	0.37	0.20	6 468	51.27	47.42

各地区黑色金属矿采选业主要经济指标(二)

(1987年)

地区	固定资产原值(亿元)	固定资产净值(亿元)	流动资金年末占用数(亿元)	产品销售收入(亿元)	亏损企业亏损总额(亿元)	利润总额(亿元)	利润和税金总额(亿元)	企业留利(亿元)	每百元固定资产原值实现产值(元)	每百元固定资产原值实现利税(元)
全国总计	**36.93**	**24.25**	**11.17**	**20.65**	**0.22**	**3.12**	**3.87**	**1.30**	**60.53**	**10.47**
北京	0.11	0.10	0.07	0.06	0.00	0.01	0.01	0.00	77.03	8.96
天津	0.00	0.00	0.00	0.00	0.00	0.00	0.00	0.00	0.00	0.00
河北	6.27	4.57	2.73	4.46	0.03	0.48	0.62	0.11	80.46	9.93
山西	0.62	0.50	0.42	0.47	0.00	0.05	0.06	0.02	93.62	9.88
内蒙古	0.43	0.38	0.17	0.11	0.00	0.01	0.01	0.00	35.42	2.17
辽宁	1.36	1.01	0.59	0.68	0.02	0.06	0.08	0.03	60.04	6.17
吉林	0.10	0.07	0.05	0.05	0.00	0.00	0.00	0.00	51.35	2.32
黑龙江	0.53	0.36	0.12	0.12	0.03	−0.02	−0.02	0.01	24.21	−4.03
上海	0.00	0.00	0.00	0.00	0.00	0.00	0.00	0.00	0.00	0.00
江苏	1.64	0.60	0.33	0.56	0.05	−0.03	−0.02	0.03	34.26	−1.25
浙江	0.70	0.38	0.17	0.30	0.00	0.01	0.02	0.00	45.35	2.31
安徽	0.49	0.30	0.36	0.49	0.04	0.03	0.05	0.03	114.68	9.69
福建	0.67	0.40	0.20	0.50	0.00	0.15	0.17	0.03	81.49	25.32
江西	0.64	0.38	0.12	0.28	0.00	0.02	0.03	0.02	45.87	4.67
山东	2.78	1.78	0.74	1.34	0.01	0.26	0.31	0.10	52.80	11.24
河南	0.15	0.10	0.06	0.09	0.00	0.00	0.01	0.00	101.98	4.02
湖北	0.38	0.31	0.24	0.31	0.00	0.02	0.03	0.01	93.76	6.85
湖南	2.31	1.26	0.74	1.66	0.00	0.13	0.24	0.06	78.50	10.25
广东	5.18	3.40	1.45	3.41	0.00	0.80	0.91	0.22	67.83	17.60
广西	1.89	1.25	0.79	1.45	0.01	0.19	0.28	0.08	76.25	14.72
四川	8.86	5.76	1.09	2.95	0.00	0.69	0.78	0.47	34.33	8.84
贵州	0.05	0.04	0.04	0.20	0.00	0.04	0.05	0.01	584.03	95.11
云南	0.49	0.38	0.21	0.48	0.00	0.08	0.10	0.02	94.80	20.14
西藏	0.07	0.04	0.17	0.14	0.00	0.06	0.06	0.01	140.53	86.56
陕西	0.38	0.34	0.12	0.14	0.01	0.01	0.01	0.01	38.70	3.63
甘肃	0.03	0.03	0.02	0.05	0.00	0.01	0.01	0.00	218.65	25.22
青海	0.00	0.00	0.00	0.00	0.00	0.00	0.00	0.00	0.00	0.00
宁夏	0.01	0.01	0.01	0.01	0.00	0.00	0.00	0.00	105.91	16.69
新疆	0.81	0.53	0.15	0.35	0.00	0.07	0.07	0.03	45.51	9.21

各地区黑色金属矿采选业主要经济指标(三)

(1987年)

地　区	每百元工业总产值占用流动资金（元）	每百元销售收入实现利润（元）	资金利税率（%）	产值利税率（%）	固定资产折旧率（%）	平均每一职工占有的固定资产（元）	平均每一职工创造的工业净产值(元)	平均每一职工创造的利润和税金(元)	平均每一职工上交的利税费（元）	平均每一职工占有的企业留利（元）
全国总计	**28.73**	**15.13**	**12.60**	**17.29**	**5.03**	**12 899**	**3 118**	**1 350**	**770**	**455**
北　京	31.21	12.26	7.55	11.63	3.76	12 917	2 756	1 158	479	581
天　津	0.00	0.00	0.00	0.00	0.00	0	0	0	0	0
河　北	35.35	10.88	9.80	12.34	7.28	11 016	3 036	1 094	623	192
山　西	44.53	10.15	8.07	10.56	6.99	7 352	2 470	727	485	180
内蒙古	41.11	5.10	2.07	6.12	1.95	15 337	2 229	333	396	108
辽　宁	34.41	8.83	6.53	10.28	1.90	5 790	1 377	357	170	107
吉　林	47.46	1.57	2.52	4.52	4.71	6 483	1 739	151	227	56
黑龙江	54.19	−19.23	−4.96	−16.65	2.20	15 797	1 287	− 637	−393	168
上　海	0.00	0.00	0.00	0.00	0.00	0	0	0	0	0
江　苏	36.48	− 4.97	−2.56	− 3.66	4.49	11 841	1 567	− 148	−36	233
浙　江	37.48	2.46	3.23	5.09	2.24	18 378	2 914	424	561	109
安　徽	36.25	6.06	9.47	8.45	5.00	3 474	1 754	337	233	191
福　建	17.08	30.45	34.30	31.06	9.03	11 765	5 157	2 978	1 629	561
江　西	24.17	7.43	6.56	10.18	5.20	13 059	2 203	610	438	331
山　东	28.06	19.48	14.25	21.28	2.82	15 043	3 056	1 690	1 197	526
河　南	27.25	2.73	4.23	3.94	13.87	6 533	1 728	262	194	28
湖　北	45.41	5.16	5.57	7.31	5.36	5 776	2 041	396	278	164
湖　南	27.60	7.78	13.46	13.06	5.46	8 948	2 423	917	656	242
广　东	19.96	23.60	22.22	25.95	1.96	22 396	6 639	3 942	2 789	962
广　西	36.30	13.28	15.74	19.30	3.07	12 183	3 748	1 793	1 241	495
四　川	18.64	23.40	12.39	25.74	7.16	28 264	4 317	2 498	851	1 483
贵　州	5.47	18.96	86.49	16.29	13.89	819	1 771	779	371	208
云　南	25.12	16.11	20.09	21.25	3.92	5 857	2 625	1 180	511	247
西　藏	35.72	41.21	82.47	61.60	4.38	14 687	16 226	12 713	0	2 543
陕　西	31.02	8.05	3.65	9.38	2.03	9 167	1 504	333	77	305
甘　肃	21.01	12.97	18.90	11.53	3.66	2 900	2 814	731	380	177
青　海	0.00	0.00	0.00	0.00	0.00	0	0	0	0	0
宁　夏	48.55	12.76	12.00	15.76	2.99	3 333	1 669	556	499	21
新　疆	24.11	20.63	11.93	20.23	2.21	26 107	6 607	2 404	339	1 082

各地区建筑材料及其他非金属矿采选业主要经济指标(一)

(1987年)

地区	工业企业单位数(个)	*亏损企业(个)	年末职工人数(万人)	固定资产投资(亿元)	工业总产值(亿元)	工业净产值(亿元)	全员劳动生产率(元/人·年)	耐火粘土成品矿(万吨)	硫铁矿生产量(万吨)	硫铁矿运出量(万吨)
全国总计	**10 092**	**1 191**	**92.87**	**7.55**	**47.66**	**20.10**	**4 766**	**423.31**	**1 087.00**	**993.89**
北京	48	7	0.41	0.01	0.33	0.11	6 634			
天津	24	5	0.16	0.03	0.09	0.03	5 306			
河北	396	39	2.95	0.29	1.27	0.54	4 463	45.74	18.82	18.35
山西	358	36	2.38	0.16	1.05	0.49	4 256	34.12	101.57	81.33
内蒙古	339	24	2.60	0.37	1.22	0.59	3 876	6.01	17.00	13.56
辽宁	814	108	7.20	1.37	3.69	1.67	4 279	31.39	54.82	50.93
吉林	469	44	2.75	0.09	1.31	0.56	3 928	13.74	0.34	0.30
黑龙江	422	31	3.07	0.15	1.81	0.73	5 201	1.80	4.01	5.51
上海	4	0	0.09	0.00	0.06	0.04	4 793		10.48	10.48
江苏	641	117	12.42	0.29	6.37	2.53	4 823	0.95	25.01	22.51
浙江	896	102	8.14	0.26	4.16	2.05	4 763	0.76	12.56	12.15
安徽	790	78	6.11	0.33	2.84	1.04	4 184	2.23	122.00	124.65
福建	203	9	1.76	0.24	0.77	0.39	4 615	0.36	7.82	8.33
江西	415	57	2.96	0.08	1.25	0.55	3 912	5.91	83.08	79.13
山东	453	37	5.87	0.31	4.67	1.46	7 470	140.24	17.09	18.23
河南	276	36	2.39	0.09	1.16	0.42	4 516	63.03	12.86	12.25
湖北	530	91	5.49	0.63	2.95	1.14	5 134	2.26	47.53	48.49
湖南	600	72	5.26	0.36	2.62	1.08	4 905	6.80	59.95	58.57
广东	528	67	4.43	0.86	2.94	1.46	5 790		103.03	199.10
广西	182	18	1.20	0.10	0.73	0.40	5 529	2.93	15.94	16.95
四川	715	109	6.89	0.52	2.26	1.01	3 286	11.50	68.98	64.68
贵州	164	19	1.95	0.38	0.74	0.38	3 811	30.83	33.16	22.43
云南	173	22	1.65	0.27	0.80	0.33	5 348	9.31	13.90	13.38
西藏	3	1	0.06	0.00	0.09	0.04	4 310			
陕西	237	28	1.34	0.03	0.53	0.21	3 694	8.10	29.34	25.88
甘肃	220	16	1.57	0.06	0.83	0.33	5 486	2.45	126.71	85.81
青海	41	4	0.57	0.03	0.51	0.22	7 978		0.05	
宁夏	73	1	0.35	0.05	0.16	0.08	4 220			
新疆	78	13	0.86	0.19	0.43	0.21	4 786	2.85	0.95	0.89

各地区建筑材料及其他非金属

(1987

地 区	磷矿石生产量（万吨）	磷矿石运出量（万吨）	固定资产原值（亿元）	固定资产净值（亿元）	流动资金年末占用数（亿元）
全国总计	**1516.54**	**1526.32**	**4.05**	**36.63**	**24.32**
北 京			0.58	0.33	0.15
天 津			0.21	1.11	0.04
河 北	1.03	1.90	1.66	1.01	0.62
山 西			1.69	1.15	0.65
内 蒙 古			2.23	1.86	0.80
辽 宁			4.02	2.91	2.04
吉 林			0.80	0.57	0.67
黑 龙 江			1.76	1.23	1.14
上 海			0.03	0.02	0.03
江 苏	23.60	23.35	6.25	4.24	2.66
浙 江	0.74	0.74	2.56	1.72	1.77
安 徽	4.45	4.45	2.13	1.31	0.92
福 建			0.49	0.35	0.31
江 西	8.79	7.69	1.11	0.68	0.54
山 东	1.09	0.89	4.23	2.87	2.32
河 南			1.14	0.84	0.80
湖 北	566.07	557.64	4.14	2.58	1.80
湖 南	109.08	112.91	2.57	1.63	1.12
广 东	0.86	0.86	3.22	2.09	1.19
广 西	0.64	0.64	0.70	0.47	0.33
四 川	205.27	209.27	4.16	2.71	1.36
贵 州	248.39	251.02	1.67	1.28	0.43
云 南	326.39	334.58	2.48	1.82	0.61
西 藏			0.16	0.15	0.05
陕 西	20.14	20.38	1.16	0.83	0.38
甘 肃			0.89	0.45	0.59
青 海			1.23	0.96	0.41
宁 夏			0.18	0.17	0.06
新 疆			0.60	0.32	0.53

矿采选业主要经济指标(二)

年)

产品销售收入(亿元)	亏损企业亏损总额(亿元)	利润总额(亿元)	利润和税金总额(亿元)	企业留利(亿元)	每百元固定资产原值实现产值(元)
42.44	**0.62**	**4.12**	**6.28**	**1.78**	**88.18**
0.31	0.00	0.04	0.06	0.01	57.29
0.08	0.00	0.01	0.01	0.00	44.61
1.15	0.02	0.12	0.18	0.05	76.02
0.97	0.03	0.08	0.13	0.04	61.90
1.18	0.02	0.14	0.21	0.06	54.86
3.25	0.04	0.50	0.68	0.18	91.77
1.03	0.01	0.12	0.17	0.05	163.96
1.57	0.02	0.11	0.19	0.05	102.78
0.06	0.00	0.01	0.01	0.01	187.48
5.47	0.10	0.26	0.54	0.13	101.91
3.95	0.04	0.50	0.71	0.17	162.39
2.44	0.05	0.18	0.29	0.11	133.29
0.72	0.00	0.10	0.13	0.05	158.48
1.12	0.01	0.09	0.14	0.03	112.97
3.57	0.02	0.41	0.58	0.17	110.59
1.01	0.01	0.09	0.14	0.04	101.64
2.57	0.03	0.18	0.30	0.10	71.29
2.51	0.02	0.24	0.37	0.11	101.89
2.94	0.06	0.31	0.43	0.13	91.42
0.72	0.00	0.14	0.18	0.05	105.13
2.02	0.03	0.16	0.27	0.06	54.34
0.75	0.00	0.08	0.13	0.04	44.27
0.83	0.01	0.08	0.12	0.04	32.17
0.09	0.00	0.00	0.00	0.00	57.64
0.50	0.01	0.03	0.05	0.02	45.88
0.67	0.00	0.05	0.10	0.03	93.40
0.46	0.00	0.05	0.09	0.02	41.73
0.15	0.00	0.03	0.04	0.01	86.02
0.38	0.06	0.00	0.02	0.01	71.83

各地区建筑材料及其他非金属矿

（1987

地　区	每百元工业总产值占用流动资金（元）	每百元固定资产原值实现利税（元）	每百元销售收入实现利润（元）	资金利税率（%）	产值利税率（%）
全国总计	**24.16**	**11.61**	**9.71**	**13.04**	**13.17**
北　京	29.17	9.96	12.91	13.63	17.39
天　津	29.40	6.24	11.33	9.18	13.98
河　北	26.46	10.85	10.85	13.46	14.28
山　西	32.10	7.62	8.00	8.68	12.32
内蒙古	31.62	9.31	11.56	9.24	16.97
辽　宁	28.64	17.02	15.53	17.24	18.55
吉　林	24.83	21.17	11.55	18.92	12.91
黑龙江	32.41	10.73	7.04	10.42	10.44
上　海	9.81	41.82	18.16	56.84	22.31
江　苏	17.45	8.63	4.71	10.09	8.47
浙　江	15.66	27.59	12.75	29.78	16.99
安　徽	14.43	13.41	7.57	16.57	10.06
福　建	11.19	27.45	13.61	30.42	17.32
江　西	18.20	12.96	8.00	15.84	11.47
山　东	25.70	13.81	11.58	14.35	12.48
河　南	33.79	12.63	9.34	11.70	12.43
湖　北	21.80	7.17	7.06	9.21	10.06
湖　南	21.59	14.49	9.53	17.00	14.22
广　东	19.57	13.50	10.60	16.29	14.77
广　西	18.24	25.60	18.96	29.63	24.35
四　川	31.15	6.39	7.70	7.79	11.75
贵　州	27.03	7.54	10.97	8.54	17.03
云　南	37.99	4.67	9.91	5.45	14.51
西　藏	40.13	1.59	2.64	1.37	2.75
陕　西	33.58	4.31	5.89	4.98	9.40
甘　肃	32.68	11.35	7.60	13.99	12.16
青　海	43.66	7.21	11.88	7.54	17.28
宁　夏	14.82	20.39	18.62	19.77	23.70
新　疆	97.40	4.07	−0.85	3.30	5.66

采选业主要经济指标(三)

年)

固定资产折旧率(%)	平均每一职工占有的固定资产(元)	平均每一职工创造的工业净产值(元)	平均每一职工创造的利润和税金(元)	平均每一职工上交的利税费(元)	平均每一职工占有的企业留利(元)
5.06	**5 921**	**2 202**	**688**	**410**	**195**
5.06	14 045	2 642	1 399	609	347
5.84	13 292	2 173	829	546	184
6.26	5 853	1 888	635	406	193
4.51	7 293	2 088	556	326	188
3.17	8 437	2 250	786	540	234
4.22	5 467	2 272	931	434	251
4.96	2 871	2 000	608	311	184
4.21	5 597	2 330	601	368	173
4.77	3 497	3 926	1 463	615	571
5.85	5 119	2 071	442	324	103
7.32	3 267	2 613	902	495	221
6.03	3 579	1 741	480	295	193
8.18	2 821	2 258	774	375	291
5.76	3 847	1 917	499	334	117
5.06	7 253	2 509	1 001	566	289
4.29	4 817	1 778	609	377	149
5.00	7 666	2 115	550	368	187
5.25	5 267	2 219	763	448	233
5.29	7 536	3 410	1 018	473	315
5.69	5 913	3 424	1 514	915	414
5.28	6 113	1 488	390	255	91
4.85	8 912	1 997	672	563	202
4.50	16 059	2 144	750	309	232
2.23	25 355	6 716	402	8	68
				2	
3.62	9 001	1 636	388	299	116
3.46	5 665	2 075	643	480	174
2.36	20 683	3 702	1 492	1 053	301
8.24	5 323	2 444	1 085	649	237
3.97	6 702	2 394	273	574	74

各地区木材及竹材采运业主要经济指标(一)

(1987年)

地区	工业企业单位数(个)	*亏损企业(个)	年末职工人数(万人)	职工工资总额(万元)	固定资产投资(亿元)	工业总产值(亿元)	工业净产值(亿元)	全员劳动生产率(元/人·年)
全国总计	1 337	77	118.78	165 743.0	8.43	87.30	49.63	3 646
北京	0	0	0.00		0.00	0.00	0.00	0
天津	0	0	0.00		0.00	0.00	0.00	0
河北	13	2	0.05	6.3	0.00	0.01	0.01	1 279
山西	3	0	0.21	225.0	0.00	0.10	0.05	2 227
内蒙古	28	0	15.23	19 554.2	1.21	9.69	5.74	3 600
辽宁	1	0	0.03		0.00	0.01	0.00	1 495
吉林	21	0	17.82	27 938.1	1.37	11.85	7.29	3 685
黑龙江	78	7	53.81	74 496.3	4.19	32.03	18.89	3 428
上海	0	0	0.00		0.00	0.00	0.00	0
江苏	0	0	0.00		0.00	0.00	0.00	0
浙江	29	0	0.40	607.3	0.04	0.73	0.54	5 584
安徽	38	2	0.39	363.3	0.02	0.86	0.14	7 426
福建	209	4	4.89	4 953.9	0.17	7.63	3.51	5 400
江西	144	8	5.59	5 723.1	0.05	4.47	1.96	2 769
山东	0	0	0.00		0.00	0.00	0.00	0
河南	1	0	0.00		0.00	0.00	0.00	7 875
湖北	34	0	0.73	752.5	0.06	0.95	0.38	4 681
湖南	123	0	2.38	3 323.9	0.09	3.22	1.45	4 204
广东	74	24	2.52	4 000.0	0.07	2.02	0.81	2 893
广西	101	1	0.98	1 112.1	0.06	2.52	1.48	7 617
四川	221	13	7.54	12 291.9	0.50	6.32	4.43	3 626
贵州	72	4	0.65	866.6	0.00	1.30	0.84	5 395
云南	100	5	2.53	3 480.7	0.32	1.64	0.92	3 815
西藏	8	4	0.20	922.0	0.01	0.12	0.06	5 738
陕西	10	1	1.15	1 888.2	0.06	0.46	0.27	2 162
甘肃	10	0	1.23	2 025.4	0.04	0.87	0.50	3 747
青海	4	0	0.05	206.6	0.00	0.04	0.03	6 948
宁夏	0	0	0.00		0.00	0.00	0.00	0
新疆	15	2	0.41	1 005.6	0.16	0.46	0.31	6 297

各地区木材及竹材采运业主要经济指标(二)

(1987年)

地区	木材(万立方米)	固定资产原值(亿元)	固定资产净值(亿元)	流动资金年末占用数(亿元)	产品销售收入(亿元)	亏损企业亏损总额(亿元)	利润总额(亿元)	利润和税金总额(亿元)	企业留利(亿元)	每百元固定资产原值实现产值(元)
全国总计	**6 407.86**	**118.32**	**83.69**	**49.64**	**102.77**	**0.37**	**13.62**	**22.03**	**6.89**	**73.78**
北京	4.98	0.00	0.00	0.00	0.00	0.00	0.00	0.00	0.00	0.00
天津		0.00	0.00	0.00	0.00	0.00	0.00	0.00	0.00	0.00
河北	21.41	0.02	0.02	0.01	0.01	0.00	0.00	0.00	0.00	68.77
山西	15.23	0.14	0.13	0.05	0.16	0.00	0.03	0.05	0.02	69.47
内蒙古	596.00	15.45	11.63	5.22	10.26	0.00	1.38	2.34	0.57	62.69
辽宁	84.22	0.01	0.01	0.01	0.01	0.00	0.00	0.00	0.00	85.96
吉林	680.74	21.32	16.02	5.36	14.12	0.00	1.57	2.75	1.06	55.58
黑龙江	1 851.35	55.86	38.37	15.35	34.41	0.14	4.35	7.31	2.33	57.34
上海		0.00	0.00	0.00	0.00	0.00	0.00	0.00	0.00	0.00
江苏	3.44	0.00	0.00	0.00	0.00	0.00	0.00	0.00	0.00	0.00
浙江	180.06	0.35	0.26	1.05	1.90	0.00	0.31	0.43	0.10	212.94
安徽	50.97	0.22	0.15	0.57	0.69	0.00	0.10	0.14	0.07	396.56
福建	564.12	3.09	2.02	4.50	8.90	0.00	1.23	1.94	0.41	246.65
江西	245.41	2.17	1.58	3.70	4.88	0.00	0.61	0.91	0.34	206.04
山东	6.82	0.00	0.00	0.00	0.00	0.00	0.00	0.00	0.00	0.00
河南	15.56	0.00	0.00	0.00	0.00	0.00	0.00	0.00	0.00	0.00
湖北	118.50	0.61	0.49	0.73	1.04	0.00	0.13	0.22	0.06	155.87
湖南	300.45	1.30	0.96	2.92	5.69	0.00	0.70	1.13	0.38	246.89
广东	232.09	1.48	1.09	1.44	2.98	0.04	0.12	0.35	0.12	136.19
广西	364.42	0.87	0.63	1.53	3.88	0.00	0.78	1.04	0.37	289.75
四川	431.56	7.87	4.87	4.00	7.90	0.12	1.08	1.64	0.48	80.31
贵州	77.66	0.45	0.33	0.90	2.20	0.00	0.51	0.73	0.26	288.49
云南	355.99	2.91	2.07	1.08	1.61	0.04	0.44	0.58	0.18	56.23
西藏	19.68	0.16	0.11	0.20	0.16	0.01	0.00	0.01	0.01	75.41
陕西	81.13	1.66	1.27	0.20	0.48	0.02	0.02	0.08	0.02	27.57
甘肃	54.63	1.56	1.11	0.49	0.91	0.00	0.13	0.21	0.09	55.48
青海	8.35	0.06	0.05	0.02	0.05	0.00	0.01	0.02	0.01	75.07
宁夏	8.48	0.00	0.00	0.00	0.00	0.00	0.00	0.00	0.00	0.00
新疆	34.61	0.75	0.52	0.32	0.55	0.00	0.11	0.16	0.04	60.96

各地区木材及竹材采运业主要经济指标(三)

(1987年)

地区	每百元固定资产原值实现利税（元）	每百元工业总产值占用流动资金（元）	每百元销售收入实现利润（元）	资金利税率（%）	产值利税率（%）	固定资产折旧率（%）	平均每一职工占有的固定资产(元)	平均每一职工创造的工业净产值（元）	平均每一职工创造的利润和税金（元）	平均每一职工上交的利税费（元）	平均每一职工占有的企业留利(元)
全国总计	**18.62**	**23.36**	**13.25**	**21.16**	**25.23**	**3.15**	**10 353**	**4 343**	**1 927**	**1 479**	**603**
北京	0.00	0.00	0.00	0.00	0.00	0.00	0	0	0	0	0
天津	0.00	0.00	0.00	0.00	0.00	0.00	0	0	0	0	0
河北	16.29	29.53	15.22	14.43	23.69	1.12	3 114	1 193	507	257	210
山西	34.60	16.24	20.65	32.72	49.81	5.51	6 844	2 402	2 368	1 607	741
内蒙古	15.17	26.58	13.42	16.50	24.20	2.37	10 934	4 064	1 659	1 191	400
辽宁	19.70	36.33	3.31	15.01	22.91	0.00	3 053	874	601	671	3
吉林	12.91	20.23	11.15	14.94	23.22	2.80	12 600	4 308	1 626	1 285	626
黑龙江	13.09	26.23	12.66	15.63	22.83	2.87	10 950	3 703	1 434	1 207	457
上海	0.00	0.00	0.00	0.00	0.00	0.00	0	0	0	0	0
江苏	0.00	0.00	0.00	0.00	0.00	0.00	0	0	0	0	0
浙江	123.15	39.09	16.25	77.52	57.83	4.06	8 723	13 602	10 742	8 989	2 449
安徽	62.82	11.39	13.98	54.13	15.84	3.26	5 335	3 561	3 351	1 692	1 626
福建	62.58	9.65	13.79	70.34	25.37	6.99	6 418	7 281	4 017	2 937	842
江西	41.95	20.89	12.58	36.28	20.36	5.79	4 051	3 657	1 699	1 168	630
山东	0.00	0.00	0.00	0.00	0.00	0.00	0	0	0	0	0
河南	0.00	4.76	36.51	800.00	38.10	0.00	0	3 750	3 000	125	2 500
湖北	36.62	22.11	12.43	31.99	23.50	6.15	8 026	5 076	2 939	1 956	852
湖南	86.53	31.90	12.27	56.76	35.05	3.63	5 911	6 563	5 115	3 753	1 704
广东	23.44	18.46	4.18	23.78	17.21	6.73	5 886	3 218	1 380	1 314	488
广西	119.80	15.72	20.03	101.74	41.35	5.04	8 907	15 149	10 671	8 209	3 787
四川	20.78	31.04	13.64	23.94	25.87	4.84	9 479	5 337	1 970	1 188	577
贵州	162.05	15.81	23.40	136.66	56.17	3.96	7 066	13 196	11 450	8 012	4 033
云南	19.99	17.79	27.13	24.69	35.55	1.96	11 637	3 697	2 327	1 687	725
西藏	6.24	38.85	2.16	6.55	8.28	6.21	7 910	3 196	494	877	336
陕西	4.84	19.42	4.59	5.90	17.56	1.81	14 797	2 424	716	594	209
甘肃	13.15	25.05	14.71	15.47	23.71	2.31	12 378	3 959	1 628	1 315	688
青海	26.12	25.72	23.79	23.71	34.80	8.32	11 469	5 710	2 996	1 019	1 342
宁夏	0.00	0.00	0.00	0.00	0.00	0.00	0	0	0	0	0
新疆	20.83	24.19	19.09	24.69	34.17	2.95	18 609	7 602	3 877	2 467	983

各地区食品、饮料、烟草制造业主要经济指标(一)

(1987年)

地区	工业企业单位数(个)	*亏损企业(个)	年末职工人数(万人)	职工工资总额(万元)	固定资产投资(亿元)	工业总产值(亿元)	工业净产值(亿元)	全员劳动生产率(元/人·年)
全国总计	**58 674**	**9 277**	**495.42**	**422 193.7**	**98.76**	**1312.08**	**370.85**	**21 885**
北京	413	66	8.92	11 428.0	2.82	29.70	6.60	25 105
天津	340	50	7.21	8 491.4	1.11	24.41	7.48	26 607
河北	2 344	269	17.31	13 589.0	2.97	40.57	10.90	18 544
山西	1 176	139	8.59	6 660.0	1.28	18.71	5.19	17 414
内蒙古	966	104	10.32	10 075.2	2.25	22.53	5.74	18 005
辽宁	1 928	392	23.43	19 165.3	3.66	56.56	12.60	18 078
吉林	1 468	240	16.00	14 866.1	3.26	38.01	10.18	18 401
黑龙江	2 699	500	30.66	24 546.7	6.24	67.57	14.39	17 481
上海	536	35	11.86	14 638.5	2.98	52.78	15.50	34 391
江苏	3 519	514	38.56	33 277.2	4.64	109.76	20.87	23 812
浙江	3 762	552	29.91	18 616.4	3.95	75.30	20.50	21 442
安徽	4 264	373	23.06	16 103.5	4.79	68.67	20.41	23 623
福建	1 519	211	18.74	16 333.9	3.26	34.98	10.72	17 592
江西	2 139	348	13.74	9 008.9	1.56	29.46	6.95	18 781
山东	3 118	409	35.09	26 914.6	5.74	105.50	28.80	23 909
河南	2 357	378	22.48	17 883.3	3.12	68.81	23.76	24 090
湖北	2 953	581	22.73	15 481.9	4.90	66.10	18.90	24 025
湖南	2 854	500	17.75	15 725.3	3.97	59.85	18.51	27 715
广东	2 348	419	35.00	40 044.7	12.19	89.04	26.91	23 101
广西	1 408	276	17.77	17 104.1	4.51	38.86	13.28	21 940
四川	10 653	1 999	44.38	31 526.3	7.30	88.71	21.67	16 873
贵州	1 009	231	8.09	7 436.5	2.78	24.43	11.04	24 266
云南	1 391	233	11.31	11 826.2	2.13	49.59	25.34	34 057
西藏	19	7	0.09	222.9	0.02	0.12	0.03	8 657
陕西	1 568	244	8.69	7 110.5	3.13	22.19	7.17	20 310
甘肃	795	66	5.27	4 521.2	1.98	12.18	3.17	19 796
青海	159	22	1.03	1 688.3	0.16	2.83	0.63	22 290
宁夏	207	26	1.51	1 459.6	0.37	2.96	0.62	17 066
新疆	762	93	5.93	6 458.2	1.67	11.89	2.98	18 692

各地区食品、饮料、烟草制造业主要经济指标(二)

(1987年)

地区	食用植物油（万吨）	糖（万吨）	乳制品（吨）	罐头（万吨）	饮料酒（万吨）	非酒精饮料（万吨）	卷烟（万箱）	固定资产原值（亿元）	固定资产净值（亿元）
全国总计	478.03	505.58	272 174	161.52	1 194.61	2 466 410	2 881.03	529.48	413.73
北京	2.28		8 221	1.00	22.84	99 753	8.32	12.93	9.36
天津	1.43		4 641	2.23	10.60	65 694	50.04	8.57	5.99
河北	22.64	0.55	8 343	8.55	46.67	43 131	89.06	16.28	13.05
山西	5.00	3.15	11 992	1.66	10.22	6 763	16.43	9.01	7.17
内蒙古	10.76	17.15	19 231	0.75	21.07	11 999	22.99	13.18	10.02
辽宁	19.22	2.81	3 850	7.56	66.20	279 533	49.12	23.12	17.69
吉林	17.79	5.22	5 752	1.27	47.47	149 322	47.90	16.33	13.62
黑龙江	27.16	31.66	78 338	2.09	72.54	169 153	59.33	34.13	26.61
上海	13.76		11 310	6.06	25.50	102 103	87.63	13.23	9.37
江苏	49.99	0.12	8 993	10.18	96.58	143 901	101.10	33.21	26.26
浙江	19.53	1.94	26 435	21.13	156.46	128 144	92.36	28.28	22.53
安徽	40.83		2 675	3.81	49.37	43 929	206.45	19.55	14.88
福建	2.65	44.62	3 333	11.68	23.17	40 892	55.68	17.90	13.72
江西	8.34	11.88	2 459	2.91	26.24	24 968	32.89	12.34	9.62
山东	50.27	0.31	6 740	20.13	120.93	46 900	242.20	41.41	32.97
								20.62	
河南	24.43		5 841	5.27	51.51	53 757	326.34	22.90	15.77
湖北	32.08	0.89	7 672	4.09	55.98	189 114	229.58	18.76	18.19
湖南	20.81	6.29	1 338	4.66	33.84	27 367	238.60	51.19	14.22
广东	8.99	186.78	17 428	11.35	63.32	607 665	106.94	19.96	40.47
广西	2.97	105.45	1 192	14.65	17.58	32 481	93.71	37.46	15.40
四川	50.07	16.11	3 618	14.95	106.34	123 209	153.05	9.74	28.96
贵州	10.99	0.74	544	0.19	19.45	3 374	146.38	21.92	7.97
云南	3.00	53.54	3 213	0.98	17.35	21 609	300.24	0.12	18.42
西藏	0.20							8.73	0.07
陕西	7.90	0.21	17 065	1.13	14.83	27 693	90.41	5.91	6.94
甘肃	7.44	4.73	929	0.88	7.20	12 230	20.89	2.02	4.58
青海	2.45		1 489	0.06	1.57	1 400	1.86	2.43	1.47
宁夏	1.09	2.83	2 419	0.15	2.10	1 092	2.52	8.26	2.01
新疆	13.87	8.60	7 113	2.15	7.68	9 234	9.01		6.41

各地区食品、饮料、烟草制造业主要经济指标(三)

(1987年)

地区	流动资金年末占用数(亿元)	产品销售收入(亿元)	亏损企业亏损总额(亿元)	利润总额(亿元)	利润和税金总额(亿元)	企业留利(亿元)	每百元固定资产原值实现产值(元)	每百元固定资产原值实现利税(元)	每百元工业总产值占用流动资金(元)
全国总计	**478.64**	**1 266.12**	**8.60**	**61.45**	**275.62**	**25.69**	**247.81**	**52.06**	**20.61**
北京	9.00	31.81	0.08	2.47	4.33	0.93	229.65	33.51	18.20
天津	8.06	25.08	0.08	1.91	6.18	0.88	284.98	72.10	16.78
河北	16.84	37.96	0.51	1.48	7.03	0.86	249.15	43.17	23.37
山西	7.15	16.03	0.19	1.11	3.31	0.38	207.76	36.77	21.36
内蒙古	8.40	22.44	0.14	1.38	4.01	0.41	170.99	30.43	21.74
辽宁	18.10	53.75	0.60	3.28	8.43	1.63	244.63	36.45	17.30
吉林	15.21	38.02	0.48	1.64	6.86	0.83	232.75	42.00	20.68
黑龙江	26.90	57.78	0.82	2.90	8.98	1.52	198.01	26.30	21.42
上海	10.79	53.51	0.02	4.17	12.99	1.39	398.99	98.22	11.09
江苏	33.59	100.38	0.55	4.43	14.00	1.68	330.50	42.15	16.90
浙江	29.09	77.23	0.45	4.28	14.35	1.46	266.23	50.74	26.78
安徽	23.20	67.14	0.32	2.10	15.85	1.07	351.31	81.08	21.10
福建	13.70	35.48	0.11	2.17	8.04	0.66	195.37	44.92	24.06
江西	9.00	29.26	0.36	1.16	4.33	0.62	238.84	35.12	17.79
山东	41.91	103.44	0.32	5.10	20.46	1.79	254.76	49.40	23.25
河南	25.49	65.02	0.33	2.03	19.16	0.97	333.75	92.93	21.00
湖北	24.21	59.47	0.43	1.90	14.14	0.88	288.64	61.76	20.24
湖南	19.61	60.08	0.37	1.84	15.01	1.04	319.05	80.03	18.92
广东	35.16	85.92	0.60	3.91	19.42	1.32	173.95	37.94	18.26
广西	13.46	37.79	0.41	2.24	10.59	0.92	194.73	53.05	17.21
四川	40.32	84.11	0.90	3.56	14.36	1.72	236.81	38.33	27.04
贵州	11.64	22.51	0.13	0.76	9.79	0.30	250.87	100.59	22.67
云南	16.84	52.11	0.12	2.84	23.38	1.12	226.21	106.64	20.34
西藏	0.09	0.13	0.00	0.02	0.02	0.00	99.19	14.60	27.29
陕西	8.41	21.82	0.13	0.94	5.62	0.49	254.19	64.33	21.94
甘肃	5.67	11.07	0.04	0.61	2.31	0.27	206.16	39.16	24.25
青海	1.07	2.85	0.02	0.19	0.39	0.10	140.21	19.50	20.90
宁夏	1.13	2.86	0.01	0.18	0.42	0.09	121.59	17.44	20.29
新疆	4.61	11.08	0.05	0.85	1.85	0.37	143.91	22.44	20.08

各地区食品、饮料、烟草制造业主要经济指标(四)

（1987年）

地 区	每百元销售收入实现利润（元）	资 金利税率（%）	产 值利税率（%）	固定资产折旧率（%）	平均每一职工占有的固定资产（元）	平均每一职工创造的工业净产值(元)	平均每一职工创造的利润和税金(元)	平均每一职工上交的利税费（元）	平均每一职工占有的企业留利（元）
全国总计	**4.85**	**40.29**	**21.01**	**4.56**	**11 286**	**7 905**	**5 875**	**5 543**	**548**
北 京	7.75	29.37	14.59	6.10	14 450	7 378	4 843	4 124	1 043
天 津	7.62	61.23	25.30	6.19	11 790	10 295	8 500	7 317	1 207
河 北	3.89	31.20	17.33	4.63	9 799	6 557	4 230	3 738	516
山 西	6.94	29.66	17.70	4.26	10 914	6 291	4 013	4 074	466
内 蒙 古	6.17	26.88	17.80	3.83	13 214	5 759	4 021	3 339	416
辽 宁	6.10	30.67	14.90	4.41	10 003	5 450	3 646	2 911	702
吉 林	4.32	31.94	18.05	3.69	10 544	6 574	4 429	3 894	533
黑 龙 江	5.02	21.85	13.28	3.82	11 867	5 004	3 121	2 727	530
上 海	7.79	85.38	24.62	6.06	11 290	13 231	11 089	9 120	1 190
江 苏	4.42	31.24	12.75	4.76	8 997	5 653	3 792	3 137	454
浙 江	5.54	33.61	19.06	5.33	10 022	7 264	5 085	4 662	516
安 徽	3.12	53.96	23.08	4.83	8 722	9 109	7 072	6 913	479
福 建	6.11	36.33	22.99	4.52	10 903	6 529	4 898	5 126	402
江 西	3.96	29.15	14.70	4.15	9 697	5 462	3 405	2 895	489
山 东	4.93	35.58	19.39	4.96	12 287	8 545	6 069	6 166	531
河 南	3.12	63.40	27.84	4.19	9 550	11 004	8 875	8 739	450
湖 北	3.19	44.80	21.40	4.75	10 308	8 509	6 367	5 846	396
湖 南	3.06	58.77	25.09	4.63	11 122	10 976	8 901	8 555	615
广 思	4.56	34.24	21.81	4.12	16 128	8 480	6 119	5 489	416
广 西	5.92	47.94	27.25	3.95	13 128	8 734	6 965	7 956	606
四 川	4.23	27.12	16.18	5.34	9 117	5 274	3 494	3 035	418
贵 州	3.39	72.49	40.10	3.68	12 792	14 506	12 868	17 748	389
云 南	5.44	82.02	47.14	3.82	19 513	22 549	20 809	19 633	995
西 藏	12.08	16.44	14.72	7.59	12 546	3 292	1 832	528	475
陕 西	4.33	47.55	25.31	4.46	10 564	8 678	6 795	6 388	593
甘 肃	5.52	30.71	19.00	4.19	11 795	6 330	4 619	4 706	538
青 海	6.58	19.08	13.91	3.59	18 876	5 879	3 680	3 509	921
宁 夏	6.29	16.25	14.34	3.47	16 714	4 282	2 914	2 992	623
新 疆	7.70	21.08	15.60	4.10	15 969	5 753	3 584	2 745	709

各地区纺织业主要经济指标(一)

(1987年)

地区	工业企业单位数(个)	*亏损企业(个)	年末职工人数(个)	职工工资总额(万元)	固定资产投资(亿元)	工业总产值(亿元)	工业净产值(亿元)	全员劳动生产率(元/人·年)
全国总计	**23 026**	**3 842**	**852.86**	**4 544 156**	**72.57**	**1 373.49**	**321.83**	**16 417**
北京	272	29	13.68	77 965	1.58	27.43	8.05	18 382
天津	372	50	22.51	148 909	1.76	41.62	10.08	18 634
河北	1 377	92	40.48	235 178	5.32	67.05	15.01	17 717
山西	365	45	14.48	112 784	0.79	16.87	4.10	10 418
内蒙古	226	20	8.74	69 725	0.75	12.90	3.33	11 887
辽宁	856	148	41.87	267 945	4.17	59.86	14.39	14 442
吉林	337	49	13.65	98 286	1.30	15.09	4.00	10 548
黑龙江	525	99	21.83	169 154	3.74	23.87	6.91	10 604
上海	822	36	59.24	408 913	4.79	142.59	36.03	24 195
江苏	3 806	754	135.37	406 465	7.98	250.55	49.51	20 155
浙江	4 436	1 035	88.09	258 949	4.30	145.60	32.95	16 897
安徽	863	112	28.32	174 729	3.21	39.27	8.92	13 494
福建	337	47	11.21	67 415	1.38	13.47	3.54	13 030
江西	429	79	14.73	95 221	1.08	18.14	4.19	12 188
山东	1 559	106	70.49	322 068	4.01	128.31	27.19	18 799
河南	932	127	38.66	262 424	2.60	48.23	12.74	12 593
湖北	1 298	306	58.53	306 474	4.28	87.56	19.17	15 112
湖南	635	150	23.88	157 696	2.64	33.61	8.77	12 502
广东	1 210	216	36.74	168 442	4.80	62.83	16.37	15 700
广西	199	17	10.01	82 545	1.26	15.38	4.01	16 350
四川	1 039	196	44.66	256 662	4.52	52.68	13.12	10 859
贵州	93	17	3.87	35 873	0.36	3.93	1.18	9 966
云南	105	13	5.44	41 547	0.37	6.69	1.82	12 711
西藏	4	0	0.13	1 158	0.02	0.14	0.05	8 765
陕西	442	52	27.45	165 674	2.80	32.26	8.21	16 901
甘肃	172	13	6.29	53 547	0.68	8.03	2.22	11 384
青海	25	0	1.86	15 619	0.25	2.58	0.84	11 506
宁夏	58	7	1.70	14 006	0.29	2.11	0.63	10 473
新疆	232	27	8.97	68 783	1.58	14.86	4.47	14 225

各地区纺织业主要经济指标(二)

(1987年)

地区	纱 (吨)	布 (亿米)	毛线 (万吨)	呢绒 (万吨)	麻袋 (万条)	丝 (吨)	丝织品 (万米)	固定资产原值 (亿元)	固定资产净值 (亿元)
全国总计	4 368 061	173.05	204 726	26 537.80	85 914.18	51 864	160 223.47	613.34	451.18
北京	77 073	2.97	10 339	1 544.80	304.10	3	786.49	14.22	9.44
天津	125 745	4.39	6 116	1 640.40	731.10		3 409.73	21.25	13.79
河北	275 939	11.85	7 288	484.69	1 623.89	40	3 347.52	28.74	21.08
山西	103 750	4.81	2 283	259.40	471.40	321	1 126.93	9.48	6.37
内蒙古	19 334	0.88	5 707	1 036.62	275.30	7	451.16	6.82	5.18
辽宁	233 453	6.86	5 853	1 672.74	3 049.59	2 197	9 288.63	33.71	24.57
吉林	57 657	2.01	3 116	669.50	2 137.00	20	1 617.90	8.54	6.48
黑龙江	85 278	2.55	3 740	782.46	983.53	123	744.23	17.87	13.56
上海	396 543	14.85	24 261	3 356.00	463.00	817	11 686.00	53.06	37.92
江苏	600 706	25.52	52 675	5 721.00	6 625.89	11 666	38 395.48	83.75	65.15
浙江	200 077	11.32	18 965	1 999.00	11 356.00	13 942	40 344.00	44.84	34.96
安徽	167 516	6.82	3 866	429.19	7 624.75	1 237	2 696.16	17.26	12.91
福建	57 596	2.07	3 086	65.00	1 207.00	5	1 716.00	7.31	5.48
江西	86 317	3.43	1 753	201.00	2 314.00	60	1 997.00	8.78	6.24
山东	422 331	16.27	13 969	1 802.74	9 764.08	2 191	7 264.98	50.79	37.23
河南	284 624	10.67	4 910	860.00	6 818.12	183	3 578.00	25.55	17.95
湖北	381 497	13.94	8 600	542.58	9 752.07	477	4 491.97	44.27	33.09
湖南	126 894	4.81	3 375	109.20	3 474.86	155	1 358.14	19.47	14.27
广东	108 297	3.18	4 604	115.00	6 013.00	3 104	1 154.00	34.72	25.43
广西	59 005	1.87	1 282	48.67	5 679.59	1 255	1 457.12	8.01	6.14
四川	170 870	8.26	1 659	303.00	4 425.02	13 203	8 999.95	29.59	21.98
贵州	25 941	0.92	1 257	15.80	459.66	13	426.48	2.89	2.11
云南	41 114	1.75	814	56.98	185.03	156	463.28	4.49	3.25
西藏			186	23.67				0.14	0.09
陕西	173 334	7.42	2 906	547.60	158.20	584	1 157.66	19.07	12.56
甘肃	17 008	0.66	5 109	913.58	18.00		72.07	5.14	3.78
青海	4 727	0.22	2 369	285.85				2.27	1.70
宁夏	5 171	0.16	1 960	101.32				1.83	1.44
新疆	60 264	2.59	2 678	950.01		105	192.59	9.47	6.99

各地区纺织业主要经济指标(三)

(1987年)

地区	流动资金年末占用数(亿元)	产品销售收入(亿元)	亏损企业亏损总额(亿元)	利润总额(亿元)	利润和税金总额(亿元)	企业留利(亿元)	每百元固定资产原值实现产值(元)	每百元固定资产原值实现利税(元)	每百元工业总产值占用流动资金(元)
全国总计	**571.07**	**1 258.19**	**4.84**	**99.98**	**158.37**	**34.31**	**223.94**	**25.82**	**25.38**
北京	11.10	26.67	0.03	2.77	4.35	0.80	192.85	30.55	30.40
天津	13.75	40.39	0.16	3.37	5.37	1.35	195.82	25.25	24.42
河北	25.53	57.70	0.08	5.93	8.32	1.82	233.31	28.94	22.80
山西	8.13	16.74	0.05	1.15	1.90	0.36	177.88	20.08	35.06
内蒙古	10.92	13.48	0.03	0.94	2.05	0.35	189.05	30.01	53.81
辽宁	28.67	58.02	0.46	3.30	5.78	1.05	177.60	17.14	32.84
吉林	10.28	14.96	0.17	0.86	1.73	0.36	176.78	20.31	42.41
黑龙江	19.18	22.78	0.20	1.59	2.99	0.47	133.57	16.73	48.49
上海	36.43	140.26	0.06	16.30	22.89	6.02	268.74	43.15	14.29
江苏	77.72	205.76	0.76	13.91	22.80	4.70	299.15	27.23	19.50
浙江	50.10	119.71	0.61	9.26	15.08	3.33	324.69	33.62	20.16
安徽	19.94	38.51	0.09	2.55	4.11	0.94	227.44	23.81	28.81
福建	6.21	12.71	0.03	1.13	1.74	0.37	184.20	23.77	29.86
江西	8.32	17.86	0.13	1.15	1.92	0.41	206.71	21.93	30.18
山东	67.52	120.26	0.13	8.57	13.44	2.36	252.63	26.46	24.88
河南	22.74	47.58	0.17	3.86	6.17	1.41	188.74	24.14	31.41
湖北	36.18	82.43	0.52	5.54	8.89	1.97	197.79	20.08	26.71
湖南	15.57	32.24	0.30	2.58	4.01	0.80	172.60	20.61	31.82
广东	32.09	53.25	0.41	3.71	5.88	1.29	181.00	16.95	26.89
广西	6.76	15.11	0.03	1.22	1.96	0.32	192.07	24.50	31.25
四川	25.33	50.20	0.29	3.80	6.09	1.39	178.05	20.60	31.44
贵州	2.64	4.12	0.03	0.38	0.61	0.14	136.11	21.02	40.84
云南	3.31	6.97	0.01	0.57	0.93	0.21	148.86	20.77	34.00
西藏	0.20	0.17	0.00	0.00	0.01	0.00	96.36	9.58	93.41
陕西	13.68	32.61	0.03	2.95	4.51	0.89	169.15	23.65	30.03
甘肃	5.06	7.66	0.03	0.60	1.27	0.22	156.22	24.67	46.90
青海	1.91	2.85	0.00	0.29	0.66	0.13	113.57	28.98	56.94
宁夏	1.65	2.06	0.00	0.18	0.38	0.08	115.07	20.77	53.29
新疆	10.14	15.16	0.02	1.54	2.52	0.76	156.94	26.64	36.40

各地区纺织业主要经济指标(四)

(1987年)

地 区	每百元销售收入实现利润(元)	资金利税率(%)	产值利税率(%)	固定资产折旧率(%)	平均每一职工占有的固定资产(元)	平均每一职工创造的工业净产值(元)	平均每一职工创造的利润和税金(元)	平均每一职工上交的利税费(元)	平均每一职工占有的企业留利(元)
全国总计	**7.95**	**19.80**	**11.53**	**4.96**	**7 595**	**3 985**	**1 961**	**1 234**	**425**
北 京	10.40	24.44	15.84	5.13	10 471	5 923	3 199	1 971	590
天 津	8.35	22.41	12.90	4.24	9 570	4 541	2 417	1 552	607
河 北	10.27	22.87	12.40	4.70	7 701	4 023	2 229	1 268	489
山 西	6.87	15.49	11.29	4.46	6 759	2 921	1 357	948	255
内蒙古	7.00	16.89	15.87	4.20	8 185	3 992	2 456	1 971	424
辽 宁	5.68	13.06	9.65	4.83	8 251	3 522	1 414	847	257
吉 林	5.74	13.46	11.49	3.75	6 522	3 059	1 325	991	276
黑龙江	6.96	11.90	12.52	4.27	8 619	3 332	1 442	953	226
上 海	11.62	39.27	16.06	4.52	9 256	6 286	3 994	2 537	1 049
江 苏	6.76	20.00	9.10	5.18	6 559	3 877	1 786	1 114	368
浙 江	7.73	23.44	10.35	6.01	5 295	3 891	1 780	1 100	394
安 徽	6.62	16.97	10.47	4.91	6 447	3 331	1 535	1 082	350
福 建	8.85	18.28	12.90	5.32	6 835	3 309	1 624	967	348
江 西	6.43	16.42	10.61	4.99	6 245	2 981	1 369	903	294
山 东	7.13	19.43	10.47	5.20	7 852	4 204	2 077	1 252	365
河 南	8.11	18.63	12.79	4.67	6 914	3 448	1 669	1 086	381
湖 北	6.72	15.74	10.15	5.06	7 904	3 424	1 587	1 036	352
湖 南	8.00	16.08	11.94	5.29	8 553	3 853	1 763	1 052	350
广 东	6.97	13.90	9.36	5.42	9 583	4 518	1 624	946	356
广 西	8.09	17.92	12.75	4.39	8 256	4 132	2 023	1 493	333
四 川	7.58	15.81	11.57	5.00	6 974	3 093	1 436	821	328
贵 州	9.27	16.32	15.45	7.10	7 681	3 152	1 615	1 161	377
云 南	8.14	16.89	13.95	5.03	8 397	3 411	1 744	1 007	384
西 藏	2.34	6.26	9.94	4.29	10 949	4 028	1 048	887	125
陕 西	9.05	20.27	13.98	4.23	9 449	4 068	2 235	1 397	442
甘 肃	7.83	16.81	15.79	5.13	8 510	3 680	2 100	1 818	359
青 海	10.10	20.79	25.52	3.56	12 595	4 671	3 650	2 742	734
宁 夏	8.51	14.83	18.05	3.33	11 337	3 895	2 355	1 721	513
新 疆	10.13	20.34	16.97	4.63	11 113	5 242	2 960	1 761	889

各地区造纸及纸制品业主要经济指标(一)

（1987年）

地区	工业企业单位数（个）	#亏损企业（个）	年末职工人数（万人）	职工工资总额（万元）	固定资产投资（亿元）	工业总产值（亿元）	工业净产值（亿元）	全员劳动生产率（元/人·年）	机制纸及纸板（万吨）	#新闻纸（万吨）	凸版纸（万吨）
全国总计	**9 762**	**1 750**	**149.19**	**89 771.9**	**8.41**	**228.89**	**62.77**	**13 322**	**1 141.07**	**36.55**	**75.35**
北京	104	15	2.26	1 771.0	0.25	4.86	1.29	17 732	24.13		
天津	163	14	3.47	3 932.5	0.65	6.72	1.94	15 566	27.92		1.82
河北	492	51	7.49	4 193.0	0.89	10.07	2.92	12 594	69.27		6.87
山西	250	32	3.10	1 508.3	0.25	2.88	0.76	8 432	24.64		1.06
内蒙古	122	15	2.90	1 072.4	0.31	2.24	0.59	9 871	10.92		1.34
辽宁	481	80	13.30	7 391.4	0.91	18.49	5.13	11 481	81.31	2.13	10.24
吉林	343	49	7.53	5 217.2	1.16	11.34	3.52	11 697	55.07	7.66	1.28
黑龙江	319	54	7.06	5 228.1	0.51	11.90	3.64	12 890	48.99	4.20	1.13
上海	201	12	4.83	3 866.0	0.79	15.49	4.18	27 652	45.16		0.96
江苏	653	131	10.06	3 862.8	0.57	14.96	3.73	13 858	70.62		4.09
浙江	758	151	7.69	3 978.4	1.55	14.20	4.17	16 467	67.87		1.48
安徽	442	79	5.80	2 925.4	0.55	7.06	1.88	10 526	34.53		1.17
福建	376	50	5.52	4 101.1	1.27	10.21	2.96	13 925	46.84	9.48	1.15
江西	340	59	4.08	2 093.7	0.35	5.24	1.40	10 635	24.89	1.14	2.75
山东	509	64	10.59	6 747.5	1.60	17.06	4.50	14 587	82.73		11.01
河南	583	102	8.29	3 970.4	0.83	9.18	2.67	10 245	102.48		4.51
湖北	497	142	6.68	2 759.7	0.85	9.04	2.31	12 336	41.94		4.42
湖南	612	127	7.34	4 815.7	0.77	11.34	2.88	13 230	53.81	0.86	4.63
广东	499	91	7.17	5 765.2	0.93	16.01	3.77	18 284	70.09	7.54	2.80
广西	259	45	2.79	2 054.6	0.71	4.99	1.30	15 677	25.46		2.17
四川	939	282	11.66	6 372.5	1.38	15.17	4.22	11 609	70.75	3.52	5.84
贵州	108	18	1.32	890.3	0.09	1.49	0.41	9 887	4.98		0.48
云南	12	17	1.64	1 243.5	0.18	2.25	0.68	12 735	11.66	0.02	0.42
西藏	0	0	0.00		0.00	0.00	0.00	0			
陕西	408	40	3.63	1 725.1	0.43	3.76	1.05	9 439	27.01		2.22
甘肃	94	11	1.32	858.8	0.15	1.26	0.37	9 901	7.81		0.38
青海	17	4	0.18	142.1	0.01	0.15	0.05	8 084	0.66		0.20
宁夏	28	5	0.60	251.8	0.18	0.69	0.19	11 790	4.04		0.35
新疆	53	10	0.88	1 033.4	0.27	0.85	0.29	8 528	5.44		0.58

各地区造纸及纸制品业主要经济指标(二)

(1987年)

地区	固定资产原值(亿元)	固定资产净值(亿元)	流动资金年末占用数(亿元)	产品销售收入(亿元)	亏损企业亏损总额(亿元)	利润总额(亿元)	利润和税金总额(亿元)	企业留利(亿元)	每百元固定资产原值实现产值(元)	每百元固定资产原值实现利税(元)
全国总计	**144.04**	**100.24**	**81.18**	**223.99**	**1.04**	**18.60**	**36.02**	**6.10**	**158.91**	**25.00**
北京	2.40	1.66	1.57	4.84	0.01	0.52	0.90	0.15	202.32	37.65
天津	3.64	2.15	2.01	6.73	0.01	0.75	1.33	0.24	184.57	36.45
河北	6.00	4.19	3.99	9.78	0.03	0.96	1.64	0.29	167.74	27.24
山西	2.44	1.64	1.30	2.88	0.02	0.13	0.37	0.05	117.98	15.32
内蒙古	1.90	1.39	0.92	2.13	0.00	0.17	0.33	0.05	117.61	17.32
辽宁	11.92	8.20	6.67	17.93	0.05	1.41	2.87	0.50	155.14	24.06
吉林	7.86	4.97	4.30	11.25	0.06	1.42	2.28	0.49	144.36	29.02
黑龙江	11.74	8.31	4.69	11.16	0.07	1.33	2.29	0.64	101.35	19.49
上海	4.78	3.24	3.22	15.57	0.01	1.80	3.05	0.45	323.90	63.73
江苏	6.91	5.15	4.98	14.42	0.06	0.88	1.82	0.26	216.41	26.30
浙江	6.06	3.99	5.00	13.89	0.06	1.28	2.50	0.40	234.51	41.30
安徽	4.44	3.02	2.64	6.83	0.04	0.35	0.95	0.13	158.96	21.47
福建	6.94	4.86	3.25	10.32	0.02	1.24	2.03	0.27	147.05	29.20
江西	3.63	2.53	1.91	5.06	0.05	0.31	0.70	0.11	144.18	19.31
山东	10.41	7.66	5.32	16.61	0.05	1.13	2.50	0.30	163.89	24.00
河南	5.79	4.21	3.46	8.68	0.04	0.68	1.41	0.25	158.50	24.32
湖北	6.15	4.39	3.59	8.63	0.07	0.48	1.11	0.20	147.00	18.07
湖南	9.55	6.86	4.48	11.21	0.11	0.62	1.51	0.19	118.75	15.82
广东	8.65	6.03	5.93	16.00	0.08	0.71	1.69	0.28	185.03	19.53
广西	2.81	1.92	1.70	5.05	0.01	0.50	0.86	0.18	177.40	30.43
四川	10.83	7.14	5.93	14.85	0.13	1.14	2.31	0.35	140.08	21.34
贵州	1.18	0.81	0.56	1.45	0.01	0.08	0.20	0.05	126.15	16.81
云南	2.17	1.58	0.77	2.19	0.01	0.21	0.38	0.09	103.63	17.62
西藏	0.00	0.00	0.00	0.00	0.00	0.00	0.00	0.00	0.00	0.00
陕西	2.93	2.21	1.62	3.68	0.02	0.26	0.54	0.09	128.44	18.55
甘肃	1.10	0.83	0.50	1.26	0.01	0.09	0.18	0.04	113.85	16.50
青海	0.19	0.13	0.07	0.16	0.00	0.01	0.02	0.01	75.49	8.95
宁夏	0.60	0.45	0.28	0.67	0.00	0.05	0.10	0.03	115.37	16.93
新疆	0.99	0.73	0.52	0.97	0.01	0.07	0.15	0.03	85.88	14.97

各地区造纸及纸制品业主要经济指标(三)

(1987年)

地区	每百元工业总产值占用流动资金(元)	每百元销售收入实现利润(元)	资金利税率(%)	产值利税率(%)	固定资产折旧率(%)	平均每一职工占有的固定资产(元)	平均每一职工创造的工业净产值(元)	平均每一职工创造的利润和税金(元)	平均每一职工上交的利税费(元)	平均每一职工占有的企业留利(元)
全国总计	**19.87**	**8.30**	**24.71**	**15.73**	**4.98**	**10 058**	**4 384**	**2 515**	**1 925**	**426**
北京	17.11	10.74	36.28	18.61	4.86	10 647	5 699	4 008	2 998	659
天津	18.83	11.11	38.91	19.75	4.71	10 506	5 607	3 830	2 919	706
河北	23.24	9.87	25.04	16.24	5.19	8 417	4 090	2 293	1 618	402
山西	26.80	4.60	15.49	12.98	4.41	8 116	2 539	1 243	1 150	178
内蒙古	25.04	7.78	16.92	14.73	4.44	10 786	3 320	1 868	1 260	277
辽宁	21.47	7.88	23.57	15.51	4.42	9 226	3 972	2 220	1 510	385
吉林	22.33	12.66	30.40	20.10	4.47	10 692	4 794	3 103	1 986	671
黑龙江	21.14	11.89	21.14	19.23	3.87	17 276	5 350	3 367	2 395	944
上海	11.40	11.58	60.89	19.68	7.69	10 154	8 871	6 471	5 220	947
江苏	18.65	6.09	22.91	12.15	4.82	7 132	3 845	1 876	1 520	265
浙江	18.97	9.24	37.42	17.61	5.69	8 244	5 675	3 405	3 056	544
安徽	21.16	5.05	21.14	13.51	5.71	7 881	3 339	1 692	1 408	222
福建	17.63	12.01	30.41	19.86	5.34	13 006	5 538	3 798	2 827	508
江西	20.13	6.20	19.56	13.39	4.45	9 164	3 519	1 770	1 406	272
山东	18.51	6.87	23.09	14.65	5.11	10 210	4 415	2 451	1 986	299
河南	19.73	7.81	23.39	15.34	4.93	7 351	3 390	1 788	1 339	312
湖北	20.76	5.61	17.72	12.29	5.21	9 520	3 578	1 721	1 278	314
湖南	23.43	5.58	15.88	13.32	4.52	13 441	4 047	2 126	1 831	270
广东	17.99	4.45	18.97	10.55	5.29	12 324	5 363	2 407	1 777	399
广西	19.01	9.96	29.82	17.16	4.47	10 603	4 911	3 227	2 636	671
四川	21.75	7.70	22.14	15.24	5.40	9 574	3 731	2 043	1 533	308
贵州	24.73	5.56	16.82	13.33	6.18	9 130	3 178	1 535	1 371	363
云南	20.19	9.69	18.80	17.00	5.06	13 477	4 196	2 375	1 549	541
西藏	0.00	0.00	0.00	0.00	0.00	0	0	0	0	0
陕西	22.68	6.99	17.74	14.45	5.34	8 323	2 980	1 544	1 269	259
甘肃	27.69	6.87	15.41	14.49	4.69	8 906	2 966	1 469	995	326
青海	27.72	3.79	10.30	11.86	3.64	11 636	2 890	1 042	861	347
宁夏	23.40	7.86	16.69	14.67	5.15	11 153	3 623	1 888	1 162	592
新疆	29.14	7.61	15.27	17.44	4.30	11 795	3 434	1 766	1 383	330

各地区电力、蒸汽、热水生

（1987

地　区	工业企业单位数（个）	#亏损企业（个）	年末职工人数（万人）	职工工资总额（万元）	固定资产投资（亿元）
全国总计	**11 407**	**1 397**	**136.34**	**213 601.8**	**233.37**
北　京	25	6	2.26	5 415.0	4.69
天　津	16	0	1.46	3 141.7	3.39
河　北	167	9	7.16	11 739.7	12.51
山　西	119	18	5.24	8 703.9	7.53
内蒙古	119	21	3.91	6 333.8	3.77
辽　宁	126	2	7.17	12 287.0	12.35
吉　林	130	13	4.37	6 542.0	6.85
黑龙江	136	20	6.85	10 504.6	9.39
上　海	15	0	2.37	6 675.7	9.54
江　苏	56	2	6.30	11 113.6	13.80
浙　江	839	93	5.25	7 734.2	8.41
安　徽	192	9	4.06	6 522.9	6.72
福　建	769	70	4.44	4 645.5	12.41
江　西	873	97	5.36	6 516.8	4.46
山　东	162	5	7.28	11 993.8	12.02
河　南	262	14	8.54	12 718.4	6.79
湖　北	596	86	7.12	10 920.9	8.72
湖　南	1 002	127	6.40	8 491.4	6.70
广　东	1 405	155	8.50	11 951.6	26.85
广　西	559	70	3.72	5 506.7	4.35
四　川	1 907	379	10.38	13 990.6	11.85
贵　州	517	40	2.70	3 841.0	3.22
云　南	600	91	4.06	5 880.1	5.53
西　藏	47	15	0.52	433.5	0.70
陕　西	339	19	3.56	5 971.9	4.04
甘　肃	135	11	3.14	5 464.6	2.90
青　海	46	10	0.78	2 048.1	3.97
宁　夏	11	2	0.89	1 711.3	2.13
新　疆	237	13	2.54	4 801.5	2.90

产及供应业主要经济指标(一)

年)

工业总产值(亿元)	工业净产值(亿元)	全员劳动生产率(元/人·年)	发电量(亿千瓦小时)	水电(亿千瓦小时)	火电(亿千瓦小时)
362.27	157.62	23 775	4 972.66	1 000.07	3 972.59
9.41	4.45	39 820	105.75	2.17	103.58
6.31	2.62	38 236	81.09		81.09
23.62	10.73	31 491	312.59	4.09	308.50
13.04	5.44	25 514	263.42	4.68	258.74
8.94	1.99	20 000	126.54	0.73	125.81
24.00	8.04	32 363	384.38	44.66	339.72
15.30	7.86	27 248	165.34	67.72	97.62
15.93	5.70	21 454	223.46	5.53	217.93
16.78	7.26	60 189	276.34		276.34
22.28	8.43	31 624	301.16	0.64	300.52
14.37	6.13	23 778	173.01	48.01	125.00
11.59	4.21	27 529	168.84	11.72	157.12
7.96	3.61	13 781	98.54	52.78	45.76
8.21	2.57	12 586	102.77	23.54	79.23
26.36	11.17	33 507	331.81	0.31	331.50
20.54	9.43	22 166	259.33	12.87	246.46
17.94	9.80	24 883	268.67	182.08	86.59
11.40	5.56	16 246	161.40	82.37	79.03
20.50	8.05	14 778	230.15	71.58	158.57
7.21	3.63	17 322	102.62	63.40	39.22
19.49	10.47	16 474	262.87	116.02	146.85
5.64	3.28	21 794	84.90	44.26	40.64
6.41	3.33	15 515	94.33	50.13	44.20
0.23	0.08	4 430	2.57	2.04	0.53
10.16	4.89	26 523	143.70	9.14	134.56
10.90	5.09	31 438	133.66	74.80	58.86
1.71	0.80	17 676	22.35	6.16	16.19
2.51	1.18	31 642	42.64	7.89	34.75
3.53	1.82	10 241	48.43	10.75	37.68

各地区电力、蒸汽、热水生产及供应业主要经济指标(二)

(1987年)

地区	固定资产原值(亿元)	固定资产净值(亿元)	流动资金年末占用数(亿元)	产品销售收入(亿元)	亏损企业亏损总额(亿元)	利润总额(亿元)	利润和税金总额(亿元)	企业留利(亿元)	每百元固定资产原值实现产值(元)	每百元固定资产原值实现利税(元)
全国总计	**1107.09**	**796.26**	**102.82**	**457.33**	**2.70**	**64.04**	**136.14**	**13.15**	**32.72**	**12.30**
北京	23.89	13.49	3.52	12.38	0.11	0.97	3.06	0.03	39.38	12.81
天津	16.58	10.37	1.07	7.24	0.00	0.51	2.10	0.03	38.08	12.64
河北	56.98	39.21	4.71	29.47	0.01	3.11	8.30	0.49	41.44	14.56
山西	42.85	30.73	2.13	19.43	0.01	2.62	6.56	0.19	30.44	15.30
内蒙古	35.13	27.16	1.93	11.19	0.04	0.97	2.22	0.32	25.44	6.32
辽宁	75.89	50.33	5.91	27.53	0.00	2.47	4.71	0.95	31.62	6.21
吉林	52.83	38.26	1.89	13.48	0.06	2.97	3.92	0.33	28.97	7.42
黑龙江	46.09	32.21	3.54	17.29	0.03	1.67	2.95	0.42	34.57	6.39
上海	25.42	11.09	1.85	20.56	0.00	2.74	6.37	0.19	66.01	25.07
江苏	49.55	34.80	7.21	29.46	0.01	2.72	7.83	0.31	44.97	15.81
浙江	30.84	24.89	4.87	19.07	0.06	2.01	4.97	0.44	46.58	16.11
安徽	33.73	24.23	2.96	13.08	0.01	0.70	3.28	0.31	34.35	9.72
福建	26.06	20.02	2.29	8.98	0.01	1.76	2.96	0.29	30.56	11.34
江西	28.72	21.10	2.95	9.23	0.76	−0.02	1.54	0.26	28.58	5.35
山东	58.34	42.59	5.32	35.74	0.01	4.39	10.52	1.32	45.19	18.03
河南	58.88	44.59	5.65	26.11	0.06	2.60	6.87	0.62	34.89	11.66
湖北	82.80	66.28	6.72	24.61	0.03	5.53	9.91	0.67	21.66	11.96
湖南	40.81	29.40	2.92	12.27	0.41	2.27	4.49	0.22	27.93	11.00
广东	72.38	54.94	16.69	37.01	0.48	3.62	7.61	0.91	28.32	10.51
广西	26.47	20.45	1.86	9.03	0.13	1.90	3.37	0.27	27.24	12.75
四川	65.11	45.62	5.13	28.37	0.15	11.52	15.33	2.86	29.93	23.55
贵州	21.29	16.02	1.73	5.69	0.01	1.45	2.74	0.41	26.49	12.86
云南	29.74	21.11	2.10	7.59	0.13	0.85	2.18	0.43	21.55	7.34
西藏	2.15	1.48	0.23	0.29	0.05	0.00	0.02	0.01	10.82	0.98
陕西	32.36	22.27	2.41	10.30	0.10	1.66	4.02	0.27	31.40	12.43
甘肃	32.71	21.82	2.62	12.62	0.00	1.84	5.43	0.29	33.32	16.61
青海	14.32	12.95	0.60	1.92	0.02	0.23	0.60	0.03	11.96	4.20
宁夏	11.09	8.98	0.84	2.67	0.00	0.31	0.97	0.07	22.66	8.76
新疆	14.10	9.88	1.18	3.93	0.03	0.66	1.32	0.21	25.01	9.36

各地区电力、蒸汽、热水生产及供应业主要经济指标(三)

(1987年)

地　区	每百元工业总产值占用流动资金(元)	每百元销售收入实现利润(元)	资金利税率(%)	产值利税率(%)	固定资产折旧率(%)	平均每一职工占有的固定资产(元)	平均每一职工创造的工业净产值(元)	平均每一职工创造的利润和税金(元)	平均每一职工上交的利税费(元)	平均每一职工占有的企业留利(元)
全国总计	**7.67**	**14.00**	**16.52**	**37.58**	**3.43**	**84 023**	**11 963**	**10 332**	**8 948**	**998**
北　京	5.15	7.83	21.89	32.52	3.77	113 532	21 131	14 539	12 720	120
天　津	6.83	7.00	19.40	33.21	3.69	123 924	19 552	15 669	15 013	247
河　北	5.80	10.55	20.45	35.13	3.88	82 835	15 598	12 061	10 802	710
山　西	7.09	13.50	20.71	50.27	3.47	84 182	10 692	12 879	20 671	379
内蒙古	11.63	8.67	7.87	24.84	4.22	93 799	5 326	5 928	4 903	864
辽　宁	7.16	8.98	9.05	19.64	3.52	109 183	11 561	6 779	4 577	1 368
吉　林	4.29	22.02	10.08	25.63	2.91	125 329	18 643	9 305	7 629	776
黑龙江	7.81	9.67	8.81	18.49	3.71	69 738	8 625	4 459	3 664	630
上　海	4.54	13.33	53.78	37.98	4.28	111 839	31 930	28 037	38 462	842
江　苏	7.00	9.23	21.54	35.15	3.72	83 410	14 199	13 184	11 909	521
浙　江	6.87	10.53	19.19	34.58	3.35	61 426	12 211	9 894	9 077	867
安　徽	7.40	5.35	13.07	28.30	3.68	85 035	10 708	8 344	13 689	799
福　建	10.16	19.59	14.19	37.11	3.61	59 594	8 264	6 759	4 784	673
江　西	12.20	－0.25	6.95	18.72	3.78	54 467	4 880	2 915	2 301	485
山　东	6.55	12.29	23.74	39.91	3.47	83 398	15 970	15 041	12 794	1 890
河　南	8.82	9.95	14.79	33.42	3.62	71 065	11 379	8 287	8 478	743
湖　北	8.00	22.46	14.63	55.22	2.82	120 921	14 309	14 465	9 236	975
湖　南	8.73	18.46	14.76	39.37	3.50	64 841	8 841	7 131	5 450	347
广　东	12.76	9.57	13.22	37.12	3.33	86 579	9 633	9 103	6 875	1 092
广　西	7.65	21.07	16.07	46.79	3.07	72 319	9 906	9 219	8 084	742
四　川	7.08	40.61	32.62	78.66	3.33	64 413	10 360	15 167	5 361	2 828
贵　州	6.95	25.49	16.69	48.57	3.01	81 316	12 536	10 461	8 405	1 570
云　南	8.51	11.16	10.09	34.09	3.26	74 226	8 322	5 452	4 919	1 062
西　藏	75.93	1.38	1.28	9.09	3.02	67 284	2 482	661	1 714	227
陕　西	4.76	16.13	17.68	39.58	3.48	92 897	14 038	11 548	10 521	782
甘　肃	8.35	14.60	23.90	49.84	3.07	109 574	17 046	18 196	17 355	982
青　海	11.87	12.17	4.58	35.14	1.56	192 552	10 799	8 093	10 341	442
宁　夏	9.00	11.80	10.56	38.67	3.34	133 493	14 154	11 698	10 154	840
新　疆	13.50	16.85	12.74	37.42	3.20	56 745	7 315	5 310	4 081	860

各地区石油加工业主要经济指标(一)

(1987年)

地区	工业企业单位数(个)	*亏损企业(个)	年末职工人数(万人)	职工工资总额(万元)	固定资产投资(亿元)	工业总产值(亿元)	工业净产值(亿元)	全员劳动生产率(元/人·年)	原油加工量(万吨)	汽油(万吨)
全国总计	**626**	**46**	**36.39**	**65 856.8**	**25.94**	**338.71**	**129.94**	**73 862**	**9 719.26**	**1 712.90**
北京	7	0	0.20	257.0	2.88	1.09	0.31	37 062	638.50	124.24
天津	9	0	0.74	1 580.4	0.15	10.11	4.93	104 372	342.81	59.42
河北	75	4	1.22	1 638.3	1.15	11.17	3.44	59 705	210.96	65.51
山西	12	0	0.08	41.0	0.00	0.23	0.05	26 534		
内蒙古	3	0	0.02	13.0	0.00	0.02	0.00	8 485		
辽宁	123	14	6.90	11 548.4	6.08	76.21	38.03	92 598	2 200.12	298.22
吉林	41	3	1.13	1 114.5	0.59	5.31	1.74	35 410	352.92	81.99
黑龙江	87	9	4.89	7 283.3	1.80	36.36	13.94	63 659	734.03	109.79
上海	12	0	1.89	3 769.7	1.44	20.97	8.74	94 548	662.41	80.91
江苏	37	2	1.50	3 017.3	0.99	22.49	7.48	110 838	632.91	74.60
浙江	10	1	1.04	1 827.5	0.67	13.01	3.59	84 722	243.65	48.18
安徽	7	1	1.14	1 694.5	0.62	11.73	3.44	71 094	263.14	46.68
福建	0	0	0.00	23.6	0.01	0.00	0.00	0		
江西	3	0	0.45	863.2	0.45	7.43	1.38	86 752	134.91	40.87
山东	34	2	4.99	7 454.5	1.45	27.60	12.52	54 257	775.05	138.22
河南	55	4	1.15	1 295.8	1.29	7.72	1.76	46 469	125.47	47.52
湖北	17	0	1.84	3 147.0	1.11	17.83	5.71	75 857	446.55	98.32
湖南	8	0	1.11	2 013.8	1.05	13.09	5.05	92 216	308.03	73.48
广东	8	1	3.26	8 097.7	2.47	34.99	10.44	72 238	820.74	130.11
广西	5	1	0.07	5.1	0.00	0.29	0.18	20 423		
四川	38	3	0.20	908.0	0.10	0.44	0.13	17 812	10.72	1.80
贵州	0	0	0.00	15.7	0.00	0.00	0.00	0		
云南	0	0	0.00		0.00	0.00	0.00	0		
西藏	0	0	0.00		0.00	0.00	0.00	0		
陕西	13	1	0.03	70.2	0.43	0.06	0.01	11 514	3.22	0.45
甘肃	8	0	1.59	3 468.1	0.81	13.90	5.17	72 261	435.50	88.60
青海	3	0	0.02	8.9	0.00	0.04	0.01	18 870	17.88	1.94
宁夏	5	0	0.01	33.5	0.19	0.01	0.00	9 348	8.21	2.64
新疆	6	0	0.92	4 666.8	0.24	6.63	1.88	57 887	351.53	99.41

各地区石油加工业主要经济指标(二)

(1987年)

地区	固定资产原值(亿元)	固定资产净值(亿元)	流动资金年末占用数(亿元)	产品销售收入(亿元)	亏损企业亏损总额(亿元)	利润总额(亿元)	利润和税金总额(亿元)	企业留利(亿元)	每百元固定资产原值实现产值(元)	每百元固定资产原值实现利税(元)
全国总计	**158.57**	**97.86**	**48.26**	**325.94**	**0.01**	**51.80**	**109.40**	**5.25**	**213.61**	**68.99**
北京	0.57	0.37	0.70	1.10	0.00	0.24	0.30	0.05	189.61	51.85
天津	3.82	2.38	1.22	10.26	0.00	1.84	3.88	0.03	264.61	101.56
河北	4.75	3.86	1.88	10.29	0.00	1.16	2.36	0.22	235.37	49.65
山西	0.09	0.06	0.08	0.24	0.00	0.02	0.03	0.01	266.69	39.02
内蒙古	0.02	0.01	0.01	0.01	0.00	0.00	0.00	0.00	93.02	15.17
辽宁	30.65	17.16	7.95	74.38	0.01	16.01	31.49	0.78	248.62	102.73
吉林	2.47	1.54	1.30	5.45	0.00	0.79	1.52	0.11	214.65	61.46
黑龙江	17.15	8.38	5.21	28.95	0.00	5.97	11.30	0.37	211.96	65.89
上海	8.02	5.01	2.93	21.15	0.00	4.56	8.66	0.41	261.49	107.97
江苏	7.56	4.55	2.56	21.83	0.00	2.16	5.76	0.46	297.66	76.26
浙江	8.03	6.55	2.32	13.83	0.00	1.87	3.29	0.57	162.11	41.04
安徽	7.38	5.23	2.62	11.65	0.00	1.43	2.82	0.15	158.92	38.17
福建	0.00	0.00	0.00	0.00	0.00	0.00	0.00	0.00	0.00	0.00
江西	2.84	2.35	0.91	7.39	0.00	0.51	1.26	0.04	261.24	44.15
山东	13.94	8.50	3.44	24.51	0.00	5.06	10.10	0.41	198.05	72.45
河南	4.15	3.44	1.77	7.82	0.00	0.89	1.81	0.30	185.75	43.64
湖北	9.09	5.36	2.43	17.92	0.00	1.68	5.34	0.17	196.24	58.81
湖南	4.85	2.33	1.97	12.74	0.00	1.93	4.58	0.22	269.79	94.43
广东	17.73	10.66	5.70	34.44	0.00	3.37	8.58	0.58	197.36	48.40
广西	0.20	0.14	0.07	0.29	0.00	0.11	0.15	0.01	145.96	77.61
四川	0.20	0.14	0.28	0.47	0.00	0.07	0.10	0.02	217.91	48.51
贵州	0.00	0.00	0.00	0.00	0.00	0.00	0.00	0.00	0.00	0.00
云南	0.00	0.00	0.00	0.00	0.00	0.00	0.00	0.00	0.00	0.00
西藏	0.00	0.00	0.00	0.00	0.00	0.00	0.00	0.00	0.00	0.00
陕西	0.03	0.03	0.03	0.06	0.00	0.00	0.01	0.00	168.00	22.70
甘肃	6.67	2.76	1.50	14.46	0.00	1.61	4.59	0.15	208.37	68.83
青海	0.02	0.01	0.03	0.04	0.00	0.00	0.01	0.00	226.10	35.24
宁夏	0.01	0.00	0.00	0.01	0.00	0.00	0.00	0.00	143.85	21.03
新疆	8.33	7.03	1.35	6.67	0.00	0.50	1.45	0.19	79.53	17.42

各地区石油加工业

(1987

地　　区	每百元工业总产值占用流动资金（元）	每百元销售收入实现利润（元）	资金利税率（%）	产值利税率（%）
全国总计	**8.26**	**15.89**	**86.94**	**32.30**
北　京	34.37	21.60	39.76	27.34
天　津	4.88	17.97	135.25	38.38
河　北	9.58	11.23	47.76	21.09
山　西	23.23	8.32	28.54	14.63
内蒙古	37.20	9.93	12.85	16.31
辽　宁	6.33	21.52	143.20	41.32
吉　林	14.33	14.57	66.12	28.63
黑龙江	7.95	20.61	100.31	31.09
上　海	6.48	21.54	136.00	41.29
江　苏	5.68	9.91	98.95	25.62
浙　江	7.74	13.56	43.59	25.32
安　徽	13.63	12.30	41.26	24.02
福　建	0.00	0.00	0.00	0.00
江　西	7.48	6.95	43.21	16.90
山　东	9.65	20.63	90.44	36.58
河　南	13.41	11.43	40.52	23.49
湖　北	8.42	9.39	77.91	29.97
湖　南	8.45	15.16	133.35	35.00
广　东	9.16	9.80	61.88	24.52
广　西	6.75	39.61	96.49	53.17
四　川	38.70	15.28	31.80	22.26
贵　州	0.00	0.00	0.00	0.00
云　南	0.00	0.00	0.00	0.00
西　藏	0.00	0.00	0.00	0.00
陕　西	27.49	5.00	16.91	13.51
甘　肃	8.40	11.12	116.86	33.03
青　海	53.96	9.85	18.40	15.59
宁　夏	25.79	12.78	17.43	14.62
新　疆	12.01	7.46	18.55	21.90

主要经济指标(三)

年)

固定资产折旧率(%)	平均每一职工占有的固定资产(元)	平均每一职工创造的工业净产值(元)	平均每一职工创造的利润和税金(元)	平均每一职工上交的利税费(元)	平均每一职工占有的企业留利(元)
5.29	**45 506**	**37 292**	**31 395**	**28 433**	**1 507**
6.59	30 565	16 570	15 847	9 930	2 906
4.87	52 144	67 304	52 958	51 065	415
4.51	40 106	29 075	19 913	12 584	1 822
5.92	11 422	6 915	4 457	3 386	838
3.40	10 383	2 024	1 575	988	599
4.51	45 778	56 792	47 030	42 611	1 161
6.79	22 853	16 091	14 045	10 098	982
5.83	37 048	30 111	24 411	20 764	801
5.00	43 590	47 508	47 063	41 044	2 252
6.16	51 781	51 263	39 488	35 050	3 170
5.89	82 009	36 649	33 655	25 898	5 876
5.39	68 411	31 911	26 113	21 049	1 359
0.00	0	0	0	0	0
5.27	65 634	31 727	28 981	19 436	885
4.54	30 361	27 265	21 997	28 555	886
4.26	38 757	16 466	16 912	12 710	2 805
5.59	50 668	31 831	29 800	27 248	947
5.34	45 558	47 418	43 021	36 178	2 062
5.75	55 885	32 911	27 046	23 327	1 841
9.17	31 463	29 161	24 420	30 056	1 868
6.29	10 670	7 008	5 177	3 167	1 138
0.00	0	0	0	0	0
0.00	0	0	0	0	0
0.00	0	0	0	0	0
4.61	10 422	4 443	2 366	1 791	338
5.16	43 178	33 459	29 721	25 418	954
5.83	8 034	5 014	2 831	1 942	1 556
8.93	7 636	2 682	1 606	1 515	212
6.41	92 589	20 861	16 128	14 240	2 059

各地区化学工业主要经济指标(一)

(1987年)

地区	工业企业单位数(个)	*亏损企业(个)	年末职工人数(万人)	职工工资总额(万元)	固定资产投资(亿元)	工业总产值(亿元)	工业净产值(亿元)	全员劳动生产率(元/人·年)
全国总计	**16 228**	**2 479**	**375.33**	**417 240.9**	**130.94**	**819.28**	**231.59**	**18 706**
北京	171	15	10.06	15 105.0	2.95	57.01	24.45	52 042
天津	216	33	10.67	13 782.8	2.93	33.23	10.34	25 411
河北	797	66	17.86	20 030.6	4.89	34.07	9.35	15 924
山西	548	77	16.98	18 193.5	3.13	21.83	6.23	10 906
内蒙古	181	35	4.92	5 282.1	0.74	5.78	1.47	9 177
辽宁	888	137	30.71	34 031.7	7.01	66.74	21.66	19 525
吉林	496	74	13.26	15 188.8	3.09	38.66	11.62	22 805
黑龙江	392	57	7.95	9 967.5	8.96	12.40	3.20	12 891
上海	388	25	13.61	19 689.6	7.63	65.71	20.45	43 330
江苏	1 962	306	39.71	35 211.3	21.36	93.48	22.19	21 499
浙江	1 148	208	16.11	14 898.1	2.10	34.50	9.11	19 369
安徽	661	71	11.91	11 610.5	2.89	22.23	4.73	14 618
福建	588	71	9.20	10 045.5	4.06	17.05	4.47	14 908
江西	478	84	7.77	8 629.1	1.45	11.22	2.93	11 690
山东	1 018	104	23.02	21 784.1	23.71	48.99	12.20	17 662
河南	753	92	19.38	18 083.0	2.97	30.21	7.94	12 289
湖北	953	205	17.56	17 342.9	2.73	34.44	8.66	16 593
湖南	969	199	19.32	23 720.9	3.23	37.80	10.02	17 353
广东	731	100	13.80	20 995.7	4.70	35.50	9.02	20 883
广西	362	51	7.21	9 855.2	1.14	15.52	4.00	15 323
四川	1 148	243	31.41	29 100.3	6.79	47.13	12.66	12 792
贵州	222	38	4.64	5 582.5	0.76	7.27	2.15	13 011
云南	256	50	7.49	9 820.8	1.27	14.11	3.88	15 676
西藏	3	2	0.04	27.3	0.00	0.03	0.01	4 734
陕西	482	84	8.57	9 850.6	1.89	13.25	3.13	12 674
甘肃	217	24	7.34	11 893.6	3.62	15.65	4.09	18 036
青海	34	6	1.21	2 359.2	1.53	1.32	0.43	9 950
宁夏	67	8	1.52	1 872.5	2.92	1.78	0.47	10 113
新疆	99	14	2.10	3 286.2	0.49	2.38	0.75	9 081

各地区化学工业主要经济指标(二)

(1987年)

地区	硫酸(万吨)	纯碱(万吨)	烧碱(万吨)	合成氨(万吨)	农用化肥(万吨)			化学农药(万吨)	乙烯(万吨)	电石(万吨)
						*氮肥(万吨)	磷肥(万吨)			
全国总计	**983.29**	**236.31**	**273.91**	**1 940.56**	**1 672.16**	**1 342.31**	**3.97**	**16.12**	**937 199**	**241.16**
北京	11.86		9.61	10.81	9.02	8.32			270 013	9.00
天津	11.30	54.10	24.73	8.90	6.56	5.87	0.01	1.67		5.70
河北	49.05	1.99	8.43	157.18	126.41	110.12	0.07	0.63		14.88
山西	32.07	2.96	6.59	72.71	55.64	48.61	0.01	0.18		29.54
内蒙古	3.85	1.64	2.77	15.80	12.13	11.86				5.61
辽宁	75.27	71.23	25.18	87.83	67.11	58.03		1.31	75 226	10.56
吉林	11.36	2.08	7.15	47.90	29.25	28.12		0.10	106 643	12.24
黑龙江	12.33		6.43	49.42	35.93	33.61		0.07	168 474	8.57
上海	36.05	2.53	28.27	35.34	23.41	20.48		0.62	148 204	9.51
江苏	89.53	5.48	28.08	169.79	142.76	114.63	0.40	3.96	61 831	12.10
浙江	28.38	6.97	13.70	91.08	74.06	66.04	0.06	1.59		9.90
安徽	47.99	1.02	7.20	108.42	93.90	78.62		0.32		9.45
福建	17.74	0.41	7.94	48.10	39.93	33.34		0.36		11.29
江西	36.77	0.22	5.26	25.22	28.37	17.18		0.26		4.44
山东	54.62	32.73	18.77	154.95	123.01	107.66		0.77	51 352	8.07
河南	27.75	6.30	9.11	137.62	111.62	95.66		0.18		9.16
湖北	71.19	18.30	8.66	117.06	117.36	84.35		0.83		6.99
湖南	66.60	4.22	12.69	126.07	116.73	91.02	0.10	1.93		11.28
广东	85.08	0.03	9.38	71.87	71.93	51.81		0.48	485	3.52
广西	27.71	1.52	4.45	36.16	37.51	24.09		0.22		5.72
四川	87.71	18.49	17.60	162.97	152.76	112.34	0.47	0.41		8.44
贵州	5.78	0.02	1.40	38.88	39.32	28.35		0.03		5.64
云南	32.42		2.21	58.57	70.89	42.51		0.07		5.60
西藏										
陕西	21.01	0.99	4.10	41.02	36.06	27.86		0.02		12.58
甘肃	31.01	3.05	2.36	32.66	21.15	18.05		0.09	54 971	6.17
青海	2.00		0.67	0.64	4.15	0.47	2.85	0.01		1.26
宁夏	3.17	0.03	0.50	10.37	8.58	7.38		0.01		2.90
新疆	3.69		0.67	23.22	16.61	15.93				1.04

各地区化学工业

（19

地　　区	油　　漆（吨）	染　　料（吨）	固定资产原值（亿元）	固定资产净值（亿元）	流动资金年末占用数（亿元）
全国总计	**828 545**	**115 872**	**648.96**	**429.87**	**294.44**
北　　京	39 427	3 390	46.86	28.53	17.40
天　　津	43 739	17 006	20.56	12.76	8.80
河　　北	37 112	2 291	27.23	18.12	13.32
山　　西	11 898	3 205	27.26	17.53	9.49
内 蒙 古	11 416		6.11	4.34	2.86
辽　　宁	64 802	12 997	73.04	50.35	25.26
吉　　林	28 352	7 770	39.79	28.15	13.59
黑 龙 江	37 770		9.67	6.57	7.05
上　　海	68 186	13 220	21.74	12.67	15.62
江　　苏	69 271	17 300	50.47	33.56	29.47
浙　　江	33 344	3 198	18.80	12.39	12.05
安　　徽	18 715	2 816	15.65	9.85	7.88
福　　建	11 861	39	13.29	9.53	6.92
江　　西	11 668		9.17	6.24	5.18
山　　东	55 861	10 662	31.75	21.51	16.47
河　　南	23 967	5 052	26.70	17.48	12.71
湖　　北	49 571	3 882	26.63	18.58	13.13
湖　　南	25 045	2 034	32.45	21.51	13.92
广　　东	56 357	1 125	19.80	13.16	13.86
广　　西	11 747		11.30	7.93	5.92
四　　川	44 991	3 114	45.47	28.57	18.85
贵　　州	8 867		10.42	7.19	3.54
云　　南	11 736		18.51	13.18	5.72
西　　藏			0.10	0.07	0.10
陕　　西	17 697	6 727	15.20	10.02	6.52
甘　　肃	22 750		22.43	14.42	5.80
青　　海	2 074		2.94	1.70	0.88
宁　　夏	2 956	44	2.40	1.73	0.84
新　　疆	7 365		3.21	2.25	1.30

主要经济指标(三)

87年)

产品销售收入（亿元）	亏损企业亏损总额（亿元）	利润总额（亿元）	利润和税金总　额（亿元）	企业留利（亿元）	每百元固定资产原值实现产值（元）	每百元固定资产原值实现利税（元）
799.49	3.29	78.06	150.89	25.32	126.24	23.25
62.75	0.01	10.89	21.18	1.54	121.68	45.21
33.46	0.08	4.12	8.01	1.43	161.62	38.96
33.47	0.06	3.39	5.83	1.09	125.09	21.39
21.66	0.11	1.92	3.26	0.60	80.07	11.95
5.62	0.06	0.29	0.74	0.16	94.73	12.15
65.68	0.47	7.77	15.10	2.64	91.38	20.68
38.23	0.27	4.51	9.32	1.50	97.17	23.43
11.97	0.18	0.51	1.63	0.27	128.17	16.89
63.94	0.04	8.71	16.25	2.11	302.21	74.73
85.87	0.23	6.28	12.76	2.16	185.21	25.29
33.03	0.13	3.15	5.59	1.11	183.47	29.75
21.07	0.07	1.31	2.57	0.55	141.99	16.41
16.38	0.06	1.52	2.66	0.46	128.23	20.02
10.92	0.08	0.76	1.53	0.32	122.38	16.70
46.91	0.20	3.34	6.86	1.13	154.32	21.61
29.16	0.10	2.45	4.12	1.08	113.13	15.44
32.69	0.14	2.58	4.61	1.16	129.35	17.31
37.42	0.19	3.17	5.75	1.05	116.47	17.72
33.70	0.16	2.11	4.69	0.94	179.33	23.70
15.16	0.07	1.28	2.38	0.67	137.31	21.08
45.98	0.25	3.44	7.14	1.34	103.64	15.70
6.89	0.04	0.48	1.21	0.27	69.77	11.60
13.68	0.12	1.53	2.55	0.58	76.22	13.76
0.01	0.00	0.00	0.00	0.00	26.67	− 3.12
12.81	0.11	0.75	1.46	0.33	87.13	9.63
15.53	0.02	1.42	2.90	0.53	69.80	12.93
1.45	0.01	0.12	0.22	0.09	44.84	7.49
1.76	0.01	0.17	0.24	0.13	74.19	10.19
2.28	0.02	0.09	0.31	0.10	73.99	9.56

各地区化学工业主要经济指标(四)

(1987年)

地　区	每百元工业总产值占用流动资金(元)	每百元销售收入实现利润(元)	资金利税率(%)	产值利税率(%)	固定资产折旧率(%)	平均每一职工占有的固定资产(元)	平均每一职工创造的工业净产值(元)	平均每一职工创造的利润和税金(元)	平均每一职工上交的利税费(元)	平均每一职工占有的企业留利(元)
全国总计	**21.50**	**9.76**	**24.90**	**18.42**	**5.04**	**17 804**	**6 354**	**4 140**	**3 043**	**695**
北　京	18.81	17.35	53.97	37.16	4.95	47 868	24 976	21 642	16 991	1 569
天　津	18.22	12.30	42.59	24.11	5.03	19 625	9 872	7 647	5 675	1 362
河　北	23.69	10.13	22.25	17.10	4.97	15 800	5 425	3 380	1 987	635
山　西	26.87	8.87	13.92	14.92	4.57	17 187	3 926	2 053	1 545	378
内蒙古	29.08	5.17	12.33	12.82	4.28	12 923	3 102	1 570	1 176	348
辽　宁	22.62	11.83	23.08	22.63	4.77	24 262	7 195	5 016	4 015	876
吉　林	19.44	11.80	26.13	24.11	5.22	30 628	8 941	7 175	5 429	1 154
黑龙江	32.75	4.29	15.36	13.18	4.38	12 485	4 132	2 108	1 669	347
上　海	13.99	13.62	74.31	24.73	5.57	16 163	15 197	12 078	9 347	1 571
江　苏	18.77	7.31	24.98	13.65	5.26	13 153	5 783	3 326	2 372	563
浙　江	20.16	9.52	28.92	16.22	5.57	12 046	5 838	3 584	2 687	712
安　徽	20.04	6.24	17.96	11.56	5.36	13 618	4 116	2 235	1 519	479
福　建	22.99	9.28	19.79	15.62	4.42	14 718	4 946	2 947	2 097	511
江　西	28.13	6.98	16.31	13.64	4.31	12 133	3 872	2 026	1 435	421
山　东	20.36	7.13	21.79	14.00	5.43	14 309	5 498	3 092	2 200	507
河　南	23.22	8.42	16.83	13.65	5.24	14 168	4 212	2 188	1 234	573
湖　北	22.33	7.88	17.55	13.38	5.55	15 561	5 063	2 694	1 652	675
湖　南	21.11	8.49	19.50	15.22	5.17	17 273	5 333	3 062	2 076	559
广　东	22.06	6.25	22.35	13.21	5.36	14 721	6 710	3 489	2 540	702
广　西	21.98	8.44	20.99	15.35	5.67	16 033	5 673	3 379	2 928	950
四　川	24.88	7.48	17.72	15.15	5.31	14 924	4 154	2 344	1 610	440
贵　州	28.99	6.91	13.00	16.62	4.44	22 880	4 722	2 654	3 033	584
云　南	26.38	11.22	15.07	18.06	5.01	25 433	5 333	3 500	2 059	792
西　藏	129.43	−30.19	−3.03	−11.68	0.67	24 701	2 967	−770	15	765
陕　西	32.78	5.86	10.20	11.06	4.11	18 119	3 729	1 746	1 184	390
甘　肃	26.41	9.16	15.63	18.53	4.47	31 245	5 694	4 041	3 058	733
青　海	49.47	7.99	9.38	16.70	3.42	25 092	3 635	1 879	1 732	733
宁　夏	25.68	9.51	11.20	13.73	3.81	16 660	3 278	1 697	693	873
新　疆	33.34	4.15	10.07	12.92	4.22	15 311	3 576	1 463	985	485

各地区医药工业主要经济指标(一)

(1987年)

地区	工业企业单位数(个)	#亏损企业(个)	年末职工人数(万人)	职工工资总额(万元)	固定资产投资(亿元)	工业总产值(亿元)	工业净产值(亿元)	全员劳动生产率(元/人·年)	化学药品(吨)	中成药(吨)
全国总计	2 664	176	72.48	81 169.6	12.84	207.63	57.88	30 029	180 468	241 502
北京	37	2	1.81	2 832.0	0.24	7.06	2.21	37 399	4 193	14 515
天津	47	2	1.96	3 106.5	0.23	6.65	2.12	35 277	1 736	3 505
河北	103	3	3.63	4 352.4	0.75	11.45	4.33	30 121	15 184	7 738
山西	67	3	2.04	1 959.0	0.25	4.51	1.00	25 091	1 033	2 411
内蒙古	48	3	1.01	1 179.9	0.04	2.05	0.51	16 676	693	2 745
辽宁	162	5	4.93	5 270.1	1.21	13.65	3.85	31 023	11 050	5 026
吉林	189	9	4.70	4 085.1	0.62	12.21	3.83	27 179	4 127	15 154
黑龙江	92	6	2.91	3 185.6	0.62	7.86	2.22	28 684	4 337	5 820
上海	104	0	4.03	5 629.6	0.97	18.35	5.37	49 898	11 024	11 493
江苏	255	25	6.90	6 630.7	0.96	19.62	4.61	30 593	21 759	12 191
浙江	198	25	3.61	3 224.2	0.57	9.48	2.58	27 418	7 090	18 356
安徽	96	5	2.78	1 985.5	0.35	5.12	1.14	20 310	5 354	8 372
福建	50	6	1.41	1 637.0	0.23	3.75	1.09	26 557	3 031	4 102
江西	109	6	2.30	2 244.1	0.35	6.49	1.94	28 205	9 080	8 577
山东	91	4	3.20	3 185.7	0.53	9.39	2.39	29 532	16 774	8 780
河南	124	10	4.04	3 843.1	0.53	8.45	2.25	24 393	4 302	10 843
湖北	126	12	3.67	3 414.0	0.61	9.60	2.49	27 905	10 941	14 511
湖南	100	4	2.12	2 862.8	0.44	4.96	1.35	23 282	7 069	7 649
广东	179	12	4.95	7 411.6	1.46	21.22	5.47	44 495	13 915	41 028
广西	64	2	1.59	2 372.3	0.30	3.79	1.09	23 440	2 789	15 804
四川	201	17	4.20	4 973.2	0.71	11.94	3.34	30 668	17 974	9 695
贵州	28	2	0.42	413.6	0.01	1.08	0.24	22 654	114	1 004
云南	42	3	0.80	1 022.1	0.09	1.76	0.53	21 310	309	2 508
西藏	0	0	0.00	10.7	0.00	0.00	0.00	0		44
陕西	86	6	1.95	1 941.4	0.57	3.92	0.99	20 204	5 695	5 027
甘肃	33	2	0.89	1 323.7	0.11	1.83	0.58	19 321	552	3 490
青海	8	0	0.20	347.3	0.03	0.39	0.11	19 316	18	255
宁夏	8	1	0.14	166.4	0.03	0.29	0.05	15 774	46	410
新疆	17	1	0.29	560.0	0.03	0.77	0.21	22 835	279	449

各地区医药工业主要经济指标(二)

(1987年)

地区	固定资产原值(亿元)	固定资产净值(亿元)	流动资金年末占用数(亿元)	产品销售收入(亿元)	亏损企业亏损总额(亿元)	利润总额(亿元)	利润和税金总额(亿元)	企业留利(亿元)	每百元固定资产原值实现产值(元)	每百元固定资产原值实现利税(元)
全国总计	**80.90**	**56.37**	**86.03**	**198.87**	**0.16**	**27.16**	**36.62**	**9.17**	**256.64**	**45.26**
北京	2.99	2.08	2.80	6.89	0.04	1.12	1.47	0.46	235.67	49.16
天津	2.95	2.20	2.16	6.73	0.01	1.18	1.51	0.41	225.56	51.14
河北	4.99	3.29	3.99	10.82	0.00	2.73	3.35	0.95	229.30	66.98
山西	2.12	1.45	2.29	4.25	0.00	0.42	0.60	0.10	212.50	28.08
内蒙古	1.19	0.87	1.20	1.94	0.00	0.17	0.26	0.05	171.62	21.90
辽宁	5.99	4.23	5.56	13.19	0.01	1.85	2.52	0.60	227.99	42.09
吉林	3.99	3.07	6.59	10.92	0.00	1.47	2.06	0.52	305.75	51.53
黑龙江	3.16	2.26	3.85	7.37	0.01	0.84	1.20	0.20	248.93	37.90
上海	5.84	3.73	5.16	18.79	0.00	3.35	4.22	1.02	314.04	72.30
江苏	6.46	4.77	6.84	18.61	0.02	1.79	2.54	0.56	303.53	39.31
浙江	2.80	2.06	3.89	9.07	0.01	1.09	1.51	0.39	338.10	53.91
安徽	1.87	1.28	2.07	4.86	0.00	0.41	0.61	0.08	273.86	32.72
福建	1.53	1.07	1.66	3.75	0.00	0.61	0.81	0.17	245.80	53.08
江西	2.48	1.62	3.48	5.87	0.00	1.01	1.33	0.35	262.17	53.84
山东	4.10	2.60	3.34	8.98	0.00	1.06	1.48	0.32	228.91	36.02
河南	3.64	2.47	4.16	7.61	0.01	0.76	1.11	0.25	231.93	30.41
湖北	3.70	2.55	4.16	8.94	0.01	1.04	1.45	0.39	259.03	39.27
湖南	2.16	1.42	2.14	4.74	0.00	0.55	0.76	0.14	229.76	35.33
广东	5.14	3.86	8.77	20.68	0.00	2.39	3.32	0.97	412.55	64.53
广西	1.49	1.10	1.72	3.67	0.00	0.43	0.62	0.12	254.03	41.45
四川	5.63	3.77	4.96	11.42	0.01	1.70	2.26	0.70	211.93	40.05
贵州	0.41	0.28	0.59	0.97	0.00	0.09	0.13	0.04	261.38	32.38
云南	1.06	0.73	0.92	1.79	0.00	0.27	0.35	0.11	166.06	33.36
西藏	0.00	0.00	0.00	0.00	0.00	0.00	0.00	0.00	0.00	0.00
陕西	2.47	1.72	1.86	3.73	0.01	0.39	0.55	0.11	158.64	22.47
甘肃	1.37	0.88	0.98	1.76	0.00	0.26	0.34	0.08	133.43	24.99
青海	0.38	0.29	0.27	0.40	0.00	0.04	0.05	0.02	104.35	13.86
宁夏	0.18	0.14	0.15	0.32	0.00	0.02	0.04	0.01	157.14	19.65
新疆	0.78	0.59	0.47	0.80	0.00	0.12	0.16	0.07	98.52	20.42

各地区医药工业主要经济指标(三)

(1987年)

地区	每百元工业总产值占用流动资金(元)	每百元销售收入实现利润(元)	资金利税率(%)	产值利税率(%)	固定资产折旧率(%)	平均每一职工占有的固定资产(元)	平均每一职工创造的工业净产值(元)	平均每一职工创造的利润和税金(元)	平均每一职工上交的利税费(元)	平均每一职工占有的企业留利(元)
全国总计	24.74	13.66	33.99	17.64	5.50	11 571	8 278	5 237	2 900	1 312
北京	28.10	16.27	36.26	20.86	5.64	17 080	12 618	8 397	5 091	2 625
天津	22.12	17.58	41.06	22.67	5.17	15 254	10 940	7 801	4 253	2 109
河北	21.27	25.26	58.42	29.21	5.92	14 040	12 170	9 405	4 697	2 673
山西	35.67	9.97	19.51	13.22	5.11	10 825	5 113	3 040	2 319	534
内蒙古	35.82	8.85	16.33	12.76	3.68	11 745	4 977	2 572	1 483	485
辽宁	23.66	14.04	33.76	18.46	5.05	12 638	8 125	5 319	2 754	1 277
吉林	27.47	13.47	32.02	16.85	4.46	8 891	8 524	4 582	2 436	1 154
黑龙江	28.76	11.40	26.45	15.23	6.72	11 212	7 891	4 249	2 171	702
上海	17.27	17.86	61.23	23.02	5.92	14 812	13 606	10 709	6 652	2 575
江苏	21.58	9.60	28.23	12.95	5.43	9 720	6 933	3 821	1 983	844
浙江	24.16	11.99	34.76	15.95	5.96	8 148	7 495	4 393	2 417	1 130
安徽	24.82	8.36	23.98	11.95	5.45	7 081	4 299	2 317	1 194	302
福建	28.92	16.30	37.66	21.60	5.22	11 188	7 963	5 939	3 357	1 272
江西	24.02	17.28	41.89	20.54	5.80	11 078	8 672	5 964	2 646	1 573
山东	21.49	11.77	31.98	15.74	6.15	13 323	7 748	4 800	2 953	1 025
河南	29.54	10.03	22.32	13.11	4.68	9 538	5 896	2 901	1 690	649
湖北	26.48	11.60	28.57	15.16	5.59	10 496	7 067	4 121	2 465	1 107
湖南	26.69	11.59	27.85	15.38	5.91	10 588	6 633	3 741	2 029	675
广东	20.85	11.53	40.09	15.64	6.73	10 798	11 474	6 968	3 540	2 042
广西	27.76	11.62	28.72	16.32	5.33	9 751	7 144	4 042	2 721	792
四川	27.92	14.86	31.77	18.90	5.53	13 995	8 298	5 604	2 936	1 728
贵州	26.58	9.57	23.55	12.39	4.77	10 186	6 025	3 298	2 318	874
云南	36.84	15.11	25.73	20.09	5.03	13 642	6 833	4 551	3 004	1 418
西藏	0.00	0.00	0.00	0.00	0.00	0	0	0	0	0
陕西	31.07	10.38	18.91	14.17	4.43	12 835	5 139	2 884	1 981	555
甘肃	38.72	14.75	21.50	18.73	4.96	15 933	6 702	3 981	1 858	966
青海	50.29	8.79	10.73	13.29	3.36	19 368	5 387	2 685	1 977	824
宁夏	50.20	6.61	12.63	12.51	4.01	13 274	3 930	2 609	2 032	652
新疆	38.85	15.42	17.91	20.73	4.18	26 445	7 220	5 401	2 547	2 265

各地区化学纤维工业主要经济指标(一)

(1987年)

地区	工业企业单位数(个)	*亏损企业(个)	年末职工人数(万人)	职工工资总额(万元)	固定资产投资(亿元)	工业总产值(亿元)	工业净产值(亿元)	全员劳动生产率(元/人·年)	化学纤维(吨)	*合成纤维(吨)
全国总计	**435**	**68**	**35.77**	**44 585.0**	**3.73**	**129.01**	**40.11**	**43 234**	**1 174 951**	**981 969**
北京	7	0	0.78	1 372.0	0.48	2.72	0.59	38 467	39 893	39 893
天津	5	0	1.79	2 086.0	0.25	6.99	2.51	52 964	66 125	63 427
河北	19	2	1.33	2 128.3	0.39	2.90	1.09	20 222	18 647	8 890
山西	15	1	1.26	1 837.7	0.06	2.58	0.70	23 939	16 933	12 131
内蒙古	1	0	0.16	153.3	0.24	0.22	0.03	10 739	3 970	
辽宁	32	2	2.50	1 759.7	2.55	7.81	2.02	37 596	142 915	119 947
吉林	7	0	1.32	2 070.3	0.91	4.12	1.16	24 920	24 707	10 743
黑龙江	4	0	0.71	1 057.7	0.25	3.31	0.48	62 232	47 560	38 168
上海	25	2	6.43	10 807.5	1.35	32.46	13.14	56 882	233 682	203 333
江苏	106	18	5.67	5 140.1	5.15	25.23	7.69	63 102	236 608	224 355
浙江	73	13	2.23	1 778.7	1.19	6.38	1.70	31 994	57 119	36 879
安徽	5	0	0.62	311.5	0.22	1.76	0.40	34 979	14 403	14 403
福建	13	4	0.88	1 252.3	0.10	3.17	0.95	43 846	25 008	21 350
江西	8	3	1.48	1 490.9	0.42	2.71	0.64	18 635	17 721	8 200
山东	18	3	1.08	1 113.7	1.37	2.47	0.57	24 743	18 377	14 178
河南	13	3	1.55	1 379.0	2.99	5.29	1.49	35 091	47 388	27 116
湖北	19	5	0.60	1 765.3	0.31	1.21	0.21	24 359	18 177	6 947
湖南	14	0	0.87	282.1	0.30	1.49	0.40	19 187	28 001	26 797
广东	31	6	1.61	2 601.8	2.08	9.59	2.49	82 019	58 538	52 848
广西	3	0	0.51	690.6	0.49	1.04	0.29	21 398	7 581	7 581
四川	10	5	1.49	2 901.6	1.12	3.93	1.24	26 420	23 542	20 864
贵州	0	0	0.00		0.51	0.00	0.00	0	703	703
云南	2	0	0.32	407.3	0.02	0.30	0.03	6 344	2 572	339
西藏	0	0	0.00		0.00	0.00	0.00	0		
陕西	1	0	0.08	135.3	0.01	0.47	0.07	88 698	11 284	9 380
甘肃	3	1	0.39		0.19	0.59	0.13	14 572	11 202	11 202
青海	0	0	0.00		0.00	0.00	0.00	0		
宁夏	1	0	0.10		0.35	0.28	0.08	52 210	2 110	2 110
新疆	0	0	0.00	62.3	0.43	0.00	0.00	0	185	185

各地区化学纤维工业主要经济指标(二)

(1987年)

地区 元	固定资产原值(亿元)	固定资产净值(亿元)	流动资金年末占用数(亿元)	产品销售收入(亿元)	亏损企业亏损总额(亿元)	利润总额(亿元)	利润和税金总额(亿元)	企业留利(亿元)	每百元固定资产原值实现产值(元)	每百元固定资产原值实现利税(元)
全国总计	**153.45**	**124.40**	**53.73**	**146.94**	**0.14**	**21.82**	**30.97**	**3.49**	**84.08**	**20.18**
北京	2.48	1.62	1.37	2.75	0.00	0.34	0.46	0.09	109.62	18.49
天津	16.22	13.00	3.58	11.11	0.00	0.99	1.65	0.21	43.08	10.16
河北	3.76	2.08	0.96	2.70	0.01	0.50	0.70	0.12	77.10	18.71
山西	3.11	2.58	1.09	2.55	0.00	0.29	0.45	0.10	83.17	14.39
内蒙古	0.12	0.08	0.08	0.21	0.00	0.01	0.02	0.00	178.41	14.67
辽宁	6.96	5.64	2.89	7.70	0.00	0.97	1.33	0.28	112.10	19.03
吉林	4.67	3.56	1.42	4.02	0.00	0.55	0.77	0.06	88.34	16.50
黑江	2.40	2.00	1.66	3.31	0.00	0.28	0.42	0.02	137.75	17.44
上海	43.88	32.90	11.36	46.38	0.00	8.40	11.66	0.58	73.98	26.58
江苏	20.48	18.97	8.96	25.35	0.04	4.70	6.42	1.03	123.21	31.33
浙江	5.24	4.39	2.36	6.71	0.01	0.96	1.28	0.24	121.61	24.48
安徽	2.00	1.76	0.48	1.74	0.00	0.12	0.21	0.02	88.16	10.56
福建	3.23	2.50	2.15	3.27	0.00	0.55	0.76	0.07	98.12	23.45
江西	3.60	3.17	1.14	2.72	0.01	0.29	0.38	0.08	75.18	10.68
山东	2.37	2.10	1.15	2.37	0.03	0.20	0.31	0.05	104.34	13.18
河南	4.83	3.59	2.49	5.41	0.01	0.93	1.23	0.14	109.49	25.48
湖北	1.16	1.03	0.81	1.15	0.01	0.08	0.12	0.03	104.55	10.57
湖南	2.45	2.02	0.77	1.53	0.00	0.15	0.24	0.05	61.04	9.64
广东	8.42	7.14	5.12	9.98	0.02	0.95	1.55	0.11	113.89	18.46
广西	1.74	1.60	0.65	0.95	0.00	0.10	0.16	0.03	59.68	9.35
四川	10.61	9.29	2.35	3.42	0.00	0.36	0.68	0.09	37.00	6.38
贵州	0.00	0.00	0.00	0.00	0.00	0.00	0.00	0.00	0.00	0.00
云南	1.61	1.54	0.25	0.26	0.00	0.03	0.03	0.02	18.83	2.04
西藏	0.00	0.00	0.00	0.00	0.00	0.00	0.00	0.00	0.00	0.00
陕西	0.19	0.14	0.16	0.47	0.00	0.03	0.05	0.00	244.60	23.72
甘肃	1.61	1.39	0.39	0.56	0.01	−0.01	0.03	0.02	36.56	2.12
青海	0.00	0.00	0.00	0.00	0.00	0.00	0.00	0.00	0.00	0.00
宁夏	0.31	0.30	0.11	0.31	0.00	0.04	0.06	0.02	89.50	18.64
新疆	0.00	0.00	0.00	0.00	0.00	0.00	0.00	0.00	0.00	0.00

各地区化学纤维工业主要经济指标(三)

(1987年)

地　区	每百元工业总产值占用流动资金(元)	每百元销售收入实现利润(元)	资金利税率(%)	产值利税率(%)	固定资产折旧率(%)	平均每一职工占有的固定资产(元)	平均每一职工创造的工业净产值(元)	平均每一职工创造的利润和税金(元)	平均每一职工上交的利税费(元)	平均每一职工占有的企业留利(元)
全国总计	**24.04**	**14.85**	**19.93**	**24.00**	**4.85**	**44 420**	**11 612**	**8 965**	**7246**	**1 009**
北　京	33.57	12.39	18.09	16.87	3.45	31 795	7 597	5 879	3 654	1 148
天　津	35.99	8.95	10.62	23.57	5.39	91 780	14 201	9 321	8 649	1 205
河　北	23.93	18.67	25.35	24.26	4.58	28 479	8 232	5 328	3 058	927
山　西	32.31	11.29	13.09	17.30	4.88	25 388	5 755	3 654	2 440	823
内蒙古	15.54	5.13	16.12	8.22	5.64	8 870	2 037	1 301	1 172	246
辽　宁	21.14	12.53	18.19	16.98	4.51	28 975	8 418	5 514	2 577	1 172
吉　林	21.79	13.69	17.29	18.68	3.93	36 105	8 982	5 959	3 292	496
黑龙江	34.24	8.48	13.37	12.66	4.81	34 695	7 002	6 050	4 044	260
上　海	19.90	18.10	29.63	35.92	5.23	69 595	20 849	18 496	16 792	918
江　苏	19.73	18.54	26.78	25.43	4.17	38 087	14 312	11 932	12 247	1 909
浙　江	21.73	14.25	22.21	20.13	4.14	24 260	7 843	5 938	2 722	1 131
安　徽	25.99	7.06	9.53	11.98	4.53	33 255	6 571	3 513	2 597	378
福　建	19.21	16.89	24.34	23.90	6.80	37 755	11 099	8 855	3 599	856
江　西	25.08	10.70	9.98	14.21	2.67	25 510	4 540	2 726	5 309	587
山　东	21.48	8.43	11.87	12.64	2.02	22 997	5 526	3 032	2 062	441
河　南	22.01	17.22	25.87	23.27	5.94	33 152	10 233	8 446	2 721	987
湖　北	36.57	6.56	8.32	10.11	5.54	19 628	3 521	2 074	953	501
湖　南	32.65	10.01	9.39	15.79	3.40	28 480	4 693	2 744	1 280	628
广　东	26.89	9.53	15.99	16.21	7.86	58 103	17 170	10 724	5 329	739
广　西	43.59	10.98	7.91	15.67	2.91	34 028	5 681	3 182	2 356	610
四　川	36.45	10.52	6.32	17.26	4.51	72 229	8 461	4 612	2 816	640
贵　州	0.00	0.00	0.00	0.00	0.00	0	0	0	0	0
云　南	52.79	11.18	1.93	10.85	1.22	51 092	1 043	1 044	351	725
西　藏	0.00	0.00	0.00	0.00	0.00	0	0	0	0	0
陕　西	27.17	6.82	17.18	9.70	5.78	24 708	8 902	5 861	6 494	266
甘　肃	53.26	−0.98	2.00	5.79	2.75	43 207	3 391	915	1 028	405
青　海	0.00	0.00	0.00	0.00	0.00	0	0	0	0	0
宁　夏	31.43	12.51	15.08	20.83	4.50	36 518	9 563	6 807	2 329	2 239
新　疆	0.00	0.00	0.00	0.00	0.00	0	0	0	0	0

各地区橡胶制品业主要经济指标(一)

(1987年)

地区	工业企业单位数(个)	*亏损企业(个)	年末职工人数(万人)	职工工资总额(万元)	固定资产投资(亿元)	工业总产值(亿元)	工业净产值(亿元)	全员劳动生产率(元/人·年)	合成橡胶(吨)	再生胶(吨)
全国总计	**3 587**	**571**	**80.97**	**59 000.9**	**8.92**	**166.05**	**49.21**	**21 200**	**218 682**	**147 787**
北京	45	2	2.15	2 632.0	0.17	5.79	1.68	27 029	49 026	8 410
天津	78	12	3.66	3 040.1	1.09	8.14	2.30	22 140		5 353
河北	245	21	3.40	1 811.3	0.13	6.33	1.83	19 085	376	12 342
山西	97	8	1.67	1 024.2	0.04	2.47	0.67	15 099	7 329	1 162
内蒙古	45	6	0.65	302.9	0.11	0.61	0.18	9 293		300
辽宁	329	63	7.72	4 821.9	1.35	13.40	4.07	17 370	10 055	13 462
吉林	161	26	2.80	1 650.5	0.07	4.36	1.25	16 666	54 956	4 641
黑龙江	153	29	4.31	2 920.7	1.28	7.62	2.11	17 418		3 281
上海	109	4	5.38	6 285.1	0.59	19.67	6.72	35 807	16 211	8 978
江苏	406	67	8.56	2 531.5	0.35	13.72	3.72	16 916	455	13 619
浙江	384	72	4.38	1 518.7	0.07	8.19	2.26	19 908		11 402
安徽	149	32	2.55	1 597.6	0.17	4.88	1.30	19 676	9	8 703
福建	80	14	1.46	1 289.9	0.17	2.61	0.72	19 072		2 340
江西	75	13	1.86	954.2	0.23	2.67	0.79	15 143		4 250
山东	201	26	5.64	4 733.5	0.84	15.61	4.70	28 667	25 311	11 750
河南	122	21	3.12	2 680.0	0.31	6.38	1.87	21 507		8 758
湖北	150	33	3.86	3 146.9	0.42	8.04	2.63	22 556		7 621
湖南	102	18	2.58	2 291.1	0.07	5.01	1.39	19 648	7 407	5 992
广东	166	28	5.66	4 837.0	0.63	11.27	3.15	21 491		5 229
广西	29	3	1.27	1 824.7	0.19	3.45	1.06	30 386		1 314
四川	199	41	3.24	2 098.7	0.06	5.61	1.68	19 051	4 705	3 545
贵州	36	2	0.91	1 251.2	0.17	2.46	0.76	27 969		723
云南	55	6	1.06	1 063.0	0.08	2.39	0.64	24 580		1 839
西藏	0	0	0.00		0.00	0.00	0.00	0		
陕西	96	14	1.56	1 151.4	0.03	2.04	0.64	13 702		1 642
甘肃	35	5	0.55	435.7	0.05	0.72	0.21	13 098	42 842	668
青海	10	1	0.11	99.6	0.00	0.12	0.03	10 859		
宁夏	11	0	0.37	444.5	0.15	1.81	0.64	48 394		382
新疆	19	4	0.49	563.0	0.07	0.70	0.20	14 043		80

各地区橡胶制品业主要经济指标(二)

(1987年)

地区	固定资产原值(亿元)	固定资产净值(亿元)	流动资金年末占用数(亿元)	产品销售收入(亿元)	亏损企业亏损总额(亿元)	利润总额(亿元)	利润和税金总额(亿元)	企业留利(亿元)	每百元固定资产原值实现产值(元)	每百元固定资产原值实现利税(元)
全国总计	**66.75**	**46.02**	**65.63**	**160.22**	**0.60**	**10.76**	**30.93**	**2.93**	**248.76**	**46.33**
北京	2.33	1.54	1.87	5.52	0.00	0.44	1.17	0.11	248.31	49.99
天津	2.60	1.71	2.02	7.92	0.02	0.48	1.55	0.13	312.96	59.71
河北	2.57	1.82	2.70	6.09	0.02	0.43	1.03	0.13	246.17	40.14
山西	1.38	0.91	1.38	2.49	0.00	0.12	0.37	0.05	178.13	26.88
内蒙古	0.38	0.26	0.33	0.58	0.01	0.01	0.08	0.01	159.66	20.62
辽宁	6.51	4.41	5.92	12.94	0.05	0.64	2.38	0.24	205.86	36.58
吉林	1.89	1.25	2.18	4.23	0.02	0.14	0.60	0.06	231.05	31.85
黑龙江	3.62	2.32	4.26	7.51	0.11	0.22	1.24	0.08	210.66	34.37
上海	5.09	3.60	3.94	19.36	0.00	2.49	5.27	0.51	386.43	103.53
江苏	4.65	3.52	5.47	12.98	0.04	0.61	1.94	0.15	295.07	41.66
浙江	2.53	1.99	3.03	7.84	0.04	0.43	1.30	0.10	323.65	51.55
安徽	1.93	1.38	2.28	4.53	0.04	0.22	0.77	0.06	252.58	39.95
福建	1.08	0.78	1.13	2.54	0.00	0.15	0.42	0.03	242.15	38.62
江西	1.14	0.77	1.53	2.51	0.01	0.09	0.40	0.02	234.84	34.88
山东	5.46	3.71	5.69	15.07	0.02	1.31	3.28	0.32	285.98	60.17
河南	2.68	1.84	3.28	6.10	0.04	0.38	1.20	0.08	237.96	44.57
湖北	3.92	2.71	2.94	7.51	0.03	0.68	1.69	0.26	204.98	43.11
湖南	2.22	1.42	2.07	4.89	0.01	0.32	0.83	0.10	225.60	37.60
广东	4.97	3.51	4.91	10.76	0.08	0.52	1.74	0.19	226.92	35.12
广西	1.37	0.91	1.52	3.48	0.00	0.27	0.77	0.04	252.21	56.18
四川	3.03	2.06	2.41	5.42	0.02	0.22	0.95	0.08	185.07	31.46
贵州	1.03	0.61	0.80	2.45	0.00	0.20	0.54	0.07	238.69	52.79
云南	1.18	0.82	0.99	2.42	0.01	0.10	0.39	0.02	201.82	32.65
西藏	0.00	0.00	0.00	0.00	0.00	0.00	0.00	0.00	0.00	0.00
陕西	1.29	0.83	1.13	2.03	0.01	0.06	0.34	0.03	158.30	26.29
甘肃	0.48	0.31	0.46	0.70	0.00	0.03	0.10	0.01	150.44	20.50
青海	0.13	0.11	0.10	0.12	0.00	0.01	0.01	0.00	91.90	9.41
宁夏	0.77	0.54	0.90	1.64	0.00	0.18	0.47	0.05	233.19	60.76
新疆	0.52	0.40	0.36	0.61	0.01	0.01	0.08	0.01	134.56	15.72

各地区橡胶制品业主要经济指标(三)

(1987年)

地区	每百元工业总产值占用流动资金（元）	每百元销售收入实现利润（元）	资金利税率（%）	产值利税率（%）	固定资产折旧率（%）	平均每一职工占有的固定资产(元)	平均每一职工创造的工业净产值(元)	平均每一职工创造的利润和税金(元)	平均每一职工上交的利税费（元）	平均每一职工占有的企业留利（元）
全国总计	23.72	6.71	36.21	18.62	5.02	8 455	6 233	3 917	3386	371
北京	19.96	7.97	43.18	20.13	4.73	11 029	7 925	5 514	4 816	507
天津	16.94	6.02	50.30	19.08	4.52	7 114	6 283	4 248	3 740	363
河北	24.69	7.14	30.52	16.31	4.96	7 822	5 570	3 140	2 299	381
山西	31.67	4.64	21.98	15.09	4.86	8 535	4 150	2 294	2 246	284
内蒙古	32.81	2.32	17.24	12.91	3.46	5 874	2 808	1 211	1 022	215
辽宁	25.50	4.97	30.43	17.77	5.04	8 524	5 330	3 118	2 851	308
吉林	29.96	3.23	23.48	13.79	4.62	7 211	4 765	2 297	1 990	228
黑龙江	31.12	2.96	26.48	16.31	4.80	8 556	4 995	2 941	2 878	178
上海	10.37	12.87	93.40	26.79	4.88	9 631	12 713	9 970	7 748	966
江苏	23.25	4.69	28.86	14.12	5.59	5 659	4 530	2 358	1 903	182
浙江	23.06	5.54	33.64	15.93	5.29	5 926	5 303	3 055	3 279	230
安徽	26.56	4.90	28.89	15.82	5.57	7 676	5 163	3 067	2 705	225
福建	27.76	5.74	27.72	15.95	5.60	7 547	5 048	2 915	2 447	192
江西	35.28	3.47	23.22	14.85	6.05	6 259	4 322	2 183	1 860	124
山东	22.07	8.66	45.90	21.04	4.84	9 973	8 584	6 000	5 197	589
河南	30.16	6.31	31.72	18.73	5.31	8 826	6 167	3 934	4 940	279
湖北	24.73	9.07	36.02	21.03	4.82	10 355	6 944	4 464	3 483	699
湖南	25.23	6.48	31.15	16.67	5.48	8 935	5 601	3 360	2 607	396
广东	25.57	4.87	27.29	15.48	5.37	9 082	5 768	3 190	2 599	341
广西	31.98	7.68	38.19	22.28	3.86	11 407	8 854	6 409	4 877	301
四川	28.82	4.13	25.94	17.00	5.72	9 507	5 271	2 991	2 605	236
贵州	19.80	8.12	49.70	22.11	4.72	11 494	8 489	6 067	5 087	830
云南	25.56	4.07	27.03	16.18	5.30	11 408	6 144	3 724	3 161	190
西藏	0.00	0.00	0.00	0.00	0.00	0	0	0	0	0
陕西	38.42	3.04	21.02	16.61	3.78	8 397	4 164	2 208	2 022	196
甘肃	34.94	3.99	17.55	13.63	4.39	8 710	3 862	1 786	1 417	239
青海	49.48	5.05	7.39	10.24	3.42	10 911	2 968	1 027	863	324
宁夏	25.13	11.17	47.53	26.06	3.82	22 049	18 125	13 397	11 860	1 464
新疆	37.80	0.93	12.29	11.68	4.30	10 826	4 119	1 702	1 521	131

各地区塑料制品业主要经济指标(一)

(1987年)

地区	工业企业单位数(个)	*亏损企业(个)	年末职工人数(万人)	职工工资总额(万元)	固定资产投资(亿元)	工业总产值(亿元)	工业净产值(亿元)	全员劳动生产率(元/人·年)	塑料制品(吨)	*聚氯乙烯制品(吨)
全国总计	13 234	2 141	134.67	28 021.8	5.12	207.90	51.71	15 309	2 978 292	805 088
北京	157	13	3.06	2 611.0	0.32	6.87	1.73	21 871	116 136	30 551
天津	165	20	2.81	1 211.0	0.51	6.23	1.43	20 895	115 127	37 305
河北	574	46	4.52	812.5	0.19	6.38	1.63	13 730	100 469	33 439
山西	190	12	1.98	291.5	0.09	2.20	0.58	11 154	37 636	10 049
内蒙古	104	4	0.97	181.5	0.03	0.94	0.25	8 764	16 537	3 370
辽宁	676	89	8.52	2 060.2	0.28	11.19	3.00	12 650	165 722	59 862
吉林	355	42	4.46	986.5	0.22	5.31	1.56	10 616	67 873	28 581
黑龙江	317	42	4.05	929.0	0.70	5.29	1.45	12 380	84 994	18 505
上海	413	45	8.00	3 078.0	0.40	17.85	4.63	21 941	215 895	47 711
江苏	1 678	369	19.57	1 349.4	0.13	31.33	7.12	16 828	391 219	85 756
浙江	2 585	396	16.57	1 205.8	0.10	24.43	6.21	14 617	295 845	57 401
安徽	553	67	3.95	907.2	0.08	5.06	1.22	12 799	71 423	19 113
福建	436	68	5.17	1 464.8	0.14	8.50	2.06	16 853	120 817	67 077
江西	296	63	2.28	279.1	0.05	2.54	0.64	10 910	41 843	14 152
山东	632	66	7.63	1 848.1	0.28	14.85	3.66	18 779	218 249	51 185
河南	379	52	3.76	1 014.8	0.12	4.81	1.24	12 208	88 187	34 626
湖北	645	165	6.33	1 096.8	0.13	7.88	1.84	13 133	114 391	31 187
湖南	449	98	4.16	1 269.4	0.02	5.24	1.26	12 520	93 382	30 539
广东	1 086	225	13.32	2 898.4	0.81	24.11	6.00	17 832	290 932	58 967
广西	183	23	1.64	247.6	0.02	2.22	0.58	13 255	32 948	10 933
四川	757	164	6.17	428.7	0.11	6.86	1.65	11 505	150 782	37 151
贵州	80	13	0.70	137.8	0.00	0.78	0.21	10 460	15 804	3 426
云南	112	11	1.09	284.3	0.17	1.83	0.46	16 093	35 596	10 649
西藏	1	0	0.00	7.0	0.00	0.00	0.00	3 000	22	
陕西	233	36	1.70	334.7	0.03	2.11	0.49	12 014	34 961	13 630
甘肃	84	4	1.24	482.4	0.05	1.49	0.40	11 752	27 067	4 917
青海	8	0	0.17	141.5	0.03	0.18	0.04	10 281	3 029	667
宁夏	36	4	0.36	148.0	0.00	0.45	0.11	12 150	8 422	1 392
新疆	50	4	0.50	314.8	0.09	0.95	0.26	16 734	22 984	2 947

各地区塑料制品业主要经济指标(二)

(1987年)

地区	固定资产原值(亿元)	固定资产净值(亿元)	流动资金年末占用数(亿元)	产品销售收入(亿元)	亏损企业亏损总额(亿元)	利润总额(亿元)	利润和税金总额(亿元)	企业留利(亿元)	每百元固定资产原值实现产值(元)	每百元固定资产原值实现利税(元)
全国总计	110.82	85.78	100.54	199.94	1.00	14.50	23.98	4.02	187.59	21.64
北京	4.95	3.67	3.35	7.07	0.01	0.86	1.19	0.21	138.74	24.03
天津	3.26	2.44	2.27	6.17	0.02	0.62	0.92	0.20	191.13	28.17
河北	3.58	2.76	3.15	6.13	0.02	0.57	0.83	0.16	178.16	23.24
山西	1.49	1.10	1.20	2.26	0.00	0.14	0.24	0.03	147.71	16.08
内蒙古	0.57	0.43	0.47	0.97	0.00	0.05	0.09	0.02	165.51	16.53
辽宁	7.20	5.56	5.89	11.27	0.05	0.92	1.47	0.28	155.43	20.41
吉林	2.47	1.92	2.96	5.17	0.02	0.42	0.72	0.14	215.42	29.11
黑龙江	3.74	2.85	3.44	5.06	0.02	0.37	0.62	0.09	141.62	16.45
上海	6.73	5.07	6.62	18.23	0.03	1.93	2.87	0.41	265.30	42.60
江苏	13.77	11.03	13.71	29.39	0.21	1.61	2.93	0.39	227.59	21.25
浙江	8.39	6.54	11.19	22.79	0.11	1.53	2.60	0.49	291.10	30.99
安徽	2.70	2.07	2.12	4.67	0.02	0.29	0.51	0.09	187.87	19.05
福建	4.24	3.29	4.13	8.08	0.02	0.60	0.99	0.19	200.45	23.36
江西	1.34	0.96	1.22	2.38	0.02	0.09	0.20	0.03	188.75	15.08
山东	11.08	8.89	6.39	13.26	0.03	1.20	1.86	0.31	134.06	16.76
河南	2.86	2.17	2.62	4.72	0.02	0.34	0.57	0.10	168.43	19.98
湖北	4.83	3.73	4.49	7.21	0.06	0.33	0.66	0.13	162.98	13.75
湖南	3.13	2.28	2.78	5.28	0.04	0.31	0.55	0.08	167.38	17.47
广东	12.41	9.81	12.75	23.14	0.19	1.24	2.29	0.32	194.31	18.47
广西	1.39	1.02	1.11	2.20	0.01	0.12	0.24	0.04	159.11	16.95
四川	4.87	3.63	4.03	6.88	0.06	0.37	0.69	0.12	140.89	14.22
贵州	0.60	0.45	0.40	0.74	0.01	0.04	0.08	0.02	128.91	13.40
云南	1.30	1.03	0.86	1.83	0.00	0.16	0.26	0.05	140.21	19.66
西藏	0.02	0.01	0.01	0.00	0.00	0.00	0.00	0.00	11.60	4.93
陕西	1.29	1.01	1.16	2.06	0.01	0.10	0.20	0.04	164.17	15.80
甘肃	1.19	0.92	1.05	1.44	0.00	0.13	0.20	0.04	125.50	16.62
青海	0.20	0.15	0.13	0.20	0.00	0.01	0.02	0.00	90.27	8.36
宁夏	0.48	0.41	0.32	0.46	0.00	0.03	0.06	0.02	92.33	11.59
新疆	0.75	0.58	0.70	0.90	0.01	0.10	0.13	0.02	126.97	17.98

各地区塑料制品业主要经济指标(三)

(1987年)

地区	每百元工业总产值占用流动资金(元)	每百元销售收入实现利润(元)	资金利税率(%)	产值利税率(%)	固定资产折旧率(%)	平均每一职工占有的固定资产(元)	平均每一职工创造的工业净产值(元)	平均每一职工创造的利润和税金(元)	平均每一职工上交的利税费(元)	平均每一职工占有的企业留利(元)
全国总计	26.27	7.25	17.08	11.54	5.86	8 459	3 947	1 830	1 076	307
北京	29.90	12.20	20.77	17.32	4.84	16 184	5 659	3 889	2 105	679
天津	24.79	9.98	23.03	14.74	4.71	11 657	5 107	3 283	1 986	728
河北	25.86	9.22	18.88	13.04	5.85	8 160	3 716	1 896	860	364
山西	33.86	6.17	13.01	10.88	6.03	7 575	2 951	1 218	734	166
内蒙古	30.00	5.25	13.20	9.99	5.99	6 003	2 619	992	550	202
辽宁	29.14	8.14	16.66	13.13	4.74	8 589	3 581	1 753	944	328
吉林	28.39	8.12	20.94	13.51	4.58	5 667	3 585	1 649	940	322
黑龙江	37.31	7.34	12.74	11.62	5.52	9 641	3 728	1 586	890	233
上海	20.56	10.61	32.79	16.06	5.62	8 499	5 847	3 621	2 478	521
江苏	24.26	5.47	15.70	9.34	5.39	7 171	3 710	1 524	981	206
浙江	22.67	6.72	21.54	10.65	6.73	5 146	3 807	1 595	906	303
安徽	22.45	6.18	15.99	10.14	6.12	7 131	3 228	1 358	733	245
福建	25.91	7.48	18.04	11.65	7.24	8 519	4 128	1 990	1 218	384
江西	29.60	3.77	11.84	7.99	5.87	6 019	2 861	907	627	155
山东	26.71	9.06	14.45	12.50	6.13	15 088	4 983	2 529	1 184	417
河南	29.66	7.22	15.89	11.86	5.88	7 883	3 417	1 575	890	276
湖北	32.65	4.55	10.54	8.43	5.62	7 872	2 993	1 082	777	206
湖南	27.60	5.93	14.68	10.44	6.65	7 664	3 088	1 339	802	190
广东	25.01	5.38	14.47	9.51	6.97	10 037	4 855	1 854	1 114	257
广西	26.16	5.58	14.72	10.65	6.60	8 607	3 558	1 459	991	241
四川	33.38	5.35	11.69	10.09	6.03	8 046	2 730	1 144	668	196
贵州	31.61	5.92	11.70	10.40	5.03	8 839	3 116	1 185	759	361
云南	22.84	9.01	17.75	14.02	5.84	12 080	4 300	2 375	1 057	450
西藏	361.45	43.20	3.94	42.46	1.62	48 219	3 906	2 375	94	1 062
陕西	30.90	5.03	12.21	9.62	4.55	7 729	2 960	1 221	733	215
甘肃	31.82	9.01	14.16	13.24	5.26	10 062	3 419	1 672	888	361
青海	42.83	4.49	7.40	9.26	4.20	12 459	2 499	1 042	1 257	209
宁夏	44.47	7.36	9.16	12.55	4.30	13 774	3 114	1 596	888	496
新疆	33.32	10.92	14.96	14.16	4.31	15 706	5 362	2 824	1 110	323

各地区建筑材料及其他非金属矿物制品业主要经济指标(一)

(1987年)

地区	工业企业单位数(个)	*亏损企业(个)	年末职工人数(万人)	职工工资总额(万元)	固定资产投资(亿元)	工业总产值(亿元)	工业净产值(亿元)	全员劳动生产率(元/人·年)
全国总计	55 837	8 953	739.07	369 199.9	68.62	593.22	212.93	6 010
北京	508	74	12.41	12 641.0	1.79	17.57	6.18	10 774
天津	335	71	8.19	7 552.6	0.56	8.75	2.84	8 330
河北	2 999	300	38.95	25 819.0	3.65	34.30	13.84	6 605
山西	1 467	149	15.84	10 062.3	2.71	9.89	3.98	5 186
内蒙古	1 064	124	11.02	8 189.2	1.30	6.90	2.91	4 074
辽宁	2 534	439	49.89	29 446.0	5.28	43.82	16.26	5 836
吉林	1 696	238	22.18	14 153.7	1.83	18.55	7.06	5 273
黑龙江	1 888	325	25.91	17 590.7	1.72	19.06	6.52	4 588
上海	496	64	15.80	14 539.2	4.27	24.82	8.70	12 349
江苏	5 911	1 185	101.72	23 705.9	2.43	76.82	25.02	6 102
浙江	4 022	674	48.68	11 160.0	1.76	40.85	14.69	6 188
安徽	4 403	510	44.95	11 929.8	2.03	23.40	8.39	4 212
福建	929	144	10.72	6 526.8	2.58	9.55	3.53	6 530
江西	2 068	327	23.89	11 328.2	1.58	14.62	5.44	4 884
山东	4 002	416	49.02	18 528.3	4.00	42.72	14.30	6 717
河南	2 981	409	37.08	17 649.0	2.74	26.93	9.74	5 640
湖北	3 079	707	42.17	16 303.3	2.89	28.82	9.78	5 452
湖南	3 092	390	34.81	19 134.5	3.19	27.32	10.07	6 165
广东	2 086	306	31.32	25 906.2	7.94	38.89	13.63	8 093
广西	1 022	170	12.04	9 650.7	1.63	10.84	4.45	5 936
四川	4 364	1 070	48.34	18 362.2	3.72	30.43	10.56	5 191
贵州	645	137	8.10	4 972.5	1.26	5.53	2.09	5 125
云南	811	159	10.10	6 025.9	1.67	7.21	2.89	5 161
西藏	7	3	0.22	350.1	0.08	0.16	0.05	9 674
陕西	1 816	334	16.51	10 050.2	2.12	10.49	3.79	5 211
甘肃	710	76	9.47	7 034.4	2.05	7.95	3.48	5 533
青海	185	45	1.71	2 056.0	0.43	1.14	0.41	4 231
宁夏	220	22	2.11	1 937.3	0.55	1.41	0.60	4 934
新疆	497	85	5.92	6 594.9	0.88	4.45	1.72	4 822

各地区建筑材料及其他非金属矿物制品业主要经济指标(二)

(1987年)

地区	水泥 (万吨)	平板玻璃 (万重量箱)	卫生陶瓷 (万件)	砖 (亿块)	瓦 (亿块)	日用陶瓷器 (万件)	日用玻璃制品 (万吨)	固定资产原值 (亿元)	固定资产净值 (亿元)
全国总计	8 624.93	5 802.68	1 050.19	3 990.71	448.27	473.175.76	503.33	554.89	401.13
北京	319.59	127.60	16.90	60.93	0.55	790.90	11.87	18.81	12.57
天津	120.19	116.01	17.28	55.05	0.57	71.49	8.41	8.18	5.59
河北	1 229.79	858.79	388.11	338.59	8.10	40,933.18	20.85	31.30	23.07
山西	538.37	81.64	29.42	141.42	19.97	12,699.83	8.10	12.70	9.40
内蒙古	218.84	157.41	0.03	55.77	1.94	1 032.30	3.16	9.30	6.98
辽宁	1 204.22	774.35	48.65	153.82	1.72	6 301.47	25.30	46.27	32.40
吉林	378.46	124.80	0.30	110.89	1.07	3 854.09	12.99	17.51	12.54
黑龙江	483.42	281.84	8.52	127.72	1.69	2 305.84	10.52	23.18	16.96
上海	232.81	161.85	14.53	36.82	0.89		23.20	15.99	10.95
江苏	1 524.47	289.09	38.79	488.32	16.20	20 403.22	52.69	46.08	33.13
浙江	1 216.00	119.41	12.00	229.00	18.36	21 074.00	15.03	26.76	19.43
安徽	775.52	61.14	103.22	180.55	10.20	10 350.94	23.15	22.71	17.38
福建	379.50	134.52	2.13	55.70	22.62	25 558.39	6.89	9.03	6.69
江西	443.71	10.68	0.04	55.81	20.84	47 335.00	9.32	13.65	9.88
山东	1 558.77	435.35	56.48	543.45	35.63	35 612.26	83.97	35.67	26.56
河南	1 001.26	769.16	118.61	312.72	18.82	18 690.84	17.61	25.57	17.50
湖北	934.79	75.12	24.10	224.83	15.12	8 103.21	21.27	28.40	20.42
湖南	967.05	349.03	17.05	112.65	56.51	69 610.00	17.34	25.65	18.13
广东	1 512.40	124.52	98.84	133.61	36.84	78 971.00	35.55	33.47	24.91
广西	555.20	135.73	10.00	49.79	24.12	18 139.64	12.59	11.51	8.37
四川	1 242.17	109.23	1.97	209.41	91.92	31 141.13	54.21	36.01	26.49
贵州	258.10	31.00		33.34	14.77	3 586.00	3.36	9.07	6.66
云南	393.31	92.01	2.93	44.29	12.25	8 757.44	3.20	10.59	7.82
西藏	4.45			0.02				0.27	0.12
陕西	469.06	66.07	24.97	150.34	14.16	3 468.89	8.05	13.36	9.55
甘肃	323.36	241.53	1.11	34.52	2.88	1 522.77	4.11	11.13	7.99
青海	49.20	8.81		11.08	0.16	86.86	0.04	2.43	1.86
宁夏	72.80	5.99	3.09	10.45	0.32	1 790.07	0.78	2.18	1.66
新疆	218.12	60.00	11.12	29.82	0.05	985.00	3.78	8.14	6.11

各地区建筑材料及其他非金属矿物制品业主要经济指标(三)

(1987年)

地　　区	流动资金年末占用数(亿元)	产品销售收　入(亿元)	亏损企业亏损总额(亿元)	利润总额(亿元)	利润和税金总额(亿元)	企业留利(亿元)	每百元固定资产原值实现产值(元)	每百元固定资产原值实现利税(元)
全国总计	277.90	558.23	6.65	53.39	93.17	20.55	106.91	16.79
北　京	8.61	16.85	0.06	2.19	3.31	0.81	93.44	17.60
天　津	3.90	8.15	0.08	0.77	1.30	0.28	106.95	15.88
河　北	14.55	32.72	0.20	4.83	7.34	1.91	109.61	23.45
山　西	5.65	9.11	0.07	1.19	1.86	0.48	77.93	14.64
内蒙古	3.96	6.74	0.11	0.71	1.20	0.27	74.26	12.91
辽　宁	23.05	41.52	0.52	4.01	7.35	1.61	94.70	15.88
吉　林	10.14	17.52	0.22	2.10	3.25	0.89	105.96	18.56
黑龙江	12.72	17.70	0.41	0.89	1.93	0.47	82.25	8.31
上　海	10.16	24.88	0.08	3.48	5.05	1.31	155.27	31.57
江　苏	36.75	69.63	0.78	3.99	8.61	1.54	166.70	18.68
浙　江	17.38	38.82	0.38	3.58	6.43	1.24	152.67	24.03
安　徽	8.89	21.54	0.26	1.74	3.22	0.84	103.07	14.16
福　建	4.12	9.26	0.09	1.10	1.78	0.31	105.79	19.74
江　西	6.74	14.20	0.21	1.07	2.05	0.45	107.11	15.02
山　东	19.71	36.23	0.22	3.68	6.29	1.21	119.79	17.65
河　南	12.68	24.78	0.25	2.59	4.46	1.04	105.31	17.44
湖　北	13.58	25.58	0.49	1.60	3.39	0.73	101.47	11.94
湖　南	10.64	26.62	0.22	3.02	4.84	1.15	106.52	18.88
广　东	14.55	39.11	0.37	3.38	6.40	0.97	116.19	19.14
广　西	4.47	10.88	0.09	1.54	2.41	0.45	94.21	20.97
四　川	15.30	29.18	0.88	1.79	3.90	0.88	84.49	10.84
贵　州	2.90	5.37	0.11	0.54	0.93	0.21	60.94	10.25
云　南	2.86	7.22	0.10	0.91	1.43	0.35	68.09	13.49
西　藏	0.14	0.16	0.00	0.01	0.01	0.00	60.81	4.09
陕　西	5.66	10.06	0.25	0.65	1.39	0.29	78.51	10.44
甘　肃	4.17	7.73	0.03	1.50	2.06	0.61	71.46	18.53
青　海	0.98	1.07	0.08	0.00	0.08	0.04	46.98	3.14
宁　夏	0.78	1.38	0.01	0.19	0.28	0.08	64.83	12.70
新　疆	2.83	4.24	0.07	0.35	0.62	0.13	54.66	7.58

各地区建筑材料及其他非金属矿物制品业主要经济指标(四)

(1987年)

地区	每百元工业总产值占用流动资金(元)	每百元销售收入实现利润(元)	资金利税率(%)	产值利税率(%)	固定资产折旧率(%)	平均每一职工占有的固定资产(元)	平均每一职工创造的工业净产值(元)	平均每一职工创造的利润和税金(元)	平均每一职工上交的利税费(元)	平均每一职工占有的企业留利(元)
全国总计	**25.99**	**9.56**	**16.78**	**15.71**	**5.19**	**7 417**	**2 846**	**1 245**	**889**	**275**
北京	30.99	13.00	18.38	18.84	4.89	14 685	4 826	2 585	1 994	630
天津	27.12	9.49	16.31	14.84	4.21	9 373	3 254	1 488	933	324
河北	26.24	14.78	22.89	21.40	5.16	7 512	3 321	1 762	1 168	459
山西	33.16	13.04	14.66	18.79	4.27	8 175	2 565	1 197	880	307
内蒙古	34.98	10.53	12.78	17.39	4.16	7 613	2 387	983	746	224
辽宁	30.14	9.65	16.11	16.77	4.28	8 716	3 064	1 384	941	303
吉林	30.21	12.01	17.91	17.52	4.85	7 302	2 944	1 355	894	373
黑龙江	37.76	5.05	7.97	10.11	4.34	7 856	2 210	653	527	159
上海	20.69	13.99	31.37	20.33	4.40	10 127	5 511	3 197	1 935	831
江苏	24.50	5.73	16.57	11.21	5.74	4 486	2 436	838	632	150
浙江	20.79	9.22	23.02	15.74	6.80	5 606	3 078	1 347	918	260
安徽	20.27	8.08	14.53	13.74	5.54	5 189	1 918	735	522	192
福建	24.58	11.84	19.72	18.66	5.50	8 750	3 421	1 727	1 161	296
江西	26.89	7.51	14.85	14.02	5.15	5 876	2 341	883	661	193
山东	26.13	10.15	16.68	14.73	5.64	6 940	2 782	1 225	865	236
河南	28.23	10.44	17.76	16.56	5.00	6 960	2 650	1 214	849	283
湖北	25.85	6.25	12.16	11.76	5.55	6 796	2 341	811	634	174
湖南	22.98	11.33	19.85	17.73	5.63	7 668	3 010	1 448	979	343
广东	18.33	8.65	19.99	16.47	5.63	11 244	4 580	2 152	1 575	325
广西	21.62	14.19	22.53	22.26	5.32	9 749	3 771	2 045	1 489	384
四川	27.00	6.12	11.25	12.83	5.68	7 594	2 228	823	688	186
贵州	30.15	10.15	11.16	16.82	6.01	11 565	2 661	1 186	1 141	272
云南	22.08	12.65	15.18	19.81	5.30	10 624	2 893	1 433	899	356
西藏	36.57	4.93	5.99	6.73	4.39	13 951	2 707	571	324	107
陕西	33.35	6.44	10.69	13.30	4.45	8 001	2 270	836	757	171
甘肃	31.06	19.37	19.71	25.93	4.19	11 460	3 580	2 123	1 430	629
青海	56.60	−0.31	3.04	6.67	3.34	12 270	2 051	385	680	188
宁夏	35.24	13.63	12.84	19.59	4.71	10 119	2 805	1 285	911	358
新疆	35.32	8.27	8.03	13.87	4.15	13 215	2 801	1 002	664	210

各地区黑色金属冶炼及压延加工业主要经济指标(一)

(1987年)

地区	工业企业单位数(个)	*亏损企业(个)	年末职工人数(万人)	职工工资总额(万元)	固定资产投资(万元)	工业总产值(亿元)	工业净产值(亿元)	全员劳动生产率(元/人·年)	钢(万吨)	生铁(万吨)
全国总计	2 766	479	285.33	417 188.9	112.01	766.15	227.05	19 160	5 627.52	5 503.19
北京	24	3	10.05	21 035.0	7.20	32.98	17.00	26 715	335.54	329.41
天津	40	6	5.50	10 428.0	1.70	30.78	5.82	37 812	162.96	101.54
河北	187	24	18.17	23 828.0	7.49	38.71	10.65	14 119	286.84	368.92
山西	282	56	16.08	20 144.9	2.75	30.45	8.90	15 445	203.60	364.21
内蒙古	45	5	9.89	14 800.9	1.90	19.13	6.11	14 788	215.80	257.06
辽宁	337	43	50.33	67 186.1	20.07	129.33	50.40	19 534	1 130.40	1 147.34
吉林	81	9	6.03	8 792.5	1.67	15.96	3.85	16 297	39.56	48.66
黑龙江	66	13	5.51	7 668.6	1.11	12.11	3.06	14 514	80.82	38.76
上海	64	3	17.79	32 578.4	28.68	106.96	23.84	44 289	866.92	496.91
江苏	274	62	14.18	13 613.8	2.52	47.49	7.69	22 158	134.07	136.96
浙江	115	19	4.44	5 617.9	0.91	14.14	3.21	21 621	57.71	35.42
安徽	60	11	10.45	15 770.2	3.00	20.13	6.70	13 582	211.54	267.37
福建	80	14	3.04	3 932.4	0.61	5.76	1.86	11 799	39.22	44.69
江西	27	3	6.84	10 026.7	1.30	17.46	4.65	17 310	106.02	84.02
山东	141	16	9.89	13 400.4	1.50	22.96	5.80	15 115	163.85	215.72
河南	94	12	8.10	12 423.2	1.22	17.29	4.78	13 159	118.09	139.50
湖北	134	22	22.56	33 305.5	5.84	65.96	23.08	22 384	574.22	500.28
湖南	84	11	8.02	12 419.9	1.90	18.37	5.50	14 632	112.72	135.01
广东	105	17	5.54	9 490.3	1.70	14.96	3.55	16 778	89.28	74.76
广西	38	5	3.39	5 099.3	1.20	7.34	1.82	11 644	41.73	41.88
四川	257	74	25.03	37 921.8	10.57	59.83	16.80	17 052	429.81	377.31
贵州	52	8	4.86	8 936.2	1.15	7.76	2.80	9 786	32.67	71.02
云南	64	21	5.47	7 640.4	1.04	7.86	2.94	9 083	61.96	89.84
西藏	0	0	0.00		0.00	0.00	0.00	0		
陕西	53	10	3.94	6 419.1	1.67	7.29	1.62	11 669	39.73	34.34
甘肃	26	5	4.77	6 193.8	2.11	7.44	2.17	9 552	45.57	73.32
青海	7	1	1.44	2 914.6	0.32	3.09	0.96	13 598	24.06	
宁夏	15	3	0.92	356.1	0.04	1.66	0.34	13 500	2.12	4.37
新疆	14	3	3.08	5 244.9	0.85	2.95	1.16	5 633	20.71	24.57

各地区黑色金属冶炼及压延

(1987

地区	成品钢材（万吨）	铁合金（万吨）	固定资产原值（亿元）	固定资产净值（亿元）	流动资金年末占用数（亿元）
全国总计	4 385.77	184.63	58.22	534.19	297.98
北京	283.44	2.27	36.34	23.64	10.34
天津	175.02	0.86	13.87	10.15	8.63
河北	239.37	3.97	28.73	20.23	14.44
山西	119.56	11.96	33.35	21.74	14.17
内蒙古	130.53	3.13	31.72	22.61	8.81
辽宁	802.03	13.03	45.79	86.21	46.65
吉林	53.75	25.63	10.17	7.09	6.45
黑龙江	72.32	0.94	9.97	6.14	7.85
上海	473.74	14.88	31.30	115.46	41.67
江苏	189.79	3.09	18.52	13.43	14.51
浙江	76.59	10.43	5.88	3.82	4.64
安徽	164.32	3.26	23.79	15.06	6.76
福建	35.85	1.31	5.01	3.56	2.73
江西	90.92	16.99	10.36	6.68	6.20
山东	123.82	1.66	16.80	11.43	7.36
河南	108.88	4.08	16.22	12.41	7.53
湖北	515.43	5.23	81.32	55.45	24.81
湖南	104.56	11.66	16.60	11.62	6.71
广东	105.38	0.98	9.02	5.92	5.23
广西	45.03	7.57	5.64	4.02	2.53
四川	311.10	10.55	55.52	39.33	28.44
贵州	25.30	12.28	10.25	7.62	4.72
云南	50.19	1.83	9.71	6.84	3.67
西藏			0.00	0.00	0.00
陕西	26.60	2.38	6.57	4.62	4.31
甘肃	22.72	8.08	14.75	11.16	3.57
青海	18.97	2.25	3.98	3.02	2.20
宁夏	4.01	3.69	1.71	1.32	0.94
新疆	16.55	0.64	5.34	3.59	2.09

加工业主要经济指标(二)

年)

产品销售收入(亿元)	亏损企业亏损总额(亿元)	利润总额(亿元)	利润和税金总额(亿元)	企业留利(亿元)	每百元固定资产原值实现产值(元)
749.78	**1.01**	**89.47**	**161.45**	**39.98**	**101.05**
37.50	0.01	11.55	15.82	7.66	90.77
29.96	0.01	2.89	4.61	0.91	221.90
36.81	0.04	3.72	7.01	1.42	134.72
30.34	0.06	2.54	5.69	1.03	91.32
20.66	0.00	1.31	3.42	0.39	60.32
127.40	0.07	20.92	34.48	6.93	88.71
14.83	0.01	1.51	2.68	0.60	156.84
12.00	0.06	0.83	1.87	0.33	121.48
106.16	0.00	8.90	18.25	4.18	81.46
36.25	0.15	2.18	4.13	0.98	256.43
11.48	0.02	1.11	2.10	0.48	240.36
21.29	0.04	3.13	5.35	1.08	84.61
5.89	0.02	0.50	1.04	0.07	114.92
17.28	0.07	1.38	3.05	0.46	168.57
21.75	0.01	2.41	4.16	1.39	136.66
17.33	0.04	1.93	3.60	1.29	106.64
69.00	0.02	9.88	18.25	3.99	81.12
18.63	0.01	1.99	3.74	1.03	110.68
14.00	0.01	1.55	2.55	0.99	165.92
6.64	0.00	0.85	1.49	0.29	130.19
59.21	0.14	5.29	11.79	3.19	107.76
7.35	0.01	0.76	1.42	0.22	75.76
7.44	0.05	1.07	1.83	0.46	80.96
0.00	0.00	0.00	0.00	0.00	0.00
5.92	0.03	0.45	0.97	0.20	110.96
7.49	0.04	0.52	1.07	0.30	50.44
2.84	0.00	0.09	0.47	0.04	77.68
1.58	0.01	0.15	0.27	0.04	96.99
2.74	0.05	0.07	0.36	0.05	55.15

各地区黑色金属冶炼及压延

（1987

地　　区	每百元固定资产原值实现利税（元）	每百元工业总产值占用流动资金(元)	每百元销售收入实现利润（元）	资金利税率（%）	产值利税率（%）
全国总计	**21.29**	**26.04**	**11.93**	**22.00**	**21.07**
北　京	43.53	19.13	30.80	52.81	47.96
天　津	33.24	20.14	9.66	28.21	14.98
河　北	24.40	24.94	10.11	23.46	18.11
山　西	17.05	29.91	8.36	18.43	18.67
内蒙古	10.80	31.86	6.33	11.93	17.90
辽　宁	23.65	21.40	16.42	30.27	26.66
吉　林	26.3i	23.85	10.16	24.57	16.77
黑龙江	18.72	34.55	6.90	18.08	15.41
上　海	13.90	27.55	8.38	12.59	17.06
江　苏	22.30	20.60	6.02	17.79	8.69
浙　江	35.75	22.54	9.70	30.02	14.88
安　徽	22.49	25.35	14.71	26.54	26.58
福　建	20.69	31.52	8.43	19.31	18.01
江　西	29.49	25.14	7.98	27.59	17.50
山　东	24.75	21.39	11.06	25.44	18.11
河　南	22.20	30.74	11.16	20.30	20.81
湖　北	22.45	28.11	14.32	24.67	27.67
湖　南	22.56	27.81	10.71	22.38	20.38
广　东	28.26	25.99	11.11	25.98	17.03
广　西	26.34	27.60	12.74	24.56	20.23
四　川	21.24	31.14	8.93	20.34	19.71
贵　州	13.81	38.38	10.27	13.35	18.23
云　南	18.84	31.69	14.37	19.59	23.27
西　藏	0.00	0.00	0.00	0.00	0.00
陕　西	14.72	37.73	7.55	13.13	13.27
甘　肃	7.27	36.05	6.99	7.74	14.41
青　海	11.84	46.95	3.17	10.53	15.24
宁　夏	15.66	28.90	9.22	14.90	16.14
新　疆	6.68	50.78	2.61	7.01	12.11

加工业主要经济指标(三)

年)

固定资产折旧率(%)	平均每一职工占有的固定资产（元）	平均每一职工创造的工业净产值（元）	平均每一职工创造的利润和税金(元)	平均每一职工上交的利税费(元)	平均每一职工占有的企业留利(元)
3.80	27 192	8 143	5 790	4 341	1 434
4.25	36 737	17 187	15 992	8 283	7 745
3.99	25 834	10 837	8 588	5 613	1 695
3.72	16 610	6 157	4 053	3 239	823
4.34	21 203	5 661	3 616	4 475	654
3.30	33 060	6 367	3 569	2 504	405
3.87	29 396	10 163	6 951	4 969	1 398
3.13	17 147	6 494	4 511	3 263	1 004
4.01	18 427	5 658	3 450	2 493	606
2.58	75 066	13 627	10 431	8 986	2 388
4.91	13 484	5 601	3 007	2 126	713
5.76	13 837	7 540	4 947	3 710	1 131
5.52	23 353	6 573	5 252	3 522	1 059
4.81	17 082	6 348	3 535	2 352	222
4.07	15 711	7 051	4 634	3 978	699
3.78	17 264	5 956	4 273	3 106	1 431
3.90	20 606	6 077	4 574	3 327	1 634
4.50	36 365	10 321	8 163	6 189	1 783
3.75	21 125	6 997	4 766	3 142	1 311
4.16	16 463	6 477	4 652	2 621	1 806
3.48	17 845	5 771	4 701	4 970	921
4.53	22 698	6 867	4 821	3 765	1 302
3.23	21 393	5 850	2 955	3 657	465
3.75	17 863	5 401	3 365	2 424	848
0.00	0	0	0	0	0
3.32	17 191	4 235	2 531	1 931	521
2.44	32 488	4 775	2 362	1 966	653
0.58	27 893	6 747	3 302	3 089	277
3.38	20 265	3 969	3 173	2 079	520
3.95	17 526	3 818	1 171	863	167

各地区金属制品业

(1987

地　区	工业企业单位数（个）	*亏损企业（个）	年末职工人数（万人）	职工工资总额（万元）	固定资产投资（亿元）
全国总计	**30 460**	**3 894**	**288.87**	**79 340.8**	**9.81**
北　京	446	45	7.47	3 849.0	0.68
天　津	464	49	10.75	7 314.7	0.91
河　北	1 520	116	13.56	3 446.2	0.30
山　西	855	85	7.56	1 375.1	0.05
内蒙古	680	45	4.79	610.3	0.04
辽　宁	1 785	236	24.89	4 050.4	0.64
吉　林	910	122	9.46	2 051.0	0.26
黑龙江	1 172	161	13.65	6 378.2	0.27
上　海	828	58	20.86	13 012.4	1.24
江　苏	3 066	628	33.87	3 344.0	0.63
浙　江	2 387	312	18.28	1 345.8	0.15
安　徽	1 434	142	8.20	1 655.9	0.24
福　建	643	81	4.30	712.9	0.55
江　西	832	97	4.67	894.0	0.21
山　东	1 513	168	18.89	2 585.6	0.52
河　南	1 051	114	9.45	3 068.3	0.41
湖　北	1 522	260	14.79	2 246.4	0.14
湖　南	1 209	175	7.92	1 574.5	0.16
广　东	1 864	251	17.75	6 816.5	1.11
广　西	856	71	3.69	642.5	0.04
四　川	2 496	410	15.36	4 675.9	0.50
贵　州	315	39	2.65	643.5	0.07
云　南	626	71	3.75	749.3	0.06
西　藏	9	3	0.02		0.00
陕　西	974	89	5.89	3 719.4	0.36
甘　肃	556	19	3.24	1 319.8	0.06
青　海	89	6	0.88	413.6	0.05
宁　夏	145	7	0.72	129.1	0.11
新　疆	213	34	1.54	716.5	0.02

主要经济指标(一)

年)

工业总产值(亿元)	工业净产值(亿元)	全员劳动生产率(元/人·年)	日用搪瓷器(吨)	*搪瓷面盆(万个)	搪瓷口杯(万个)
338.03	100.15	11 028	172 646	8 467	8 419
10.74	3.37	13 446	5 207	249	74
17.96	4.98	14 551	8 905	398	540
13.97	4.04	9 768	4 097	281	119
6.45	2.04	8 087	2 219	163	112
3.59	1.09	6 607	2 082	47	
26.62	8.42	9 380	9 600	438	342
8.53	2.61	7 953	4 833	408	123
11.56	3.76	7 793	6 122	627	238
37.39	12.78	16 853	37 073	791	1 385
40.51	10.78	11 982	14 606	313	371
22.09	6.88	12 456	7 032	179	293
8.10	2.29	9 117	4 222	260	405
3.58	1.11	8 095	3 605	202	358
3.79	1.17	7 602	2 383	174	238
24.43	6.55	12 432	11 435	1 021	315
8.00	2.19	7 998	9 459	402	790
16.00	4.20	10 258	7 186	502	437
8.49	2.31	9 685	3 331	194	157
27.49	8.18	15 611	4 220	119	257
3.74	1.17	9 171	2 811	152	264
16.04	4.59	9 308	8 836	622	662
2.66	0.70	8 153	1 033	73	88
4.39	1.14	9 722	2 750	212	158
0.01	0.01	6 415			
5.83	1.86	8 901	5 618	343	579
2.98	0.93	8 216	1 690	126	51
1.06	0.33	10 690	623	61	55
0.73	0.23	9 785	468	17	
1.31	0.42	7 617	1 200	93	8

各地区金属制品业

（1987

地　区	日用精铝制品（吨）	*铝锅（万口）	固定资产原值（亿元）	固定资产净值（亿元）	流动资金年末占用数（亿元）
全国总计	**105 798**	**5 000.1**	**156.65**	**105.95**	**173.03**
北　京	3 167	160.6	6.10	4.15	6.64
天　津	7 713	310.5	8.13	5.17	7.27
河　北	2 791	122.6	6.49	4.35	7.63
山　西	1 961	75.0	4.14	2.82	4.35
内蒙古	531	17.4	2.10	1.40	2.10
辽　宁	6 272	120.1	12.36	8.31	15.87
吉　林	1 754	42.4	4.08	2.74	5.08
黑龙江	3 125	77.4	6.14	3.55	7.22
上　海	6 281	463.5	14.60	9.85	15.29
江　苏	6 894	483.8	14.59	10.82	18.89
浙　江	9 970	472.6	7.54	5.58	10.18
安　徽	2 111	151.9	3.32	2.29	3.35
福　建	3 514	167.4	1.76	1.15	1.92
江　西	2 188	67.7	1.80	1.11	1.94
山　东	8 690	235.0	12.05	8.05	11.71
河　南	2 089	55.7	4.63	3.10	4.61
湖　北	5 512	329.0	7.34	5.03	8.14
湖　南	3 932	249.0	3.90	2.46	3.96
广　东	12 860	457.6	11.98	8.65	15.90
广　西	3 236	202.5	1.89	1.18	1.79
四　川	3 843	288.3	8.42	5.25	8.43
贵　州	1 314	79.3	2.18	1.53	1.34
云　南	2 208	184.3	2.33	1.57	2.20
西　藏			0.02	0.02	0.01
陕　西	837	60.9	4.38	2.91	3.39
甘　肃	711	65.2	2.00	1.35	1.76
青　海	1 749		0.93	0.62	0.69
宁　夏	138	15.3	0.55	0.36	0.46
新　疆	407	45.1	0.91	0.58	0.90

主要经济指标(二)

年)

产品销售收入（亿元）	亏损企业亏损总额（亿元）	利润总额（亿元）	利润和税金总额（亿元）	企业留利（亿元）	每百元固定资产原值实现产值（元）
309.17	**1.42**	**29.18**	**45.08**	**9.66**	**215.79**
10.25	0.07	1.35	1.88	0.55	176.11
17.29	0.04	2.34	3.24	0.81	220.92
12.49	0.06	1.11	1.68	0.48	215.09
5.78	0.03	0.43	0.74	0.16	155.86
3.33	0.01	0.21	0.38	0.09	170.95
24.95	0.14	2.67	3.97	0.89	215.41
7.92	0.04	0.64	1.08	0.25	209.01
10.52	0.06	0.82	1.39	0.27	188.10
36.96	0.05	6.36	8.36	1.57	256.13
34.29	0.21	2.34	3.96	0.74	277.62
20.69	0.07	1.87	2.97	0.67	293.09
6.89	0.03	0.57	0.93	0.21	244.22
3.36	0.02	0.20	0.38	0.07	203.31
3.41	0.02	0.18	0.37	0.07	210.97
20.83	0.05	1.85	2.90	0.50	202.70
7.16	0.03	0.42	0.85	0.14	172.83
13.49	0.09	0.82	1.52	0.38	217.86
8.17	0.03	0.56	0.96	0.20	217.91
25.55	0.17	1.52	2.74	0.47	229.55
3.53	0.01	0.27	0.46	0.09	198.07
15.08	0.09	1.18	1.97	0.45	190.59
2.59	0.01	0.21	0.34	0.07	121.90
3.74	0.01	0.32	0.49	0.13	188.27
0.01	0.00	0.00	0.00	0.00	54.20
5.34	0.02	0.52	0.79	0.18	132.92
2.74	0.01	0.25	0.40	0.13	149.36
0.96	0.00	0.07	0.12	0.04	114.42
0.67	0.02	0.03	0.07	0.02	131.75
1.18	0.02	0.06	0.13	0.03	143.88

各地区金属制品业

（1987年）

地　　区	每百元固定资产原值实现利税（元）	每百元工业总产值占用流动资金（元）	每百元销售收入实现利润（元）	资金利税率（%）	产值利税率（%）
全国总计	**28.78**	**29.91**	**9.44**	**21.77**	**13.34**
北　京	30.76	37.79	13.15	22.86	17.47
天　津	39.91	24.24	13.51	34.08	18.06
河　北	25.88	33.40	8.88	18.64	12.03
山　西	17.82	39.25	7.51	13.77	11.43
内蒙古	18.33	36.32	6.42	14.21	10.72
辽　宁	32.15	32.77	10.72	23.33	14.92
吉　林	26.41	35.50	8.08	18.69	12.64
黑龙江	22.66	36.73	7.84	17.86	12.05
上　海	57.25	22.83	17.21	45.44	22.35
江　苏	27.13	27.95	6.81	17.87	9.77
浙　江	39.47	25.70	9.05	26.43	13.47
安　徽	28.18	23.82	8.31	22.17	11.54
福　建	21.78	28.47	6.01	17.71	10.71
江　西	20.68	29.90	5.41	16.56	9.80
山　东	24.04	30.34	8.86	18.74	11.86
河　南	18.39	37.10	5.81	14.02	10.64
湖　北	20.70	28.45	6.05	15.87	9.50
湖　南	24.69	27.65	6.83	19.98	11.33
广　东	22.91	29.53	5.94	16.36	9.98
广　西	24.39	27.78	7.52	20.73	12.31
四　川	23.46	33.72	7.84	18.52	12.31
贵　州	15.38	30.97	7.91	14.24	12.62
云　南	20.96	27.51	8.68	17.62	11.13
西　藏	3.79	44.40	6.20	3.98	6.99
陕　西	18.02	37.69	9.83	15.45	13.56
甘　肃	19.84	36.94	9.22	16.17	13.28
青　海	13.08	44.93	7.15	11.06	11.43
宁　夏	12.95	48.97	5.11	10.00	9.83
新　疆	13.72	44.24	5.39	10.80	9.53

主要经济指标（三）

固定资产折旧率（%）	平均每一职工占有的固定资产（元）	平均每一职工创造的工业净产值（元）	平均每一职工创造的利润和税金（元）	平均每一职工上交的利税费（元）	平均每一职工占有的企业留利（元）
5.63	**5 561**	**3 555**	**1 600**	**987**	**343**
6.05	8 210	4 541	2 526	1 458	740
5.11	7 628	4 672	3 044	1 983	761
5.94	4 997	3 112	1 293	728	368
5.05	5 625	2 781	1 002	619	215
4.72	4 520	2 353	829	497	188
5.30	5 023	3 423	1 615	944	361
5.69	4 415	2 819	1 166	708	275
6.00	4 570	2 795	1 036	639	200
5.75	7 132	6 246	4 083	2 489	766
5.52	4 468	3 301	1 212	758	225
6.13	4 268	3 896	1 684	977	378
5.79	4 152	2 866	1 170	655	268
6.74	4 229	2 658	921	613	170
5.46	3 954	2 582	818	538	163
5.73	6 611	3 593	1 589	907	274
4.77	5 097	2 418	937	644	152
5.73	5 056	2 892	1 047	687	265
6.37	5 025	2 980	1 240	843	262
6.09	6 930	4 733	1 587	1 059	270
6.32	5 210	3 236	1 271	864	251
6.31	5 601	3 053	1 314	869	303
2.91	8 386	2 681	1 290	987	280
5.56	6 418	3 137	1 345	665	357
3.84	12 443	3 295	472	119	653
4.56	7 578	3 223	1 365	938	317
4.50	6 268	2 932	1 243	702	400
4.34	10 775	3 821	1 409	911	448
6.53	7 863	3 307	1 018	820	278
5.26	5 935	2 743	814	538	191

各地区机械工业

(1987年)

地　　区	工业企业单位数（个）	*亏损企业（个）	年末职工人数（万人）	职工工资总额（万元）	固定资产投资（亿元）
全国总计	**42 412**	**4 196**	**955.53**	**1 027 084.3**	**72.29**
北　京	665	44	26.78	30 568.0	3.31
天　津	664	62	25.89	25 686.4	1.97
河　北	2 363	167	43.57	44 086.5	2.31
山　西	1 151	102	31.15	26 659.5	1.98
内蒙古	576	53	13.26	15 214.0	1.00
辽　宁	3 236	372	99.78	97 903.4	7.09
吉　林	1 148	128	25.30	24 514.9	1.67
黑龙江	1 552	248	44.55	46 303.2	4.30
上　海	1 522	73	65.40	80 774.5	7.63
江　苏	4 547	506	101.56	59 821.3	4.59
浙　江	5 834	538	50.72	26 324.6	2.23
安　徽	1 573	131	21.40	22 740.0	1.53
福　建	845	66	13.27	15 503.7	0.99
江　西	1 209	127	20.09	25 212.3	1.41
山　东	2 229	172	59.64	48 751.6	4.61
河　南	1 851	179	51.18	53 960.0	3.53
湖　北	1 646	257	40.75	58 669.0	3.75
湖　南	1 693	147	34.18	37 933.6	2.81
广　东	1 740	147	32.33	42 308.6	2.97
广　西	686	42	12.47	21 902.2	1.04
四　川	2 917	308	66.84	81 578.5	5.44
贵　州	302	45	10.49	18 400.0	0.94
云　南	383	42	11.41	19 875.6	0.82
西　藏	18	9	0.04	240.2	0.00
陕　西	1 149	135	30.05	52 670.7	2.75
甘　肃	394	20	11.75	25 899.7	0.73
青　海	111	16	4.32	10 201.4	0.30
宁　夏	139	13	3.52	4 889.0	0.33
新　疆	269	47	4.84	8 491.9	0.27

主要经济指标(一)

工业总产值(亿元)	工业净产值(亿元)	全员劳动生产率(元/人·年)	工业锅炉(台)	内燃机生产量(万马力)	金属切削机床(台)
1 233.03	388.72	12 001	35 356	8 736.49	172 184
41.78	13.85	13 901	1 652	1 050.00	5 796
45.16	16.56	16 050	401	204.11	2 034
45.96	14.08	9 798	1 946	69.20	2 741
29.95	8.55	8 525	945	16.97	1 400
10.95	2.90	7 736	912	15.16	1 244
111.79	37.35	9 945	4 211	522.06	20 047
27.03	7.55	9 955	1 806	856.58	2 026
50.10	13.62	10 255	3 424	22.63	3 619
140.86	50.02	19 752	2 503	575.55	17 040
152.26	44.74	14 552	5 048	1 108.93	18 924
66.69	22.66	13 054	1 115	280.00	29 429
24.54	7.04	10 836	759	136.89	3 594
15.55	4.81	11 044	337	98.83	1 957
18.59	6.17	8 937	335	148.59	6 428
83.48	24.28	13 645	1 821	635.68	12 407
58.35	17.02	10 452	1 090	268.15	2 833
47.64	14.68	10 980	1 221	1 603.28	6 547
38.48	12.11	10 322	1 103	241.60	3 051
49.01	15.45	14 388	598	123.74	7 062
18.19	5.86	13 699	611	163.94	5 095
75.29	23.69	10 101	880	336.78	8 474
11.04	3.86	10 304	173	98.54	854
11.76	3.79	9 450	161	72.54	3 296
0.02	0.01	5 050			
33.19	10.02	10 174	946	47.53	2 781
12.02	4.07	9 542	622	29.33	637
4.37	1.40	8 691	115	7.00	925
4.13	1.18	9 990	52	2.88	1 422
4.83	1.39	8 666	569		521

各地区机械工业主

（1987年）

地　　区	锻压机械（台）	起重设备（吨）	运输设备（吨）	工矿电机车（辆）	泵（万台）
全国总计	75 571	510 943	249 567	2 688	332.02
北　京	1 086	26 166	4 839		7.48
天　津	1 387	10 389	11 682		5.48
河　北	1 091	10 027	37 302	377	26.80
山　西	1 467	8 715	7 960	116	4.89
内蒙古	469	1 956	1 348	65	4.54
辽　宁	3 732	72 912	23 891	65	30.44
吉　林	128	9 056	9 241	109	7.84
黑龙江	1 206	6 402	3 720		5.59
上　海	6 865	89 047	10 261		15.81
江　苏	16 361	45 182	17 091	214	36.09
浙　江	7 906	61 938	4 607		27.78
安　徽	1 345	9 754	19 614		21.46
福　建	2 829	6 225	4 286		10.16
江　西	1 558	2 675	2 796		3.75
山　东	9 094	14 255	7 242	42	24.21
河　南	1 847	13 462	8 008		16.62
湖　北	3 350	16 504	13 358		6.30
湖　南	1 334	27 302	5 504	789	16.00
广　东	7 547	19 873	7 232	98	35.53
广　西	851	9 189	7 903		1.35
四　川	2 648	22 974	8 631		14.24
贵　州	307	823	884	513	3.11
云　南	68	7 295	6 196		1.17
西　藏					
陕　西	892	10 210	2 935		2.98
甘　肃	193	1 083	2 262		1.16
青　海		567	133	300	0.20
宁　夏		6 742	20 306		0.45
新　疆	10	220	335		0.59

要经济指标(二)

风　　机 (万台)	气体压缩机 (台)	滚动轴承 (万套)	矿山设备 (吨)	冶炼设备 (吨)	金属轧制设备 (吨)
44.60	**44 613**	**1 135.88**	**297 228**	**42 407**	**45 546**
2.96	584	413.00	24 446	1 070	1 854
0.88	82	266.14	830	76	1 865
1.93	706	1 433.17	10 719	6 854	198
2.91	968	638.35	19 109	104	3 046
0.74	298	196.56	3 688		587
3.74	4 007	2 226.30	35 521	17 431	4 440
1.48	523	370.63	17 919	568	866
0.63	507	4 621.44	5 982	4 222	8 980
6.53	797	3 721.92	24 235	4 251	958
2.70	21 051	3 179.40	21 524	802	3 918
5.67	4 733	2 552.00	12 456	223	786
0.43	1 114	1 104.39	7 347		
0.41	97	861.70	739		
0.40	1 036	776.97	7 672		
2.99	864	1 852.32	12 248	2 238	302
1.57	126	5 503.25	20 388	184	1 554
1.13	1 322	2 702.40	10 607	200	159
1.61	1 083	1 426.96	12 551	1 900	
1.32	433	1 422.09	10 034		1 051
0.39	2 405	293.04	8 294	58	
1.51	990	2 061.42	15 618	383	9 452
0.43		1 122.56	1 165		
0.24		490.93	7 815	263	951
0.97	576	721.31	3 481	1 090	4 579
0.34		803.67	1 708		
0.04	42	205.00	322		
0.15		79.86	609		
0.50	269	89.10	201	490	

各地区机械工业主

（1987年）

地　　区	石油钻采设备（吨）	化工设备（吨）	大中型拖拉机（台）	小型拖拉机（台）	机引耕作机械（台）
全国总计	178 194	33 041	37 123	1 105 980	277 963
北　京		7 984		12 427	2 049
天　津		2 346	2 501	17 508	267
河　北	47	6 801		75 762	21 951
山　西		1 540		14 729	12 125
内蒙古		1 781		17 073	4 798
辽　宁	14 024	22 941	173	29 429	8 137
吉　林	5 399	3 556	1 371	78 520	8 475
黑龙江	9 390	1 402	482	54 378	28 171
上　海	4 347	5 548	10 250		4 058
江　苏	3 208	17 763	343	153 685	46 533
浙　江	3 767	2 773	750	42 709	557
安　徽		3 231	59	53 690	9 006
福　建		221		28 338	
江　西		4 663	201	19 571	7 188
山　东	4 316	9 263	8 231	153 680	22 530
河　南	14 860	7 427	6 237	106 181	50 357
湖　北	34 576	2 484	6 520	23 457	9 927
湖　南		4 913		25 560	14 576
广　东		6 716		49 429	11 484
广　西		644		38 388	5 446
四　川	2 618	14 347		30 752	
贵　州		738		5 805	
云　南		623		14 234	418
西　藏					
陕　西	26 041	1 371		23 100	882
甘　肃	45 703	1 965		15 618	8 805
青　海	9 898		5	50	
宁　夏				9 492	181
新　疆				12 415	42

要经济指标(三)

种植机械（台）	中小农具（万件）	医疗器械（万元）	缝纫机（万架）	自行车（万辆）	表（万只）	照相机（架）
108 902	**54 739.03**	**105 810.06**	**969.97**	**4 116.68**	**6 159.36**	**2 566 975**
651	125.00	12 221.30	27.88		107.60	164 656
300	739.00	6 257.00	59.05	640.54	501.42	300 005
7 401	1 929.34	2 000.44	0.25	104.64	76.00	
622	512.57	395.59	6.36	34.16	142.25	
5 414	499.96	688.00		6.15		
3 977	1 426.49	6 725.17	1.88	215.52	439.27	8 875
4 351	2 147.24	932.80		64.10	90.25	
7 333	1 644.49	1 279.10		26.49	42.23	29 107
	135.55	25 455.22	317.99	655.76	1 249.45	450 607
6 380	4 899.02	11 472.00	91.23	477.57	350.24	417 362
	2 566.00	8 634.00	60.78	225.57	38.59	45 523
	2 149.36	398.20	17.50	123.18	79.84	
	1 311.35	1 944.00	17.38	72.15	18.87	50 222
	2 823.98	1 419.40	3.02	51.31	67.69	189 963
14 680	6 982.27	3 996.00	43.60	246.67	370.78	100 149
49 301	2 833.18	1 339.00	23.34	191.14	59.82	163 195
	2 101.79	4 566.90	15.00	223.67	61.80	43 551
	3 423.00	1 952.00	15.74	164.86	16.62	
	1 695.83	3 863.00	161.00	281.56	2 093.45	237 000
50	2 142.76	409.26	18.26	112.87	95.22	29 533
200	5 825.24	4 379.73	10.41	113.47	101.91	124 525
	2 432.46	1 100.71			8.09	
	1 036.52	147.62	8.50	45.94	5.00	
5 855	2 793.60	3 853.00	70.48	25.59	142.97	86 952
1 090	392.08	209.62	0.32	1.77		125 750
	3.43					
530	77.72					
767	89.80	171.00		12.00		

各地区机械工业主

（1987年）

地　　区	固定资产原值（亿元）	固定资产净值（亿元）	流动资金年末占用数（亿元）	产品销售收入（亿元）
全国总计	988.77	631.96	834.86	1175.41
北　　京	36.71	22.10	33.32	40.64
天　　津	26.87	16.46	20.96	45.22
河　　北	41.14	27.32	32.48	44.25
山　　西	41.55	26.39	24.89	28.35
内 蒙 古	17.05	9.62	11.11	10.26
辽　　宁	95.25	58.60	81.17	107.97
吉　　林	24.24	15.95	21.03	25.88
黑 龙 江	55.31	33.21	48.87	47.66
上　　海	71.70	42.57	79.95	140.82
江　　苏	73.71	50.76	82.25	139.21
浙　　江	33.71	23.12	36.61	62.40
安　　徽	17.40	11.04	14.69	22.51
福　　建	10.62	6.52	10.46	15.17
江　　西	17.39	10.34	13.41	18.05
山　　东	55.47	36.19	47.22	75.25
河　　南	56.78	36.59	39.86	56.25
湖　　北	43.52	28.42	34.64	43.86
湖　　南	35.61	22.66	24.99	37.14
广　　东	27.92	18.30	31.78	48.18
广　　西	12.62	8.03	12.02	17.66
四　　川	83.15	54.95	61.03	71.53
贵　　州	15.36	10.01	10.59	10.51
云　　南	15.62	10.58	9.42	11.52
西　　藏	0.13	0.10	0.05	0.02
陕　　西	39.73	26.03	27.12	31.24
甘　　肃	17.25	11.22	11.67	11.39
青　　海	9.58	6.29	4.91	3.68
宁　　夏	6.19	3.98	4.04	4.06
新　　疆	7.18	4.62	4.33	4.74

要经济指标（四）

亏损企业亏损总额（亿元）	利润总额（亿元）	利润和税金总额（亿元）	企业留利（亿元）	每百元固定资产原值实现产值（元）	每百元固定资产原值实现利税（元）
8.13	**122.29**	**183.14**	**47.04**	**124.70**	**18.52**
0.19	5.74	7.66	2.37	113.80	20.86
0.20	7.61	11.32	2.48	168.07	42.12
0.41	3.98	5.91	1.55	111.71	14.36
0.34	1.69	2.68	0.85	72.07	6.46
0.22	0.14	0.47	0.17	64.21	2.73
0.87	10.44	16.54	4.26	117.37	17.36
0.58	1.33	2.44	0.75	111.50	10.08
0.99	1.78	3.65	1.17	90.58	6.61
0.11	25.00	35.03	7.88	196.46	48.85
0.41	14.01	20.66	4.55	206.58	28.04
0.17	7.55	11.01	2.53	197.81	32.66
0.16	1.89	3.09	0.72	141.05	17.74
0.04	1.37	2.12	0.46	146.35	20.00
0.19	1.75	2.62	0.62	106.94	15.07
0.32	7.27	11.15	2.34	150.50	20.09
0.34	4.80	7.12	2.21	102.77	12.53
0.27	3.75	5.91	1.79	109.48	13.57
0.19	3.76	5.44	1.52	108.05	15.26
0.15	4.05	6.56	1.55	175.54	23.51
0.02	1.87	2.85	0.74	144.08	22.62
1.07	5.61	8.70	2.89	90.55	10.47
0.06	1.49	1.93	0.89	71.88	12.57
0.05	1.13	1.66	0.61	75.32	10.64
0.00	0.00	0.00	0.00	17.69	−0.37
0.28	2.79	4.07	1.22	83.55	10.24
0.09	1.31	1.84	0.55	69.70	10.65
0.15	−0.03	0.12	0.13	45.63	1.28
0.10	0.12	0.33	0.09	66.72	5.27
0.18	0.08	0.27	0.12	67.35	3.82

各地区机械工业主

（1987年）

地　　区	每百元工业总产值占用流动资金（元）	每百元销售收入实现利润（元）	资金利税率（%）	产值利税率（%）
全国总计	**45.42**	**10.40**	**15.36**	**14.85**
北　京	57.74	14.13	16.57	18.33
天　津	31.19	16.83	37.05	25.06
河　北	50.49	9.00	11.69	12.85
山　西	57.57	5.95	6.15	8.96
内蒙古	75.86	1.37	2.60	4.26
辽　宁	46.55	9.67	14.95	14.79
吉　林	50.27	5.13	8.27	9.04
黑龙江	65.69	3.73	5.53	7.29
上　海	36.57	17.75	37.23	24.87
江　苏	35.14	10.06	19.82	13.57
浙　江	34.73	12.10	23.80	16.51
安　徽	40.19	8.40	14.77	12.58
福　建	44.71	9.04	15.77	13.66
江　西	49.40	9.71	13.42	14.09
山　东	38.10	9.66	16.39	13.35
河　南	46.86	8.53	11.13	12.20
湖　北	47.38	8.56	11.58	12.40
湖　南	46.38	10.13	13.42	14.13
广　东	36.40	8.42	18.16	13.39
广　西	44.52	10.62	17.71	15.70
四　川	57.95	7.84	8.83	11.56
贵　州	66.56	14.15	11.12	17.48
云　南	56.20	9.81	9.67	14.12
西　藏	152.13	— 4.49	— 0.35	— 2.11
陕　西	57.89	8.92	8.99	12.26
甘　肃	72.07	11.51	9.24	15.28
青　海	71.74	— 0.80	1.30	2.80
宁　夏	70.16	3.04	4.74	7.90
新　疆	68.02	1.70	3.47	5.67

要经济指标（五）

固定资产折旧率（%）	平均每一职工占有的固定资产（元）	平均每一职工创造的工业净产值（元）	平均每一职工创造的利润和税金（元）	平均每一职工上交的利税费（元）	平均每一职工占有的企业留利（元）
4.57	**10 574**	**4 157**	**1 959**	**1 253**	**503**
4.78	13 738	5 183	2 866	1 772	888
4.46	10 532	6 491	4 436	3 199	972
4.46	9 693	3 316	1 392	838	366
3.61	13 587	2 797	877	594	278
3.54	13 016	2 214	356	324	132
4.86	9 628	3 775	1 672	989	430
3.98	9 773	3 045	985	683	301
4.12	12 612	3 105	833	630	267
5.85	11 083	7 732	5 414	3 769	1 218
5.02	7 479	4 540	2 097	1 261	461
5.60	6 871	4 617	2 244	1 363	516
4.77	8 367	3 386	1 484	899	348
4.91	8 154	3 690	1 631	1 038	349
4.51	8 880	3 149	1 338	943	319
5.31	9 798	4 289	1 968	1 199	413
4.24	11 436	3 428	1 433	921	446
4.35	10 892	3 675	1 478	918	447
4.80	10 705	3 640	1 634	941	456
5.04	8 899	4 926	2 092	1 285	495
4.36	10 650	4 942	2 409	1 782	628
4.32	12 687	3 615	1 328	782	441
3.56	15 030	3 780	1 889	881	873
3.50	13 891	3 374	1 477	720	546
5.31	28 542	2 506	— 107	374	88
3.91	13 481	3 402	1 380	866	415
3.69	14 864	3 503	1 584	1 160	478
2.32	22 272	3 259	284	112	303
3.85	17 998	3 430	949	871	270
3.30	14 979	2 892	572	493	241

各地区交通运输设备制造业主要经济指标(一)

(1987年)

地区	工业企业单位数(个)	*亏损企业(个)	年末职工人数(万人)	固定资产投资(亿元)	工业总产值(亿元)	工业净产值(亿元)	全员劳动生产率(元/人·年)	机车(台)
全国总计	**10 227**	**1 318**	**39.97**	**294.71**	**425.96**	**119.06**	**13 368**	**909**
北京	278	20	2.07	11.34	28.60	8.37	21 699	61
天津	166	11	1.67	6.89	13.86	3.28	18 722	
河北	444	33	0.98	9.54	11.35	2.92	10 172	80
山西	249	37	1.12	5.50	4.93	1.35	7 232	287
内蒙古	157	25	0.12	1.81	1.07	0.34	5 342	
辽宁	771	87	3.84	29.24	41.85	11.76	13 085	186
吉林	457	64	4.15	17.34	32.37	8.56	18 163	
黑龙江	399	64	1.24	12.01	13.95	3.79	10 713	
上海	292	15	3.39	16.75	36.36	9.84	18 441	
江苏	840	97	1.47	21.58	32.25	8.25	13 991	10
浙江	927	106	0.24	9.78	12.95	3.74	12 926	
安徽	350	45	0.46	7.07	6.79	1.72	8 643	3
福建	231	21	0.24	3.68	3.92	1.14	10 295	
江西	375	55	0.64	9.46	10.15	2.61	9 421	
山东	507	55	1.77	14.92	19.00	4.63	12 007	46
河南	342	50	0.60	7.86	7.02	1.92	8 436	
湖北	530	109	4.50	24.69	52.91	17.34	20 562	
湖南	575	79	1.57	11.78	15.89	4.59	12 795	142
广东	497	58	1.47	11.08	16.74	4.88	14 012	
广西	166	22	1.25	4.22	6.39	1.61	13 874	
四川	785	140	2.87	22.29	25.05	6.78	10 744	94
贵州	159	27	1.10	7.90	6.89	2.08	8 801	
云南	155	23	0.30	2.81	3.56	0.94	11 124	
西藏	11	8	0.00	0.29	0.19	0.08	5 131	
陕西	256	34	2.46	17.11	15.09	4.59	8 605	
甘肃	93	6	0.27	3.65	2.88	0.85	6 846	
青海	77	12	0.10	1.38	1.42	0.33	9 100	
宁夏	36	3	0.00	0.33	0.30	0.07	8 500	
新疆	102	12	0.08	2.41	2.22	0.73	8 241	

各地区交通运输设备制造业主要经济指标(二)

（1987年）

地区	客车（辆）	货车（辆）	汽车（辆）	摩托车（辆）	民用钢质船舶（艘）	机动渔船（艘）	固定资产原值（亿元）	固定资产净值（亿元）
全国总计	**1 791**	**21 639**	**471 781**	**737 644**	**9 777**	**516**	**368.87**	**236.59**
北京		250	73 711	12 070			14.93	9.69
天津			30 166		23	8	9.29	6.41
河北	210		2 627	16 096	14		12.21	9.28
山西		320	205	12 059			6.26	3.76
内蒙古			1	485			1.19	0.81
辽宁		2 704	38 407	1 176	84	31	36.77	21.19
吉林	1 023		71 700	5 167	35		26.30	13.84
黑龙江		8 235	13 449	5 190	35		15.86	9.36
上海			20 144	79 605	353		22.08	13.53
江苏	278	520	31 392	29 323	4 172	47	19.49	13.38
浙江			7 598	12 302	1 594	15	6.66	4.67
安徽			3 851	3 150	691		6.40	4.06
福建			1 201	3 582	49	94	2.70	1.65
江西			5 622	33 009	264	83	9.90	6.64
山东	280		8 677	61 224	233	123	15.87	10.42
河南			1 126	76 422	29		6.45	4.07
湖北		480	110 985	8 454	402		42.60	29.26
湖南		3 640	2 674	13 820	372		12.91	9.07
广东			6 873	1 046	465	38	13.28	9.25
广西			12 712	11 434	289	41	5.14	3.53
四川		3 250	15 853	280 077	601	36	26.90	16.53
贵州		90	127	13 988	50		12.57	8.46
云南			8 175	393	14		2.65	1.74
西藏							0.58	0.35
陕西		2 150	2 300	56 402	8		30.89	20.98
甘肃			204				4.67	2.83
青海			2 001				1.44	0.96
宁夏							0.30	0.19
新疆				1 170			2.68	1.69

各地区交通运输设备制造业主要经济指标(三)

(1987年)

地区	流动资金年末占用数(亿元)	产品销售收入(亿元)	亏损企业亏损总额(亿元)	利润总额(亿元)	利润和税金总额(亿元)	企业留利(亿元)	每百元固定资产原值实现产值(元)	每百元固定资产原值实现利税(元)	每百元工业总产值占用流动资金(元)
全国总计	**301.12**	**424.00**	**2.53**	**38.87**	**55.30**	**18.15**	**115.48**	**14.99**	**48.35**
北京	14.69	31.90	0.04	4.17	5.57	1.73	191.51	37.32	30.82
天津	7.42	13.86	0.18	1.32	1.85	0.43	149.22	19.89	44.70
河北	7.81	10.59	0.09	0.88	1.23	0.49	92.98	10.04	48.67
山西	3.39	4.81	0.05	0.23	0.41	0.13	78.86	6.56	48.41
内蒙古	0.92	1.04	0.01	0.03	0.07	0.02	90.33	5.62	54.72
辽宁	33.36	42.97	0.14	3.62	5.21	1.11	113.83	14.18	59.70
吉林	22.72	33.64	0.07	2.91	4.46	1.45	123.08	16.95	33.77
黑龙江	12.24	13.80	0.08	0.86	1.37	0.45	87.95	8.63	65.31
上海	27.88	36.79	0.04	3.86	5.19	1.17	164.64	23.52	50.82
江苏	17.98	31.15	0.10	2.64	3.70	0.93	165.46	18.97	37.93
浙江	7.84	12.10	0.05	1.07	1.57	0.37	194.48	23.53	40.54
安徽	5.99	6.72	0.13	0.31	0.56	0.17	106.02	8.68	56.51
福建	3.08	3.86	0.01	0.30	0.44	0.13	145.25	16.14	58.94
江西	8.96	9.89	0.06	0.66	1.02	0.28	102.52	10.27	62.18
山东	13.99	19.01	0.38	0.95	1.64	0.48	119.68	10.32	53.58
河南	5.49	6.31	0.05	0.35	0.57	0.20	108.92	8.91	50.08
湖北	27.34	49.37	0.22	7.96	10.51	5.34	124.21	24.67	33.73
湖南	9.81	15.38	0.04	1.42	2.04	0.48	124.01	15.89	41.91
广东	12.09	17.44	0.06	1.30	1.82	0.63	126.08	13.72	48.45
广西	3.92	6.56	0.03	0.43	0.64	0.15	124.37	12.52	41.89
四川	19.20	24.82	0.19	1.85	2.76	0.79	93.10	10.27	60.19
贵州	8.09	6.30	0.20	0.23	0.37	0.30	54.80	2.92	81.41
云南	2.04	3.81	0.02	0.34	0.48	0.12	134.15	18.04	39.30
西藏	0.23	0.19	0.02	−0.01	−0.01	0.00	32.38	−1.81	80.82
陕西	18.06	14.63	0.18	1.01	1.43	0.65	48.86	4.64	88.32
甘肃	2.62	2.68	0.05	0.09	0.17	0.09	61.74	3.66	64.51
青海	1.78	1.25	0.02	0.02	0.05	0.02	98.72	3.26	68.44
宁夏	0.23	0.30	0.00	0.01	0.02	0.00	101.13	6.25	56.96
新疆	1.94	2.84	0.02	0.10	0.18	0.06	82.67	6.63	64.89

各地区交通运输设备制造业主要经济指标(四)

(1987年)

地　区	每百元销售收入实现利润(元)	资金利税率(%)	产值利税率(%)	固定资产折旧率(%)	平均每一职工占有的固定资产(元)	平均每一职工创造的工业净产值(元)	平均每一职工创造的利润和税金(元)	平均每一职工上交的利税费(元)	平均每一职工占有的企业留利(元)
全国总计	**9.17**	**12.50**	**12.98**	**4.41**	**12 719**	**4 105**	**1 907**	**1 228**	**626**
北　京	13.07	30.11	19.48	5.47	13 344	7 474	4 980	3 168	1 545
天　津	9.50	14.65	13.33	3.56	13 620	4 804	2 709	2 120	637
河　北	8.30	8.28	10.80	3.56	13 013	3 110	1 307	764	517
山　西	4.85	6.68	8.32	4.05	11 477	2 475	753	546	240
内蒙古	2.40	4.79	6.22	3.13	6 623	1 912	372	277	111
辽　宁	8.43	11.29	12.46	4.41	12 640	4 042	1 792	1 038	380
吉　林	8.64	18.00	13.77	5.52	15 527	5 055	2 632	2 035	855
黑龙江	6.25	7.42	9.82	3.48	13 358	3 189	1 153	739	378
上　海	10.48	16.23	14.29	4.23	13 281	5 920	3 124	2 862	701
江　苏	8.47	14.44	11.46	4.84	9 249	3 915	1 754	981	442
浙　江	8.84	15.79	12.10	5.26	6 952	3 901	1 636	931	384
安　徽	4.55	7.04	8.19	4.19	9 158	2 459	795	619	238
福　建	7.72	11.02	11.12	4.39	7 431	3 125	1 200	725	346
江　西	6.68	7.85	10.01	3.48	10 581	2 784	1 086	740	295
山　东	5.02	7.95	8.62	4.83	10 992	3 205	1 134	786	334
河　南	5.50	7.57	8.18	3.93	8 442	2 515	752	423	266
湖　北	16.12	22.30	19.86	5.62	17 569	7 154	4 333	2 087	2 202
湖　南	9.21	13.83	12.82	4.55	11 081	3 969	1 761	1 058	413
广　东	7.44	10.49	10.88	3.92	12 129	4 456	1 664	901	571
广　西	6.48	10.36	10.06	6.41	12 403	3 878	1 553	964	350
四　川	7.44	8.74	11.03	4.15	12 294	3 098	1 263	920	361
贵　州	3.63	2.61	5.33	3.20	16 154	2 677	472	423	388
云　南	8.89	15.26	13.45	4.26	9 580	3 380	1 728	921	450
西　藏	－7.74	－2.11	－5.60	4.29	19 895	2 725	－361	326	160
陕　西	6.89	4.18	9.50	3.17	18 365	2 728	853	613	389
甘　肃	3.28	3.65	5.93	3.63	12 925	2 345	473	395	238
青　海	1.99	2.43	3.30	3.07	10 349	2 365	337	298	144
宁　夏	2.90	5.18	6.18	4.27	9 125	2 278	570	550	68
新　疆	3.43	5.70	8.02	3.71	11 299	3 075	750	596	237

各地区电气机械及器材制造业主要经济指标(一)

(1987年)

地　　区	工业企业单位数（个）	*亏损企业（个）	年末职工人数（万人）	固定资产投资（亿元）	工业总产值（亿元）	工业净产值（亿元）	全员劳动生产率（元/人·年）	发电设备（万千瓦）	交流电动机（万千瓦）	直流电机（万千瓦）
全国总计	**14 013**	**1 973**	**252.87**	**23.61**	**480.90**	**134.20**	**19 071**	**941.06**	**4 171.79**	**248.56**
北　京	252	30	7.93	1.10	16.97	5.07	20 161	82.45	196.43	1.38
天　津	313	24	8.45	1.25	15.94	4.98	18 566	22.30	70.06	5.25
河　北	530	38	7.25	0.47	10.39	2.85	13 977		195.42	0.02
山　西	220	18	4.46	0.22	6.35	1.68	14 111		143.60	60.76
内蒙古	111	9	2.00	0.38	2.36	0.62	10 745		58.06	1.84
辽　宁	999	128	24.59	2.23	44.45	13.93	16 752		493.60	6.50
吉　林	361	45	5.67	0.89	7.97	2.05	13 521		99.27	3.69
黑龙江	473	66	11.26	1.27	15.76	4.56	12 912	265.40	156.18	6.34
上　海	695	78	20.90	2.21	57.62	17.06	26 894	225.40	415.05	35.43
江　苏	2022	389	30.60	1.21	56.89	14.30	19 578	28.60	399.65	14.42
浙　江	2901	389	21.27	0.98	41.55	11.36	20 587	37.40	121.00	0.39
安　徽	397	58	5.69	0.82	9.40	2.37	16 988	2.55	97.37	1.24
福　建	246	33	4.30	0.66	7.51	2.14	17 122	5.20	92.14	
江　西	293	52	4.76	0.29	6.13	1.76	12 645	1.64	104.48	
山　东	489	43	10.68	0.67	21.73	5.65	20 839	31.50	291.51	19.72
河　南	489	68	10.53	0.46	15.58	4.34	13 567	0.90	158.54	0.11
湖　北	457	91	9.44	0.78	15.24	3.94	16 136	31.95	124.72	2.93
湖　南	558	73	10.13	0.94	16.15	4.49	15 510	8.30	231.43	71.30
广　东	841	156	19.57	2.27	57.45	14.52	31 883	11.32	173.77	0.93
广　西	129	12	3.58	0.68	7.68	2.05	22 352	6.03	56.31	
四　川	546	91	13.02	1.28	21.68	6.57	16 577	175.18	187.77	6.16
贵　州	77	14	2.02	0.15	3.03	0.97	14 002		13.66	0.44
云　南	75	5	2.34	0.45	4.31	1.18	16 910	4.17	55.00	
西　藏	1	0	0.02	0.00	0.02	0.01	9 474			
陕　西	338	43	7.70	1.51	11.52	3.49	16 029	0.25	151.27	8.88
甘　肃	112	3	3.23	0.38	5.28	1.68	15 430	0.52	53.22	0.83
青　海	21	7	0.47	0.01	0.51	0.17	9 913		1.50	
宁　夏	22	1	0.26	0.01	0.36	0.11	13 189		21.41	
新　疆	45	9	0.76	0.04	1.09	0.34	12 222		9.37	

各地区电气机械及器材制造业主要经济指标(二)

(1987年)

地　　区	变压器(万千伏安)	通讯电缆(公里)	洗衣机(台)	电冰箱(台)	电风扇(台)	固定资产原值(亿元)	固定资产净值(亿元)
全国总计	9 296.72	278 489	9 901 629	4 013 361	3 660.68	204.44	139.95
北　京	172.62	1 219	576 872	193 789	22.91	8.58	5.61
天　津	134.28	26 000	154 000	145 273	23.62	7.17	4.56
河　北	875.34	8 940	991	4 723	1.03	4.83	3.28
山　西	378.21	59 994	332 051		1.26	4.16	2.92
内蒙古	57.79		22 802			1.38	0.90
辽　宁	2 075.92	18 267	1 278 002	139 328	32.77	22.04	14.89
吉　林	489.76	1 936	475 488	5 452	0.11	4.18	3.09
黑龙江	230.98	3 729	22 341	25 000	0.78	10.81	6.11
上　海	252.96	9 469	1 593 278	287 647	370.62	17.62	11.43
江　苏	782.08	23 745	373 915	388 797	617.90	18.46	14.07
浙　江	244.55	10 040	1 182 855	588 844	387.58	10.51	8.13
安　徽	270.98	2 616	160 227	109 089	89.84	3.57	2.50
福　建	150.22	1 670	2 291	70 580	39.70	3.36	2.32
江　西	203.56	1 341	5 905	40 373	58.82	3.38	2.26
山　东	413.83	24 210	517 365	90 761	102.21	9.34	6.65
河　南	158.55	2 383	3 970	74 942	35.94	8.48	5.57
湖　北	235.28	3 034	453 696	142 406	55.22	7.41	5.09
湖　南	416.03	1 226	25 901	273 167	67.51	8.78	5.32
广　东	380.16	20 593	1 400 294	796 435	1 511.02	17.10	12.96
广　西	63.11	6 270	39 833	99 049	114.86	3.01	2.21
四　川	214.81	36 244	507 914	310 224	108.18	12.58	8.26
贵　州	38.45		58 157	160 023	2.45	2.24	1.62
云　南	124.90		55 317	43 627	0.13	2.22	1.49
西　藏				23 832		0.04	0.03
陕　西	813.68	15 501	249 547		15.76	8.00	5.21
甘　肃	73.75	62	400 196			3.52	2.28
青　海	15.50		920			0.50	0.36
宁　夏	18.65		150		0.46	0.33	0.25
新　疆	10.77		7 351			0.87	0.60

各地区电气机械及器材制造业主要经济指标(三)

(1987年)

地区	流动资金年末占用数(亿元)	产品销售收入(亿元)	亏损企业亏损总额(亿元)	利润总额(亿元)	利润和税金总额(亿元)	企业留利(亿元)	每百元固定资产原值实现产值(元)	每百元固定资产原值实现利税(元)	每百元工业总产值占用流动资金(元)
全国总计	**284.57**	**449.05**	**1.85**	**41.61**	**70.60**	**13.07**	**235.22**	**34.53**	**36.68**
北京	10.92	16.77	0.02	2.26	3.34	0.73	197.88	38.96	44.70
天津	9.63	15.64	0.05	2.03	3.22	0.71	222.38	44.88	38.99
河北	6.28	9.55	0.04	0.82	1.36	0.30	215.28	28.24	39.42
山西	4.46	5.93	0.02	0.46	0.85	0.15	152.70	20.45	48.96
内蒙古	1.71	2.12	0.01	0.11	0.28	0.05	171.14	20.35	52.20
辽宁	26.01	41.06	0.12	4.91	7.93	1.56	201.62	35.97	35.44
吉林	5.43	7.23	0.04	0.50	0.90	0.16	190.75	21.55	39.54
黑龙江	13.51	14.28	0.08	0.77	1.83	0.29	145.72	16.92	52.89
上海	28.98	57.38	0.11	7.45	11.19	2.12	327.08	63.50	31.53
江苏	29.64	51.11	0.31	3.49	6.49	1.12	308.14	35.16	32.09
浙江	19.87	37.88	0.14	3.42	5.50	1.04	395.36	52.29	27.47
安徽	5.31	8.60	0.03	0.65	1.15	0.24	262.99	32.31	35.12
福建	5.33	7.26	0.05	0.62	1.07	0.18	223.66	31.81	43.64
江西	4.10	5.77	0.05	0.47	0.86	0.11	181.50	25.39	42.25
山东	11.70	19.48	0.03	1.69	2.84	0.38	232.54	30.37	34.26
河南	10.04	13.91	0.04	0.94	2.02	0.28	183.80	23.78	44.15
湖北	9.58	13.78	0.10	0.85	1.75	0.29	205.62	23.67	40.19
湖南	9.52	15.61	0.07	1.37	2.50	0.39	183.94	28.44	39.58
广东	33.93	53.68	0.30	3.60	6.77	0.89	335.90	39.56	29.58
广西	5.38	7.13	0.04	0.56	1.00	0.23	255.15	33.15	40.32
四川	14.81	19.94	0.11	2.05	3.40	0.91	172.34	27.01	46.30
贵州	2.14	2.83	0.01	0.30	0.49	0.12	135.08	21.71	50.26
云南	2.19	4.14	0.01	0.36	0.72	0.16	194.59	32.30	38.45
西藏	0.02	0.02	0.00	0.00	0.00	0.00	45.18	2.93	92.27
陕西	8.94	11.09	0.04	1.20	1.93	0.42	144.00	24.17	52.82
甘肃	3.45	5.02	0.00	0.62	0.99	0.19	150.14	28.06	46.51
青海	0.52	0.45	0.01	0.01	0.04	0.01	102.84	8.76	66.69
宁夏	0.29	0.33	0.00	0.02	0.05	0.01	111.57	13.94	63.35
新疆	0.88	1.04	0.00	0.07	0.16	0.02	125.88	17.98	57.86

各地区电气机械及器材制造业主要经济指标(四)

(1987年)

地区	每百元销售收入实现利润(元)	资金利税率(%)	产值利税率(%)	固定资产折旧率(%)	平均每一职工占有的固定资产(元)	平均每一职工创造的工业净产值(元)	平均每一职工创造的利润和税金(元)	平均每一职工上交的利税费(元)	平均每一职工占有的企业留利(元)
全国总计	**9.27**	**22.32**	**14.68**	**5.19**	**8 283**	**5 437**	**2 860**	**1 952**	**530**
北京	13.49	25.31	19.69	5.48	10 811	6 392	4 211	2 693	920
天津	12.96	29.84	20.18	4.88	8 584	5 962	3 853	2 584	851
河北	8.58	18.49	13.12	5.52	6 897	4 075	1 948	1 303	434
山西	7.81	14.11	13.39	4.69	9 517	3 834	1 946	1 558	343
内蒙古	5.31	13.18	11.89	4.17	6 992	3 143	1 423	1 124	272
辽宁	11.96	25.88	17.84	5.18	9 098	5 748	3 273	1 987	644
吉林	6.86	14.44	11.30	3.98	7 604	3 725	1 639	1 046	297
黑龙江	5.42	12.66	11.61	5.05	9 745	4 108	1 649	1 260	257
上海	12.98	37.80	19.42	5.40	8 518	8 247	5 409	3 915	1 025
江苏	6.82	20.09	11.41	5.07	6 156	4 766	2 165	1 478	373
浙江	9.04	28.11	13.23	5.94	5 052	5 459	2 642	1 632	499
安徽	7.57	19.92	12.29	4.83	6 514	4 317	2 104	1 212	437
福建	8.59	19.08	14.22	5.82	8 023	5 102	2 552	1 741	442
江西	8.07	17.69	13.99	4.69	7 260	3 783	1 843	1 116	239
山东	8.67	20.13	13.06	5.53	9 089	5 497	2 761	1 792	373
河南	6.77	16.19	12.94	5.11	8 300	4 249	1 973	1 555	276
湖北	6.18	15.64	11.51	4.95	7 971	4 238	1 887	1 309	313
湖南	8.77	21.33	15.46	5.87	8 863	4 534	2 521	1 814	396
广东	6.71	22.59	11.78	5.75	8 979	7 626	3 552	2 564	469
广西	7.80	18.81	12.99	5.48	8 598	5 854	2 850	1 885	647
四川	10.26	18.57	15.67	5.32	9 880	5 159	2 669	1 636	713
贵州	10.66	15.52	16.07	4.04	11 421	4 948	2 480	1 957	597
云南	8.68	22.72	16.60	4.61	9 697	5 183	3 132	2 296	687
西藏	3.80	2.57	6.47	2.21	20 969	3 948	613	634	180
陕西	10.82	17.12	16.79	3.87	11 869	5 173	2 869	2 064	625
甘肃	12.42	20.83	18.69	4.32	11 203	5 356	3 144	2 798	590
青海	3.18	6.23	8.52	3.53	10 424	3 547	913	944	302
宁夏	7.31	9.48	12.49	5.22	13 155	4 301	1 833	1 121	367
新疆	6.56	12.67	14.29	4.31	11 779	4 564	2 118	1 822	228

各地区电子及通信设备制造业主要经济指标(一)

（1987年）

地区	工业企业单位数（个）	#亏损企业（个）	年末职工人数（万人）	固定资产投资（亿元）	工业总产值（亿元）	工业净产值（亿元）	全员劳动生产率（元/人年）	电视机（万台）	#彩色电视机	录放音机（万台）
全国总计	**4 043**	**551**	**149.79**	**22.34**	**339.01**	**88.96**	**28 604**	**1 934.37**	**672.72**	**1 978.03**
北京	142	12	9.28	1.59	19.45	5.30	25 955	85.13	48.45	50.22
天津	122	19	6.54	0.92	17.66	4.57	34 215	100.02	55.46	22.82
河北	112	11	2.46	0.53	5.83	1.17	30 815	36.73	15.39	31.07
山西	55	11	2.44	0.20	2.20	0.48	11 178	14.11	2.93	1.38
内蒙古	22	0	0.65	0.17	2.36	0.55	52 484	22.02	10.89	2.34
辽宁	234	23	10.27	1.40	16.96	5.02	20 296	83.35	21.18	44.47
吉林	64	10	2.59	0.56	4.49	1.82	20 367	21.51	12.90	16.49
黑龙江	68	18	2.00	0.31	3.13	0.72	14 786	9.04	7.28	6.67
上海	318	41	16.07	2.63	52.17	13.41	38 874	422.43	85.86	397.25
江苏	787	111	26.26	3.16	65.89	16.20	31 917	341.87	59.15	417.19
浙江	593	73	8.41	0.39	16.14	4.47	24 196	89.24	8.00	110.58
安徽	77	7	2.19	0.39	4.30	0.97	26 780	44.84	6.38	8.83
福建	167	26	3.42	0.55	15.04	3.77	64 539	69.01	49.39	89.53
江西	72	13	3.59	0.52	5.54	1.72	19 659	22.69	8.38	47.81
山东	136	16	4.87	0.52	10.74	2.70	30 249	46.58	16.71	31.34
河南	69	14	2.69	0.29	3.32	0.98	13 986	9.16	1.06	21.57
湖北	108	14	5.32	0.82	8.96	2.57	19 634	30.38	8.19	66.15
湖南	117	22	3.94	0.37	6.16	1.77	18 941	39.77	4.02	30.60
广东	462	67	13.61	1.63	32.90	8.80	32 934	198.11	133.47	474.16
广西	35	4	1.70	0.49	2.96	0.98	21 450	10.17	2.42	25.61
四川	140	25	10.03	2.35	18.89	4.87	22 753	107.01	53.17	31.46
贵州	27	1	2.60	0.41	3.67	1.04	20 646	26.04	6.86	19.88
云南	19	4	0.67	0.16	1.41	0.30	27 758	10.64	4.51	1.17
西藏	0	0	0.00	0.00	0.00	0.00	0			
陕西	69	9	6.00	1.74	13.75	3.59	29 293	67.53	38.54	5.24
甘肃	18	0	1.79	0.16	4.15	0.96	28 319	18.42	8.15	15.86
青海	3	0	0.19	0.02	0.15	0.05	9 743			
宁夏	2	0	0.05	0.01	0.05	0.02	10 469			3.18
新疆	5	0	0.17	0.05	0.73	0.17	50 269	8.57	3.98	3.16

各地区电子及通信设备制造业主要经济指标(二)

（1987年）

地　　区	固定资产原值(亿元)	固定资产净值(亿元)	流动资金年末占用数(亿元)	产品销售收入(亿元)	亏损企业亏损总额(亿元)	利润总额(亿元)	利润和税金总额(亿元)	企业留利(亿元)	每百元固定资产原值实现产值(元)	每百元固定资产原值实现利税(元)
全国总计	**174.08**	**125.19**	**220.14**	**332.21**	**2.30**	**29.46**	**42.86**	**9.60**	**194.74**	**24.62**
北　京	14.25	8.69	16.83	18.45	0.07	2.06	2.66	0.60	136.45	18.64
天　津	8.10	5.82	9.09	17.26	0.07	1.63	2.34	0.57	217.96	28.88
河　北	2.62	2.07	4.31	5.70	0.03	0.49	0.69	0.12	222.58	26.18
山　西	2.64	1.64	2.50	2.27	0.33	－0.21	－0.12	0.04	83.22	－4.55
内蒙古	0.72	0.51	0.88	2.25	0.00	0.17	0.29	0.04	329.78	40.04
辽　宁	10.65	8.17	12.16	16.93	0.13	1.56	2.27	0.51	159.30	21.31
吉　林	3.25	2.39	4.32	5.22	0.03	0.42	0.64	0.09	138.28	19.78
黑龙江	1.76	1.36	3.09	3.01	0.05	0.08	0.19	0.04	177.34	10.68
上　海	16.31	11.55	26.99	53.14	0.34	5.77	7.97	2.08	319.94	48.8
江　苏	25.60	18.89	31.97	62.68	0.08	5.80	8.42	1.58	257.37	32.9
浙　江	5.86	4.39	8.54	15.19	0.06	1.58	2.28	0.57	275.26	38.85
安　徽	2.41	1.72	3.04	4.32	0.01	0.33	0.52	0.08	178.70	21.43
福　建	3.82	2.96	8.53	13.25	0.07	0.96	1.44	0.46	393.81	37.61
江　西	4.23	2.80	4.39	5.28	0.02	0.52	0.79	0.14	131.14	18.68
山　东	4.68	3.40	5.97	9.24	0.05	0.81	1.24	0.14	229.40	26.57
河　南	2.83	1.94	3.51	3.18	0.06	0.14	0.28	0.12	117.04	9.91
湖　北	5.50	3.81	6.07	8.47	0.03	0.64	1.00	0.26	162.91	18.14
湖　南	5.52	4.30	5.41	6.41	0.04	0.41	0.62	0.14	111.63	11.25
广　东	13.17	10.97	28.33	34.56	0.41	2.15	3.41	0.75	249.76	25.91
广　西	1.85	1.29	3.24	2.75	0.01	0.23	0.35	0.10	160.11	18.70
四　川	14.50	9.80	12.79	18.57	0.26	1.54	2.28	0.44	130.25	15.71
贵　州	5.01	3.75	3.96	3.56	0.00	0.32	0.44	0.13	73.32	8.86
云　南	0.88	0.72	1.34	1.59	0.04	0.12	0.17	0.07	159.64	19.12
西　藏	0.00	0.00	0.00	0.00	0.00	0.00	0.00	0.00	0.00	0.00
陕　西	14.39	9.85	8.92	13.46	0.11	1.65	2.24	0.41	95.59	15.55
甘　肃	2.96	1.97	2.99	4.34	0.00	0.25	0.40	0.07	140.41	13.59
青　海	0.25	0.20	0.24	0.15	0.00	0.01	0.01	0.01	60.69	4.57
宁　夏	0.05	0.04	0.08	0.04	0.00	0.00	0.00	0.00	91.61	5.01
新　疆	0.27	0.20	0.64	0.93	0.00	0.03	0.05	0.01	273.09	18.39

各地区电子及通信设备制造业主要经济指标(三)

（1987年）

地　区	每百元销售收入实现利润（元）	资金利税率（%）	产值利税率（%）	固定资产折旧率（%）	平均每一职工占有的固定资产（元）	平均每一职工创造的工业净产值(元)	平均每一职工创造的利润和税金(元)	平均每一职工上交的利税费（元）	平均每一职工占有的企业留利（元）
全国总计	**8.87**	**16.72**	**12.64**	**6.03**	**11 976**	**6 120**	**2 949**	**1 633**	**661**
北　京	11.17	12.84	13.66	5.69	15 215	5 652	2 836	1 438	646
天　津	9.45	19.26	13.25	5.31	12 397	6 994	3 580	2 083	871
河　北	8.62	15.67	11.76	6.29	11 120	4 975	2 911	1 496	522
山　西	−9.35	−3.39	−5.47	4.16	11 064	2 001	−504	544	172
内蒙古	7.75	26.54	12.14	6.43	11 504	8 884	4 606	2 516	655
辽　宁	9.19	15.04	13.38	4.84	10 493	4 953	2 237	873	500
吉　林	8.10	13.16	14.30	3.93	12 905	7 235	2 553	1 100	375
黑龙江	2.70	5.59	6.02	3.21	8 980	3 669	959	707	195
上　海	10.85	29.54	15.28	6.45	10 328	8 490	5 049	3 139	1 318
江　苏	9.26	22.31	12.79	6.02	10 082	6 381	3 317	1 731	620
浙　江	10.39	24.69	14.11	6.22	7 199	5 489	2 797	1 543	705
安　徽	7.69	14.73	11.99	5.00	11 413	4 591	2 446	1 379	379
福　建	7.28	19.76	9.55	6.44	11 618	11 458	4 369	2 184	1 415
江　西	9.80	14.55	14.24	4.98	11 845	4 816	2 212	1 156	404
山　东	8.72	18.18	11.58	24.75	9 781	5 635	2 599	1 363	299
河　南	4.43	6.54	8.47	4.63	10 731	3 716	1 064	619	466
湖　北	7.58	12.85	11.14	5.23	10 511	4 917	1 907	1 206	498
湖　南	6.47	8.51	10.08	4.38	14 373	4 610	1 617	797	357
广　东	6.22	13.59	10.37	5.89	11 066	7 396	2 867	1 671	630
广　西	8.26	10.93	11.68	4.28	11 171	5 941	2 089	1 216	605
四　川	8.27	12.75	12.06	6.00	14 728	4 948	2 314	1 121	447
贵　州	9.04	6.92	12.08	3.19	19 634	4 081	1 740	808	526
云　南	7.27	10.46	11.98	4.52	12 975	4 417	2 481	1 321	1 018
西　藏					0	0	0	0	0
陕　西	12.24	14.21	16.27	5.73	24 524	6 111	3 813	2 454	704
甘　肃	5.68	10.18	9.68	3.59	16 836	5 468	2 288	1 355	427
青　海	6.17	3.70	7.53	2.69	13 171	2 371	602	239	522
宁　夏	2.65	2.99	5.47	4.28	10 879	3 368	545	487	70
新　疆	3.24	8.68	6.74	3.91	15 489	9 723	2 849	1 426	562

各地区仪器仪表及其他计量器具制造业主要经济指标(一)

（1987年）

地区	工业企业单位数（个）	*亏损企业（个）	年末职工人数（万人）	固定资产投资（亿元）	工业总产值（亿元）	工业净产值（亿元）	全员劳动生产率（元/人·年）	大型及大型专用衡器（台）	固定资产原值（亿元）	固定资产净值（亿元）
全国总计	**3 434**	**300**	**77.52**	**5.29**	**81.53**	**31.72**	**10 867**	**232 401**	**67.79**	**44.44**
北京	83	3	4.07	0.49	4.21	1.69	9 376	873	5.06	2.99
天津	95	5	2.63	0.16	2.93	1.26	10 865	8 152	1.98	1.21
河北	126	7	2.05	0.29	1.92	0.67	9 108	543	1.50	1.06
山西	49	4	0.95	0.07	0.55	0.22	6 130	642	0.88	0.59
内蒙古	13	1	0.20	0.01	0.13	0.06	6 141	190	0.13	0.09
辽宁	282	24	6.53	0.50	5.28	2.15	8 054	1 742	4.08	2.71
吉林	96	12	2.52	0.10	1.80	0.68	7 279	1 465	1.85	1.25
黑龙江	99	13	3.21	0.03	2.76	1.02	8 235	1 257	2.74	1.31
上海	292	19	8.68	0.59	13.50	5.77	16 195	6 303	5.99	3.73
江苏	447	40	9.55	0.32	10.51	3.91	11 822	199 145	7.25	4.98
浙江	651	58	6.16	0.14	6.94	2.68	13 625	1 891	2.76	2.00
安徽	141	7	1.56	0.13	1.55	0.57	10 643	651	1.13	0.75
福建	77	5	1.01	0.03	0.94	0.37	10 720	131	0.59	0.41
江西	74	4	1.95	0.21	1.57	0.69	8 446	241	2.09	1.44
山东	108	4	3.06	0.09	3.52	1.28	12 181	1 630	2.17	1.44
河南	83	14	2.23	0.04	1.66	0.54	7 332	1 404	2.26	1.56
湖北	98	13	3.22	0.09	2.29	0.89	7 615	969	3.00	2.03
湖南	113	12	2.11	0.11	1.86	0.70	9 114	1 225	1.94	1.34
广东	83	13	1.79	0.38	2.53	0.85	13 939	1 031	1.39	0.96
广西	23	5	0.74	0.14	1.05	0.37	10 460	63	0.87	0.60
四川	234	19	5.72	0.49	6.63	2.45	11 847	798	6.98	4.75
贵州	21	1	1.21	0.08	0.83	0.31	7 190	300	1.51	0.97
云南	11	0	0.96	0.06	0.72	0.28	8 207	625	1.53	0.95
西藏	0	0	0.00	0.00	0.00	0.00	0	0	0.00	0.00
陕西	90	14	3.41	0.54	4.21	1.62	12 183	1 100	5.65	3.82
甘肃	19	0	1.07	0.06	0.83	0.34	7 845	30	1.19	0.73
青海	5	0	0.16	0.03	0.14	0.06	9 148		0.15	0.11
宁夏	16	3	0.74	0.05	0.65	0.29	8 094		1.09	0.64
新疆	5	0	0.03	0.00	0.02	0.01	5 299		0.02	0.01

各地区仪器仪表及其他计量器具制造业主要经济指标(二)

（1987年）

地区	流动资金年末占用数（亿元）	产品销售收入（亿元）	亏损企业亏损总额（亿元）	利润总额（亿元）	利润和税金总额（亿元）	企业留利（亿元）	每百元固定资产原值实现产值（元）	每百元固定资产原值实现利税（元）	每百元工业总产值占用流动资金（元）
全国总计	**69.35**	**80.29**	**0.65**	**10.19**	**14.68**	**3.56**	**120.26**	**21.65**	**59.56**
北京	4.98	4.46	0.01	0.80	1.04	0.25	83.16	20.48	91.42
天津	2.59	3.03	0.00	0.54	0.73	0.19	148.24	37.01	63.32
河北	1.58	1.99	0.02	0.22	0.31	0.11	127.98	20.95	58.95
山西	0.53	0.57	0.04	0.01	0.04	0.02	63.17	4.16	73.80
内蒙古	0.16	0.16	0.00	0.01	0.02	0.01	100.05	16.26	103.18
辽宁	4.78	5.16	0.03	0.61	0.96	0.26	129.31	23.65	61.73
吉林	1.83	1.60	0.03	0.14	0.23	0.06	96.87	12.66	63.59
黑龙江	2.50	2.55	0.05	0.16	0.32	0.07	100.70	11.61	66.02
上海	10.49	14.44	0.02	2.77	3.63	0.73	225.28	60.54	52.43
江苏	7.42	9.98	0.02	1.22	1.72	0.42	144.99	23.70	48.90
浙江	4.28	6.47	0.03	0.88	1.23	0.29	251.33	44.66	37.41
安徽	1.19	1.35	0.00	0.16	0.23	0.06	137.08	19.96	56.24
福建	1.01	0.94	0.01	0.12	0.17	0.06	159.18	28.50	72.98
江西	1.55	1.59	0.02	0.20	0.28	0.05	74.86	13.43	75.50
山东	2.08	3.33	0.01	0.35	0.55	0.09	162.40	25.17	44.06
河南	1.44	1.60	0.08	0.08	0.16	0.07	73.28	7.08	68.37
湖北	2.37	2.05	0.03	0.15	0.25	0.08	76.41	8.48	67.61
湖南	1.54	1.79	0.02	0.19	0.29	0.06	95.62	15.15	55.73
广东	2.38	2.49	0.01	0.26	0.37	0.07	182.41	27.02	54.40
广西	1.16	1.15	0.00	0.13	0.20	0.03	120.78	22.47	62.71
四川	5.59	6.59	0.07	0.72	1.09	0.34	95.06	15.58	64.74
贵州	1.12	0.96	0.00	0.05	0.11	0.03	54.85	7.28	94.42
云南	0.58	0.69	0.00	0.05	0.08	0.02	46.88	4.91	63.82
西藏	0.00	0.00	0.00	0.00	0.00	0.00	0.00	0.00	0.00
陕西	4.16	3.82	0.11	0.28	0.49	0.13	74.42	8.58	70.54
甘肃	1.11	0.70	0.00	0.04	0.08	0.02	69.88	6.43	101.26
青海	0.13	0.15	0.00	0.02	0.02	0.01	98.12	16.37	60.86
宁夏	0.78	0.66	0.04	0.03	0.08	0.04	59.26	6.89	98.48
新疆	0.03	0.03	0.00	0.00	0.00	0.00	108.34	28.43	131.39

各地区仪器仪表及其他计量器具制造业主要经济指标(三)

(1987)

地　区	每百元销售收入实现利润(元)	资金利税率(%)	产值利税率(%)	固定资产折旧率(%)	平均每一职工占有的固定资产(元)	平均每一职工创造的工业净产值(元)	平均每一职工创造的利润和税金(元)	平均每一职工上交的利税费(元)	平均每一职工占有的企业留利(元)
全国总计	12.70	15.78	18.00	4.49	8 872	4 152	1 921	1 204	466
北　京	17.93	15.16	24.63	4.39	12 316	4 106	2 523	1 509	617
天　津	17.78	23.83	24.96	4.78	7 666	4 879	2 837	1 956	729
河　北	11.28	14.35	16.37	4.20	7 483	3 339	1 568	953	528
山　西	1.14	3.66	6.58	3.06	9 547	2 416	397	574	181
内蒙古	7.84	9.33	16.25	4.19	6 671	2 833	1 084	593	279
辽　宁	11.90	16.16	18.29	4.74	6 274	3 307	1 484	875	393
吉　林	8.53	9.81	13.06	3.43	7 324	2 703	927	623	242
黑龙江	6.30	10.17	11.53	5.33	8 630	3 217	1 002	736	221
上　海	19.20	33.56	26.88	5.62	7 016	6 759	4 248	2 815	859
江　苏	12.27	16.99	16.35	4.72	7 723	4 164	1 831	1 031	451
浙　江	13.56	26.85	17.77	5.98	4 594	4 459	2 052	1 091	479
安　徽	11.81	13.91	14.56	4.43	7 446	3 757	1 486	753	362
福　建	12.31	15.32	17.90	5.34	5 885	3 666	1 677	927	596
江　西	12.48	10.71	17.94	3.33	11 003	3 616	1 477	794	249
山　东	10.57	18.23	15.50	5.54	7 240	4 279	1 822	1 061	296
河　南	5.04	5.96	9.66	3.65	10 364	2 462	734	415	334
湖　北	7.38	7.10	11.10	3.87	9 441	2 813	800	543	250
湖　南	10.42	12.41	15.84	4.60	9 293	3 354	1 408	835	301
广　东	10.29	16.02	14.81	5.02	7 822	4 813	2 113	1 440	394
广　西	11.24	15.62	18.61	4.94	11 852	5 078	2 663	1 420	369
四　川	10.98	12.02	16.38	4.26	12 448	4 365	1 939	1 118	614
贵　州	5.72	6.28	13.28	4.08	12 637	2 585	920	667	217
云　南	7.30	5.31	10.48	3.69	16 143	2 991	793	449	261
西　藏	0.00	0.00	0.00	0.00	0	0	0	0	0
陕　西	7.26	7.14	11.53	3.48	16 894	4 827	1 450	1 335	399
甘　肃	5.96	4.86	9.21	4.30	11 346	3 204	730	582	162
青　海	10.66	12.01	16.68	3.69	9 358	3 613	1 532	1 288	512
宁　夏	4.76	5.88	11.63	4.12	14 893	3 912	1 026	1 091	559
新　疆	8.24	13.03	26.24	4.46	4 897	2 376	1 392	1 042	360

北 京 市 工 业 经

指 标	计算单位	1986年	1987年
一、工业企业单位数	个	4911	5 070
其中：亏损企业	个	587	523
二、年末职工人数	万 人	149.2	148.6
三、职工工资总额	亿 元	22.91	25.85
四、固定资产投资	亿 元	34.90	40.97
五、工业总产值	亿 元	336.55	388.42
六、工业净产值	亿 元	114.97	128.78
七、全员劳动生产率	元/人·年	18 452	20 282.
八、主要产品产量			
铁矿石原矿量	万 吨	1 778.47	1 888.22
乳制品	吨	6 579	8 221.00
配混合饲料	万 吨	73.49	71.95
毛 线	吨	10 287	10 339.00
呢 绒	万 米	1 470.10	1 544.80
锯 材	万立方米	44.80	41.10
人造板	万立方米	7.90	6.91
家 具	万 元	21 258.80	458.51
焦 炭	万 吨	322.74	333.62
烧 碱	万 吨	9.25	9.61
乙 烯	吨	253 424	270 013
纯 苯	吨	54 496	64 351
精甲醇	吨	48 593	52 694
饲料添加剂	吨	4 173	922
塑 料	吨	339 721	347 631.
合成橡胶	吨	44 648	49 026
合成纤维单体	吨	21 902	25 932
磁 带	万 米	44 534.50	50 798.50
中成药	吨	11 680	14 515
塑料制品	吨	126 497	116 136
钢	万 吨	303.59	335.54
生 铁	万 吨	316.56	329.41
成品钢材	万 吨	256.16	283.44
内燃机商品量	万马力	780.00	1 035.20
金属切削机床	台	5 891	5 796
起重机械	吨	27 204	26 166
风 机	万 台	2.20	2.96
矿山设备	吨	28 788	24 446
化工设备	吨	7 480	7 984
机动饲料粉碎机	台	12 184	16 318
医疗器械	万 元	12 141.40	12 221.30

注：年末职工人数、工资总额为区、县以上独立核算工业企业数字，固定资产投资为全民所有制工业基本建设和更新改

济 主 要 指 标

指 标	计算单位	1986年	1987年
照相机	万架	15.90	16.47
复印机械	台	1418	259
汽车	辆	58 021	73 711
摩托车	辆	7 508	12 070
发电设备	万千瓦	61.10	82.45
交流电动机	万千瓦	178.45	196.43
家用电冰箱	台	181 056	193 789
单相空调器	台	699 976	576 872
家用洗衣机	台	10 544	5 007
电话机	万部	16.56	3.95
电视机	万台	67.51	85.13
其中：彩色电视机	万台	34.20	48.45
录放音机	万台	43.68	50.22
收音机	万台	38.31	26.56
电子计算机	部	86	47
微型电子计算机	部	4 925	8 876
电子元件	万只	88 728	92 208.80
电子管	万只	150.00	157.30
半导体集成电路	万块	428.30	710.10
九、主要财务指标			
固定资产原值	亿元	262.73	300.89
固定资产净值	亿元	166.41	194.15
流动资金年末占用数	亿元		185.84
产品销售收入	亿元		393.50
亏损企业亏损总额	亿元		1.53
利润总额	亿元	52.40	57.39
利润和税金总额	亿元	81.40	88.84
企业留利	亿元	19.57	21.92
每百元固定资产原值实现产值	元	128.09	129.09
每百元固定资产原值实现利税	元	30.98	29.53
每百元工业总产值占用流动资金	元	31.39	31.04
每百元销售收入实现利润	元	15.48	14.58
资金利税率	%	29.92	28.23
产值利税率	%	24.19	22.87
固定资产折旧率	%	4.77	4.85
平均每一职工占有的固定资产	元	15 469	17 646
平均每一职工创造的工业净产值	元	6769	7 552
平均每一职工创造的利润和税金	元	4 792	5 210
平均每一职工上交的利税费	元	3 303	3 485
平均每一职工占有的企业留利	元	1 152	1 285

造投资额之和。其他价值量指标均为全部独立核算工业企业的数字。工业总产值、净产值均为当年价格的数字。(下同)

天 津 市 工 业 经

指　　标	计算单位	1986年	1987年
一、工业企业单位数	个	4770	4 871
其中：亏损企业	个	532	600
二、年末职工人数	万人	144.70	143.1
三、职工工资总额	亿元	21.06	23.01
四、固定资产投资	亿元	30.31	31.97
五、工业总产值	亿元	309.14	352.61
六、工业净产值	亿元	93.96	102.59
七、全员劳动生产率	元/人·年	19 270	20 156
八、主要产品产量			
原　油	万吨	413.33	4 533.01
天然气	亿立方米	4.73	4.33
原　盐	万吨	187.22	154.18
化学纤维	吨	65 706	66 125
其中：合成纤维	吨	62 884	63 427
针棉织品折用棉纱线量	万吨	3.99	4.30
毛　线	吨	5 482	6 116
呢　绒	万米	1 550.00	1 640.40
丝织品	万米	3 423.16	3 409.73
服　装	万件	10 719.74	13 145
皮　鞋	万双	1 484.42	2 678.29
烧　碱	万吨	23.97	24.73
纯　碱	万吨	52.60	54.10
化学农药	万吨	2.14	1.67
纯　苯	吨	14 804	17 242
油　漆	吨	47 190	43 739
染　料	吨	16 603	17 006
饲料添加剂	吨	10 875	13 174
塑　料	吨	106 929	112 054
合成纤维单体	吨	73 392	71 250
卫生陶瓷	万件	84.30	17.28
钢	万吨	150.32	162.96
生　铁	万吨	91.26	101.54
成品钢材	万吨	161.99	175.02
日用精铝制品	吨	5 893	7 713
起重机械	吨	34 690	10 389
装卸机械	台	482	99
冶炼设备	吨	1 602	76
金属轧制设备	吨	287	1 865
大中型拖拉机	台	2 259	2 501
缝纫机	万架	97.56	59.05

济 主 要 指 标

指　　　　标	计算单位	1986年	1987年
医疗器械	万元	6 371.11	6 257
电影机械	台	300	240
照相机	万架	17.00	30.00
复印机械	台	2 286	4 231
汽　车	辆	21 542	30 166
自行车	万辆	590.13	640.54
发电设备	万千瓦	26.09	22.30
直流电机	万千瓦	5.53	5.25
通讯电缆	公里	35 130	26 000
家用电冰箱	台	97 931	145 273
电风扇	万台	27.85	23.62
吸尘器	台	12 816	25 663
电话机	万部	30.20	25.79
电视机	万台	89.85	100.02
其中：彩色电视机	万台	33.54	55.46
电子元件	万只	62 367.94	79 547.00
电子管	万只	119.45	116.23
表	万只	497.14	501.42
九、主要财务指标			
固定资产原值	亿元	203.55	229.71
固定资产净值	亿元	132.18	150.86
流动资金年末占用数	亿元		133.90
产品销售收入	亿元		347.11
亏损企业亏损总额	亿元		1.29
利润总额	亿元	37.65	39.15
利润和税金总额	亿元	64.31	67.33
企业留利	亿元	11.02	13.21
每百元固定资产原值实现产值	元	151.87	153.50
每百元固定资产原值实现利税	元	31.59	29.31
每百元工业总产值占用流动资金	元	26.11	25.28
每百元销售收入实现利润	元	12.29	11.28
资金利税率	%	30.21	28.05
产值利税率	%	20.80	19.09
固定资产折旧率	%	4.58	4.55
平均每一职工占有的固定资产	元	13 384	14 556
平均每一职工创造的工业净产值	元	6 178	6 501
平均每一职工创造的利润和税金	元	4 229	4 266
平均每一职工上交的利税费	元	3 532	3 151
平均每一职工占有的企业留利	元	735	837

河 北 省 工 业 经

指　　　　　　　　标	计算单位	1986年	1987年
一、工业企业单位数	个	18 761	19 270
其中：亏损企业	个	1 449	1 736
二、年末职工人数	万人	269.6	282.1
三、职工工资总额	亿元	33.05	38.28
四、固定资产投资	亿元	41.67	57.99
五、工业总产值	亿元	375.07	456.05
六、工业净产值	亿元	117.25	139.67
七、全员劳动生产率	元/人·年	11 070	12 122
八、主要产品产量			
原煤	万吨	6 283.76	6 342.60
洗精煤	万吨	1 332.54	1 358.99
原油	万吨	1 000.97	795.39
天然气	亿立方米	2.71	2.37
铁矿石原矿量	万吨	1 622.76	2 082.81
耐火粘土成品矿	万吨	45.54	45.74
耐火粘土熟料	万吨	23.56	24.97
原盐	万吨	229.67	122.73
发电量	亿千瓦小时	292.44	312.59
其中：火电	亿千瓦小时	287.44	308.50
食用植物油	万吨	21.95	22.64
罐头	万吨	9.20	8.55
乳制品	吨	6 878	8 343
啤酒	万吨	20.66	28.47
化纤用浆粕	吨	10 745	10 624
纱	万吨	25.36	27.59
布	亿米	10.81	11.85
服装	万件	14 582.66	8 524.38
家具	万元	18 482.37	22 810.01
机制纸及纸板	万吨	56.14	69.27
焦炭	万吨	280.66	332.32
电石	万吨	14.06	14.88
合成氨	万吨	129.93	157.18
农用化肥	万吨	97.50	126.41
化学农药	万吨	1.00	0.63
电影胶片	万米	10 081.20	10 556.10
磁带	万米	31 945.30	22 366.20
化学药品	吨	12 146	15 184
聚烯烃编织袋	万条	7 930.10	10 334.87
水泥	万吨	1 106.27	1 229.79
砖	亿块	339.61	338.59

济 主 要 指 标

指　　标	计算单位	1986年	1987年
平板玻璃	万重量箱	809.26	858.79
卫生陶瓷	万　件	376.67	388.11
日用陶瓷	万　件	36 210.73	40 933.18
耐火材料制品	万　吨	57.26	56.43
钢	万　吨	269.52	286.84
生铁	万　吨	329.74	368.92
成品钢材	万　吨	216.18	239.37
工业锅炉	台	2 054	1 946
输送机械	吨	15 592	37 302
泵	万　台	19.77	26.80
农用水泵	万　台	15.19	22.64
风机	万　台	1.90	1.93
矿山设备	吨	19 050	10 719
冶炼设备	吨	4 432	6 854
炼油设备	吨	1 958	2 341
小型拖拉机	台	64 049	75 762
摩托车	辆	18 357	16 096
变压器	万千伏安	726.10	875.34
九、主要财务指标			
固定资产原值	亿　元	358.54	407.32
固定资产净值	亿　元	237.97	277.23
流动资金年末占用数	亿　元		202.93
产品销售收入	亿　元		436.29
亏损企业亏损总额	亿　元		4.99
利润总额	亿　元	33.61	38.23
利润和税金总额	亿　元	61.66	70.28
企业留利	亿　元	11.05	14.41
每百元固定资产原值实现产值	元	104.61	111.96
每百元固定资产原值实现利税	元	17.20	17.29
每百元工业总产值占用流动资金	元	28.12	27.34
每百元销售收入实现利润	元	9.37	8.76
资金利税率	%	17.95	17.49
产值利税率	%	16.44	15.41
固定资产折旧率	%	4.50	4.67
平均每一职工占有的固定资产	元	11 676	12 656
平均每一职工创造的工业净产值	元	3 818	4 340
平均每一职工创造的利润和税金	元	2 008	2 184
平均每一职工上交的利税费	元	1 455	1 575
平均每一职工占有的企业留利	元	372	448

山 西 省 工 业 经

指 标	计算单位	1986年	1987年
一、工业企业单位数	个	10 824	10 987
其中：亏损企业	个	1 032	1 292
二、年末职工人数	万人	197.7	203.6
三、职工工资总额	亿元	25.90	29.57
四、固定资产投资	亿元	49.92	50.03
五、工业总产值	亿元	214.27	24 791
六、工业净产值	亿元	71.80	81.51
七、全员劳动生产率	元/人·年	9 263	9 847
八、主要产品产量			
原煤	万吨	22 190.17	23 093.70
洗精煤	万吨	703.80	700.13
铁矿石原矿量	万吨	826.62	1 032.68
耐火粘土成品矿	万吨	51.71	34.12
硫铁矿生产量	万吨	61.17	101.57
发电量	亿千瓦小时	220.02	263.42
乳制品	吨	8 816	11 992
电石	万吨	22.45	29.54
精甲醇	吨	23 542	24 484
合成橡胶	吨	7 086	7 329
合成洗涤剂	吨	64 092	66 744
砖	亿块	168.29	141.42
瓦	亿片	13.18	19.97
耐火材料制品	万吨	35.93	46.23
钢	万吨	190.20	203.60
生铁	万吨	301.29	364.21
成品钢材	万吨	115.68	119.56
输送机械	吨	12 671	7 960

济主要指标

指标	计算单位	1986年	1987年
矿山设备	吨	19 926	19 109
机动脱粒机	台	8 720	5 852
直流电机	万千瓦	53.36	60.76
通讯电缆	公里	37 466	59 994
煤气表	万只	2.80	2.81
表	万只	350.47	142.25
九、主要财务指标			
固定资产原值	亿元	305.43	335.34
固定资产净值	亿元	207.85	229.02
流动资金年末占用数	亿元		125.01
产品销售收入	亿元		244.94
亏损企业亏损总额	亿元		1.67
利润总额	亿元	18.30	21.61
利润和税金总额	亿元	33.84	39.09
企业留利	亿元	6.74	5.79
每百元固定资产原值实现产值	元	70.15	73.93
每百元固定资产原值实现利税	元	11.08	11.66
每百元工业总产值占用流动资金	元	32.95	32.33
每百元销售收入实现利润	元	8.82	8.82
资金利税率	%	12.15	12.65
产值利税率	%	15.79	15.77
固定资产折旧率	%	5.06	4.68
平均每一职工占有的固定资产	元	14 077	15 103
平均每一职工创造的工业净产值	元	3 309	3 671
平均每一职工创造的利润和税金	元	1 560	1 761
平均每一职工上交的利税费	元	1 488	1 830
平均每一职工占有的企业留利	元	417	261

内蒙古自治区工

指　　　　　标	计算单位	1986年	1987年
一、工业企业单位数	个	6 808	7 213
其中：亏损企业	个	558	727
二、年末职工人数	万人	130.5	131.2
三、职工工资总额	亿元	16.18	17.12
四、固定资产投资	亿元	20.30	22.42
五、工业总产值	亿元	116.64	138.00
六、工业净产值	亿元	38.14	43.58
七、全员劳动生产率	元/人·年	7 497	8 410
八、主要产品产量			
原煤	万吨	3 291.80	3 410.17
铁矿石原矿量	万吨	678.65	778.46
铁矿石成品矿	万吨	284.54	299.71
原盐	万吨	65.81	67.09
木材（一本帐口径）	万立方米	626.99	596.00
糖	万吨	20.60	17.15
乳制品	吨	15 770	19 231
毛线	吨	5 181	5 707
呢绒	万米	927.59	1 036.62
锯材	万立方米	74.71	71.35
焦炭	万吨	208.42	215.10
饲料添加剂	吨	2 489	3 163
钢	万吨	185.96	215.80
生铁	万吨	213.52	257.06
成品钢材	万吨	106.85	130.53

业 经 济 主 要 指 标

指　　　　标	计算单位	1986年	1987年
机引耕作机械	台	4 038	4 798
种植机械	台	1 805	5 414
九、主要财务指标			
固定资产原值	亿元	180.15	199.26
固定资产净值	亿元	130.69	144.50
流动资金年末占用数	亿元		79.07
产品销售收入	亿元		140.79
亏损企业亏损总额	亿元		2.15
利润总额	亿元	7.19	8.34
利润和税金总额	亿元	16.64	19.61
企业留利	亿元	3.35	3.68
每百元固定资产原值实现产值	元	64.74	69.25
每百元固定资产原值实现利税	元	9.27	9.84
每百元工业总产值占用流动资金	元	9.54	36.28
每百元销售收入实现利润	元	6.27	5.93
资金利税率	%	14.27	10.08
产值利税率	%	37.55	14.21
固定资产折旧率	%	3.41	3.65
平均每一职工占有的固定资产	元	13 683	15 202
平均每一职工创造的工业净产值	元	2 897	3 325
平均每一职工创造的利润和税金	元	1 264	1 496
平均每一职工上交的利税费	元	1 110	1 206
平均每一职工占有的企业留利	元	256	281

指标	计算单位	1986年	1987年
一、工业企业单位数	个	19 998	21 036
其中：亏损企业	个	2 600	3 093
二、年末职工人数	万人	512.5	518.9
三、职工工资总额	亿元	66.57	75.19
四、固定资产投资	亿元	81.02	106.58
五、工业总产值	亿元	767.91	887.10
六、工业净产值	亿元	262.66	295.26
七、全员劳动生产率	元/人·年	12 510	13 584
八、主要产品产量			
原煤	万吨	4 446.95	4 351.60
原油	万吨	1 020.99	1 146.10
天然气	亿立方米	17.68	18.07
铁矿石原矿量	万吨	4 075.03	4 288.82
耐火粘土成品矿	万吨	16.63	31.39
原盐	万吨	165.43	136.81
发电量	亿千瓦小时	347.66	384.38
啤酒	万吨	39.60	44.34
非酒精饮料	吨	270 312	279 533
化学纤维	吨	141 241	142 915
纱	吨	20.82	23.35
呢绒	万米	1 479.00	672.74
丝织品	万米	9 657.20	9 288.63
锯材	万立方米	80.23	83.15
机制纸及纸板	万吨	75.47	81.31
焦炭	万吨	768.59	776.08
硫酸	万吨	60.54	75.27
烧碱	万吨	22.66	25.18
纯碱	万吨	71.14	71.23
乙烯	吨	74 002	75 226
纯苯	吨	97 944	113 069
油漆	吨	59 054	64802
塑料	吨	112 870	122 821
合成纤维单体	吨	134 465	135 618
化学药品	吨	10 827	11 050
水泥	万吨	1 150.50	1 204.22
平板玻璃	万重量箱	732.15	774.35
钢	万吨	1 083.97	1 130.40
生铁	万吨	1 100.10	1 147.34
成品钢材	万吨	757.00	802.03
工业锅炉	台	4 080	4 211

济主要指标

指标	计算单位	1986年	1987年
金属切削机床	台	21 017	20 047
起重机械	吨	74 200	72 912
农用水泵	万台	19.28	23.82
风机	万台	3.50	3.74
矿山设备	吨	40 421	35 521
冶炼设备	吨	9 477	17 431
金属轧制设备	吨	6 552	4 440
炼油设备	吨	8 926	7 340
化工设备	吨	20 128	22 914
冶金专用车辆	辆	229	212
汽车	辆	29 550	38 407
机动渔船	艘	130	31
交流电动机	万千瓦	447.96	493.60
变压器	万千伏安	1 785.61	2 075.92
钢芯铝绞线	吨	29 779	29 167
家用洗衣机	台	1 278 700	1 278 002
煤气表	万只	88.36	57.41
表	万只	674.00	439.27
九、主要财务指标			
固定资产原值	亿元	725.97	824.37
固定资产净值	亿元	451.58	530.38
流动资金年末占用数	亿元		411.15
产品销售收入	亿元		864.26
亏损企业亏损总额	亿元		9.58
利润总额	亿元	84.12	89.89
利润和税金总额	亿元	153.35	163.69
企业留利	亿元	25.66	27.81
每百元固定资产原值实现产值	元	105.78	107.61
每百元固定资产原值实现利税	元	21.12	19.86
每百元工业总产值占用流动资金	元	28.67	28.15
每百元销售收入实现利润	元	11.28	10.40
资金利税率	%	22.83	20.98
产值利税率	%	19.97	18.45
固定资产折旧率	%	4.45	4.43
平均每一职工占有的固定资产	元	13 237	14 804
平均每一职工创造的工业净产值	元	4 789	5 302
平均每一职工创造的利润和税金	元	2 796	2 939
平均每一职工上交的利税费	元	2 140	2 217
平均每一职工占有的企业留利	元	471	499

吉 林 省 工 业 经

指　　　　标	计算单位	1986年	1987年
一、工业企业单位数	个	11 823	11 910
其中：亏损企业	个	1 595	1 677
二、年末职工人数	万人	233.2	238.9
三、职工工资总额	亿元	27.18	31.04
四、固定资产投资	亿元	26.00	36.12
五、工业总产值	亿元	256.11	320.35
六、工业净产值	亿元	80.26	103.23
七、全员劳动生产率	元/人·年	9 406	10 951
八、主要产品产量			
木材（一本帐口径）	万立方米	685.69	680.74
啤酒	万吨	22.69	29.06
非酒精饮料	吨	102 214	149 322
化纤用浆粕	吨	19 563	19 021
锯材	万立方米	218.62	164.04
人造板	万立方米	21.40	28.33
机制纸及纸板	万吨	50.73	55.07
浓硝酸	万吨	6.20	6.01
电石	万吨	11.66	12.24
酒精	万吨	9.10	11.11
乙烯	吨	96 041	106 643
纯苯	吨	25 600	25 683
精甲醇	吨	31 005	32 041
染料	吨	7 171	7 770
合成橡胶	吨	37 979	54 956
电影胶片	万米	1 424.00	1 305.60
磁带	万米	27 137.00	31 694.97
中成药	吨	10 086	15 154
工业锅炉	台	1 895	1 806
内燃机商品量	万马力	100.94	82.83
装卸机械	台	1 719	58
石油钻采设备	吨	3 794	5 399
大中型拖拉机	台	1 308	1 371

济 主 要 指 标

指　　　标	计算单位	1986年	1987年
大型及专用衡器	台	1 431	1 465
中小农具	万件	1 753.47	2 147.24
小型拖拉机	台	61 942	78 520
种植机械	台	16 036	4 351
联合收割机	台	626	733
汽车	辆	67 038	71 700
其中：载货汽车	辆	48 342	58 529
专用改装汽车	辆	4 639	4 112
家用洗衣机	台	467 712	475 488
半导体集成电路	万块	132.00	69.54
九、主要财务指标			
固定资产原值	亿元	272.34	317.08
固定资产净值	亿元	184.44	220.28
流动资金年末占用数	亿元		165.93
产品销售收入	亿元		311.16
亏损企业亏损总额	亿元		5.12
利润总额	亿元	17.13	25.33
利润和税金总额	亿元	36.38	49.41
企业留利	亿元	7.36	10.96
每百元固定资产原值实现产值	元	94.04	101.03
每百元固定资产原值实现利税	元	13.36	15.58
每百元工业总产值占用流动资金	元	31.22	28.66
每百元销售收入实现利润	元	7.14	8.14
资金利税率	%	13.76	15.83
产值利税率	%	14.20	15.42
固定资产折旧率	%	4.23	4.09
平均每一职工占有的固定资产	元	11 686	13 455
平均每一职工创造的工业净产值	元	3 444	4 380
平均每一职工创造的利润和税金	元	1 561	2 097
平均每一职工上交的利税费	元	1 240	1 595
平均每一职工占有的企业留利	元	319	465

黑龙江省工业

指　　标	计算单位	1986年	1987年
一、工业企业单位数	个	15 204	14 982
其中：亏损企业	个	1 827	2 408
二、年末职工人数	万人	370.0	377.2
三、职工工资总额	亿元	46.76	50.99
四、固定资产投资	亿元	53.65	66.05
五、工业总产值	亿元	437.37	526.57
六、工业净产值	亿元	169.17	203.85
七、全员劳动生产率	元/人·年	10 112	11 104
八、主要产品产量			
原煤	万吨	6 596.00	6 820.77
洗精煤	万吨	842.73	829.36
原油	万吨	5 555.24	5555.32
天然气	亿立方米	23.01	22.05
木材（一本帐口径）	万立方米	1 773.97	1 851.35
发电量	亿千瓦小时	201.15	223.46
食用植物油	万吨	27.43	27.16
糖	万吨	39.30	31.66
乳制品	吨	59 927	78 338
饮料酒	万吨	61.58	72.54
其中：啤酒	万吨	39.56	46.04
非酒精饮料	吨	126 862	169 153
化学纤维	吨	42 610	47 560
锯材	万立方米	401.12	397.78
人造板	万立方米	28.90	40.62
酒精	万吨	5.33	5.75
乙烯	吨	52 213	168 474
聚烯烃编织袋	万条	8 247.65	8 946
工业锅炉	台	3 200	3 424
滚动轴承	万套	4 128.00	4 621.44
石油钻采设备	吨	11 208	9 390

经 济 主 要 指 标

指　　标	计算单位	1986年	1987年
小型拖拉机	台	37 270	54 378
机引耕作机械	台	11 002	28 171
机动脱粒机	台	10 466	10 130
电影机械	台	1 927	2 028
发电设备	万千瓦	152.58	265.40
直流电机	万千瓦	43.34	6.34
钢芯铝绞线	吨	12 313	10 948
电度表	万只	114.46	120.26
大型及专用衡器	台	1 097	1 257
九、主要财务指标			
固定资产原值	亿元	479.45	544.92
固定资产净值	亿元	318.70	366.38
流动资金年末占用数	亿元		261.28
产品销售收入	亿元		468.45
亏损企业亏损总额	亿元		5.35
利润总额	亿元	42.29	49.38
利润和税金总额	亿元	75.86	86.67
企业留利	亿元	8.88	12.22
每百元固定资产原值实现产值	元	91.23	96.63
每百元固定资产原值实现利税	元	15.82	15.91
每百元工业总产值占用流动资金	元	31.15	29.33
每百元销售收入实现利润	元	10.73	10.54
资金利税率	%	16.67	16.64
产值利税率	%	17.34	16.46
固定资产折旧率	%	4.74	4.23
平均每一职工占有的固定资产	元	13 329	15 009
平均每一职工创造的工业净产值	元	4 703	5 615
平均每一职工创造的利润和税金	元	2 109	2 387
平均每一职工上交的利税费	元	1 891	1 873
平均每一职工占有的企业留利	元	623	337

指　　　标	计算单位	1986年	1987年
一、工业企业单位数	个	8 762	9 059
其中：亏损企业	个	813	674
二、年末职工人数	万人	274.4	274.2
三、职工工资总额	亿元	45.25	50.63
四、固定资产投资	亿元	68.32	89.76
五、工业总产值	亿元	890.60	993.16
六、工业净产值	亿元	280.64	293.37
七、全员劳动生产率	元/人·年	25 519	26 393
八、主要产品产量			
发电量	亿千瓦小时	267.63	276.34
乳制品	吨	10 380	11 310
配混合饲料	万吨	107.18	125.83
化纤用浆粕	吨	32 279	30 266
化学纤维	吨	227 619	233 682
纱	万吨	39.68	39.65
布	亿米	15.14	14.85
毛线	吨	23 829	24 261
呢绒	万米	3 453	3 356
丝织品	万米	12 798.67	11 686
服装	万件	43 520.42	28 891.17
皮鞋	万双	2 424.79	2 510.77
锯材	万立方米	64.07	59.43
人造板	万立方米	16.80	14.89
家具	万元	23 993.36	28 468.24
焦炭	万吨	392.81	415.97
烧碱	万吨	27.71	28.27
化学农药	万吨	1.21	0.62
乙烯	吨	146 874	148 204
纯苯	吨	120 537	127 242
精甲醇	吨	98 882	102 204
油漆	吨	67 245	68 186
染料	吨	13 360	13 220
塑料	吨	177 695	177 643
合成纤维单体	吨	255 989	275 415
电影胶片	万米	3 651.38	3 815.55
合成洗涤剂	吨	101 856	103 071
轮胎外胎	万条	239.40	253.07
塑料制品	吨	224 172	215 895
钢	万吨	801.40	866.92
生铁	万吨	426.84	496.91

济 主 要 指 标

指　　　　标	计算单位	1986年	1987年
成品钢材	万吨	462.57	473.74
日用精铝制品	吨	6 693	6 281
工业锅炉	台	3 029	2 503
金属切削机床	台	16 877	17 040
锻压机械	台	6 951	6 865
起重机械	吨	80 978	89 047
风机	万台	6.09	6.53
滚动轴承	万套	3 545.29	3 721.92
矿山设备	吨	26 589	24 235
大中型拖拉机	台	10 000	10 250
缝纫机	万架	313.18	317.99
医疗器械	万元	23 941.33	25 455.22
照相机	万架	41.42	45.06
自行车	万辆	634.76	655.76
民用钢质船舶	综合万吨	40.83	38.42
发电设备	万千瓦	169.5	225.4
家用洗衣机	台	1 294 225	1 593 278
电视机	万部	342.31	422.43
表	万只	1 212.36	1 249.45
九、主要财务指标			
固定资产原值	亿元	456.57	528.32
固定资产净值	亿元	322.09	377.39
流动资金年末占用数	亿元		386.01
产品销售收入	亿元		1 000.76
亏损企业亏损总额	亿元		1.16
利润总额	亿元	134.23	132.34
利润和税金总额	亿元	209.56	208.87
企业留利	亿元	35.63	38.73
每百元固定资产原值实现产值	元	195.07	187.99
每百元固定资产原值实现利税	元	45.90	39.54
每百元工业总产值占用流动资金	元	23.00	23.57
每百元销售收入实现利润	元	15.09	13.22
资金利税率	%	39.77	34.16
产值利税率	%	23.53	21.03
固定资产折旧率	%	4.24	4.50
平均每一职工占有的固定资产	元	13 589	15 419
平均每一职工创造的工业净产值	元	8 353	8 562
平均每一职工创造的利润和税金	元	6 237	6 096
平均每一职工上交的利税费	元	4 782	4 592
平均每一职工占有的企业留利	元	1 061	1 130

江苏省工业经

指标	计算单位	1986年	1987年
一、工业企业单位数	个	38 698	38 985
其中：亏损企业	个	6 775	6 787
二、年末职工人数	万人	407.6	427.6
三、职工工资总额	亿元	53.37	62.29
四、固定资产投资	亿元	57.74	80.54
五、工业总产值	亿元	975.91	1 216.24
六、工业净产值	亿元	254.89	303.49
七、全员劳动生产率	元/人·年	14 120	16 146
八、主要产品产量			
原盐	万吨	189.44	200.58
发电量	亿千瓦小时	263.75	301.16
食用植物油	万吨	45.64	49.99
罐头	万吨	10.26	10.18
乳制品	吨	9 225	8 993
饮料酒	万吨	86.51	96.58
非酒精饮料	吨	108 230	143 901
卷烟	万箱	97.77	101.10
配混合饲料	万吨	154.61	191.26
化学纤维	吨	164 021	236 608
纱	吨	53.99	60.07
布	亿米	23.87	25.52
毛线	吨	26 381	52 675
呢绒	万米	5 572	5 721
麻袋	万条	6 142.00	6 625.89
丝	吨	10 009	11 666
丝织品	万米	36 084.44	38 395.48
服装	万件	27 115.00	26 519.15
皮鞋	万双	3 406.91	3 699.74
鞣制皮革	万张	639.48	699.30
锯材	万立方米	76.77	64.41
家具	万元	40 537.78	47 538.44
机制纸及纸板	万吨	60.15	70.62
硫酸	万吨	74.25	89.53
烧碱	万吨	25.26	28.08
合成氨	万吨	146.21	169.79
农用化肥	万吨	122.42	142.76
酒精	万吨	7.65	11.20
化学农药	万吨	3.95	3.96
油漆	吨	63 133	69 271
染料	吨	13 390	17 300

济　主　要　指　标

指　　　　标	计算单位	1986年	1987年
塑料	吨	99 472	145 768
合成洗涤剂	吨	102 214	105 678
化学药品	吨	19 240	21 759
塑料制品	吨	356 987	391 219
聚烯烃编织袋	万　条	30 972.26	34 314.96
水泥	万　吨	1 329.40	1 524.47
砖	亿　块	441.30	488.32
工业锅炉	台	4 105	5 048
内燃机商品量	万马力	796.36	967.30
金属切削机床	台	17 536	18 924
锻压机械	台	15 142	16 361
起重机械	吨	53 104	45 182
气体压缩机	台	20 348	21 051
化工设备	吨	16 401	17 763
小型拖拉机	台	99 454	153 685
照相机	万　架	36.49	41.74
专用改装汽车	辆	10 298	13 224
电视机	万　台	285.06	341.87
录放音机	万　台	362.70	417.19
九、主要财务指标			
固定资产原值	亿　元	462.63	578.45
固定资产净值	亿　元	332.41	422.29
流动资金年末占用数	亿　元		485.46
产品销售收入	亿　元		1 089.19
亏损企业亏损总额	亿　元		5.57
利润总额	亿　元	66.93	80.50
利润和税金总额	亿　元	127.90	147.70
企业留利	亿　元	20.79	26.00
每百元固定资产原值实现产值	元	210.95	210.26
每百元固定资产原值实现利税	元	27.65	25.53
每百元工业总产值占用流动资金	元	23.98	23.87
每百元销售收入实现利润	元	7.81	7.39
资金利税率	%	22.58	20.73
产值利税率	%	13.11	12.14
固定资产折旧率	%	5.24	5.04
平均每一职工占有的固定资产	元	6 856	8 119
平均每一职工创造的工业净产值	元	3 777	4 260
平均每一职工创造的利润和税金	元	1 895	2 073
平均每一职工上交的利税费	元	1 357	1 458
平均每一职工占有的企业留利	元	311	365

浙 江 省 工 业 经

指 标	计算单位	1986年	1987年
一、工业企业单位数	个	43 821	41 857
其中：亏损企业	个	6 311	5 998
二、年末职工人数	万 人	227.1	235.9
三、职工工资总额	亿 元	28.73	33.33
四、固定资产投资	亿 元	24.86	32.46
五、工业总产值	亿 元	519.01	647.96
六、工业净产值	亿 元	154.17	182.97
七、全员劳动生产率	元/人·年	13 082	14 964
八、主要产品产量			
罐头	万 吨	26.52	21.13
乳制品	吨	22 706	26 435
饮料酒	万 吨	128.82	156.46
其中：啤酒	万 吨	53.20	76.04
卷烟	万 箱	91.28	92.36
化纤用浆粕	吨	24 489	21 700
化学纤维	吨	51 376	57 119
纱	万 吨	17.44	20.01
布	亿 米	11.23	11.32
毛线	吨	11 154	18 965
呢绒	万 米	2 181	1 999
麻袋	万 条	10 540	11 356
丝	吨	13 390	13 942
丝织品	万 米	36 354	40 344
服装	万 件	25 533	18 806
皮鞋	万 双	2 932	2 616
鞣制皮革	万 张	326	348
锯材	万立方米	52.53	51.98
人造板	万立方米	9.33	10.48
家具	万 元	20 811	28 279
机制纸及纸板	万 吨	59.21	67.87
烧碱	万 吨	12.44	13.70
化学农药	万 吨	2.73	1.59
中成药	吨	16 164	18 356
塑料制品	吨	246 978	295 845
聚烯烃编织袋	万 条	18 505	22 407
水泥	万 吨	998	1 216
砖	亿 块	196.80	229
日用陶瓷器	万 件	20 905	21 074
日用精铝制品	吨	7 798	9 970
内燃机商品量	万马力	223.76	252

济 主 要 指 标

指标	计算单位	1986年	1987年
金属切削机床	台	19 030	29 429
锻压机械	台	5 569	7 906
起重机械	吨	51 419	61 938
泵	万台	24.30	27.78
风机	万台	3.82	5.67
气体压缩机	台	5 906	4 733
滚动轴承	万套	2 017	2 552
机动脱粒机	台	17 694	11 455
缝纫机	万架	64.45	60.78
医疗器械	万元	8 827	8 634
自行车	万辆	191.09	225.57
家用电冰箱	台	401 545	588 844
电风扇	万台	438.00	387.58
家用洗衣机	台	1 332 338	1 182 855
电熨斗	万个	231	284
灯泡	亿只	1.06	0.89
电视机	万台	79.52	89.24
录放音机	万台	88.67	110.58
收音机	万台	92.00	104.93
九、主要财务指标			
固定资产原值	亿元	241.42	287.64
固定资产净值	亿元	179.68	215.65
流动资金年末占用数	亿元		269.96
产品销售收入	亿元		602.80
亏损企业亏损总额	亿元		2.81
利润总额	亿元	43.61	53.00
利润和税金总额	亿元	79.81	95.16
企业留利	亿元	14.77	18.12
每百元固定资产原值实现产值	元	214.99	225.27
每百元固定资产原值实现利税	元	33.06	33.08
每百元工业总产值占用流动资金	元	25.03	24.25
每百元销售收入实现利润	元	9.28	8.79
资金利税率	%	25.78	25.53
产值利税率	%	15.38	14.69
固定资产折旧率	%	5.38	5.56
平均每一职工占有的固定资产	元	6 306	7 199
平均每一职工创造的工业净产值	元	4 027	4 579
平均每一职工创造的利润和税金	元	2 085	2 382
平均每一职工上交的利税费	元	1 544	1 665
平均每一职工占有的企业留利	元	386	452

安徽省工业经

指　　标	计算单位	1986年	1987年
一、工业企业单位数	个	21 332	20 827
其中：亏损企业	个	1 675	2 280
二、年末职工人数	万　人	189.3	197.9
三、职工工资总额	亿　元	21.06	24.60
四、固定资产投资	亿　元	35.50	38.18
五、工业总产值	亿　元	271.15	323.59
六、工业净产值	亿　元	80.60	90.54
七、全员劳动生产率	元/人·年	10 489	11 472
八、主要产品产量			
原煤	万　吨	3 020.22	2 884.34
洗精煤	万　吨	499.44	507.26
铁矿石原矿量	万　吨	869.42	882.43
硫铁矿生产量	万　吨	94.12	122.00
发电量	亿千瓦小时	152.69	168.84
食用植物油	万　吨	33.28	40.83
卷烟	万　箱	199.57	206.45
配混合饲料	万　吨	100.16	118.02
纱	万　吨	15.40	16.75
布	亿　米	6.45	6.82
麻袋	万　条	6 489.34	7 624.75
焦炭	万　吨	242.25	244.98
硫酸	万　吨	40.93	47.99
合成氨	万　吨	87.70	108.42
农用化肥	万　吨	76.14	93.90
酒精	万　吨	5.07	7.27
精甲醇	吨	45 218	46 973
聚烯烃编织袋	万　条	6 680.14	8 727.89
卫生陶瓷	万　件	29.10	103.22
钢	万　吨	202.14	211.54

济 主 要 指 标

指 标	计算单位	1986年	1987年
生铁	万 吨	254.96	267.37
成品钢材	万 吨	157.20	164.32
输送机械	吨	23 023	19 614
泵	万 台	12.90	21.46
气体压缩机	台	3 482	1 114
小型拖拉机	台	33 101	53 690
民用钢质船舶	综合万吨	8.32	9.76
通讯电缆	公 里	24 332	2 616
九、主要财务指标			
固定资产原值	亿 元	214.93	247.02
固定资产净值	亿 元	151.32	174.50
流动资金年末占用数	亿 元		136.15
产品销售收入	亿 元		314.36
亏损企业亏损总额	亿 元		2.71
利润总额	亿 元	17.45	19.57
利润和税金总额	亿 元	44.50	49.88
企业留利	亿 元	6.47	7.91
每百元固定资产原值实现产值	元	126.16	131.00
每百元固定资产原值实现利税	元	20.70	20.19
每百元工业总产值占用流动资金	元	25.74	25.33
每百元销售收入实现利润	元	6.66	6.23
资金利税率	%	20.12	19.45
产值利税率	%	16.41	15.41
固定资产折旧率	%	44.66	4.68
平均每一职工占有的固定资产	元	9 468	10 410
平均每一职工创造的工业净产值	元	3 551	3 815
平均每一职工创造的利润和税金	元	1 960	2 102
平均每一职工上交的利税费	元	1 748	1 803
平均每一职工占有的企业留利	元	285	334

福建省工业经

指　　标	计算单位	1986年	1987年
一、工业企业单位数	个	10 466	11 349
其中：亏损企业	个	1 470	1 380
二、年末职工人数	万人	120.5	124.1
三、职工工资总额	亿元	14.51	16.07
四、固定资产投资	亿元	23.46	32.22
五、工业总产值	亿元	159.37	205.02
六、工业净产值	亿元	50.37	62.48
七、全员劳动生产率	元/人·年	10 888	12 762
八、主要产品产量			
原盐	万吨	103.60	77.61
木材	万立方米	610.27	564.12
糖	万吨	52.89	44.62
罐头	万吨	13.72	11.68
锯材	万立方米	35.34	57.15
人造板	万立方米	10.91	17.36
机制纸及纸板	万吨	42.02	46.84
电石	万吨	10.42	11.29
酒精	万吨	1.73	1.45
化学农药	万吨	0.61	0.36
塑料	吨	44 947	46 050
磁带	万米	64 476	112 975
塑料制品	吨	119 035	120 817
聚烯烃编织袋	万条	8 059	7 301.84
瓦	亿片	68.53	22.62
日用陶瓷器	万件	20 461	25 558.39
锻压机械	台	2 363	2 829
风机	万台	1.48	0.41
机动饲料粉碎机	台	8 376	13 400
机动渔船	艘	149	94
灯泡	亿只	0.63	0.68

济 主 要 指 标

指 标	计算单位	1986年	1987年
电话机	万 部	51.09	96.50
电视机	万 台	37.75	69.01
彩电	万 台	19.82	49.39
录放音机	万 台	72.43	89.53
收音机	万 台	44.12	3.62
微型电子计算机	部	3 171	2 039
电子计算器	万 部	29.87	94.15
电子元件	万 只	84 719	120 621.47
水表	万 只	63.04	61.78
九、主要财务指标			
固定资产原值	亿 元	119.40	141.01
固定资产净值	亿 元	86.24	102.73
流动资金年末占用数	亿 元		97.22
产品销售收入	亿 元		198.40
亏损企业亏损总额	亿 元		0.73
利润总额	亿 元	13.11	18.58
利润和税金总额	亿 元	26.89	34.53
企业留利	亿 元	3.97	5.65
每百元固定资产原值实现产值	元	133.47	145.39
每百元固定资产原值实现利税	元	22.52	24.49
每百元工业总产值占用流动资金	元	30.54	26.35
每百元销售收入实现利润	元	8.35	9.36
资金利税率	%	19.93	22.03
产值利税率	%	16.87	16.84
固定资产折旧率	%	4.96	5.01
平均每一职工占有的固定资产	元	8 869	9 968
平均每一职工创造的工业净产值	元	3 741	4 417
平均每一职工创造的利润和税金	元	1 997	2 441
平均每一职工上交的利税费	元	1 511	1 808
平均每一职工占有的企业留利	元	295	399

江 西 省 工 业 经

指 标	计算单位	1986年	1987年
一、工业企业单位数	个	14 491	14 654
其中：亏损企业	个	1 992	2 225
二、年末职工人数	万 人	154.7	160.4
三、职工工资总额	亿 元	17.81	19.76
四、固定资产投资	亿 元	20.56	22.52
五、工业总产值	亿 元	183.85	225.56
六、工业净产值	亿 元	53.62	64.12
七、全员劳动生产率	元/人·年	8 950	10 080
八、主要产品产量			
硫铁矿生产量	万 吨	67.59	83.08
木材	万立方米	285.05	245.41
糖	万 吨	13.65	11.88
配混合饲料	万 吨	87.16	101.53
化纤用浆粕	吨	13 073	10 344
化学药品	吨	8 520	9 080
日用陶瓷器	万 件	41 564	47 335
农用内燃机	万千瓦	58.48	85.06
照相机	万 架	14.75	19.00
摩托车	辆	24 816	33 009
手推胶轮车	万 轮	42.81	47.22
录放音机	万 台	61.11	47.81
电子计算器	万 部	43.18	37.68

济 主 要 指 标

指标	计算单位	1986年	1987年
九、主要财务指标			
固定资产原值	亿元	170.49	193.53
固定资产净值	亿元	117.86	134.33
流动资金年末占用数	亿元		117.29
产品销售收入	亿元		221.40
亏损企业亏损总额	亿元		2.87
利润总额	亿元	11.77	14.50
利润和税金总额	亿元	25.07	29.97
企业留利	亿元	4.91	5.81
每百元固定资产原值实现产值	元	107.84	116.55
每百元固定资产原值实现利税	元	14.70	15.49
每百元工业总产值占用流动资金	元	32.08	29.87
每百元销售收入实现利润	元	6.69	6.55
资金利税率	%	14.18	14.86
产值利税率	%	13.64	13.29
固定资产折旧率	%	4.66	4.69
平均每一职工占有的固定资产	元	9 427	10 327
平均每一职工创造的工业净产值	元	2 965	3 422
平均每一职工创造的利润和税金	元	1 386	1 599
平均每一职工上交的利税费	元	1 088	1 187
平均每一职工占有的企业留利	元	272	310

山 东 省 工 业 经

指　　标	计算单位	1986年	1987年
一、工业企业单位数	个	20 679	21 651
其中：亏损企业	个	1 694	2 215
二、年末职工人数	万　人	322.2	341.3
三、职工工资总额	亿　元	40.77	47.51
四、固定资产投资	亿　元	56.78	83.08
五、工业总产值	亿　元	634.57	800.90
六、工业净产值	亿　元	196.37	252.81
七、全员劳动生产率	元/人·年	13 844	15 221
八、主要产品产量			
原煤	万　吨	5 099.77	5 317.74
洗精煤	万　吨	764.53	856.25
原油	万　吨	2 950.80	3 160
天然气	亿立方米	13.98	14.83
耐火粘土成品矿	万　吨	117.60	140.24
原盐	万　吨	225.68	272.93
发电量	亿千瓦小时	299.95	331.81
食用植物油	万　吨	45.91	50.27
罐头	万　吨	12.89	20.13
饮料酒	万　吨	89.49	120.93
白酒	万　吨	43.43	57.60
啤酒	万　吨	37.14	51.75
卷烟	万　箱	234.24	242.20
配混合饲料	万　吨	120.88	125.49
纱	万　吨	37.77	42.23
布	亿　米	14.68	16.27
毛线	吨	8 819	13 969
呢绒	万　米	1 437.99	1 802.74
麻袋	万　条	8 045.00	9 764.08
皮鞋	万　双	2 122.31	2 823.92
鞣制皮革	万　张	591.57	580.38
机制纸及纸板	万　吨	65.01	82.73
烧碱	万　吨	16.78	18.77
纯碱	万　吨	29.32	32.73
合成氨	万　吨	131.60	154.95
农用化肥	万　吨	99.93	123.01
氮肥	万　吨	91.93	107.66
酒精	万　吨	7.64	8.28
化学农药	万　吨	1.48	0.77
油漆	吨	51 225	55 861
合成橡胶	吨	15 957	25 311

济 主 要 指 标

指　　标	计算单位	1986年	1987年
合成洗涤剂	吨	100 491	100 694
化学药品	吨	15 365	16 774
轮胎外胎	万 条	274.90	361.58
塑料制品	吨	171 135	218 249
聚烯烃编织袋	万 条	9 317.20	13 979.42
水泥	万 吨	1 345.87	1 558.77
砖	亿 块	461.00	543.45
平板玻璃	万重量箱	365.60	435.35
日用精铝制品	吨	6 640	8 690
农用内燃机	万千瓦	257.61	408.71
锻压机械	台	7 061	9 094
输送机械	吨	24 012	7 242
泵	万 台	25.81	24.21
机动饲料粉碎机	台	33 204	38 358
小型拖拉机	台	116 177	153 680
电影机械	台	13 552	4 954
机动渔船	艘	211	123
微型电子计算机	部	6 449	7 298
中小农具	万 件	8 971.27	6 982.27
九、主要财务指标			
固定资产原值	亿 元	488.56	589.83
固定资产净值	亿 元	339.42	416.30
流动资金年末占用数	亿 元		337.66
产品销售收入	亿 元		723.58
亏损企业亏损总额	亿 元		3.77
利润总额	亿 元	54.44	66.58
利润和税金总额	亿 元	107.15	125.68
企业留利	亿 元	14.98	17.27
每百元固定资产原值实现产值	元	129.89	135.78
每百元固定资产原值实现利税	元	21.93	21.31
每百元工业总产值占用流动资金	元	27.34	24.41
每百元销售收入实现利润	元	9.10	9.20
资金利税率	%	20.89	20.54
产值利税率	%	16.88	15.69
固定资产折旧率	%	5.00	4.99
平均每一职工占有的固定资产	元	11 774	13 218
平均每一职工创造的工业净产值	元	4 733	5 665
平均每一职工创造的利润和税金	元	2 582	2 816
平均每一职工上交的利税费	元	2 495	2 178
平均每一职工占有的企业留利	元	423	387

河 南 省 工 业 经

指 标	计算单位	1986年	1987年
一、工业企业单位数	个	16 120	16 202
其中：亏损企业	个	1 970	2 213
二、年末职工人数	万 人	279.2	291.2
三、职工工资总额	亿 元	32.12	36.89
四、固定资产投资	亿 元	39.33	47.36
五、工业总产值	亿 元	358.59	429.26
六、工业净产值	亿 元	115.89	138.19
七、全员劳动生产率	元/人·年	10 167	11 195
八、主要产品产量			
原煤	万 吨	7 949.29	8 062.20
原油	万 吨	880.78	932.04
天然气	亿立方米	8.68	10.33
耐火粘土成品矿	万 吨	60.55	63.03
发电量	亿千瓦小时	231.63	259.33
食用植物油	万 吨	21.32	24.43
卷烟	万 箱	329.23	326.34
化纤用浆粕	吨	24 010	25 846
纱	万 吨	26.01	28.46
布	亿 米	10.07	10.67
鞣制皮革	万 张	260.22	315.01
机制纸及纸板	万 吨	85.58	102.48
合成氨	万 吨	101.35	137.62
农用化肥	万 吨	80.29	111.62
酒精	万 吨	8.22	13.40
饲料添加剂	吨	8 417	375
合成洗涤剂	吨	75 299	69 941
中成药	吨	11 570	10 843
轮胎外胎	万 条	107.00	123.68
水泥	万 吨	905.19	1 001.26
砖	亿 块	257.51	312.72
平板玻璃	万重量箱	665.07	769.16
卫生陶瓷	万 件	98.60	118.61
耐火材料制品	万 吨	55.99	61.81
农用内燃机	万千瓦	111.03	168.87
给料机械	台	4 252	2 342

济 主 要 指 标

指　　　标	计算单位	1986年	1987年
机动饲料粉碎机	台	15 683	18 797
机动脱粒机	台	47 379	33 351
照相机	万　架	10.18	163 195
摩托车	辆	71 929	76 422
自行车	万　辆	173.89	191.14
手推胶轮车	万　轮	99.95	111.49
钢芯铝绞线	吨	12 540	11 992
干电池	亿　只	4.64	5.05
收音机	万　部	47.17	49.90
泵	万　台	10.55	16.62
风机	万　台	1.56	1.57
滚动轴承	万　套	5 083.43	5 503.25
矿山设备	吨	20 824	20 388
石油钻采设备	吨	15 237	14 860
九、主要财务指标			
固定资产原值	亿　元	365.22	421.08
固定资产净值	亿　元	254.11	295.48
流动资金年末占用数	亿　元		207.87
产品销售收入	亿　元		414.14
亏损企业亏损总额	亿　元		2.93
利润总额	亿　元	26.69	30.65
利润和税金总额	亿　元	63.18	71.16
企业留利	亿　元	8.96	12.05
每百元固定资产原值实现产值	元	98.18	101.94
每百元固定资产原值实现利税	元	17.30	16.90
每百元工业总产值占用流动资金	元	31.67	30.02
每百元销售收入实现利润	元	7.67	7.40
资金利税率	%	17.18	16.77
产值利税率	%	17.62	16.58
固定资产折旧率	%	4.60	4.49
平均每一职工占有的固定资产	元	11 825	13 169
平均每一职工创造的工业净产值	元	3 752	4 322
平均每一职工创造的利润和税金	元	2 045	2 225
平均每一职工上交的利税费	元	1 879	1 838
平均每一职工占有的企业留利	元	307	377

湖北省工业经

指　　标	计算单位	1986年	1987年
一、工业企业单位数	个	22 102	20 676
其中：亏损企业	个	3 583	4 205
二、年末职工人数	万人	278.0	288.2
三、职工工资总额	亿元	33.32	37.94
四、固定资产投资	亿元	37.26	49.46
五、工业总产值	亿元	468.40	561.15
六、工业净产值	亿元	138.29	165.33
七、全员劳动生产率	元/人·年	13 120	14 588
八、主要产品产量			
原油	万吨	103	101
铁矿石原矿量	万吨	687.52	672.84
硫铁矿生产量	万吨	40.18	47.53
磷矿生产量	万吨	293.67	566.07
原盐	万吨	94.45	102.22
木材	万立方米	119.57	118.50
发电量	亿千瓦小时	233.65	268.67
食用植物油	万吨	30.20	32.08
饮料酒	万吨	46.80	55.98
非酒精饮料	吨	142 840	189 114
卷烟	万箱	184.34	229.58
配混合饲料	万吨	117.55	136.69
化纤用浆粕	吨	16 867	19 371
纱	万吨	34.09	38.15
布	亿米	13.32	13.94
毛线	吨	6 447	8 600
麻袋	万条	7 783.95	9 752.07
皮鞋	万双	1 007.63	936.32
鞣制皮革	万张	242.84	215.83
家具	万元	42 550.80	37 624.12
焦炭	万吨	313.05	322.02
硫酸	万吨	53.11	71.19
合成氨	万吨	99.27	117.06
农用化肥	万吨	91.72	117.36
油漆	吨	47 536	49 571
磁带	万米	89 466.08	89 188.70
合成洗涤剂	吨	92 906	92 007
化学药品	吨	9 611	10 941
中成药	吨	14 722	14 511
塑料制品	吨	117 889	114 391
水泥	万吨	836.94	934.79

济 主 要 指 标

指　　标	计算单位	1986年	1987年
砖	亿　块	259.66	224.83
钢	万　吨	543.01	574.22
生铁	万　吨	465.30	500.28
成品钢材	万　吨	490.00	515.43
内燃机商品量	万千瓦	75.69	116.49
起重机械	吨	19 669	16 504
输送机械	吨	11 303	13 358
装卸机械	台	7 343	130
气体压缩机	台	5 043	1 322
石油钻采设备	吨	30 642	34 576
大中型拖拉机	台	4 300	6 520
复印机械	台	4 629	4 000
汽车	辆	90 981	110 985
民用改装车	辆	9 827	11 658
摩托车	辆	8 220	8 454
民用钢质船舶	艘	529	402
家用电冰箱	台	115 758	142 406
房间空气调节器	台	8 219	6 999
电子管	万　只	273.01	21.79
九、主要财务指标			
固定资产原值	亿　元	421.15	478.80
固定资产净值	亿　元	302.82	341.88
流动资金年末占用数	亿　元		259.03
产品销售收入	亿　元		527.27
亏损企业亏损总额	亿　元		3.43
利润总额	亿　元	40.23	48.56
利润和税金总额	亿　元	82.14	96.19
企业留利	亿　元	15.55	20.20
每百元固定资产原值实现产值	元	111.22	117.20
每百元固定资产原值实现利税	元	19.50	20.09
每百元工业总产值占用流动资金	元	30.25	28.26
每百元销售收入实现利润	元	9.16	9.21
资金利税率	%	18.48	19.22
产值利税率	%	17.54	17.14
固定资产折旧率	%	4.52	4.65
平均每一职工占有的固定资产	元	12 623	13 931
平均每一职工创造的工业净产值	元	4 145	4 810
平均每一职工创造的利润和税金	元	2 462	2 799
平均每一职工上交的利税费	元	1 939	1 999
平均每一职工占有的企业留利	元	466	588

湖 南 省 工 业 经

指　　　　标	计算单位	1986年	1987年
一、工业企业单位数	个	20 430	20 539
其中：亏损企业	个	2 911	3 209
二、年末职工人数	万　人	213.2	223.8
三、职工工资总额	亿　元	27.06	32.61
四、固定资产投资	亿　元	28.88	36.64
五、工业总产值	亿　元	319.88	387.28
六、工业净产值	亿　元	101.43	118.06
七、全员劳动生产率	元/人·年	10 794	11 790
八、主要产品产量			
原　煤	万　吨	3 053.18	3 360.08
耐火粘土成品矿	万　吨	16.12	6.80
硫铁矿生产量	万　吨	44.60	59.95
磷矿生产量	万　吨	61.70	109.08
木　材	万立方米	303.32	300.45
卷　烟	万　箱	217.01	238.60
皮　鞋	万　双	1 136.13	1 334.84
鞣制皮革	万　张	354.54	363.08
机制纸及纸板	万　吨	48.64	53.81
硫　酸	万　吨	58.11	66.60
烧　碱	万　吨	11.12	12.69
电　石	万　吨	9.97	11.28
合成氨	万　吨	110.66	126.07
农用化肥	万　吨	102.61	116.73
代学农药	万　吨	2.04	1.93
聚烯烃编织袋	万　条	7 325	7 200
瓦	亿　片	34.01	56.51
平板玻璃	万重量箱	385.30	349.03
日用陶瓷器	万　件	57 216	69 610
内燃机商品量	万千瓦	142.37	178.38
农用内燃机	万千瓦	56.65	86.58
起重机械	吨	27 584	27 302
泵	万　台	11.08	16.00

济 主 要 指 标

指　　标	计算单位	1986年	1987年
电子管	万只	117.81	256.57
大型及专用衡器	台	1 227	1 225
中小农具	万件	2 375.42	3 423
滚动轴承	万套	1 267.80	1 426.96
矿山设备	吨	10 992	12 551
化工设备	吨	5 529	4 913
工矿电机车	辆	1 094	789
交流电动机	万千瓦	214.25	231.43
直流电机	万千瓦	66.34	71.30
变压器	万千伏安	366.18	416.03
钢芯铝绞线	吨	13 027	10 228
九、主要财务指标			
固定资产原值	亿元	269.73	309.01
固定资产净值	亿元	181.33	208.35
流动资金年末占用数	亿元		169.67
产品销售收入	亿元		382.17
亏损企业亏损总额	亿元		4.11
利润总额	亿元	27.32	30.48
利润和税金总额	亿元	57.90	65.81
企业留利	亿元	9.80	11.08
每百元固定资产原值实现产值	元	118.59	125.33
每百元固定资产原值实现利税	元	21.47	21.30
每百元工业总产值占用流动资金	元	28.39	27.49
每百元销售收入实现利润	元	8.72	7.97
资金利税率	%	21.28	20.90
产值利税率	%	18.10	16.99
固定资产折旧率	%	4.66	4.79
平均每一职工占有的固定资产	元	10 376	11 268
平均每一职工创造的工业净产值	元	3 902	4 305
平均每一职工创造的利润和税金	元	2 227	2 400
平均每一职工上交的利税费	元	1 797	1 813
平均每一职工占有的企业留利	元	378	404

广东省工业经

指标	计算单位	1986年	1987年
一、工业企业单位数	个	22 306	22 748
其中：亏损企业	个	3 063	3 211
二、年末职工人数	万人	291.5	311.9
三、职工工资总额	亿元	42.36	52.41
四、固定资产投资	亿元	76.20	87.15
五、工业总产值	亿元	518.32	693.79
六、工业净产值	亿元	159.60	203.68
七、全员劳动生产率	元/人·年	14 072	16 645
八、主要产品产量			
铁矿石原矿量	万吨	828.16	939.10
硫铁矿生产量	万吨	118.67	203.03
木材	万立方米	349.44	232.09
糖	万吨	192.59	186.78
罐头	万吨	9.29	11.35
乳制品	吨	22 240	17 428
饮料酒	万吨	48.31	63.32
非酒精饮料	吨	394 927	607 665
卷烟	万箱	92.32	106.94
化学纤维	吨	38 140	58 538
麻袋	万条	5 909.46	6 013
丝	吨	2 999	3 104
丝织品	万米	12 133.37	13 154
服装	万件	37 194	37 134
家具	万元	47 240.92	64 817.69
机制纸及纸板	万吨	58.14	70.09
硫酸	万吨	73.00	85.08
农用化肥	万吨	64.32	71.93
酒精	万吨	9.04	10.40
油漆	吨	42 436	56 357
磁带	万米	514 846	836 737
合成洗涤剂	吨	67 038	72 474
化学药品	吨	9 206	13 915
中成药	吨	30 166	41 028
轮胎外胎	万条	104.99	126.84
塑料制品	吨	225 058	290 932
水泥	万吨	1 280.01	1 512.40
瓦	亿片	24.80	36.84
卫生陶瓷	万件	102.30	98.84
日用陶瓷	万件	71 133	78 971
日用精铝制品	吨	8 262	12 860

济 主 要 指 标

指　　　　标	计算单位	1986年	1987年
金属切削机床	台	9 424	7 062
泵	万　台	31.20	35.53
缝纫机	万　架	160.01	161.00
自行车	万　辆	221.42	281.56
交流电动机	万千瓦	166.12	173.77
通讯电缆	公　里	36 008	20 593
干电池	亿　只	8.09	8.93
家用电冰箱	台	431 175	796 435
电风扇	万　台	1 292.00	1 511.02
家用洗衣机	台	1 062 631	1 400 294
电话机	万　部	239.64	217.50
电视机	万　台	130.86	198.11
照相机	万　架	22.31	23.70
录放音机	万　台	463.86	474.16
收音机	万　台	151.52	358.79
微型电子计算机	部	9 678	6 828
电子计算器	万　部	217.42	154.28
电子元件	万　只	79 937.00	158 813.24
表	万　只	2 359.30	2 093.45
九、主要财务指标			
固定资产原值	亿　元	347.36	440.90
固定资产净值	亿　元	252.25	322.30
流动资金年末占用数	亿　元		338.43
产品销售收入	亿　元		674.90
亏损企业亏损总额	亿　元		4.57
利润总额	亿　元	38.77	50.47
利润和税金总额	亿　元	82.13	102.43
企业留利	亿　元	13.03	16.78
每百元固定资产原值实现产值	元	149.22	157.36
每百元固定资产原值实现利税	元	23.64	23.23
每百元工业总产值占用流动资金	元	27.38	24.30
每百元销售收入实现利润	元	7.85	7.48
资金利税率	%	20.83	20.87
产值利税率	%	15.84	14.76
固定资产折旧率	%	4.91	4.97
平均每一职工占有的固定资产	元	10 313	12 100
平均每一职工创造的工业净产值	元	4 739	5 590
平均每一职工创造的利润和税金	元	2 438	2 811
平均每一职工上交的利税费	元	1 802	1 989
平均每一职工占有的企业留利	元	387	461

广西壮族自治区工

指　　　标	计算单位	1986年	1987年
一、工业企业单位数	个	3 556	8 651
其中：亏损企业	个	1 143	1 160
二、年末职工人数	万　人	102.8	107.8
三、职工工资总额	亿　元	12.93	15.40
四、固定资产投资	亿　元	15.50	22.88
五、工业总产值	亿　元	143.72	178.95
六、工业净产值	亿　元	48.06	57.93
七、全员劳动生产率	元/人·年	11 731	13 338
八、主要产品产量			
木　材	万立方米	292.52	364.42
糖	万　吨	97.13	105.45
罐　头	万　吨	17.40	14.65
卷　烟	万　箱	74.67	93.71
麻　袋	万　条	5 058.72	5 679.59
酒　精	万　吨	4.79	5.59
中成药	吨	12 249	15 804
瓦	亿　吨	24.12	24.12
平板玻璃	万重量箱	111.56	135.73
机动饲料粉碎机	台	13 756	20 932
种植机械	台	3 852	50
电风扇	万　台	169.18	114.86
半导体分立器件	万　只	7 017.80	7 306.40
电度表	万　只	80.12	126.17

业经济主要指标

指　　　　　标	计算单位	1986年	1987年
表	万　只	173.20	95.22
九、主要财务指标			
固定资产原值	亿　元	126.98	144.10
固定资产净值	亿　元	90.76	103.43
流动资金年末占用数	亿　元		83.83
产品销售收入	亿　元		176.92
亏损企业亏损总额	亿　元		1.54
利润总额	亿　元	13.32	16.57
利润和税金总额	亿　元	27.98	34.75
企业留利	亿　元	4.73	5.91
每百元固定资产原值实现产值	元	112.79	124.18
每百元固定资产原值实现利税	元	22.04	24.11
每百元工业总产值占用流动资金	元	30.13	27.44
每百元销售收入实现利润	元	9.67	9.37
资金利税率	%	20.90	22.78
产值利税率	%	19.54	19.42
固定资产折旧率	%	4.41	4.26
平均每一职工占有的固定资产	元	11 648	12 843
平均每一职工创造的工业净产值	元	4 408	5 163
平均每一职工创造的利润和税金	元	2 567	3 097
平均每一职工上交的利税费	元	2 297	2 795
平均每一职工占有的企业留利	元	433	527

四川省工业经

指　　标	计算单位	1986年	1987年
一、工业企业单位数	个	42 642	38 338
其中：亏损企业	个	7 573	7 506
二、年末职工人数	万　人	382.4	396.3
三、职工工资总额	亿　元	47.03	53.10
四、固定资产投资	亿　元	59.94	75.99
五、工业总产值	亿　元	499.39	599.70
六、工业净产值	亿　元	156.17	182.02
七、全员劳动生产率	元/人·年	9 850	10 758
八、主要产品产量			
原　煤	万　吨	5 689.68	6 132.49
天然气	亿立方米	58.91	59.88
铁矿石原矿量	万　吨	980.16	956.09
磷矿生产量	万　吨	144.61	205.27
原　盐	万　吨	171.08	184.64
木　材	万立方米	425.30	431.56
发电量	亿千瓦小时	237.00	262.87
食用植物油	万　吨	47.56	50.07
罐　头	万　吨	16.72	14.95
饮料酒	万　吨	87.41	106.34
卷　烟	万　箱	135.87	153.05
配混合饲料	万　吨	92.67	111.74
丝	吨	11 880	13 203
机制纸及纸板	万　吨	66.82	70.75
焦炭	万　吨	363.10	371.15
硫　酸	万　吨	72.62	87.71
合成氨	万　吨	160.45	162.97
农用化肥	万　吨	142.22	152.76
精甲醇	吨	54 701	66 291
饲料添加剂	吨	10 146	15 345
化学药品	吨	15 737	17 974
水　泥	万　吨	1 089.22	1 242.17
瓦	亿　片	82.61	91.92
钢	万　吨	425.00	429.81
生　铁	万　吨	365.23	377.31
成品钢材	万　吨	280.19	311.10
农用内燃机	万千瓦	110.42	188.12
金属切削机床	台	9 028	8 474

指　　标	计算单位	1986年	1987年
医疗器械	万元	4 131.51	4 379.73
汽　车	辆	10 292	15 853
摩托车	辆	324 854	280 077
发电设备	万千瓦	57	175.18
家用电冰箱	台	133 485	310 224
电风扇	万台	144.93	108.18
家用洗衣机	台	436 532	507 914
电熨斗	万个	34.16	26.26
电视机	万台	81.21	107.01
电子元件	万只	31 364.59	44 425.08
电度表	万只	119.59	149.29
中小农具	万件	3 679.80	5 825.24
金属轧制设备	吨	112	9 452
化工设备	吨	12 106	14 347
机动饲料粉碎机	台	21 423	27 666
九、主要财务指标			
固定资产原值	亿元	528.18	597.08
固定资产净值	亿元	350.27	402.16
流动资金年末占用数	亿元		325.07
产品销售收入	亿元		588.39
亏损企业亏损总额	亿元		7.54
利润总额	亿元	37.92	50.18
利润和税金总额	亿元	75.78	94.24
企业留利	亿元	17.39	21.40
每百元固定资产原值实现产值	元	94.55	100.44
每百元固定资产原值实现利税	元	14.35	15.78
每百元工业总产值占用流动资金	元	36.96	35.08
每百元销售收入实现利润	元	7.96	8.53
资金利税率	%	14.17	15.38
产值利税率	%	15.18	15.71
固定资产折旧率	%	4.61	4.70
平均每一职工占有的固定资产	元	11 625	12 603
平均每一职工创造的工业净产值	元	3 437	3 842
平均每一职工创造的利润和税金	元	1 668	1 989
平均每一职工上交的利税费	元	1 273	1 307
平均每一职工占有的企业留利	元	383	452

贵州省工业经济主要指标

指　　标	计算单位	1986年	1987年
一、工业企业单位数	个	6 752	5 945
其中：亏损企业	个	752	888
二、年末职工人数	万人	82.2	84.8
三、职工工资总额	亿元	10.27	11.49
四、固定资产投资	亿元	14.01	17.72
五、工业总产值	亿元	92.78	109.07
六、工业净产值	亿元	35.99	40.56
七、全员劳动生产率	元/人·年	8 895	10 518
八、主要产品产量			
原　煤	万吨	2 554.24	3 122.36
洗精煤	万吨	252.12	264.00
耐火粘土成品矿	万吨	29.46	30.83
耐火粘土熟料	万吨	25.04	21.69
硫铁矿生产量	万吨	22.50	33.16
磷矿生产量	万吨	162.58	248.39
卷　烟	万箱	120.07	146.38
焦　炭	万吨	188.46	202.58
重型机床	台	80	73
摩托车	辆	6 454	13 988
电子计算器	万部	23.19	21.68
中小农具	万件	2 093.63	2 432.46
工矿电机车	辆	404	513
钢芯铝绞线	吨	6 851	7 169
电子计算器	万部	23.19	21.68
半导体分立器件	万只	929.94	4 299.43
半导体集成电路	万块	24.02	74.42
九、主要财务指标			
固定资产原值	亿元	135.17	146.03
固定资产净值	亿元	97.82	104.26
流动资金年末占用数	亿元		66.98
产品销售收入	亿元		105.84
亏损企业亏损总额	亿元		1.43
利润总额	亿元	7.15	8.94
利润和税金总额	亿元	19.58	24.18
企业留利	亿元	3.76	4.38
每百元固定资产原值实现产值	元	68.64	74.69
每百元固定资产原值实现利税	元	14.48	16.56
每百元工业总产值占用流动资金	元	41.61	36.63
每百元销售收入实现利润	元	8.09	8.45
资金利税率	%	14.35	16.76
产值利税率	%	21.10	22.17
固定资产折旧率	%	3.59	3.78
平均每一职工占有的固定资产	元	150.63	16 635
平均每一职工创造的工业净产值	元	4 010	4 621
平均每一职工创造的利润和税金	元	2 182	2 754
平均每一职工上交的利税费	元	2 006	2 882
平均每一职工占有的企业留利	元	419	499

云南省工业经济主要指标

指　　　　标	计算单位	1986年	1987年
一、工业企业单位数	个	8 162	7 187
其中：亏损企业	个	1 245	1 200
二、年末职工人数	万　人	92.2	94.8
三、职工工资总额	亿　元	11.98	13.96
四、固定资产投资	亿　元	18.23	19.05
五、工业总产值	亿　元	133.88	165.02
六、工业净产值	亿　元	50.85	62.87
七、全员劳动生产率	元/人·年	10 780	12 673
八、主要产品产量			
磷矿生产量	万　吨	259.00	326.39
木　材	万立方米	341.30	355.99
糖	万　吨	45.94	53.54
卷　烟	万　箱	235.72	300.24
焦　炭	万　吨	175.96	222.39
农用化肥	万　吨	63.47	70.89
磷　肥	万　吨	22.15	28.38
水　泥	万　吨	340.65	393.31
平板玻璃	万重量箱	105.67	92.01
输送机械	吨	9 214	6 196
变压器	万千伏安	112.19	124.90
微型电子计算机	部	958	1 023
高精度机床	台	59	66
大型机床	台	251	290
九、主要财务指标			
固定资产原值	亿　元	156.55	175.00
固定资产净值	亿　元	112.07	125.74
流动资金年末占用数	亿　元		72.71
产品销售收入	亿　元		162.93
亏损企业亏损总额	亿　元		1.55
利润总额	亿　元	12.29	14.71
利润和税金总额	亿　元	34.29	42.87
企业留利	亿　元	5.44	6.23
每百元固定资产原值实现产值	元	85.52	94.29
每百元固定资产原值实现利税	元	21.91	24.50
每百元工业总产值占用流动资金	元	29.15	27.18
每百元销售收入实现利润	元	9.38	9.03
资金利税率	%	22.70	25.13
产值利税率	%	25.62	25.98
固定资产折旧率	%	4.19	4.16
平均每一职工占有的固定资产	元	14 623	16 490
平均每一职工创造的工业净产值	元	4 750	5 924
平均每一职工创造的利润和税金	元	3 204	4 039
平均每一职工上交的利税费	元	2 529	3 255
平均每一职工占有的企业留利	元	509	587

陕 西 省 工 业 经

指 标	计算单位	1986年	1987年
一、工业企业单位数	个	11 713	11 934
其中：亏损企业	个	1 397	1 601
二、年末职工人数	万 人	157.9	162.0
三、职工工资总额	亿 元	19.85	22.59
四、固定资产投资	亿 元	26.47	32.99
五、工业总产值	亿 元	187.64	217.76
六、工业净产值	亿 元	57.77	65.63
七、全员劳动生产率	元/人·年	10 468	11 442
八、主要产品产量			
原 煤	万 吨	2 861.12	2 855.63
硫铁矿生产量	万 吨	24.60	29.34
磷矿生产量	万 吨	5.29	20.14
发电量	亿千瓦小时	125.21	143.70
乳制品	吨	11 888	17 065
卷 烟	万 箱	72.40	90.41
纱	万 吨	16.43	17.33
布	亿 米	7.14	7.42
电 石	万 吨	10.76	12.58
染 料	吨	4 816	6 727
水 泥	万 吨	444.31	469.06
砖	亿 块	164.20	150.34
卫生陶瓷	万 件	28.88	24.97
高精度机床	台	164	128
冶炼设备	吨	107	1 090
金属轧制设备	吨	2 492	4 579
石油钻采设备	吨	23 467	26 041
小型拖拉机	台	15 607	23 100
种植机械	台	1 500	5 855
机动脱粒机	台	7 954	6 502
缝纫机	万 架	66.73	70.48
摩托车	辆	25 506	56 402

济 主 要 指 标

指　　标	计算单位	1986年	1987年
变压器	万千伏安	703.70	813.68
通讯电缆	公 里	12 400	15 501
房间空气调节器	台	7 706	11 930
电视机	万 台	50.71	67.53
*彩色电视机	万 台	23.91	38.54
微型电子计算机	部	1 245	3 937
电子管	万 只	114.18	119.25
半导体集成电路	万 块	127.00	263.60
表	万 只	181.76	142.97
九、主要财务指标			
固定资产原值	亿 元	230.10	254.87
固定资产净值	亿 元	158.74	175.13
流动资金年末占用数	亿 元		134.08
产品销售收入	亿 元		210.36
亏损企业亏损总额	亿 元		3.21
利润总额	亿 元	16.34	16.04
利润和税金总额	亿 元	30.21	32.31
企业留利	亿 元	6.14	6.51
每百元固定资产原值实现产值	元	81.55	85.44
每百元固定资产原值实现利税	元	13.13	12.68
每百元工业总产值占用流动资金	元	43.42	40.72
每百元销售收入实现利润	元	9.19	7.63
资金利税率	%	12.57	12.25
产值利税率	%	16.10	14.84
固定资产折旧率	%	3.64	4.09
平均每一职工占有的固定资产	元	13 417	14 443
平均每一职工创造的工业净产值	元	3 368	3 719
平均每一职工创造的利润和税金	元	1 761	1 831
平均每一职工上交的利税费	元	1 335	1 415
平均每一职工占有的企业留利	元	358	369

甘肃省工业经济主要指标

指　标	计算单位	1986年	1987年
一、工业企业单位数	个	5 129	5 187
其中：亏损企业	个	236	381
二、年末职工人数	万　人	91.3	94.1
三、职工工资总额	亿　元	14.11	15.96
四、固定资产投资	亿　元	18.40	24.69
五、工业总产值	亿　元	135.02	153.77
六、工业净产值	亿　元	47.02	50.39
七、全员劳动生产率	元/人·年	12 205	12 840
八、主要产品产量			
原煤	万　吨	1 248.83	1 282.40
原油	万　吨	156.29	152.82
硫铁矿生产量	万　吨	129.16	126.71
发电量	亿千瓦小时	146.31	133.66
毛线	吨	4 313.	5 109
呢绒	万　米	834.00	913.58
硫酸	万　吨	21.75	31.01
浓硝酸	万　吨	8.05	9.01
乙烯	吨	60 107	54 971
精甲醇	吨	59 525	60 203
塑料	吨	77 984	72 568
合成橡胶	吨	39 174	42 842
水泥	万　吨	311.81	323.36
平板玻璃	万重量箱	195.65	241.53
石油钻采设备	吨	43 259	45 703
炼油设备	吨	10 337	11 899
机引耕作机械	台	6 319	8 805
电影机械	台	1 463	780
照相机	万　架	13.56	12.58
家用洗衣机	台	212 756	400 196
半导体集成电路	万　块	366.49	887.04
九、主要财务指标			
固定资产原值	亿　元	200.36	221.89
固定资产净值	亿　元	125.13	141.06
流动资金年末占用数	亿　元		79.57
产品销售收入	亿　元		149.27
亏损企业亏损总额	亿　元		1.08
利润总额	亿　元	14.51	14.45
利润和税金总额	亿　元	28.18	30.89
企业留利	亿　元	4.71	4.86
每百元固定资产原值实现产值	元	67.39	69.30
每百元固定资产原值实现利税	元	14.07	13.92
每百元工业总产值占用流动资金	元	35.85	34.64
每百元销售收入实现利润	元	11.34	9.68
资金利税率	%	16.24	15.89
产值利税率	%	20.87	20.09
固定资产折旧率	%	3.70	3.59
平均每一职工占有的固定资产	元	20 471	22 020
平均每一职工创造的工业净产值	元	4 804	5 000
平均每一职工创造的利润和税金	元	2 880	3 065
平均每一职工上交的利税费	元	2 917	2 731
平均每一职工占有的企业留利	元	482	482

青海省工业经济主要指标

指标	计算单位	1986年	1987年
一、工业企业单位数	个	1 175	1 183
其中：亏损企业	个	159	185
二、年末职工人数	万人	22.1	22.3
三、职工工资总额	亿元	3.95	4.41
四、固定资产投资	亿元	9.45	13.10
五、工业总产值	亿元	24.68	29.38
六、工业净产值	亿元	8.90	10.96
七、全员劳动生产率	元/人·年	8 880	10 701
八、主要产品产量			
原煤	万吨	272.27	274.32
天然气	亿立方米	0.04	0.29
原盐	万吨	70.18	143.56
纱	万吨	0.42	0.47
布	亿米	0.18	0.22
毛线	吨	2 008	2 369
鞣制皮革	万张	27.50	35.86
钾肥	万吨	1.73	2.85
合成洗涤剂	吨	9 594	6 016
优质钢	万吨	21.41	23.10
优质钢型材	万吨	12.39	13.23
日用精铝制品	吨	1 365	1 749
高精度机床	台	72	108
重型机床	台	10	11
滚动轴承	万套	187.74	205
石油钻采设备	吨	2 635	9 898
汽车	辆	1 502	2 001
载货汽车	辆	1 369	1 896
工矿电机车	辆	150	300
九、主要财务指标			
固定资产原值	亿元	39.63	55.61
固定资产净值	亿元	28.33	43.41
流动资金年末占用数	亿元		20.05
产品销售收入	亿元		25.59
亏损企业亏损总额	亿元		0.42
利润总额	亿元	1.59	1.50
利润和税金总额	亿元	3.30	3.66
企业留利	亿元	0.97	0.91
每百元固定资产原值实现产值	元	62.27	52.84
每百元固定资产原值实现利税	元	8.32	6.59
每百元工业总产值占用流动资金	元	47.01	43.36
每百元销售收入实现利润	元	7.05	5.85
资金利税率	%	8.26	6.53
产值利税率	%	13.36	12.47
固定资产折旧率	%	3.27	2.48
平均每一职工占有的固定资产	元	17 190	25 090
平均每一职工创造的工业净产值	元	3 861	4 947
平均每一职工创造的利润和税金	元	1 430	1 653
平均每一职工上交的利税费	元	1 232	1 562
平均每一职工占有的企业留利	元	419	409

宁夏回族自治区工业经济主要指标

指标	计算单位	1986年	1987年
一、工业企业单位数	个	1 462	1 508
其中：亏损企业	个	108	146
二、年末职工人数	万人	22.5	24.0
三、职工工资总额	亿元	3.46	3.98
四、固定资产投资	亿元	8.56	10.28
五、工业总产值	亿元	25.96	30.69
六、工业净产值	亿元	8.45	9.75
七、全员劳动生产率	元/人·年	9 779	10 620
八、主要产品产量			
原煤	万吨	1 237.27	1 296.67
洗精煤	万吨	130.74	135.87
乳制品	吨	1 762	2 419
毛线	吨	1 882	1 960
硫酸	万吨	1.78	3.17
电石	万吨	2.39	2.90
染料	吨		44.00
饲料添加剂	吨		1 142
塑料	吨	3 412	3 525
轮胎外胎	万条	38.45	57.01
塑料制品	吨	7 550	8 422
聚烯烃编织袋	万条	1 597.94	1 768.95
日用陶瓷器	万件	1 311.31	1 790.07
金属切削机床	台	1 507	1 422
起重机械	吨	4 861	6 742
输送机械	吨	23 210	20 306
滚动轴承(450毫米及以上)	套	71.50	79.86
九、主要财务指标			
固定资产原值	亿元	44.22	50.20
固定资产净值	亿元	31.81	36.27
流动资金年末占用数	亿元		18.54
产品销售收入	亿元		30.85
亏损企业亏损总额	亿元		0.54
利润总额	亿元	1.63	1.92
利润和税金总额	亿元	3.65	4.49
企业留利	亿元	0.73	0.97
每百元固定资产原值实现产值	元	58.68	61.13
每百元固定资产原值实现利税	元	8.25	8.94
每百元工业总产值占用流动资金	元	36.76	37.44
每百元销售收入实现利润	元	6.58	6.22
资金利税率	%	8.82	9.40
产值利税率	%	14.05	14.62
固定资产折旧率	%	3.42	3.76
平均每一职工占有的固定资产	元	18 468	20 079
平均每一职工创造的工业净产值	元	3 530	3 901
平均每一职工创造的利润和税金	元	1 523	1 795
平均每一职工上交的利税费	元	1 098	1 529
平均每一职工占有的企业留利	元	305	390

新疆维吾尔自治区工业经济主要指标

指　　　标	计算单位	1986年	1987年
一、工业企业单位数	个	3 833	3 885
其中：亏损企业	个	418	506
二、年末职工人数	万　人	60.6	63.6
三、职工工资总额	亿　元	9.74	10.85
四、固定资产投资	亿　元	17.08	20.02
五、工业总产值	亿　元	79.71	94.79
六、工业净产值	亿　元	30.85	33.43
七、全员劳动生产率	元/人·年	11 016	12 045
八、主要产品产量			
原煤	万　吨	1 654.39	1 578.40
原油	万　吨	550.53	575.12
天然气	亿立方米	5.71	4.39
铁矿石原矿量	万　吨	43.77	51.27
原盐	万　吨	40.14	77.30
木材	万立方米	42.11	34.61
食用植物油	万　吨	13.03	13.87
糖	万　吨	5.95	8.60
乳制品	万　吨	4 346	7 113
配混合饲料	万　吨	20.08	28.14
纱	万　吨	5.03	6.03
布	亿　米	2.42	2.59
呢绒	万　米	844.00	950.01
鞣制皮革	万　张	103.72	115.50
锯材	万立方米	26.53	23.08
刨花板	万立方米		2.22
水泥	万　吨	200.51	218.12
联合收割机	台	30	55
钢芯铝绞线	吨	2 824	2 570
九、主要财务指标			
固定资产原值	亿　元	110.39	134.51
固定资产净值	亿　元	69.59	88.33
流动资金年末占用数	亿　元		49.75
产品销售收入	亿　元		82.76
亏损企业亏损总额	亿　元		0.90
利润总额	亿　元	5.62	5.97
利润和税金总额	亿　元	12.43	13.51
企业留利	亿　元	2.14	2.80
每百元固定资产原值实现产值	元	72.21	70.47
每百元固定资产原值实现利税	元	11.26	10.04
每百元工业总产值占用流动资金	元	31.39	29.93
每百元销售收入实现利润	元	8.39	7.21
资金利税率	%	13.14	11.58
产值利税率	%	15.60	14.25
固定资产折旧率	%	4.87	4.51
平均每一职工占有的固定资产	元	18 273	21 645
平均每一职工创造的工业净产值	元	5 107	5 379
平均每一职工创造的利润和税金	元	2 058	2 174
平均每一职工上交的利税费	元	1 566	1 683
平均每一职工占有的企业留利	元	358	451

全国381个城市工业经济主要指标(一)

(1987年)

指标	单位	全国总计	381个城市合计	
			绝对数	为全国%
工业企业单位数	万个	49.36	17.72	35.9
(1) 全民所有制	万个	9.76	4.08	41.8
(2) 集体所有制	万个	39.20	13.44	34.3
(3) 其他经济类型	万个	0.40	0.20	50.0
工业总产值(按1980年不变价格计算,不包括村及村以下办工业)	亿元	10 381	7 300	70.3
轻工业	亿元	5 196	3 435	66.1
重工业	亿元	5 185	3 865	74.5
村及村以下办工业总产值	亿元		562.2	
独立核算工业企业净产值(按当年价格计算)	亿元	3 487.7	2 524.2	72.4
(1) 全民所有制	亿元	2 530.0	1 991.9	78.7
(2) 集体所有制	亿元	894.0	487.1	54.5
(3) 其他经济类型	亿元	63.7	45.2	71.0
固定资产原值	亿元	9 158.2	6 477.9	70.7
(1) 全民所有制	亿元	7 678	5 712	74.4
(2) 集体所有制	亿元	1 372	689	50.2
(3) 其他经济类型	亿元	109	77	70.6
利润总额	亿元	1 005	740	73.6
(1) 全民所有制	亿元	787	608	77.3
(2) 集体所有制	亿元	195	116	59.6
(3) 其他经济类型	亿元	23	16	69.6
利税总额	亿元	1 893.4	1 429.0	75.5
(1) 全民所有制	亿元	1 514	1 201	79.3
(2) 集体所有制	亿元	344	204	59.3
(3) 其他经济类型	亿元	35	24	68.6
产品销售收入	亿元	10 890.1	7 689.3	70.6
资金总额	亿元	9 490.1	6 657.7	70.2
年底职工人数	万人	5 971.5	4 150.8	69.5
职工工资总额	亿元	857.5	599.7	69.9

注:本表数字不包括市辖县。(下同)

全国381个城市工业经济主要指标(二)

(1987年)

指标	单位	全国总计	381个城市合计	
			绝对数	为全国%
每百元固定资产原值提供的产值	元	124.3		
(1) 全民所有制	元	104.2	109.3	104.9
(2) 集体所有制	元	229.1	242.7	105.9
(3) 其他经济类型	元	222.4	219.1	98.5
每百元固定资产原值提供的利税	元	20.7		
(1) 全民所有制	元	19.7	21.0	106.6
(2) 集体所有制	元	25.1	29.6	118.0
(3) 其他经济类型	元	32.1	31.4	97.8
每百元产值提供的利税	元	16.6		
(1) 全民所有制	元	18.9	19.2	101.8
(2) 集体所有制	元	11.0	12.2	111.0
(3) 其他经济类型	元	14.5	14.3	98.6
每百元资金提供的利税	元	19.95	21.46	107.6
(1) 全民所有制	元	20.30	21.53	106.1
(2) 集体所有制	元	18.19	20.80	114.3
(3) 其他经济类型	元	24.93	23.92	95.9
每一职工拥有的固定资产原值	元	12 905		
(1) 全民所有制	元	19 142	18 418	96.2
(2) 集体所有制	元	4 575	4 666	102.0
(3) 其他经济类型	元	12 470	6 004	48.1
每一职工平均净产值	元	4 915		
(1) 全民所有制	元	6 308	6 423	101.8
(2) 集体所有制	元	2 982	3 299	110.6
(3) 其他经济类型	元	7 322	3 510	47.9
全员劳动生产率	元/人	13 961		
(1) 全民所有制	元/人	16 671	17 038	102.2
(2) 集体所有制	元/人	9 979	10 833	108.6
(3) 其他经济类型	元/人	17 152	12 560	73.2

注：本表分析指标中的产值数字均按当年价格计算。

14个沿海城市工业经济主要指标（一）

（1987年，包括市辖县）

指　　标	单位	总　计	大　连	秦皇岛	天　津	烟　台	青　岛	连云港	南　通
工业总产值（按1980年不变价格计算）（包括村及村以下办工业）	亿元	2 483.6	132.6	17.5	372.3	95.5	156.8	34.6	134.9
工业总产值（按1980年不变价格计算）（不包括村及村以下办工业）	亿元	2 185.8	129.5	15.7	326.1	67.2	129.0	26.3	117.3
轻工业	亿元	1 249.1	50.1	6.4	174.9	39.5	80.7	16.5	79.7
重工业	亿元	936.8	79.4	9.3	151.7	27.8	48.2	9.8	37.6
全民所有制独立核算工业企业财务指标									
利税总额	亿元	330.1	21.4	2.2	54.9	6.2	16.3	1.9	5.1
固定资产原值	亿元	1 027.2	80.2	13.6	196.1	33.8	51.0	11.4	21.7
固定资产净值	亿元	710.6	48.1	10.4	126.6	25.9	33.3	8.3	15.6
定额流动资金年平均余额	亿元	397.4	29.6	4.1	69.6	10.1	19.6	3.7	8.9
每百元固定资产原值实现利税	元	32.1	26.7	16.2	28.0	18.4	32.0	16.6	23.7
每百元固定资产原值实现总产值	元	141.3	129.3	90.5	140.3	114.3	171.0	140.1	196.7
每百元资金实现利税	元	29.8	27.5	15.2	28.0	17.3	30.8	15.9	20.9
每百元总产值占用定额流动资金	元	29.4	28.1	35.7	26.3	28.9	33.7	25.0	23.4
年底职工人数	万人	829.9	66.0	12.6	143.2	29.7	55.7	15.0	35.5
职工工资总额	亿元	129.9	9.8	1.8	21.4	3.8	8.2	1.8	4.7

注：1．全民所有制独立核算工业企业财务指标中的“每百元总产值占用定额流动资金”，其总产值是按当年价格计算的。2．烟台、大连市包括了代管的县级市（龙口市、瓦房店市）的资料。

14个沿海城市工业经济主要指标（二）

（1987年）

指　　标	单　位	上　海	宁　波	温　州	福　州	广　州	湛　江	北　海
工业总产值（按1980年不变价格计算）（包括村及村以下办工业）	亿元	979.7	163.0	60.3	64.4	214.9	30.6	6.2
工业总产值（按1980年不变价格计算）（不包括村及村以下办工业）	亿元	923.5	123.1	43.9	52.4	201.5	24.9	5.5
轻工业	亿元	509.1	73.3	25.6	33.6	135.5	19.8	4.5
重工业	亿元	414.3	49.8	18.3	18.8	66.0	5.1	1.0
全民所有制独立核算工业企业财务指标								
利税总额	亿元	172.9	9.5	0.8	5.0	29.9	3.4	0.5
固定资产原值	亿元	457.2	29.3	7.2	20.7	89.4	13.1	2.6
固定资产净值	亿元	325.1	23.2	5.1	14.8	61.9	10.3	1.9
定额流动资金年平均余额	亿元	188.6	8.4	3.0	10.6	41.4	4.0	0.9
每百元固定资产原值实现利税	元	37.8	32.4	11.7	24.1	33.4	26.2	20.5
每百元固定资产原值实现总产值	元	170.0	162.5	135.8	97.7	176.1	135.3	123.4
每百元资金实现利税	元	34.0	30.1	10.3	19.7	28.9	24.0	19.0
每百元总产值占用定额流动资金	元	24.6	18.7	35.9	56.8	26.3	24.6	25.1
年底职工人数	万人	274.2	35.8	32.2	31.1	81.0	14.4	3.6
职工工资总额	亿元	43.0	4.7	3.6	3.7	16.0	1.9	0.4

4个经济特区城市工业经济主要指标(一)

(1987年)

指标	单位	总计		深圳		珠海	
		包括市辖县	不包括市辖县	包括市辖县	不包括市辖县	包括市辖县	不包括市辖县
工业总产值（按1980年不变价格计算）（包括村及村以下办工业）	亿元	172.6	114.2	58.7	49.9	13.0	9.5
工业总产值（按1980年不变价格计算）（不包括村及村以下办工业）	亿元	153.2	112.4	57.6	49.9	12.3	8.9
轻工业	亿元	116.7	83.5	45.8	39.5	10.4	7.5
重工业	亿元	36.4	28.9	11.9	10.4	2.0	1.4
全民所有制独立核算工业企业财务指标							
利税总额	亿元	10.6	8.4	2.5	2.2	1.2	0.5
固定资产原值	亿元	39.2	27.1	10.8	8.7	4.2	2.2
固定资产净值	亿元	31.3	22.0	9.5	7.6	3.5	2.0
定额流动资金年平均余额	亿元	23.2	17.9	10.8	8.8	1.8	1.4
每百元固定资产原值实现利税	元	27.1	31.0	23.5	25.0	27.7	21.5
每百元固定资产原值实现总产值	元	155.1	163.4	140.1	139.6	173.4	198.0
每百元资金实现利税	元	19.5	21.0	12.5	13.3	21.8	14.5
每百元总产值占用定额流动资金	元	32.6	33.5	39.6	38.9	29.2	36.2
年底职工人数	万人	74.7	43.6	14.8	12.1	3.5	2.6
职工工资总额	亿元	10.9	7.5	3.3	2.9	0.7	0.5

注：1. 轻工业中包括城镇个体工业营业额。2. 全民所有制独立核算工业企业财务指标中的“每百元总产值占用定额流动资金,”其总产值是按当年价格计算的。3. 汕头市全市资料中包括代管的县级市（潮州市）的资料。

4个经济特区城市工业经济主要指标(二)

(1987年)

指标	单位	汕头		厦门	
		包括市辖县	不包括市辖县	包括市辖县	不包括市辖县
工业总产值（按1980年不变价格计算）（包括村及村以下办工业）	亿元	68.0	23.5	32.9	31.3
工业总产值（按1980年不变价格计算）（不包括村及村以下办工业）	亿元	51.0	22.6	32.1	31.0
轻工业	亿元	39.7	16.5	20.9	20.0
重工业	亿元	11.4	6.1	11.2	11.0
全民所有制独立核算工业企业财务指标					
利税总额	亿元	2.2	1.1	4.7	4.6
固定资产原值	亿元	13.5	5.9	10.8	10.2
固定资产净值	亿元	10.1	4.6	8.3	7.9
定额流动资金年平均余额	亿元	5.4	2.7	5.2	5.0
每百元固定资产原值实现利税	元	16.7	19.1	43.4	45.0
每百元固定资产原值实现总产值	元	147.0	163.4	173.1	176.0
每百元资金实现利税	元	14.5	15.4	34.7	35.8
每百元总产值占用定额流动资金	元	30.4	30.9	30.6	30.6
年底职工人数	万人	44.8	18.0	11.7	10.9
职工工资总额	亿元	4.9	2.2	1.9	1.9

五、中国工业的规模经济

全国独立核算工业企业按职工人数分组的主要指标(一)

(1987年)

行业	企业单位数（个）	利税总额（亿元）	利润总额（亿元）	企业留利（亿元）	固定资产原值（亿元）	定额流动资金年平均余额（亿元）	工业总产值(按1980年不变价格计算)（亿元）	职工平均人数（万人）
总计	**417 904**	**1 893.63**	**1 004.97**	**343.62**	**9 157.49**	**3 143.29**	**9 906.73**	**7 096.40**
1万人以上	302	335.59	183.47	56.85	2 350.87	378.83	1 159.87	792.55
5 000人—1万人	583	172.25	97.32	31.27	758.39	247.67	714.75	399.48
3 000人—5 000 人	903	168.33	75.79	25.43	706.01	214.64	679.70	342.07
1 000人—3 000 人	7 717	491.25	229.53	75.15	2 035.45	712.82	2 228.39	1 214.91
500人—1 000 人	15 157	263.87	148.35	47.30	1 119.63	500.87	1 533.84	1 041.46
100人—500 人	107 078	358.42	209.63	76.86	1 653.34	830.81	2 641.53	2 314.31
50人—100 人	73 310	54.05	32.24	15.62	290.70	150.23	507.52	532.86
10人—50 人	155 236	38.22	23.15	12.60	215.88	100.13	388.26	423.92
10人以下	57 618	11.65	5.49	2.54	27.23	7.29	52.86	34.85
煤炭采选业	9 458	−5.63	−14.08	1.18	720.13	62.30	202.79	538.15
1万人以上	81	−5.42	−10.76	−1.17	529.91	37.76	120.38	301.67
5 000人—1万人	31	−1.70	−1.95	0.12	31.10	2.51	5.51	21.61
3 000人—5 000 人	52	−0.12	−0.39	0.19	23.49	2.35	6.67	20.49
1 000人—3 000 人	321	−0.36	−0.99	0.44	48.78	5.70	16.25	51.52
500人—1 000 人	498	0.06	−0.37	0.36	24.86	3.89	11.14	34.85
100人—500 人	3 158	2.48	1.45	0.97	33.71	6.47	28.48	69.40
50人—100 人	1 970	0.47	0.27	0.16	5.43	1.14	6.15	14.99
10人—50 人	2 616	0.22	0.13	0.09	2.66	0.49	3.27	8.24
10人以下	731	−1.26	−1.48	0.03	20.18	1.98	4.94	15.38
石油和天然气开采业	29	52.20	32.63	2.49	507.71	41.65	175.32	64.52
1万人以上	14	51.18	31.85	2.42	493.97	41.09	172.57	62.95
5 000人—1万人	2	0.13	0.03	0.03	6.74	0.28	1.27	1.14
1 000人—3 000 人	1	0.09	0.04	0.03	4.04	0.27	1.08	0.27
500人—1 000 人	1	0.01	0.00	0.00	0.03	0.00	0.01	0.02
100人—500 人	5	0.00	0.00	0.00	0.10	0.01	0.02	0.09
50人—100 人	2	0.79	0.70	0.00	2.81	0.00	0.39	0.02
10人—50 人	3	0.00	0.00	0.00	0.01	0.00	0.00	0.01
10人以下	1	0.00	0.00	0.00	0.00	0.00	0.00	0.00
黑色金属矿采选业	1 270	3.87	3.12	1.30	36.93	6.42	17.38	28.63
1万人以上	3	1.03	0.87	0.48	14.15	1.38	4.25	5.17
5 000人—1万人	4	0.29	0.20	0.08	3.08	0.49	1.19	2.65
3 000人—5 000 人	6	0.31	0.22	0.09	3.34	0.56	1.20	2.29
1 000人—3 000 人	30	0.48	0.39	0.18	6.78	1.01	2.23	4.56
500人—1 000 人	43	0.45	0.39	0.14	3.38	0.69	1.62	3.00
100人—500 人	351	0.89	0.72	0.23	4.59	1.65	4.46	7.32
50人—100 人	270	0.26	0.22	0.06	0.91	0.39	1.44	2.00
10人—50 人	433	0.13	0.10	0.04	0.57	0.21	0.82	1.31
10人以下	130	0.01	0.00	0.00	0.16	0.03	0.18	0.33
有色金属矿采选业	2 040	9.30	7.89	3.35	103.11	17.20	41.86	62.80
1万人以上	6	0.35	0.20	0.16	16.94	2.52	4.42	7.06
5 000人—1万人	7	1.67	1.45	0.35	12.24	1.70	5.40	4.46
3 000人—5 000 人	29	1.06	0.83	0.52	20.52	3.20	6.74	11.02
1 000人—3 000 人	103	2.06	1.79	0.97	32.61	4.26	9.10	16.60
500人—1 000 人	101	1.43	1.30	0.50	8.50	1.70	4.13	6.63
100人—500 人	521	2.08	1.82	0.61	9.35	2.72	7.77	11.87
50人—100 人	358	0.29	0.23	0.12	1.55	0.52	1.65	2.59
10人—50 人	669	0.28	0.21	0.09	1.13	0.51	2.12	1.98
10人以下	246	0.08	0.06	0.03	0.27	0.09	0.53	0.59

全国独立核算工业企业按职工人数分组的主要指标(二)

(1987年)

行业	企业单位数(个)	利税总额(亿元)	利润总额(亿元)	企业留利(亿元)	固定资产原值(亿元)	定额流动资金年平均余额(亿元)	工业总产值(按1980年不变价格计算)(亿元)	职工平均人数(万人)
建筑材料及其他非金属矿采选业	10092	6.28	4.12	1.78	54.05	11.51	43.51	91.28
5 000人—1万人	4	0.13	0.07	0.04	5.13	0.53	0.82	2.32
3 000人—5 000 人	9	0.04	−0.01	0.03	3.69	0.52	0.97	3,30
1 000人—3 000 人	51	0.76	0.45	0.23	11.59	1.47	4.02	8.85
500人—1 000 人	176	0.99	0.64	0.27	9.29	1.90	5.49	12.18
100人—500 人	1 833	2.52	1.72	0.67	15.63	4.20	16.33	36.27
50人—100 人	1 864	0.82	0.57	0.26	4.11	1.40	6.45	13.59
10人—50人	4 554	0.84	0.58	0.23	3.67	1.28	7.74	13.03
10人以下	1 601	0.17	0.12	0.05	0.93	0.22	1.67	1.73
采盐业	607	4.61	2.41	0.99	26.30	4.80	21.80	23.00
1万人以上	1	0.95	0.15	0.10	1.74	0.48	1.82	2.04
5 000人—1万人	9	0.71	0.61	0.23	8.69	1.41	5.95	6.27
3 000人—5 000人	10	0.13	0.09	0.07	2.94	0.44	2.14	3.45
1 000人—3 000人	21	1.04	0.71	0.26	5.90	1.02	5.33	3.50
500人—1 000人	32	0.58	0.37	0.14	2.63	0.52	3.05	2.28
100人—500人	185	0.85	0.36	0.13	3.50	0.74	2.65	4.03
50人—100人	114	0.14	0.05	0.03	0.52	0.10	0.42	0.81
10人—50人	200	0.20	0.05	0.02	0.37	0.09	0.41	0.56
10人以下	35	0.01	0.00	0.00	0.02	0.00	0.02	0.07
其他矿采选业	25	0.01	0.01	0.00	0.06	0.02	0.07	0.19
100人—500人	5	0.01	0.00	0.00	0.04	0.01	0.02	0.11
50人—100人	5	0.00	0.00	0.00	0.01	0.00	0.01	0.04
10人—50人	13	0.01	0.01	0.00	0.01	0.00	0.03	0.04
10人以下	2	0.00	0.00	0.00	0.00	0.00	0.00	0.00
木材及竹材采运业	1 337	22.03	13.62	6.89	118.32	20.39	41.66	114.28
1万人以上	33	6.78	4.12	2.17	45.86	6.56	15.15	44.09
5 000人—1万人	47	5.27	2.98	1.60	43.42	6.81	12.64	34.32
3 000人—5 000人	13	0.53	0.28	0.21	5.52	0.74	1.26	5.16
1 000人—3.000人	84	2.36	1.42	0.74	11.69	2.42	4.04	13.85
500人—1 000人	90	1.62	1.03	0.47	4.22	1.14	2.29	6.45
100人—500人	346	3.83	2.65	1.21	5.39	2.02	4.10	7.72
50人—100人	180	0.79	0.56	0.30	0.93	0.34	0.85	1.34
10人—50人	386	0.71	0.50	0.18	0.71	0.30	1.03	1.06
10人以下	158	0.15	0.09	0.02	0.57	0.06	0.32	0.31
自来水生产和供应业	2 836	6.44	5.59	2.72	100.20	3.27	21.41	21.50
5 000人—1万人	2	0.48	0.40	0.18	9.93	0.07	1.54	0.95
3 000人—5 000人	7	0.89	0.75	0.31	20.02	0.42	3.21	2.71
1 000人—3 000人	24	0.84	0.70	0.34	19.60	0.43	3.43	3.73
500人—1 000人	37	1.27	1.15	0.53	12.80	0.33	3.36	2.49
100人—500人	259	1.55	1.37	0.62	20.38	0.76	5.01	5.05
50人—100人	383	0.65	0.57	0.34	7.47	0.49	2.03	2.66
10人—50人	1 313	0.69	0.59	0.37	8.79	0.68	2.49	3.44
10人以下	811	0.07	0.05	0.03	1.21	0.08	0.33	0.47
食品制造业	43 664	68.22	42.08	17.67	346.15	126.70	652.84	323.71
5 000人—1万人	1	0.02	0.02	0.02	0.01	0.01	0.07	0.51
3 000人—5 000人	12	1.80	0.84	0.23	6.74	2.55	9.89	4.68
1 000人—3 000人	271	11.00	5.94	2.26	58.17	23.29	86.95	41.67
500人—1 000人	609	11.94	5.72	2.17	60.25	18.34	86.30	39.82
100人—500人	6 828	31.82	21.49	8.86	146.09	53.00	298.35	135.32

全国独立核算工业企业按职工人数分组的主要指标(三)

(1987年)

行业	企业单位数(个)	利税总额(亿元)	利润总额(亿元)	企业留利(亿元)	固定资产原值(亿元)	定额流动资金年平均余额(亿元)	工业总产值(按1980年不变价格计算)(亿元)	职工平均人数(万人)
50人—100人	6 570	6.64	4.80	2.29	38.47	16.42	91.46	47.31
10人—50人	17 871	4.49	2.94	1.65	31.19	11.61	71.02	46.05
10人以下	11 502	0.52	0.32	0.20	5.23	1.50	8.79	8.35
饮料制造业	14 706	43.25	13.22	4.73	141.36	93.72	168.53	120.26
1万人以上	1	0.29	0.17	0.03	0.26	0.09	0.12	0.15
5 000人—1万人	2	0.16	0.06	0.01	0.34	0.25	0.42	0.20
3 000人—5 000人	4	0.14	0.05	0.02	0.52	0.14	0.24	0.25
1 000人—3 000人	94	9.62	4.00	1.06	18.70	11.88	21.44	12.26
500人—1 000人	320	11.66	3.85	1.09	32.91	21.61	36.39	21.69
100人—500人	2 510	17.20	4.16	1.86	67.16	45.75	78.64	54.86
50人—100人	1 872	2.19	0.51	0.33	10.39	7.50	14.67	13.35
10人—50人	5 528	1.68	0.37	0.29	9.41	5.61	14.17	14.66
10人以下	4 375	0.31	0.04	0.05	1.67	0.89	2.45	2.85
烟草加工业	304	164.15	6.15	3.29	41.97	49.95	205.33	25.17
1万人以上	6	3.82	0.05	0.03	1.01	1.30	4.80	0.83
5 000人—1万人	2	7.78	0.46	0.00	0.82	0.58	8.01	0.66
3 000人—5 000人	11	39.21	1.69	0.81	9.11	11.39	46.20	3.81
1 000人—3 000人	77	97.94	3.30	1.98	23.66	28.46	122.57	14.12
500人—1 000人	45	11.71	0.28	0.32	3.97	5.00	17.36	3.22
100人—500人	83	3.45	0.30	0.14	3.03	2.98	5.54	2.18
50人—100人	30	0.20	0.05	0.01	0.24	0.17	0.49	0.22
10人—50人	41	0.05	0.03	0.01	0.12	0.06	0.36	0.13
10人以下	9	0.00	0.00	0.00	0.00	0.00	0.01	0.00
饲料工业	3 643	3.97	3.60	2.17	13.28	7.41	47.30	11.59
1 000人—3 000人	1	0.00	0.00	0.00	0.00	0.00	0.03	0.12
500人—1 000人	4	0.05	0.04	0.04	0.25	0.04	0.56	0.22
100人—500人	176	1.03	0.97	0.55	3.47	2.02	10.85	2.77
50人—100人	427	1.18	1.03	0.60	3.72	2.14	14.11	2.90
10人—50人	1 906	1.62	1.49	0.93	5.39	3.00	20.42	4.93
10人以下	1 129	0.09	0.07	0.05	0.44	0.20	1.33	0.65
纺织业	23 026	158.37	99.98	34.31	613.34	348.55	1 325.71	807.55
1万人以上	24	6.64	4.64	1.42	22.08	10.78	39.98	20.89
5 000人—1万人	128	26.34	18.38	6.25	78.93	35.54	154.82	83.91
3 000人—5 000人	207	21.17	13.76	4.75	71.61	36.42	131.63	76.16
1 000人—3 000人	1 366	52.75	32.63	10.98	206.35	113.87	409.46	216.27
500人—1 000人	2 144	25.21	15.32	4.89	103.09	61.07	229.71	149.26
100人—500人	8 862	22.74	13.34	4.95	109.14	75.65	303.24	210.31
50人—100人	4 151	2.18	1.18	0.65	12.98	9.39	35.26	30.50
10人—50人	5 016	1.03	0.58	0.36	6.38	4.26	16.46	15.47
10人以下	1 128	0.32	0.16	0.06	2.77	1.59	5.15	4.78
缝纫业	18 965	20.27	11.96	4.17	65.18	66.54	234.71	210.28
5 000人—1万人	3	0.31	0.26	0.08	0.83	0.55	2.47	1.81
3 000人—5 000人	7	0.58	0.46	0.07	1.36	1.82	4.90	2.57
1 000人—3 000人	82	1.97	1.35	0.39	6.01	4.27	17.72	11.65
500人—1 000人	452	4.69	2.91	0.86	13.19	13.17	46.35	30.23
100人—500人	5 410	10.11	5.65	2.03	33.70	33.91	123.46	112.29
50人—100人	3 966	1.50	0.75	0.40	5.85	7.77	22.90	28.89
10人—50人	6 418	0.88	0.47	0.29	3.11	4.03	13.15	18.41
10人以下	2 627	0.23	0.11	0.06	1.13	1.04	3.75	4.44

全国独立核算工业企业按职工人数分组的主要指标(四)

(1987年)

行业	企业单位数（个）	利税总额（亿元）	利润总额（亿元）	企业留利（亿元）	固定资产原值（亿元）	定额流动资金年平均余额（亿元）	工业总产值(按1980年不变价格计算)（亿元）	职工平均人数（万人）
皮革、毛皮及其制品业	7 990	11.95	6.96	2.42	43.40	44.61	101.78	94.76
5 000人—1万人	1	0.07	0.06	0.03	0.31	0.25	0.30	0.27
3 000人—5 000人	1	0.07	0.04	0.01	0.16	0.26	0.27	0.37
1 000人—3 000人	48	1.77	1.17	0.37	5.65	4.75	9.52	6.80
500人—1 000人	210	2.58	1.55	0.45	8.77	8.37	19.62	14.01
100人—500人	2 419	6.12	3.47	1.20	22.94	24.13	55.84	50.89
50人—100人	1 769	0.79	0.39	0.21	3.44	4.06	9.46	12.86
10人—50人	2 885	0.46	0.24	0.15	1.70	2.29	5.66	8.28
10人以下	657	0.08	0.04	0.02	0.43	0.50	1.10	1.28
木材加工及竹、藤、棕、草制品业	10 989	10.01	6.59	2.82	50.93	21.45	58.27	80.34
5 000人—1万人	8	0.40	0.17	0.10	2.63	0.67	1.59	5.39
3 000人—5 000人	21	0.94	0.59	0.33	6.75	2.64	4.89	7.90
1 000人—3 000人	75	1.89	1.36	0.57	9.43	3.58	8.55	12.09
500人—1 000人	115	1.71	1.21	0.52	8.27	3.55	7.35	7.79
100人—500人	1 166	3.07	2.08	0.75	15.18	6.78	18.68	22.94
50人—100人	1 245	0.68	0.42	0.18	3.60	1.86	6.03	8.91
10人—50人	5 148	1.01	0.57	0.29	4.07	2.00	9.00	12.86
10人以下	3 211	0.30	0.19	0.08	1.00	0.38	2.18	2.46
家具制造业	11 381	5.93	3.18	1.27	29.61	21.04	59.73	68.64
3 000人—5 000人	3	0.02	0.00	0.00	0.12	0.03	0.31	1.30
1 000人—3 000人	18	0.46	0.27	0.07	1.97	1.17	3.31	2.73
500人—1 000人	73	0.60	0.34	0.11	2.89	1.84	5.13	4.70
100人—500人	1522	3.10	1.67	0.61	14.79	10.73	29.67	29.28
50人—100人	1880	0.82	0.41	0.21	4.68	3.72	9.95	13.34
10人—50人	5412	0.75	0.39	0.22	4.13	2.92	9.32	14.26
10人以下	2473	0.18	0.10	0.05	1.03	0.63	2.04	3.04
造纸及纸制品业	9 762	36.02	18.60	6.10	144.04	45.49	190.78	143.20
5 000人—1万人	8	3.56	2.45	0.95	14.48	2.16	8.61	5.36
3 000人—5 000人	19	4.08	2.31	0.66	15.49	3.72	12.22	6.45
1 000人—3 000人	131	8.48	4.60	1.24	29.29	8.87	32.34	19.41
500人—1 000人	336	6.69	3.31	1.09	25.19	8.07	34.91	22.79
100人—500人	2 796	10.98	5.00	1.62	45.08	16.97	77.57	60.22
50人—100人	2 233	1.33	0.52	0.31	8.53	3.32	14.79	16.20
10人—50人	3 347	0.66	0.29	0.18	4.28	1.84	8.06	10.22
10人以下	892	0.24	0.11	0.05	1.70	0.53	2.27	2.57
印刷业	10 538	17.50	12.97	5.03	76.69	27.85	99.32	98.81
1万人以上	1	0.22	0.22	0.05	0.36	0.06	0.28	0.16
3 000人—5 000人	2	0.66	0.65	0.11	1.41	0.26	1.35	0.38
1 000人—3 000人	66	3.46	2.99	1.02	13.79	3.26	15.25	8.62
500人—1 000人	210	4.13	3.19	1.29	18.87	5.82	20.50	14.17
100人—500人	2 303	6.29	4.20	1.70	30.26	12.76	41.28	45.48
50人—100人	2 105	1.47	0.91	0.43	6.58	3.12	10.94	15.16
10人—50人	4 664	1.14	0.73	0.37	4.67	2.25	8.56	12.88
10人以下	1 187	0.13	0.08	0.04	0.75	0.33	1.17	1.97
文教体育用品制造业	3 943	10.28	6.54	2.24	21.44	15.29	55.79	45.88
5 000人—1万人	1	0.01	0.01	0.00	0.03	0.04	0.09	0.60
3 000人—5 000人	1	0.05	0.05	0.01	0.09	0.00	0.20	0.31
1 000人—3 000人	32	2.22	1.24	0.31	2.88	1.96	7.13	5.05
500人—1 000人	115	2.97	1.99	0.67	5.31	3.29	14.32	7.71

全国独立核算工业企业按职工人数分组的主要指标(五)

(1987年)

行业	企业单位数(个)	利税总额(亿元)	利润总额(亿元)	企业留利(亿元)	固定资产原值(亿元)	定额流动资金年平均余额(亿元)	工业总产值(按1980年不变价格计算)(亿元)	职工平均人数(万人)
100人—500人	1049	4.14	2.69	0.96	10.15	7.72	26.64	22.59
50人—100人	695	0.45	0.27	0.17	1.58	1.17	3.89	5.06
10人—50人	1 527	0.39	0.26	0.12	1.23	0.98	3.14	4.04
10人以下	523	0.04	0.03	0.01	0.17	0.12	0.38	0.50
工艺美术品制造业	10228	12.49	7.17	2.35	32.31	31.18	101.52	125.16
1万人以上	1	0.07	0.03	0.02	0.17	0.41	0.72	2.50
5 000人—1万人	2	0.06	0.06	0.05	0.02	0.00	0.19	1.58
3 000人—5 000人	6	0.11	0.06	0.02	0.24	0.67	0.99	2.28
1 000人—3 000人	93	1.41	0.85	0.23	3.17	3.05	9.36	13.56
500人—1 000人	300	2.86	1.69	0.42	6.69	6.37	21.51	19.82
100人—500人	2 712	6.20	3.54	1.15	16.74	15.73	51.48	57.54
50人—100人	2 091	0.97	0.50	0.22	2.86	2.73	9.06	15.29
10人—50人	3 660	0.65	0.35	0.20	1.91	1.75	6.59	10.55
10人以下	1 363	0.16	0.10	0.03	0.50	0.47	1.61	2.03
电力、蒸汽、热水生产和供应业	11407	136.40	64.04	13.15	1 106.35	27.78	312.93	131.76
1万人以上	14	19.78	8.27	1.65	70.80	1.41	7.89	5.78
5 000人—1万人	8	3.73	0.96	0.12	47.68	0.72	13.72	3.58
3 000人—5 000人	33	11.61	4.00	0.23	142.74	2.80	52.60	11.80
1 000人—3 000人	263	50.86	22.76	4.32	489.16	11.65	156.24	44.19
500人—1 000人	213	19.59	9.35	1.48	125.33	3.38	28.15	15.28
100人—500人	1 505	19.68	13.02	3.27	160.75	5.92	28.42	32.97
50人—100人	852	1.54	1.16	0.55	29.28	0.90	4.45	6.06
10人—50人	4 056	1.16	0.96	0.42	29.67	0.78	4.68	9.21
10人以下	4 463	8.44	3.56	1.10	10.94	0.21	16.77	2.89
石油加工业	626	109.40	51.80	5.25	158.57	27.97	257.37	34.85
1万人以上	8	48.96	22.88	1.61	69.34	11.36	115.58	15.64
5 000人—1万人	11	40.90	19.44	2.19	57.92	8.77	90.99	8.79
3 000人—5 000人	6	8.33	3.55	0.42	14.77	2.65	20.55	2.54
1 000人—3 000人	22	8.64	4.30	0.52	10.79	2.43	20.53	3.44
500人—1 000人	19	0.83	0.45	0.13	2.41	1.23	3.32	1.28
100人—500人	79	1.20	0.85	0.23	2.00	0.83	3.53	1.63
50人—100人	83	0.27	0.17	0.07	0.65	0.27	1.08	0.60
10人—50人	327	0.26	0.16	0.07	0.63	0.41	1.68	0.86
10人以下	71	0.01	0.01	0.00	0.06	0.02	0.11	0.06
炼焦、煤气及煤制品业	2 038	3.32	1.81	1.77	40.61	4.54	22.49	19.79
1万人以上	1	0.18	0.15	0.12	5.25	0.25	0.95	1.31
5 000人—1万人	3	1.18	0.89	0.40	5.52	0.42	2.84	1.51
3 000人—5 000人	6	0.83	0.45	0.33	7.46	0.62	3.78	2.11
1 000人—3 000人	24	0.69	0.30	0.37	10.45	0.98	4.05	3.57
500人—1 000人	27	0.23	0.09	0.14	3.73	0.48	1.72	1.95
100人—500人	238	−0.01	−0.17	0.24	5.68	1.10	4.54	4.94
50人—100人	234	0.11	0.07	0.07	1.01	0.28	1.76	1.65
10人—50人	867	0.12	0.06	0.08	1.03	0.31	2.11	2.24
10人以下	638	−0.01	−0.05	0.01	0.47	0.10	0.72	0.51
化学工业	16 228	150.89	78.06	25.32	648.96	176.16	681.82	364.50
1万人以上	15	35.94	19.05	4.03	142.48	20.71	94.52	31.10
5 000人—1万人	28	8.45	4.69	1.81	49.01	8.57	30.00	15.73
3 000人—5 000人	54	13.44	6.83	2.27	59.22	12.44	47.64	19.41
1 000人—3 000人	497	34.38	17.68	5.72	146.95	39.44	155.44	73.45

全国独立核算工业企业按职工人数分组的主要指标（六）

（1987年）

行　　业	企业单位数（个）	利税总额（亿元）	利润总额（亿元）	企业留利（亿元）	固定资产原值（亿元）	定额流动资金年平均余额（亿元）	工业总产值(按1980年不变价格计算)（亿元）	职工平均人数（万人）
500人—1000人	1 298	26.03	13.55	4.94	121.18	36.18	147.00	88.07
100人—500人	4 103	26.12	13.19	4.99	103.74	43.95	158.02	99.05
50人—100人	2 504	3.58	1.72	0.82	12.88	7.51	24.97	18.19
10人—50人	5 756	2.62	1.27	0.65	9.78	5.79	19.45	15.84
10人以下	1 973	0.33	0.08	0.09	3.72	1.57	4.78	3.67
医药工业	2 664	36.62	27.16	9.17	80.90	51.37	209.96	69.92
1万人以上	1	0.19	0.15	0.04	0.46	0.23	0.93	0.32
5 000人—1万人	4	2.89	2.33	0.85	4.69	1.35	8.82	2.47
3 000人—5 000人	7	1.50	1.12	0.45	3.94	2.05	9.55	2.27
1 000人—3000人	106	10.71	8.20	2.66	25.72	13.12	58.10	16.24
500人—1 000人	243	8.73	6.32	2.00	19.32	13.33	54.39	16.27
100人—500人	1 120	11.30	8.12	2.71	23.35	18.58	69.70	27.14
50人—100人	399	0.77	0.55	0.26	1.94	1.71	4.96	2.93
10人—50人	585	0.45	0.33	0.18	1.12	0.79	2.61	1.72
10人以下	199	0.09	0.05	0.02	0.38	0.22	0.92	0.57
化学纤维工业	435	30.97	21.82	3.49	153.45	31.02	149.36	34.55
1万人以上	4	17.10	12.13	1.27	77.75	11.40	57.64	8.98
5 000人—1万人	5	2.22	1.63	0.39	9.05	2.52	11.70	3.17
3 000人—5 000人	15	3.06	2.12	0.51	20.57	3.79	14.37	5.55
1 000人—3 000人	52	5.06	3.64	0.81	26.04	6.69	32.21	8.07
500人—1 000人	62	2.31	1.58	0.30	11.69	3.70	20.12	4.31
100人—500人	150	1.12	0.68	0.17	7.62	2.69	12.29	3.79
50人—100人	60	0.05	0.03	0.01	0.42	0.14	0.64	0.43
10人—50人	77	0.03	0.01	0.01	0.29	0.07	0.35	0.23
10人以下	10	0.01	0.00	0.00	0.01	0.00	0.03	0.01
橡胶制品业	3 587	30.93	10.76	2.93	66.75	39.39	167.37	78.95
1万人以上	1	0.12	0.01	0.01	0.58	0.25	0.58	0.38
5 000人—1万人	2	0.96	0.26	0.06	1.58	0.91	3.67	0.75
3 000人—5 000人	12	6.95	2.96	0.74	7.82	3.92	24.11	4.53
1 000人—3 000人	171	13.91	4.42	1.05	27.96	16.32	74.48	26.63
500人—1 000人	198	4.01	1.32	0.35	11.34	6.87	26.34	13.97
100人—500人	1 075	3.97	1.36	0.51	13.17	8.39	30.03	23.57
50人—100人	684	0.60	0.26	0.12	2.54	1.56	4.77	5.01
10人—50人	1 136	0.31	0.13	0.08	1.35	0.88	2.64	3.24
10人以下	308	0.09	0.03	0.02	0.41	0.28	0.75	0.85
塑料制品业	13 234	23.98	14.50	4.02	110.82	54.62	200.56	131.01
3 000人—5 000人	4	0.70	0.51	0.16	4.43	0.79	2.10	1.24
1 000人—3 000人	50	2.42	1.59	0.33	9.43	3.84	16.42	6.61
500人—1 000人	274	5.63	3.58	0.73	22.97	11.20	41.28	18.35
100人—500人	3 292	11.71	6.91	1.85	54.74	27.73	102.37	67.42
50人—100人	2 712	1.99	1.11	0.49	10.53	6.07	20.50	19.49
10人—50人	5 557	1.31	0.69	0.41	7.27	4.28	15.18	15.73
10人以下	1 345	0.22	0.11	0.05	1.46	0.71	2.72	2.18
建筑材料及其他非金属矿物制品业	55 838	93.19	53.41	20.55	554.89	154.18	449.66	748.13
1万人以上	5	1.53	0.91	0.28	9.21	1.47	4.98	5.46
5 000人—1万人	15	4.32	3.13	1.19	13.48	2.74	8.43	8.50
3 000人—5 000人	36	4.72	3.13	0.97	19.41	3.82	12.09	12.34
1 000人—3 000人	631	26.03	16.16	5.84	131.44	28.84	83.43	94.54
500人—1 000人	1 556	17.05	9.82	3.17	98.70	27.24	76.95	105.79

全国独立核算工业企业按职工人数分组的主要指标(七)

(1987年)

行业	企业单位数(个)	利税总额(亿元)	利润总额(亿元)	企业留利(亿元)	固定资产原值(亿元)	定额流动资金年平均余额(亿元)	工业总产值(按1980年不变价格计算)(亿元)	职工平均人数(万人)
100人—500人	18 176	31.49	16.07	6.69	219.63	66.36	186.68	378.43
50人—100人	10 526	4.55	2.32	1.27	35.43	12.88	38.95	78.96
10人—50人	18 480	3.09	1.76	0.99	21.24	8.84	31.80	51.42
10人以下	6 413	0.41	0.10	0.14	6.34	1.97	6.36	12.69
黑色金属冶炼及压延加工业	2 766	161.52	89.54	39.98	758.22	199.52	534.25	278.84
1万人以上	55	119.49	66.65	31.49	611.22	127.20	337.14	163.08
5 000人—1万人	31	11.00	5.18	2.05	42.96	15.76	40.90	22.25
3 000人—5 000人	37	7.82	4.31	1.54	21.58	10.09	29.32	14.26
1 000人—3 000人	188	12.97	7.67	2.72	39.09	21.16	57.59	30.96
500人—1 000人	245	5.04	2.92	0.99	17.05	10.51	27.05	17.75
100人—500人	1 088	4.53	2.50	1.01	21.35	12.45	34.83	24.72
50人—100人	493	0.49	0.23	0.11	3.23	1.56	4.87	3.67
10人—50人	520	0.16	0.07	0.05	1.32	0.57	1.99	1.60
10人以下	109	0.04	0.01	0.02	0.42	0.21	0.56	0.53
有色金属冶炼及压延加工业	1 933	38.09	22.93	6.40	214.00	71.54	222.24	85.64
1万人以上	16	14.57	9.72	2.08	87.38	19.87	52.54	29.39
5 000人—1万人	16	5.00	2.85	0.71	44.52	16.55	37.59	11.47
3 000人—5 000人	17	4.63	2.87	0.98	26.37	6.88	23.60	6.69
1 000人—3 000人	91	7.02	3.72	0.98	30.08	13.61	48.40	14.24
500人—1 000人	107	2.93	1.68	0.38	10.15	5.27	18.63	7.36
100人—500人	550	3.28	1.82	0.62	12.46	7.17	32.85	11.86
50人—100人	345	0.42	0.19	0.10	1.85	1.11	4.53	2.51
10人—50人	607	0.27	0.13	0.08	0.96	0.71	3.41	1.71
10人以下	184	−0.03	−0.05	0.46	0.22	0.36	0.68	0.42
金属制品业	30 461	45.08	29.18	9.66	156.65	101.11	310.66	281.69
5 000人—1万人	9	0.95	0.68	0.18	3.67	1.71	3.65	3.81
3 000人—5 000人	6	0.44	0.34	0.10	1.26	0.88	1.56	1.99
1 000人—3 000人	174	7.61	5.15	1.51	20.77	12.45	38.08	25.05
500人—1 000人	626	10.27	6.88	2.04	31.02	18.45	58.62	41.69
100人—500人	6 242	19.68	12.42	4.01	69.93	47.90	146.67	131.74
50人—100人	5 053	3.35	2.04	0.94	14.25	10.72	31.98	36.25
10人—50人	12 799	2.32	1.39	0.75	12.85	7.51	25.35	34.61
10人以下	5 552	0.46	0.27	0.13	2.90	1.49	4.75	6.56
机械工业	42 412	183.05	122.20	47.04	988.77	560.04	1 122.12	935.05
1万人以上	28	6.20	4.29	2.12	75.20	35.23	47.73	37.27
5 000人—1万人	122	26.26	16.78	6.25	141.89	66.98	128.74	78.70
3 000人—5 000人	154	14.90	9.93	4.26	97.10	49.58	84.02	57.06
1 000人—3 000人	1 383	52.55	34.98	13.82	294.40	160.52	295.05	220.82
500人—1 000人	2 218	30.57	20.85	7.13	143.97	88.79	185.09	153.60
100人—500人	12 767	43.59	29.62	10.54	186.27	128.80	299.60	289.37
50人—100人	6 858	5.18	3.43	1.57	24.63	16.46	43.22	50.66
10人—50人	13 051	3.30	2.14	1.14	16.56	9.26	29.71	36.46
10人以下	5 831	0.50	0.19	0.22	8.75	4.41	8.96	11.12
交通运输设备制造业	10 227	55.30	38.87	18.15	368.87	205.95	387.72	290.02
1万人以上	27	18.55	13.73	7.59	101.68	52.75	104.78	49.75
5 000人—1万人	43	6.03	4.25	1.95	50.74	28.09	40.50	28.38
3 000人—5 000人	63	3.87	2.64	1.62	40.75	20.40	33.51	24.24
1 000人—3 000人	333	10.38	7.17	2.68	78.67	42.97	73.04	55.22
500人—1 000人	581	6.26	4.29	1.47	39.81	25.66	48.90	41.01

全国独立核算工业企业按职工人数分组的主要指标（八）

（1987年）

行　　业	企业单位数（个）	利税总额（亿元）	利润总额（亿元）	企业留利（亿元）	固定资产原值（亿元）	定额流动资金年平均余额（亿元）	工业总产值(按1980年不变价格计算)（亿元）	职工平均人数（万人）
'100人—500人	2 839	7.81	5.20	1.95	42.68	27.55	64.18	63.90
50人—100人	1 934	1.44	1.00	0.49	6.64	4.25	11.89	14.08
10人—50人	3 485	0.96	0.65	0.35	4.55	2.93	8.68	10.25
10人以下	922	−0.01	−0.07	0.05	3.34	1.34	2.25	3.19
电气机械及器材制造业	14 013	70.60	41.61	13.07	204.44	176.38	470.72	246.82
1万人以上	8	3.87	2.28	0.76	11.63	6.58	16.26	5.28
5 000人—1万人	23	6.61	4.26	1.25	20.41	15.17	34.47	12.79
3 000人—5 000人	18	3.81	2.29	0.68	9.25	7.02	16.02	6.65
1 000人—3 000人	316	20.94	12.42	3.51	55.89	44.61	126.22	48.30
500人—1 000人	685	16.16	9.71	2.63	42.90	37.20	109.89	46.60
100人—500人	4 096	15.03	8.30	3.00	49.96	49.56	128.65	91.60
50人—100人	2 515	2.23	1.26	0.64	7.42	7.58	20.79	18.06
10人—50人	4 985	1.57	0.89	0.49	4.43	5.18	14.89	13.78
10人以下	1 367	0.39	0.20	0.11	2.54	3.50	3.53	3.76
电子及通信设备制造业	4 043	42.86	29.46	9.60	174.08	131.20	415.80	145.36
1万人以上	6	2.85	2.22	0.54	14.06	4.49	15.37	4.24
5 000人—1万人	13	2.48	1.56	0.67	11.18	8.75	24.33	6.94
3 000人—5 000人	32	6.72	4.63	1.46	19.07	15.40	57.87	11.33
1 000人—3 000人	275	14.56	9.99	3.03	61.83	46.03	151.09	40.55
500人—1 000人	481	8.06	5.73	1.68	34.25	27.67	75.74	33.62
100人—500人	1 662	7.09	4.62	1.84	28.66	24.18	79.49	40.74
50人—100人	604	0.67	0.44	0.21	2.45	2.67	7.04	4.44
10人—50人	780	0.47	0.33	0.16	1.01	1.33	3.73	2.37
10人以下	190	−0.04	−0.06	0.02	1.59	0.68	1.13	1.14
仪器仪表及其他计量器具制造业	3 434	14.68	−1 0.19	3.56	67.79	48.55	83.03	76.41
1万人以上	1	0.25	0.17	0.06	1.01	0.49	1.17	0.52
5 000人—1万人	6	0.84	0.54	0.17	6.41	3.91	5.33	3.39
3 000人—5 000人	5	0.31	0.22	0.06	2.48	1.22	1.48	1.79
1 000人—3 000人	115	3.45	2.42	0.90	22.07	13.01	17.59	16.96
500人—1 000人	254	3.94	2.77	0.87	16.37	12.03	22.47	17.45
100人—500人	1 186	4.90	3.42	1.15	15.24	14.33	27.52	28.05
50人—100人	514	0.56	0.40	0.18	1.44	1.64	3.61	3.76
10人—50人	1 059	0.46	0.33	0.16	0.97	1.14	2.86	3.01
10人以下	294	−0.03	−0.08	0.02	1.79	0.78	1.01	1.47
其他工业	5 725	5.24	3.32	1.21	16.84	14.61	41.27	43.41
1 000人—3 000人	29	0.23	0.08	0.03	0.80	0.56	3.05	4.53
500人—1 000人	62	0.75	0.48	0.13	2.10	1.78	4.56	4.38
100人—500人	961	2.54	1.64	0.59	8.39	7.65	19.10	18.77
50人—100人	1 046	0.83	0.54	0.22	2.80	2.56	7.01	7.43
10人—50人	2 586	0.80	0.55	0.22	2.32	1.73	6.42	6.97
10人以下	1 041	0.09	0.04	0.03	0.42	0.33	1.14	1.34

全国独立核算工业企业按固定资产原值分组的主要指标(一)

(1987年)

行业	企业单位数(个)	利税总额(亿元)	利润总额(亿元)	企业留利(亿元)	固定资产原值(亿元)	定额流动资金年平均余额(亿元)	工业总产值(按1980年不变价格计算)(亿元)	职工平均人数(万人)
总计	**417 904**	**1 893.63**	**1 004.97**	**343.62**	**9 157.49**	**3 143.29**	**9 906.73**	**7 096.40**
1亿元以上	1 005	579.49	307.90	89.79	3 909.12	612.67	1 994.35	1 075.32
5 000万元—1亿元	1 081	201.96	91.28	30.49	747.26	248.11	767.32	385.29
3 000万元—5000万元	1 473	171.20	76.37	25.56	563.50	222.27	709.77	327.83
1 000万元—3000万元	8 080	316.75	168.40	57.95	1 317.98	570.57	1 645.67	920.01
500万元—1000万元	10 575	168.38	96.36	32.46	745.71	337.90	1 007.08	666.25
100万元—500万元	54 504	277.37	164.27	60.35	1 191.28	675.50	2 104.19	1 638.64
50万元—100万元	42 987	66.76	37.86	16.62	305.66	190.37	620.10	644.52
10万元—50万元	128 082	75.11	42.34	20.92	315.99	220.02	750.58	965.33
10万元以下	170 117	36.61	20.19	9.49	60.98	65.88	307.66	473.21
煤炭采选业	9 458	−5.63	−14.08	1.18	720.13	62.30	202.79	538.15
1亿元以上	95	−7.65	−13.17	−1.09	570.32	40.29	124.75	314.91
5 000万元—1亿元	33	−0.41	−0.71	0.12	23.14	2.64	7.10	21.50
3 000万元—5000万元	55	−0.19	−0.43	0.22	22.13	1.63	5.82	17.45
1 000万元—3000万元	220	−0.51	−0.94	0.36	36.49	4.35	11.25	36.85
500万元—1000万元	286	−0.24	−0.55	0.19	20.38	2.90	8.31	25.39
100万元—500万元	1 379	1.09	0.35	0.61	31.28	5.88	20.06	54.12
50万元—100万元	1 047	0.79	0.47	0.28	7.42	1.77	8.49	20.35
10万元—50万元	3 075	1.07	0.64	0.36	7.70	2.30	12.22	32.87
10万元以下	3 268	0.41	0.26	0.15	1.27	0.55	4.79	14.71
石油和天然气开采业	29	52.20	32.63	2.49	507.71	41.65	175.32	64.52
1亿元以上	18	52.19	32.62	2.49	507.57	41.64	175.30	64.37
500万元—1000万元	1	0.01	0.00	0.00	0.06	0.00	0.01	0.02
100万元—500万元	2	0.00	0.00	0.00	0.05	0.00	0.01	0.06
50万元—100万元	1	0.00	0.00	0.00	0.01	0.01	0.00	0.01
10万元—50万元	6	0.00	0.00	0.00	0.02	0.00	0.01	0.07
10万元以下	1	0.00	0.00	0.00	0.00	0.00	0.00	0.00
黑色金属矿采选业	1 270	3.87	3.12	1.30	36.93	6.42	17.38	28.63
1亿元以上	5	1.33	1.07	0.55	16.71	1.77	5.23	6.46
5 000万元—1亿元	4	0.27	0.19	0.07	2.88	0.47	0.93	1.39
3 000万元—5000万元	11	0.35	0.31	0.13	4.59	0.53	1.34	2.73
1 000万元—3000万元	36	0.47	0.39	0.21	5.84	0.86	1.85	3.58
500万元—1000万元	29	0.30	0.26	0.05	2.00	0.66	1.31	2.43
100万元—500万元	155	0.54	0.43	0.12	3.31	1.20	2.93	3.52
50万元—100万元	109	0.19	0.15	0.07	0.79	0.41	1.01	1.59
10万元—50万元	269	0.23	0.19	0.06	0.66	0.36	1.43	3.04
10万元以下	652	0.19	0.14	0.06	0.16	0.15	1.34	3.89
有色金属矿采选业	2 040	9.30	7.89	3.35	103.11	17.20	41.86	62.80
1亿元以上	19	2.18	1.78	0.53	41.97	5.52	11.49	12.71
5 000万元—1亿元	29	0.95	0.79	0.51	19.81	2.48	5.58	9.49
3 000万元—5000万元	29	1.23	1.10	0.50	10.85	1.64	4.06	6.53
1 000万元—3000万元	82	1.53	1.33	0.69	14.41	2.53	5.42	9.96
500万元—1000万元	73	0.55	0.48	0.20	5.20	1.06	2.56	4.11
100万元—500万元	329	1.54	1.32	0.50	8.09	2.53	6.04	9.66
50万元—100万元	179	0.24	0.19	0.08	1.28	0.53	1.57	2.17
10万元—50万元	503	0.66	0.55	0.22	1.25	0.71	2.83	3.98
10万元以下	797	0.42	0.35	0.13	0.24	0.21	2.32	4.20
建筑材料及其他非金属矿采选业	10 092	6.28	4.12	1.78	54.05	11.51	43.51	91.28
1亿元以上	4	0.16	0.10	0.05	5.67	0.48	0.78	1.84

全国独立核算工业企业按固定资产原值分组的主要指标(二)

(1987年)

行业	企业单位数(个)	利税总额(亿元)	利润总额(亿元)	企业留利(亿元)	固定资产原值(亿元)	定额流动资金年平均余额(亿元)	工业总产值(按1980年不变价格计算)(亿元)	职工平均人数(万人)
5 000万元—1亿元	8	0.12	0.03	0.04	5.96	0.76	1.45	2.94
3 000万元—5 000万元	11	0.30	0.21	0.09	4.36	0.47	1.22	2.33
1 000万元—3 000万元	57	0.59	0.36	0.21	9.11	1.27	2.84	6.08
500万元—1 000万元	75	0.42	0.27	0.14	5.34	1.08	2.61	4.58
100万元—500万元	593	1.56	1.03	0.41	12.60	3.01	9.60	18.50
50万元—100万元	497	0.59	0.39	0.13	3.52	1.12	4.24	8.32
10万元—50万元	2 510	1.34	0.90	0.36	5.72	2.20	10.07	21.80
10万元以下	6 337	1.20	0.84	0.35	1.79	1.13	10.68	24.88
采盐业	607	4.61	2.41	0.99	26.30	4.80	21.80	23.00
1亿元以上	5	1.43	0.59	0.25	7.25	1.32	4.95	5.46
5 000万元—1亿元	10	0.65	0.45	0.23	6.40	0.96	4.53	3.64
3 000万元—5 000万元	8	0.27	0.21	0.10	3.04	0.46	2.80	2.84
1 000万元—3 000万元	30	0.94	0.63	0.20	4.40	0.88	4.64	3.37
500万元—1 000万元	23	0.28	0.16	0.05	1.62	0.33	1.34	1.65
100万元—500万元	104	0.51	0.20	0.09	2.36	0.56	1.98	2.97
50万元—100万元	78	0.17	0.05	0.03	0.57	0.11	0.46	0.98
10万元—50万元	222	0.29	0.09	0.04	0.60	0.16	0.93	1.70
10万元以下	127	0.06	0.02	0.01	0.06	0.02	0.18	0.39
其他矿采选业	25	0.01	0.01	0.00	0.06	0.02	0.07	0.19
100万元—500万元	2	0.00	0.00	0.00	0.03	0.00	0.01	0.04
50万元—100万元	1	0.00	0.00	0.00	0.01	0.01	0.00	0.01
10万元—50万元	6	0.00	0.00	0.00	0.01	0.00	0.03	0.03
10万元以下	16	0.01	0.01	0.00	0.01	0.00	0.03	0.11
木材及竹材采运业	1 337	22.03	13.62	6.89	118.32	20.39	41.66	114.28
1亿元以上	44	8.60	5.26	2.66	62.35	7.80	19.48	48.95
5 000万元—1亿元	38	3.66	1.98	1.15	29.58	5.38	8.62	29.40
3 000万元—5 000万元	12	0.37	0.14	0.15	4.99	0.90	1.06	4.61
1 000万元—3 000万元	56	1.57	0.95	0.56	9.33	1.72	2.92	9.93
500万元—1 000万元	51	1.26	0.78	0.30	3.55	1.19	1.78	5.44
100万元—500万元	281	4.39	3.01	1.41	6.49	2.48	4.79	10.67
50万元—100万元	151	0.98	0.68	0.33	1.09	0.45	1.03	2.08
10万元—50万元	298	0.82	0.56	0.25	0.84	0.38	1.18	1.93
10万元以下	406	0.39	0.26	0.08	0.11	0.10	0.81	1.27
自来水生产和供应业	2 836	6.44	5.59	2.72	100.20	3.27	21.41	21.50
1亿元以上	16	1.71	1.42	0.60	38.90	0.68	6.22	5.25
5 000万元—1亿元	22	0.74	0.64	0.40	14.64	0.29	2.77	2.25
3 000万元—5 000万元	21	0.80	0.73	0.28	8.34	0.18	1.84	1.52
1 000万元—3 000万元	76	1.12	1.00	0.40	12.73	0.41	3.38	2.84
500万元—1 000万元	82	0.44	0.39	0.18	5.82	0.24	1.44	1.41
100万元—500万元	660	1.07	0.93	0.57	13.27	0.82	3.43	4.57
50万元—100万元	551	0.32	0.28	0.18	3.89	0.30	1.19	1.86
10万元—50万元	874	0.22	0.19	0.10	2.37	0.30	0.97	1.45
10万元以下	534	0.03	0.02	0.01	0.23	0.05	0.17	0.35
食品制造业	43 664	68.22	42.08	17.67	346.15	126.70	652.84	323.71
1亿元以上	3	0.75	0.30	0.06	3.92	0.49	2.60	1.01
5 000万元—1亿元	21	2.40	0.94	0.29	14.20	2.93	12.29	5.29
3 000万元—5 000万元	63	4.15	2.31	0.88	23.60	5.83	27.62	10.48
1 000万元—3 000万元	477	14.23	6.92	2.41	77.46	23.27	97.26	42.07
500万元—1 000万元	744	11.10	6.47	2.43	52.60	16.63	85.59	33.84

全国独立核算工业企业按固定资产原值分组的主要指标（三）

（1987年）

行业	企业单位数（个）	利税总额（亿元）	利润总额（亿元）	企业留利（亿元）	固定资产原值（亿元）	定额流动资金年平均余额（亿元）	工业总产值(按1980年不变价格计算)（亿元）	职工平均人数（万人）
100万元—500万元	5 054	22.25	16.38	6.91	106.48	43.98	235.65	97.56
50万元—100万元	4 145	5.60	3.94	1.98	29.50	13.57	76.47	39.68
10万元—50万元	12 737	5.74	3.57	2.01	30.83	15.64	87.08	61.07
10万元以下	20 420	2.01	1.24	0.69	7.55	4.36	28.28	32.72
饮料制造业	14 706	43.22	13.22	4.73	141.36	93.72	168.53	120.26
1亿元以上	2	0.89	0.48	0.07	2.36	0.55	0.86	0.28
5 000万元—1亿元	6	1.23	0.64	0.10	4.13	0.76	2.30	0.88
3 000万元—5 000万元	25	3.33	1.30	0.28	9.16	3.78	8.46	2.75
1 000万元—3 000万元	254	12.85	4.67	1.42	37.48	20.19	34.32	18.91
500万元—1 000万元	362	7.43	2.20	0.90	25.81	16.45	27.24	16.62
100万元—500万元	1 877	12.08	2.55	1.16	42.15	35.54	57.87	40.96
50万元—100万元	1 142	2.12	0.49	0.29	8.19	6.56	12.50	11.25
10万元—50万元	4 120	2.19	0.57	0.34	9.77	7.43	17.29	18.72
10万元以下	6 918	1.11	0.32	0.15	2.32	2.45	7.68	9.90
烟草加工业	304	164.15	6.15	3.29	41.97	49.95	205.33	25.17
1亿元以上	3	15.52	1.19	0.45	4.23	4.33	16.90	0.98
5 000万元—1亿元	17	51.68	1.99	0.88	11.50	13.97	61.00	5.38
3 000万元—5 000万元	28	47.52	1.42	0.87	10.66	11.83	58.66	5.93
1 000万元—3000万元	59	38.68	1.09	0.76	10.31	13.70	51.41	7.44
500万元—1000万元	49	8.31	0.28	0.26	3.49	4.12	12.82	3.28
100万元—500万元	58	2.31	0.16	0.07	1.56	1.78	3.74	1.58
50万元—100万元	14	0.03	0.00	0.01	0.10	0.09	0.27	0.18
10万元—50万元	39	0.06	0.01	0.00	0.12	0.10	0.31	0.24
10万元以下	37	0.03	0.01	0.00	0.01	0.04	0.23	0.16
饲料工业	3 643	3.97	3.60	2.17	13.28	7.41	47.30	11.59
1 000万元—3 000万元	5	0.08	0.08	0.06	0.66	0.18	1.33	0.14
500万元—1 000万元	15	0.17	0.16	0.09	1.00	0.41	1.76	0.21
100万元—500万元	235	1.11	1.03	0.61	4.34	2.21	13.12	2.54
50万元—100万元	481	1.12	0.97	0.59	3.31	1.87	12.54	2.70
10万元—50万元	1 294	1.26	1.17	0.71	3.45	2.27	15.21	4.17
10万元以下	1 613	0.23	0.19	0.11	0.52	0.47	3.33	1.83
纺织业	23 026	158.37	99.98	34.31	613.34	348.55	1 325.71	807.55
1亿元以上	20	5.97	4.33	1.52	26.73	9.66	37.22	19.04
5 000万元—1亿元	138	27.80	19.02	6.24	90.56	40.42	174.79	76.76
3 000万元—5 000万元	240	26.29	17.08	5.90	91.81	45.11	186.34	76.47
1 000万元—3 000万元	1 008	43.99	27.48	8.99	175.93	93.51	324.12	166.77
500万元—1 000万元	947	16.84	10.48	3.49	66.78	38.46	139.30	87.70
100万元—500万元	5 264	27.46	16.18	5.61	117.14	83.46	318.29	227.78
50万元—100万元	3 314	5.15	2.92	1.21	23.94	17.94	72.71	64.69
10万元—50万元	7 041	3.91	1.99	1.08	18.37	16.10	58.98	66.78
10万元以下	5 054	0.97	0.50	0.28	2.09	3.88	13.96	21.56
缝纫业	18 965	20.27	11.96	4.17	65.18	66.54	234.71	210.28
5 000万元—1亿元	2	0.39	0.34	0.08	1.05	0.63	3.25	0.94
3 000万元—5 000万元	2	0.15	0.13	0.02	0.70	0.51	1.35	0.52
1 000万元—3 000万元	32	1.46	1.03	0.26	4.84	5.96	11.91	5.11
500万元—1 000万元	81	1.55	1.02	0.31	5.23	3.61	13.29	7.00
100万元—500万元	1 395	8.46	5.20	1.60	27.30	21.27	88.85	59.64
50万元—100万元	1 413	2.98	1.62	0.59	10.01	10.24	36.19	32.92
10万元—50万元	5 458	3.59	1.78	0.86	12.78	16.93	54.38	63.95

全国独立核算工业企业按固定资产原值分组的主要指标(四)

(1987年)

行　　业	企业单位数(个)	利税总额(亿元)	利润总额(亿元)	企业留利(亿元)	固定资产原值(亿元)	定额流动资金年平均余额(亿元)	工业总产值(按1980年不变价格计算)(亿元)	职工平均人数(万人)
10万元以下	10 582	1.67	0.84	0.46	3.28	7.39	25.50	40.19
皮革、毛皮及其制品业	7 990	11.95	6.96	2.42	43.40	44.61	101.78	94.76
3 000万元—5 000万元	5	0.38	0.31	0.10	1.59	1.23	1.38	1.14
1 000万元—3 000万元	44	1.69	1.10	0.36	6.18	4.34	9.02	4.63
500万元—1 000万元	112	1.99	1.27	0.35	7.72	5.63	11.77	6.98
100万元—500万元	787	4.32	2.48	0.76	16.52	16.38	37.45	27.48
50万元—100万元	657	1.21	0.64	0.26	4.67	5.70	13.20	13.27
10万元—50万元	2 300	1.61	0.76	0.38	5.44	7.95	19.54	24.80
10万元以下	4 085	0.76	0.38	0.22	1.27	3.38	9.42	16.46
木材加工及竹、藤、棕、草制品业	10 989	10.01	6.59	2.82	50.93	21.45	58.27	80.34
1 亿元以上	1	0.17	0.10	0.05	1.31	0.22	0.71	0.77
5 000万元—1 亿元	6	0.50	0.37	0.21	3.64	1.14	2.52	1.95
3 000万元—5 000万元	12	0.76	0.49	0.29	4.66	1.56	3.80	3.76
1 000万元—3 000万元	79	2.39	1.67	0.64	12.68	4.82	10.16	13.04
500万元—1 000万元	80	0.98	0.62	0.27	5.62	2.44	4.61	8.08
100万元—500万元	546	2.37	1.67	0.62	12.55	4.86	12.37	15.87
50万元—100万元	434	0.71	0.46	0.17	3.02	1.70	4.94	6.27
10万元—50万元	2 361	1.13	0.64	0.31	5.10	3.01	10.29	14.92
10万元以下	7 470	1.00	0.57	0.27	2.34	1.71	8.87	15.68
家具制造业	11 381	5.93	3.18	1.27	29.61	21.04	59.73	68.64
1 000万元—3 000万元	14	0.41	0.25	0.06	2.14	1.06	3.05	1.74
500万元—1 000万元	43	0.44	0.25	0.11	2.78	1.25	3.45	2.86
100万元—500万元	499	2.10	1.18	0.38	10.39	6.71	18.32	15.23
50万元—100万元	651	0.90	0.47	0.16	4.60	3.45	9.41	9.87
10万元—50万元	3 307	1.30	0.62	0.34	7.42	6.21	16.64	23.27
10万元以下	6 867	0.77	0.42	0.22	2.28	2.36	8.87	15.68
造纸及纸制品业	9 762	36.02	18.60	6.10	144.04	45.49	190.78	143.20
1 亿元以上	12	5.48	3.63	1.21	23.29	3.73	13.71	6.01
5 000万元—1 亿元	19	3.69	2.16	0.61	13.00	3.38	10.80	5.58
3 000万元—5 000万元	23	2.47	1.26	0.30	8.21	2.39	8.89	4.49
1 000万元—3 000万元	173	6.80	3.42	1.13	26.75	7.88	30.78	17.39
500万元—1 000万元	309	5.88	2.95	0.83	21.30	6.84	30.85	17.41
100万元—500万元	1 480	7.57	3.33	1.11	32.83	11.88	51.31	40.70
50万元—100万元	1 234	1.67	0.70	0.32	8.77	3.56	16.67	16.49
10万元—50万元	3 376	1.93	0.88	0.45	8.57	4.63	21.65	25.23
10万元以下	3 136	0.54	0.27	0.15	1.33	1.20	6.12	9.91
印刷业	10 538	17.50	12.97	5.03	76.69	27.85	99.32	98.81
1 亿元以上	1	0.63	0.62	0.10	1.28	0.20	1.22	0.32
5 000万元—1 亿元	2	0.70	0.69	0.14	1.20	0.15	1.20	0.43
3 000万元—5 000万元	12	1.20	1.10	0.36	4.48	0.82	4.35	1.56
1 000万元—3 000万元	143	4.33	3.48	1.58	22.71	5.59	22.34	12.37
500万元—1 000万元	130	2.01	1.49	0.51	8.97	3.07	9.94	7.23
100万元—500万元	977	4.18	2.83	1.07	19.78	8.37	25.87	25.67
50万元—100万元	1 057	1.52	0.93	0.38	7.49	3.64	11.78	14.59
10万元—50万元	3 694	2.14	1.32	0.65	8.80	4.61	16.37	25.40
10万元以下	4 522	0.79	0.50	0.25	1.98	1.40	6.23	11.23
文教体育用品制造业	3 943	10.28	6.54	2.24	21.44	15.29	55.79	45.88
5 000万元—1 亿元	1	0.16	0.11	0.05	0.82	0.13	1.04	0.09
3 000万元—5 000万元	3	0.43	0.31	0.12	0.95	0.61	1.99	0.51

全国独立核算工业企业按固定资产原值分组的主要指标(五)

(1987年)

行　　业	企业单位数（个）	利税总额（亿元）	利润总额（亿元）	企业留利（亿元）	固定资产原值（亿元）	定额流动资金年平均余额（亿元）	工业总产值(按1980年不变价格计算)（亿元）	职工平均人数（万人）
1 000万元—3 000万元	17	1.79	1.14	0.29	2.55	1.39	5.45	1.92
500万元—1 000万元	50	1.99	1.27	0.38	3.31	1.96	7.93	4.05
100万元—500万元	394	3.83	2.48	0.87	8.15	5.93	20.85	14.99
50万元—100万元	308	0.75	0.43	0.18	2.20	1.76	6.18	6.07
10万元—50万元	1 179	0.96	0.57	0.24	2.81	2.51	8.58	11.44
10万元以下	1 991	0.36	0.22	0.11	0.66	1.00	3.76	6.81
工艺美术品制造业	10 228	12.49	7.17	2.35	32.31	31.18	101.52	125.16
1 000万元—3 000万元	20	0.61	0.37	0.06	2.66	1.99	4.56	4.43
500万元—1 000万元	57	1.31	0.90	0.19	3.91	2.91	8.36	4.46
100万元—500万元	681	5.73	3.51	1.06	13.75	13.16	44.96	32.04
50万元—100万元	636	1.74	0.87	0.31	4.57	4.59	14.37	16.54
10万元—50万元	2 431	1.96	0.90	0.45	5.56	5.94	17.99	32.44
10万元以下	6 403	1.14	0.62	0.28	1.86	2.58	11.27	35.25
电力、蒸汽、热水生产和供应业	11 407	136.40	64.04	13.15	1 106.35	27.78	312.93	131.76
1亿元以上	272	83.81	35.27	6.11	784.69	15.13	221.86	55.99
5 000万元—1 亿元	135	15.40	8.17	0.67	96.11	3.12	25.67	13.66
3 000万元—5 000万元	93	10.38	4.49	0.65	36.23	1.72	9.86	6.44
1 000万元—3 000万元	443	9.90	5.96	1.99	71.52	2.86	13.98	14.78
500万元—1 000万元	668	3.82	2.83	1.13	47.86	2.06	8.89	13.16
100万元—500万元	2 032	3.81	2.97	1.21	49.47	2.15	9.03	16.45
50万元—100万元	1 302	0.38	0.30	0.15	9.26	0.30	1.65	3.38
10万元—50万元	3 992	0.36	0.29	0.15	10.11	0.34	1.97	5.03
10万元以下	2 470	8.55	3.76	1.08	1.10	0.10	20.03	2.87
石油加工业	626	109.40	51.80	5.25	158.57	27.97	257.37	34.85
1亿元以上	27	101.03	47.24	4.30	145.48	23.45	233.78	27.29
5 000万元—1 亿元	5	2.94	1.28	0.14	3.52	0.61	6.68	0.93
3 000万元—5 000万元	6	1.87	1.06	0.13	2.74	0.67	4.46	0.70
1 000万元—3 000万元	25	1.88	1.06	0.30	3.91	1.48	5.69	2.37
500万元—1 000万元	7	0.31	0.22	0.04	0.49	0.40	0.87	0.33
100万元—500万元	61	0.87	0.62	0.20	1.36	0.65	2.95	1.39
50万元—100万元	59	0.16	0.10	0.04	0.43	0.24	0.82	0.49
10万元—50万元	231	0.27	0.17	0.07	0.55	0.37	1.59	0.94
10万元以下	205	0.07	0.05	0.02	0.09	0.11	0.53	0.40
炼焦、煤气及煤制品业	2 038	3.32	1.81	1.77	40.61	4.54	22.49	19.79
1亿元以上	10	2.19	1.47	0.83	20.40	1.38	7.76	4.85
5 000万元—1 亿元	5	0.11	0.00	0.17	3.45	0.26	1.13	1.15
3 000万元—5 000万元	8	0.11	0.02	0.07	3.06	0.26	1.06	1.02
1 000万元—3 000万元	37	0.46	0.20	0.30	7.48	0.83	3.16	2.91
500万元—1 000万元	20	0.03	0.07	0.05	1.39	0.16	0.67	0.70
100万元—500万元	110	－0.00	－0.09	0.13	2.40	0.72	2.96	2.38
50万元—100万元	142	0.20	－0.15	0.07	1.01	0.34	1.63	1.52
10万元—50万元	443	0.12	0.05	0.08	1.04	0.35	2.24	2.52
10万元以下	1 263	0.16	0.09	0.05	0.39	0.23	1.89	2.73
化学工业	16 228	150.89	78.06	25.32	648.96	176.16	681.82	364.50
1亿元以上	69	55.47	30.16	7.87	254.38	37.44	159.74	51.86
5 000万元—1 亿元	77	10.50	5.26	1.71	54.27	11.84	43.47	24.46
3 000万元—5 000万元	80	8.44	4.23	1.19	30.46	9.40	36.54	14.53
1 000万元—3 000万元	875	29.97	15.59	5.62	133.30	38.59	154.75	81.20
500万元—1 000万元	1 213	18.08	9.49	3.51	88.25	27.95	108.43	67.49

全国独立核算工业企业按固定资产原值分组的主要指标(六)

(1987年)

行业	企业单位数(个)	利税总额(亿元)	利润总额(亿元)	企业留利(亿元)	固定资产原值(亿元)	定额流动资金年平均余额(亿元)	工业总产值(按1980年不变价格计算)(亿元)	职工平均人数(万人)
100万元—500万元	2 704	19.62	9.25	3.47	62.62	32.69	113.81	68.38
50万元—100万元	1 735	3.49	1.52	0.69	12.34	7.35	24.94	19.21
10万元—50万元	4 530	3.97	1.88	0.91	11.46	8.38	29.17	26.06
10万元以下	4 945	1.36	0.69	0.34	1.89	2.53	10.96	11.32
医药工业	2 664	36.62	27.16	9.17	80.90	51.37	209.96	69.92
1亿元以上	3	3.27	2.63	0.96	5.32	1.47	9.86	2.25
5 000万元—1亿元	8	1.65	1.26	0.34	4.74	1.78	8.87	2.18
3 000万元—5 000万元	32	5.47	4.29	1.63	12.66	5.84	26.09	6.93
1 000万元—3 000万元	137	8.27	6.11	1.91	21.89	11.90	51.04	13.40
500万元—1 000万元	183	6.40	4.66	1.51	12.90	9.29	37.34	11.30
100万元—500万元	829	9.27	6.62	2.09	19.13	16.27	61.06	23.36
50万元—100万元	350	1.15	0.78	0.32	2.56	2.61	8.28	4.57
10万元—50万元	576	0.91	0.65	0.31	1.53	1.82	5.80	4.23
10万元以下	546	0.23	0.17	0.09	0.19	0.39	1.62	1.71
化学纤维工业	435	30.97	21.82	3.49	153.45	31.02	149.36	34.55
1亿元以上	24	22.66	16.05	2.10	110.24	18.01	85.54	17.06
5 000万元—1亿元	22	2.70	1.96	0.42	16.74	3.43	16.85	3.48
3 000万元—5 000万元	27	2.51	1.77	0.37	11.10	3.14	16.01	3.64
1 000万元—3 000万元	57	1.73	1.19	0.33	9.75	3.44	15.15	4.78
500万元—1 000万元	40	0.72	0.46	0.13	2.78	1.44	7.94	1.91
100万元—500万元	100	0.50	0.30	0.10	2.37	1.18	6.16	2.54
50万元—100万元	35	0.06	0.03	0.01	0.25	0.20	0.98	0.46
10万元—50万元	75	0.07	0.04	0.02	0.20	0.14	0.55	0.51
10万元以下	55	0.02	0.02	0.01	0.02	0.04	0.18	0.17
橡胶制品业	3 587	30.93	10.76	2.93	66.75	39.39	167.37	78.95
1亿元以上	2	1.95	0.75	0.24	2.70	1.31	6.37	1.04
5 000万元—1亿元	16	7.97	3.04	0.64	11.25	5.67	28.09	5.25
3 000万元—5 000万元	16	3.25	1.00	0.22	5.81	3.05	15.13	3.74
1 000万元—3 000万元	115	7.79	2.44	0.59	18.21	9.80	44.62	16.58
500万元—1 000万元	111	3.35	1.23	0.34	8.05	5.22	22.49	10.06
100万元—500万元	645	4.55	1.49	0.50	13.91	9.26	34.42	23.10
50万元—100万元	468	0.85	0.27	0.13	3.40	2.28	7.06	7.21
10万元—50万元	1 176	0.98	0.40	0.20	3.03	2.31	7.37	9.10
10万元以下	1 038	0.25	0.13	0.06	0.40	0.47	1.82	2.87
塑料制品业	13 234	23.98	14.50	4.02	110.82	54.62	200.56	131.01
1亿元以上	2	0.60	0.46	0.12	5.28	0.89	2.20	0.65
5 000万元—1亿元	2	0.40	0.31	0.06	1.43	0.35	2.03	0.31
3 000万元—5 000万元	9	0.89	0.63	0.09	3.27	1.08	4.57	0.97
1 000万元—3 000万元	171	5.53	3.60	0.73	25.89	9.88	37.09	11.80
500万元—1000万元	296	4.16	2.62	0.56	20.38	8.47	32.03	12.92
100万元—500万元	1 488	6.76	3.86	1.06	31.71	16.89	61.71	37.58
50万元—100万元	1 332	2.01	1.11	0.44	9.38	6.16	20.91	18.29
10万元—50万元	4 748	2.64	1.39	0.67	11.47	8.56	29.07	33.37
10万元以下	5 186	0.97	0.53	0.29	2.01	2.34	10.95	15.12
建筑材料及其他非金属矿物制品业	55 838	93.19	53.41	20.55	554.89	154.18	449.66	748.13
1亿元以上	22	8.87	6.42	2.34	38.33	5.32	16.56	12.45
5 000万元—1亿元	62	10.13	6.77	2.40	43.55	6.70	21.22	15.40
3 000万元—5 000万元	73	5.58	3.62	1.20	28.20	5.47	15.61	14.51
1 000万元—3 000万元	663	16.34	9.66	3.11	104.37	23.86	64.04	71.02

全国独立核算工业企业按固定资产原值分组的主要指标(七)

(1987年)

行业	企业单位数(个)	利税总额(亿元)	利润总额(亿元)	企业留利(亿元)	固定资产原值(亿元)	定额流动资金年平均余额(亿元)	工业总产值(按1980年不变价格计算)(亿元)	职工平均人数(万人)
500万元—1 000万元	1 219	12.87	7.37	2.49	84.74	20.99	57.32	74.87
100万元—500万元	6 700	20.01	10.12	4.14	144.10	44.67	117.27	200.51
50万元—100万元	7 369	7.79	3.40	1.70	51.61	19.22	55.76	125.29
10万元—50万元	20 104	9.15	4.61	2.37	52.58	22.38	75.64	179.71
10万元以下	19 626	2.46	1.44	0.79	7.40	5.57	26.22	54.38
黑色金属冶炼及压延加工业	2 766	161.52	89.54	39.98	758.22	199.52	534.25	278.84
1亿元以上	77	128.50	70.96	33.19	649.64	139.49	368.42	179.61
5 000万元—1亿元	37	9.70	5.10	1.86	26.76	13.29	37.56	15.18
3 000万元—5 000万元	43	5.09	3.01	1.09	16.53	8.64	22.03	10.34
1 000万元—3 000万元	169	8.77	5.10	1.85	28.32	14.93	41.73	22.46
500万元—1 000万元	157	2.92	1.66	0.55	10.88	6.32	15.64	12.86
100万元—500万元	927	5.27	3.01	1.11	20.96	13.31	36.93	27.64
50万元—100万元	442	0.69	0.36	0.16	3.23	2.07	6.67	5.52
10万元—50万元	637	0.52	0.30	0.16	1.80	1.35	4.59	4.42
10万元以下	277	0.06	0.04	0.03	0.12	0.13	0.69	0.80
有色金属冶炼及压延加工业	1 933	38.09	22.93	6.40	214.00	71.54	222.24	85.64
1亿元以上	40	22.92	14.70	3.54	154.97	41.91	107.41	42.44
5 000万元—1亿元	22	2.83	1.50	0.51	14.81	5.23	14.78	5.78
3 000万元—5 000万元	30	2.85	1.69	0.35	11.93	3.80	16.68	6.61
1 000万元—3 000万元	85	3.86	1.94	0.49	13.70	8.44	30.56	8.70
500万元—1 000万元	96	2.24	1.30	0.28	6.54	3.77	13.31	5.33
100万元—500万元	396	2.29	1.25	0.97	8.94	5.62	26.45	9.77
50万元—100万元	225	0.49	0.23	0.10	1.60	1.28	5.70	2.50
10万元—50万元	525	0.46	0.22	0.12	1.31	1.20	5.44	3.21
10万元以下	514	0.15	0.09	0.04	0.18	0.30	1.89	1.30
金属制品业	30 461	45.08	29.18	9.66	156.65	101.11	310.66	281.69
1亿元以上	1	0.18	0.12	0.03	1.09	0.33	0.85	0.52
5 000万元—1亿元	7	1.23	0.92	0.21	4.45	1.84	5.29	2.33
3 000万元—5 000万元	10	0.88	0.70	0.17	3.49	1.47	2.75	1.64
1 000万元—3 000万元	121	6.07	4.24	1.26	19.04	9.78	29.13	14.97
500万元—1 000万元	336	7.24	4.77	1.35	23.47	13.35	40.42	25.18
100万元—500万元	2 838	17.58	11.34	3.52	57.94	38.26	118.81	94.34
50万元—100万元	2 540	4.56	2.75	1.02	18.06	13.46	39.37	41.00
10万元—50万元	10 053	5.50	3.21	1.49	23.50	17.96	55.23	68.61
10万元以下	14 555	1.84	1.12	0.61	5.61	4.65	18.80	33.09
机械工业	42 412	183.05	122.20	47.04	988.77	560.04	1 122.12	935.05
1亿元以上	118	20.67	14.52	6.44	210.05	93.68	135.82	97.64
5 000万元—1亿元	188	25.06	15.35	6.42	127.20	61.83	118.22	71.66
3 000万元—5 000万元	274	17.67	10.93	4.46	103.41	52.97	101.14	64.61
1 000万元—3 000万元	1 238	38.99	26.97	10.16	207.46	116.97	213.86	159.48
500万元—1 000万元	1 484	22.51	15.49	5.06	104.24	64.19	130.82	103.20
100万元—500万元	7 391	39.10	26.62	9.07	161.82	112.14	259.07	235.51
50万元—100万元	5 077	8.41	5.45	2.16	36.55	27.85	69.30	77.21
10万元—50万元	13 102	8.24	5.32	2.47	32.74	25.39	72.05	94.36
10万元以下	13 540	2.40	1.54	0.79	5.29	5.00	21.84	31.38
交通运输设备制造业	10 227	55.30	38.87	18.15	368.87	205.95	387.72	290.02
1亿元以上	62	23.85	17.44	9.31	160.73	84.52	145.81	72.68
5 000万元—1亿元	66	4.21	2.70	1.45	47.76	19.16	33.60	28.47
3 000万元—5 000万元	71	2.67	1.89	0.81	27.42	13.28	20.61	16.09

全国独立核算工业企业按固定资产原值分组的主要指标(八)

(1987年)

行业	企业单位数(个)	利税总额(亿元)	利润总额(亿元)	企业留利(亿元)	固定资产原值(亿元)	定额流动资金年平均余额(亿元)	工业总产值(按1980年不变价格计算)(亿元)	职工平均人数(万人)
1 000万元—3 000万元	329	7.98	5.53	2.22	56.01	33.50	56.57	41.99
500万元—1 000万元	340	4.57	3.18	1.05	23.67	15.94	33.07	25.27
100万元—500万元	1 580	7.31	4.99	1.79	35.87	25.08	57.03	52.33
50万元—100万元	1 113	1.76	1.16	0.54	7.92	6.18	14.98	17.73
10万元—50万元	3 284	2.08	1.37	0.67	8.18	6.61	18.89	25.39
10万元以下	3 382	0.87	0.61	0.30	1.30	1.68	7.16	10.06
电气机械及器材制造业	14 013	70.60	41.61	13.07	204.44	176.38	470.72	246.82
1亿元以上	13	8.32	5.24	1.62	22.83	17.19	32.86	10.32
5 000万元—1亿元	27	5.07	2.85	0.83	18.91	13.29	28.36	10.95
3 000万元—5 000万元	56	7.57	4.82	1.38	21.06	12.65	39.78	12.46
1 000万元—3 000万元	295	18.41	11.34	2.82	48.41	37.36	111.85	35.88
500万元—1 000万元	373	9.14	5.03	1.60	26.66	23.42	64.95	28.12
100万元—500万元	1 995	13.51	7.52	2.56	43.93	42.98	112.58	69.35
50万元—100万元	1 500	3.10	1.65	0.72	10.57	12.19	29.99	25.91
10万元—50万元	4 131	3.90	2.23	1.06	10.24	13.21	35.75	36.33
10万元以下	5 623	1.58	0.92	0.48	1.83	4.11	14.60	17.52
电子及通信设备制造业	4 043	42.86	29.46	9.60	174.08	131.20	415.80	145.36
1亿元以上	9	4.88	3.55	1.08	21.51	8.14	31.87	6.45
5 000万元—1亿元	41	7.43	5.12	1.51	26.72	22.04	74.01	14.43
3 000万元—5 000万元	60	5.32	3.64	0.93	22.86	15.14	51.31	12.34
1 000万元—3 000万元	314	12.30	8.64	2.75	54.10	38.88	117.51	35.07
500万元—1 000万元	272	4.16	2.86	1.01	19.90	15.28	41.77	18.29
100万元—500万元	951	6.00	3.82	1.44	22.73	22.45	66.33	33.97
50万元—100万元	497	1.15	0.77	0.40	3.57	4.37	14.35	9.54
10万元—50万元	928	1.14	0.74	0.34	2.37	3.61	13.47	10.34
10万元以下	971	0.48	0.32	0.14	0.34	1.30	5.18	4.94
仪器仪表及其他计量器具制造业	3 434	14.68	10.19	3.56	67.79	48.55	83.03	76.41
1亿元以上	6	0.96	0.60	0.22	7.63	4.32	6.21	3.88
5 000万元—1亿元	5	0.11	0.03	0.03	3.08	1.20	1.32	1.78
3 000万元—5 000万元	25	0.85	0.60	0.23	9.16	4.20	5.17	5.64
1 000万元—3 000万元	116	3.29	2.31	0.85	18.82	11.63	15.69	13.36
500万元—1 000万元	134	2.54	1.85	0.49	9.29	7.08	12.59	9.17
100万元—500万元	670	4.62	3.24	1.08	14.55	13.13	26.10	23.37
50万元—100万元	359	0.84	0.55	0.22	2.59	3.04	5.95	6.69
10万元—50万元	892	1.03	0.71	0.30	2.24	2.96	6.97	8.38
10万元以下	1 227	0.43	0.29	0.16	0.41	0.99	3.03	4.13
其他工业	5 725	5.27	3.32	1.21	16.84	14.61	41.27	43.41
1 000万元—3 000万元	7	0.12	0.06	0.02	1.02	0.42	0.85	0.59
500万元—1 000万元	27	0.36	0.24	0.06	1.74	1.33	2.27	1.34
100万元—500万元	335	1.83	1.12	0.38	7.05	6.04	14.03	10.52
50万元—100万元	340	0.89	0.60	0.22	2.38	1.87	6.50	6.09
10万元—50万元	1 556	1.41	0.92	0.32	3.60	3.46	11.18	13.64
10万元以下	3 460	0.66	0.38	0.21	1.05	1.49	6.43	11.22

全国独立核算工业企业按工业总产值分组的主要指标(一)

(1987年)

行业	企业单位数（个）	利税总额（亿元）	利润总额（亿元）	企业留利（亿元）	固定资产原值（亿元）	定额流动资金年平均余额（亿元）	工业总产值(按1980年不变价格计算)（亿元）	职工平均人数（万人）
总计	**417 904**	**1 893.63**	**1 004.97**	**343.62**	**9 157.49**	**3 143.29**	**9 906.73**	**7 096.40**
1亿元以上	1 126	794.78	372.89	106.58	3 386.03	722.14	2 719.94	1 038.81
5 000万元—1亿元	1 656	196.86	111.42	38.87	915.63	312.65	1 016.98	490.69
3 000万元—5 000万元	2 397	144.46	82.94	27.81	721.06	259.52	800.06	411.98
1 000万元—3 000万元	13 115	328.32	197.35	64.09	1 517.81	624.04	1 881.70	1 137.15
500万元—1 000万元	17 268	152.73	91.59	33.52	795.96	361.09	1 068.92	825.70
100万元—500万元	80 050	199.45	112.71	48.85	1 189.93	583.94	1 651.05	1 736.29
50万元—100万元	53 621	36.84	18.74	10.77	265.71	131.76	363.70	553.70
10万元—50万元	137 624	29.02	13.15	9.95	284.32	124.01	339.68	703.15
10万元以下	111 048	11.16	4.17	3.18	81.04	24.15	64.69	198.94
煤炭采选业	9 458	−5.63	−14.08	1.18	720.13	62.30	202.79	538.15
1亿元以上	49	−1.79	−6.49	−1.24	460.08	32.91	107.46	250.15
5 000万元—1亿元	26	−2.47	−3.12	0.10	68.19	5.07	14.41	45.62
3 000万元—5 000万元	23	−1.47	−1.80	0.16	33.63	2.78	6.66	21.94
1 000万元—3 000万元	113	−1.37	−1.93	0.45	53.07	4.75	13.26	43.85
500万元—1 000万元	193	0.07	−0.34	0.30	26.38	3.50	10.06	28.52
100万元—500万元	1 697	0.71	−0.39	0.91	53.22	8.54	30.17	82.93
50万元—100万元	1 441	0.43	0.07	0.25	12.10	2.42	10.01	27.03
10万元—50万元	3 403	0.28	−0.02	0.22	11.03	2.02	9.27	30.27
10万元以下	2 513	−0.01	−0.05	0.03	2.43	0.32	1.48	7.83
石油和天然气开采业	29	52.20	32.63	2.49	507.71	41.65	175.32	64.52
1亿元以上	17	52.08	32.57	2.49	503.83	41.56	174.74	63.87
5 000万元—1亿元	1	0.11	0.06	0.00	3.74	0.08	0.56	0.50
100万元—500万元	2	0.01	0.01	0.00	0.09	0.00	0.02	0.04
50万元—100万元	1	0.00	0.00	0.00	0.00	0.00	0.00	0.02
10万元—50万元	6	−0.01	−0.01	0.00	0.04	0.01	0.00	0.08
10万元以下	2	0.00	0.00	0.00	0.00	0.00	0.00	0.01
黑色金属矿采选业	1 270	3.87	3.12	1.30	36.93	6.42	17.38	28.63
1亿元以上	3	1.03	0.87	0.48	14.15	1.38	4.25	5.17
5 000万元—1亿元	3	0.42	0.27	0.08	3.52	0.63	1.32	1.75
3 000万元—5 000万元	2	0.20	0.19	0.05	0.86	0.11	0.50	0.47
1 000万元—3 000万元	23	0.76	0.64	0.21	6.31	1.08	2.70	4.28
500万元—1 000万元	34	0.54	0.47	0.18	4.02	0.80	1.92	3.49
100万元—500万元	231	0.68	0.54	0.19	5.29	1.59	4.33	6.46
50万元—100万元	189	0.10	0.06	0.05	1.55	0.47	1.17	2.83
10万元—50万元	460	0.14	0.10	0.04	1.01	0.31	1.05	3.25
10万元以下	325	0.00	0.00	0.01	0.22	0.05	0.14	0.94
有色金属矿采选业	2 040	9.30	7.89	3.35	103.11	17.20	41.86	62.80
1亿元以上	6	1.88	1.63	0.35	18.52	3.13	7.15	4.90
5 000万元—1亿元	7	0.49	0.34	0.21	11.78	1.61	3.74	6.02
3 000万元—5 000万元	17	1.22	1.09	0.45	15.12	1.98	4.81	6.06
1 000万元—3 000万元	82	2.39	2.07	1.09	28.87	4.38	9.75	15.52
500万元—1 000万元	111	1.50	1.32	0.55	11.42	2.13	5.58	8.36
100万元—500万元	449	1.46	1.20	0.53	12.20	2.91	7.69	12.55
50万元—100万元	260	0.18	0.12	0.09	1.97	0.50	1.47	3.37
10万元—50万元	653	0.18	0.12	0.08	2.71	0.47	1.47	4.44
10万元以下	455	0.00	−0.01	0.01	0.54	0.08	0.20	1.58
建筑材料及其他非金属矿采选业	10 092	6.28	4.12	1.78	54.05	11.51	43.51	91.28
3 000万元—5 000万元	3	0.16	0.10	0.04	3.76	0.46	0.76	1.42

全国独立核算工业企业按工业总产值分组的主要指标(二)

(1987年)

行业	企业单位数(个)	利税总额(亿元)	利润总额(亿元)	企业留利(亿元)	固定资产原值(亿元)	定额流动资金年平均余额(亿元)	工业总产值(按1980年不变价格计算)(亿元)	职工平均人数(万人)
1 000万元—3 000万元	25	0.67	0.41	0.19	11.78	1.43	3.58	6.47
500万元—1 000万元	79	0.81	0.54	0.22	7.60	1.46	4.23	7.62
100万元—500万元	844	2.47	1.71	0.66	17.03	3.85	15.39	26.08
50万元—100万元	1 059	0.89	0.58	0.28	5.84	1.62	7.24	13.94
10万元—50万元	4 252	1.11	0.70	0.33	6.09	2.18	10.31	26.25
10万元以下	3 830	0.17	0.09	0.06	1.95	0.52	1.99	9.50
采盐业	607	4.61	2.41	0.99	26.30	4.80	21.80	23.00
1亿元以上	2	1.12	0.31	0.16	3.30	0.71	2.91	2.96
5 000万元—1 亿元	9	0.76	0.66	0.24	7.44	1.33	6.11	4.73
3 000万元—5 000万元	10	0.57	0.36	0.13	3.66	0.64	3.77	3.32
1 000万元—3 000万元	29	0.96	0.56	0.25	5.92	0.88	4.90	4.25
500万元—1 000万元	17	0.28	0.19	0.07	1.26	0.32	1.03	1.47
100万元—500万元	112	0.51	0.22	0.09	2.94	0.62	1.96	3.26
50万元—100万元	101	0.26	0.06	0.03	0.83	0.16	0.59	1.23
10万元—50万元	215	0.15	0.04	0.02	0.77	0.12	0.47	1.39
10万元以下	112	0.01	0.00	0.00	0.18	0.03	0.06	0.40
其他矿采选业	25	0.01	0.01	0.00	0.06	0.02	0.07	0.19
50万元—100万元	6	0.01	0.01	0.00	0.04	0.00	0.03	0.07
10万元—50万元	11	0.00	0.00	0.00	0.02	0.01	0.03	0.09
10万元以下	8	0.00	0.00	0.00	0.00	0.00	0.00	0.03
木材及竹材采运业	1 337	22.03	13.62	6.89	118.32	20.39	41.66	114.28
1亿元以上	7	2.28	1.45	0.64	14.36	1.61	4.91	10.15
5 000万元—1 亿元	48	7.85	4.71	2.46	56.37	8.56	17.73	50.14
3 000万元—5 000万元	22	2.16	1.17	0.62	15.52	2.33	4.77	13.80
1 000万元—3 000万元	90	4.12	2.62	1.36	16.51	4.01	5.89	18.12
500万元—1 000万元	124	2.19	1.37	0.68	7.48	1.66	3.23	9.11
100万元—500万元	350	2.64	1.79	0.85	5.97	1.68	3.73	8.93
50万元—100万元	193	0.50	0.34	0.18	0.89	0.28	0.77	1.88
10万元—50万元	351	0.26	0.17	0.09	1.03	0.19	0.56	1.75
10万元以下	152	0.03	0.02	0.01	0.19	0.07	0.06	0.42
自来水生产和供应业	2 836	6.44	5.59	2.72	100.20	3.27	21.41	21.50
1亿元以上	2	0.86	0.78	0.26	11.00	0.11	2.14	1.15
5 000万元—1 亿元	4	0.57	0.48	0.19	13.04	0.25	1.97	1.59
3 000万元—5 000万元	4	0.29	0.22	0.07	5.19	0.13	1.16	0.89
1 000万元—3 000万元	40	1.69	1.48	0.76	27.32	0.60	5.44	4.79
500万元—1 000万元	42	0.73	0.63	0.25	11.51	0.31	2.43	2.20
100万元—500万元	228	1.18	1.03	0.56	14.60	0.65	3.90	3.76
50万元—100万元	260	0.45	0.39	0.25	5.59	0.39	1.56	1.92
10万元—50万元	1 113	0.63	0.52	0.34	9.45	0.65	2.37	4.06
10万元以下	1 143	0.06	0.05	0.04	2.50	0.18	0.42	1.13
食品制造业	43 664	68.22	42.08	17.67	346.15	126.70	652.84	323.71
1亿元以上	17	2.74	1.97	0.67	7.19	2.99	17.76	4.22
5 000万元—1 亿元	104	7.39	4.73	1.67	29.25	10.74	54.25	16.50
3 000万元—5 000万元	183	6.54	4.17	1.47	23.88	9.10	55.49	16.95
1 000万元—3 000万元	1 440	22.33	13.95	4.94	91.79	30.46	184.71	60.97
500万元—1 000万元	2 032	12.47	7.88	3.21	58.56	18.83	116.55	45.77
100万元—500万元	8 143	13.07	7.93	4.15	85.91	35.28	159.51	92.91
50万元—100万元	4 748	1.81	0.78	0.72	19.68	8.92	29.87	29.56
10万元—50万元	12 877	1.57	0.58	0.67	21.55	8.57	29.18	40.42

全国独立核算工业企业按工业总产值分组的主要指标(三)

(1987年)

行业	企业单位数(个)	利税总额(亿元)	利润总额(亿元)	企业留利(亿元)	固定资产原值(亿元)	定额流动资金年平均余额(亿元)	工业总产值(按1980年不变价格计算)(亿元)	职工平均人数(万人)
10万元以下	14 120	0.29	0.11	0.16	8.34	1.82	5.50	16.40
饮料制造业	14 706	43.25	13.22	4.73	141.36	93.72	168.53	120.26
1亿元以上	5	1.95	0.84	0.13	2.39	1.59	4.70	0.76
5 000万元—1亿元	30	4.94	2.33	0.65	7.75	4.71	12.69	3.88
3 000万元—5 000万元	58	5.34	2.18	0.65	11.05	6.56	13.95	5.48
1 000万元—3 000万元	415	13.46	4.25	1.32	37.23	26.52	45.18	23.91
500万元—1 000万元	543	7.01	1.89	0.67	25.79	16.55	27.51	18.69
100万元—500万元	2 249	8.05	1.52	0.88	37.77	25.89	42.73	36.22
50万元—100万元	1 418	1.23	0.24	0.19	7.52	5.23	9.15	9.73
10万元—50万元	4 548	1.07	0.01	0.19	9.07	5.55	10.46	15.70
10万元以下	5 440	0.20	−0.04	0.04	2.79	1.13	2.16	5.90
烟草加工业	304	164.15	6.15	3.29	41.97	49.95	205.33	25.17
1亿元以上	79	145.88	5.35	2.74	32.55	39.23	176.88	17.12
5 000万元—1亿元	26	10.57	0.24	0.25	3.35	3.80	15.00	2.47
3 000万元—5 000万元	23	4.54	0.05	0.09	1.84	2.12	6.95	1.85
1 000万元—3 000万元	29	2.32	0.17	0.11	1.68	2.29	4.31	1.55
500万元—1 000万元	14	0.32	0.10	0.04	0.57	0.75	0.93	0.49
100万元—500万元	46	0.46	0.22	0.06	1.41	1.54	0.98	1.04
50万元—100万元	21	0.04	0.02	0.01	0.21	0.13	0.15	0.22
10万元—50万元	41	0.02	0.01	0.00	0.25	0.06	0.12	0.31
10万元以下	25	−0.01	−0.01	0.00	0.10	0.03	0.02	0.11
饲料工业	3 643	3.97	3.60	2.17	13.28	7.41	47.30	11.59
5 000万元—1亿元	3	0.08	0.08	0.04	0.41	0.09	0.93	0.08
3 000万元—5 000万元	6	0.12	0.10	0.01	0.19	0.27	1.22	0.12
1 000万元—3 000万元	64	0.59	0.57	0.38	2.09	1.09	8.31	1.00
500万元—1 000万元	125	0.66	0.55	0.31	1.52	0.93	7.65	1.03
100万元—500万元	1 029	1.91	1.77	1.07	6.07	3.54	22.79	5.31
50万元—100万元	492	0.37	0.32	0.22	1.39	0.80	3.55	1.49
10万元—50万元	929	0.22	0.19	0.13	1.28	0.60	2.45	1.80
10万元以下	995	0.02	0.01	0.01	0.33	0.10	0.41	0.76
纺织业	23 026	158.37	99.98	34.31	613.34	348.55	1 325.71	807.55
1亿元以上	175	37.02	26.10	8.97	111.36	50.86	261.63	96.03
5 000万元—1亿元	373	36.90	23.92	8.15	118.03	63.48	258.79	104.66
3 000万元—5 000万元	414	20.23	12.74	3.88	78.05	40.78	147.14	75.83
1 000万元—3 000万元	1 997	35.71	21.69	6.97	144.09	86.95	312.27	179.48
500万元—1 000万元	2 141	13.63	8.09	2.66	62.21	40.53	142.30	109.83
100万元—500万元	6 849	12.73	6.66	2.92	74.96	50.78	165.99	166.44
50万元—100万元	2 940	1.37	0.58	0.42	11.96	7.97	21.50	33.24
10万元—50万元	5 400	0.75	0.22	0.30	10.46	6.18	14.56	34.37
10万元以下	2 737	0.03	−0.03	0.03	2.24	1.01	1.53	7.67
缝纫业	18 965	20.27	11.96	4.17	65.18	66.54	234.71	210.28
1亿元以上	4	0.73	0.60	0.10	1.57	1.87	5.92	1.71
5 000万元—1亿元	7	0.40	0.30	0.09	1.53	1.26	3.73	1.54
3 000万元—5 000万元	23	0.96	0.69	0.21	2.33	2.13	8.42	2.95
1 000万元—3 000万元	327	5.30	3.50	1.07	11.71	12.58	49.25	22.61
500万元—1 000万元	608	4.27	2.66	0.77	11.23	9.72	42.93	26.71
100万元—500万元	3 681	6.36	3.36	1.26	22.93	23.56	83.26	78.21
50万元—100万元	2 735	1.24	0.55	0.34	6.36	7.23	20.95	28.83
10万元—50万元	6 442	0.93	0.31	0.28	6.12	7.02	18.02	37.43

全国独立核算工业企业按工业总产值分组的主要指标(四)

(1987年)

行业	企业单位数(个)	利税总额(亿元)	利润总额(亿元)	企业留利(亿元)	固定资产原值(亿元)	定额流动资金年平均余额(亿元)	工业总产值(按1980年不变价格计算)(亿元)	职工平均人数(万人)
10万元以下	5 138	0.07	−0.02	0.04	1.41	1.17	2.25	10.29
皮革、毛皮及其制品业	7 990	11.95	6.96	2.42	43.40	44.61	101.78	94.76
5 000万元—1亿元	5	0.44	0.29	0.12	0.69	0.72	1.92	0.72
3 000万元—5 000万元	21	1.15	0.83	0.24	3.72	3.14	5.43	2.97
1 000万元—3 000万元	198	3.92	2.56	0.70	11.36	9.87	25.40	12.82
500万元—1 000万元	330	2.34	1.37	0.45	7.98	8.02	19.87	13.27
100万元—500万元	1 613	2.99	1.50	0.61	12.70	14.71	32.76	33.05
50万元—100万元	1 186	0.60	0.25	0.14	3.02	3.93	8.12	12.11
10万元—50万元	2 910	0.49	0.18	0.15	3.14	3.60	7.18	15.94
10万元以下	1 727	0.01	−0.02	0.01	0.78	0.62	1.09	3.87
木材加工及竹、藤、棕、草制品业	10 989	10.01	6.59	2.82	50.93	21.45	58.27	80.34
1亿元以上	1	0.17	0.10	0.05	1.31	0.22	0.71	0.77
5 000万元—1亿元	15	1.15	0.78	0.40	6.44	2.56	6.28	4.83
3 000万元—5 000万元	19	1.00	0.68	0.30	4.67	1.79	4.34	3.41
1 000万元—3 000万元	84	2.23	1.58	0.61	9.91	4.36	8.39	12.38
500万元—1 000万元	146	1.37	0.95	0.36	6.48	2.57	6.71	10.48
100万元—500万元	968	2.34	1.58	0.60	12.84	5.40	15.94	19.17
50万元—100万元	867	0.62	0.35	0.17	3.05	1.59	5.34	7.04
10万元—50万元	3 958	0.93	0.49	0.27	4.42	2.33	8.50	14.84
10万元以下	4 931	0.20	0.09	0.07	1.80	0.65	2.06	7.42
家具制造业	11 381	5.93	3.18	1.27	29.61	21.04	59.73	68.64
5 000万元—1亿元	2	0.14	0.08	0.02	0.34	0.38	1.19	0.45
3 000万元—5 000万元	4	0.18	0.11	0.03	0.69	0.33	1.22	0.55
1 000万元—3 000万元	41	0.73	0.46	0.16	2.17	1.37	5.50	2.96
500万元—1 000万元	144	1.06	0.61	0.19	4.50	2.98	9.41	6.75
100万元—500万元	1 105	2.22	1.20	0.45	10.97	7.72	21.56	21.22
50万元—100万元	1 209	0.66	0.31	0.16	3.83	3.16	8.17	10.78
10万元—50万元	4 592	0.81	0.37	0.23	5.59	4.26	10.76	19.20
10万元以下	4 284	0.13	0.05	0.04	1.52	0.83	1.92	6.73
造纸及纸制品业	9 762	36.02	18.60	6.10	144.04	45.49	190.78	143.20
1亿元以上	13	6.45	4.25	1.39	22.51	4.12	15.27	6.29
5 000万元—1亿元	35	4.92	2.69	0.83	17.91	4.93	17.61	8.57
3 000万元—5 000万元	53	4.17	2.31	0.63	11.73	3.61	16.31	6.82
1 000万元—3 000万元	361	9.08	4.54	1.25	31.86	10.27	46.57	25.19
500万元—1 000万元	479	4.61	2.14	0.68	19.02	6.62	28.76	20.50
100万元—500万元	2 222	5.30	2.25	0.93	26.41	10.36	45.39	41.86
50万元—100万元	1 556	0.90	0.30	0.19	6.38	2.74	11.20	13.83
10万元—50万元	3 304	0.56	0.12	0.18	6.82	2.50	8.83	16.40
10万元以下	1 739	0.03	−0.01	0.02	1.40	0.35	0.84	3.75
印刷业	10 538	17.50	12.97	5.03	76.69	27.85	99.32	98.81
1亿元以上	1	0.63	0.62	0.10	1.28	0.20	1.22	0.32
5 000万元—1亿元	5	1.11	1.06	0.23	1.95	0.51	2.98	0.80
3 000万元—5 000万元	16	1.34	1.17	0.45	4.72	1.12	5.52	2.45
1 000万元—3 000万元	173	4.94	3.92	1.65	22.92	6.22	24.14	13.60
500万元—1 000万元	219	2.45	1.77	0.66	10.65	3.85	13.10	10.22
100万元—500万元	1 533	4.09	2.66	1.03	20.29	9.04	29.13	31.34
50万元—100万元	1 614	1.40	0.85	0.41	7.03	3.28	10.88	16.04
10万元—50万元	4 553	1.40	0.84	0.45	6.82	3.20	11.01	20.18
10万元以下	2 424	0.14	0.08	0.04	1.02	0.44	1.34	3.86

全国独立核算工业企业按工业总产值分组的主要指标（五）

（1987年）

行业	企业单位数（个）	利税总额（亿元）	利润总额（亿元）	企业留利（亿元）	固定资产原值（亿元）	定额流动资金年平均余额（亿元）	工业总产值(按1980年不变价格计算)（亿元）	职工平均人数（万人）
文教体育用品制造业	3 943	10.28	6.54	2.24	21.44	15.29	55.79	45.88
5 000万元—1亿元	9	1.73	1.01	0.31	2.32	1.12	6.44	1.22
3 000万元—5 000万元	10	1.01	0.64	0.18	1.03	0.92	3.88	1.08
1 000万元—3 000万元	86	3.08	2.19	0.73	4.68	3.11	12.84	5.80
500万元—1 000万元	159	1.84	1.15	0.35	3.60	2.94	10.46	7.81
100万元—500万元	686	1.85	1.12	0.43	6.02	4.53	14.59	15.25
50万元—100万元	519	0.38	0.22	0.11	1.51	1.19	3.66	5.60
10万元—50万元	1 367	0.33	0.19	0.10	1.85	1.18	3.39	7.08
10万元以下	1 107	0.04	0.02	0.02	0.44	0.30	0.53	2.04
工艺美术品制造业	10 228	12.49	7.17	2.35	32.31	31.18	101.52	125.16
1亿元以上	2	0.11	0.07	0.06	0.20	0.41	2.04	2.57
5 000万元—1亿元	1	0.04	0.04	0.01	0.12	0.48	0.33	0.32
3 000万元—5 000万元	8	0.37	0.27	0.07	0.42	0.71	2.60	0.56
1 000万元—3000万元	175	3.70	2.36	0.63	7.28	7.36	28.24	13.69
500万元—1 000万元	279	2.80	1.75	0.46	6.34	6.13	19.54	13.86
100万元—500万元	1 400	3.65	1.92	0.68	10.40	9.68	30.77	38.02
50万元—100万元	1 070	0.83	0.39	0.18	2.87	2.68	7.61	15.99
10 万元—50万元	3 543	0.85	0.34	0.22	3.57	3.05	8.73	27.55
10万元以下	3 750	0.13	0.04	0.05	1.12	0.67	1.65	12.60
电力、蒸汽、热水生产和供应业	11 407	136.40	64.04	13.15	1 106.35	27.78	312.93	131.76
1亿元以上	85	46.24	18.35	2.36	416.80	8.64	142.08	24.56
5 000万元—1亿元	79	18.58	8.59	2.88	151.06	3.41	51.90	15.60
3 000万元—5 000万元	96	10.00	3.92	0.38	133.96	2.39	32.17	13.94
1 000万元—3 000万元	223	36.85	19.21	2.30	177.72	5.21	35.03	21.04
500万元—1 000万元	175	5.33	2.59	0.86	41.56	1.51	8.91	8.07
100万元—500万元	1 139	8.53	5.87	2.38	109.50	4.36	17.93	25.86
50万元—100万元	630	1.30	1.00	0.42	25.28	0.89	3.59	6.81
10万元—50万元	2 461	1.08	0.85	0.42	32.59	0.92	4.84	9.19
10万元以下	6 519	8.49	3.68	1.15	17.87	0.44	16.47	6.69
石油加工业	626	109.40	51.80	5.25	158.57	27.97	257.37	34.85
1亿元以上	33	105.25	49.35	4.52	149.18	24.12	243.23	28.35
5 000万元—1亿元	5	1.16	0.53	0.11	2.21	0.65	2.63	0.66
3 000万元—5 000万元	10	0.70	0.41	0.13	1.95	0.83	2.78	0.82
1 000万元—3 000万元	31	1.23	0.80	0.22	2.97	1.23	4.18	2.05
500万元—1 000万元	20	0.31	0.21	0.07	0.65	0.28	1.00	0.59
100万元—500万元	132	0.59	0.41	0.15	0.93	0.51	2.37	1.27
50万元—100万元	90	0.08	0.05	0.02	0.31	0.17	0.58	0.44
10万元—50万元	212	0.07	0.05	0.02	0.31	0.16	0.55	0.56
10万元以下	93	0.00	0.00	0.00	0.06	0.02	0.04	0.13
炼焦、煤气及煤制品业	2 038	3.32	1.81	1.77	40.61	4.54	22.49	19.79
1亿元以上	4	2.37	1.74	0.79	8.00	0.80	5.87	1.92
5 000万元—1亿元	3	0.40	0.29	0.17	6.66	0.49	1.77	1.67
3 000万元—5000万元	12	0.43	0.17	0.20	6.12	0.59	2.97	2.56
1 000万元—3 000万元	24	0.11	−0.10	0.16	8.34	0.60	2.45	2.76
500万元—1 000万元	36	−0.16	−0.23	0.14	3.16	0.46	1.94	1.59
100万元—500万元	232	0.07	−0.05	0.19	5.46	0.94	4.21	4.04
50万元—100万元	195	0.05	0.02	0.06	1.22	0.23	1.24	1.48
10万元—50万元	705	0.03	−0.02	0.05	1.22	0.34	1.65	2.59
10万元以下	827	0.01	0.00	0.01	0.42	0.08	0.39	1.19

全国独立核算工业企业按工业总产值分组的主要指标(六)

(1987年)

行业	企业单位数（个）	利税总额（亿元）	利润总额（亿元）	企业留利（亿元）	固定资产原值（亿元）	定额流动资金年平均余额（亿元）	工业总产值(按1980年不变价格计算)（亿元）	职工平均人数（万人）
化学工业	16 228	150.89	78.06	25.32	648.96	176.16	681.82	364.50
1亿元以上	84	64.69	33.99	8.61	242.93	42.66	192.73	53.65
5 000万元—1亿元	131	17.49	8.44	2.50	61.86	19.43	76.55	27.80
3 000万元—5 000万元	210	14.10	6.78	2.30	51.46	16.24	66.06	25.98
1 000万元—3 000万元	1 208	28.98	15.84	5.73	129.43	39.56	159.26	90.38
500万元—1 000万元	1 415	12.27	7.17	3.04	80.76	23.14	83.06	63.14
100万元—500万元	3 689	10.73	4.97	2.36	59.01	24.77	77.54	65.12
50万元—100万元	1 985	1.60	0.66	0.38	9.01	4.45	13.28	14.15
10万元—50万元	4 701	1.03	0.28	0.36	11.16	4.89	11.87	18.83
10万元以下	2 805	0.00	−0.08	0.04	3.33	0.99	1.47	5.46
医药工业	2 664	36.62	27.16	9.17	80.90	51.37	209.96	69.92
1亿元以上	14	6.16	4.82	1.68	9.77	4.57	26.47	5.01
5 000万元—1 亿元	50	6.37	4.85	1.64	13.89	7.65	35.76	8.18
3 000万元—5 000亿元	97	7.05	5.37	1.77	15.00	8.54	36.76	9.91
1 000万元—3 000万元	369	10.34	7.52	2.24	22.20	15.69	64.04	19.51
500万元—1 000万元	362	3.60	2.48	0.87	9.07	7.23	25.07	11.14
100万元—500万元	782	2.67	1.83	0.79	8.76	6.30	18.63	11.75
50万元—100万元	272	0.27	0.18	0.11	1.17	0.78	1.93	2.04
10万元—50万元	453	0.15	0.09	0.07	0.86	0.55	1.18	1.94
10万元以下	265	0.01	0.00	0.01	0.19	0.07	0.12	0.44
化学纤维工业	435	30.97	21.82	3.49	153.45	31.02	149.36	34.55
1亿元以上	21	23.35	16.69	2.16	103.93	17.63	88.54	15.88
5 000万元—1亿元	30	3.63	2.53	0.64	19.47	4.73	23.38	5.22
3 000万元—5 000万元	30	1.67	1.11	0.24	11.16	2.70	14.11	3.56
1 000万元—3 000万元	83	1.80	1.19	0.32	13.61	4.27	17.15	6.20
500万元—1 000万元	39	0.29	0.19	0.06	2.03	0.64	3.16	1.26
100万元—500万元	92	0.19	0.09	0.05	2.75	0.82	2.46	1.65
500万元—100万元	42	0.03	0.01	0.01	0.25	0.11	0.31	0.33
10万元—50万元	74	0.01	0.00	0.01	0.22	0.10	0.22	0.35
10万元以下	24	0.00	0.00	0.00	0.03	0.01	0.01	0.09
橡胶制品业	3 587	30.93	10.76	2.93	66.75	39.39	167.37	78.95
1亿元以上	23	11.84	4.58	1.04	14.60	7.63	42.72	7.37
5 000万元—1亿元	37	5.05	1.60	0.36	9.93	5.49	25.11	7.27
3 000万元—5 000万元	68	4.20	1.29	0.35	9.36	5.64	25.56	9.97
1 000万元—3 000万元	190	4.75	1.58	0.44	13.26	8.31	33.48	16.59
500万元—1 000万元	181	1.83	0.61	0.20	5.47	3.41	13.13	8.10
100万元—500万元	842	2.45	0.82	0.36	9.39	6.01	19.98	17.93
50万元—100万元	503	0.47	0.17	0.10	2.18	1.41	3.91	4.86
10万元—50万元	1 139	0.32	0.10	0.07	2.16	1.29	3.19	5.72
10万元以下	604	0.02	0.00	0.01	0.40	0.20	0.31	1.13
塑料制品业	13 234	23.98	14.50	4.02	110.82	54.62	200.56	131.01
1亿元以土	3	0.91	0.67	0.15	5.30	1.00	4.00	0.64
5 000万元—1亿元	18	1.69	1.10	0.18	5.12	2.46	10.80	2.15
3 000万元—5 000万元	40	2.44	1.69	0.35	7.32	3.41	14.08	3.59
1 000万元—3 000万元	324	6.63	4.23	0.92	27.30	11.90	49.72	17.42
500万元—1 000万元	521	4.10	2.47	0.63	19.18	9.04	34.86	17.64
100万元—500万元	2 722	6.03	3.38	1.11	30.55	16.84	58.88	46.27
50万元—100万元	1 929	1.21	0.62	0.31	6.49	4.40	13.82	15.67
10万元—50万元	4 918	0.93	0.38	0.33	7.87	4.77	12.91	22.17

全国独立核算工业企业按工业总产值分组的主要指标(七)

(1987年)

行业	企业单位数(个)	利税总额(亿元)	利润总额(亿元)	企业留利(亿元)	固定资产原值(亿元)	定额流动资金年平均余额(亿元)	工业总产值(按1980年不变价格计算)(亿元)	职工平均人数(万人)
10万元以下	2 759	0.03	−0.03	0.04	1.68	0.80	1.48	5.48
建筑材料及其他非金属矿物制品业	55 838	93.19	53.41	20.55	554.89	154.18	449.66	748.13
1亿元以上	14	7.56	5.57	2.03	25.83	3.88	12.76	8.39
5 000万元—1亿元	51	9.99	6.64	2.16	35.63	6.47	23.78	14.42
3 000万元—5 000万元	80	7.68	5.05	1.63	36.09	6.90	22.05	17.80
1 000万元—3 000万元	688	19.95	11.74	3.79	100.49	25.24	76.16	76.64
500万元—1 000万元	1 216	12.73	7.42	2.56	79.03	21.08	58.27	76.13
100万元—500万元	8 946	23.64	12.29	5.02	160.41	51.51	144.20	248.96
50万元—100万元	8 697	6.46	2.82	1.62	51.63	18.23	52.95	121.06
10万元—50万元	22 475	4.87	1.86	1.55	55.92	18.26	53.27	153.79
10万元以下	13 671	0.32	0.03	0.19	9.86	2.62	6.22	30.95
黑色金属冶炼及压延加工业	2 766	161.52	89.54	39.98	758.22	199.52	534.25	278.84
1亿元以上	117	142.15	78.50	35.77	667.55	154.29	421.45	192.40
5000万元—1亿元	52	5.50	3.21	1.04	19.60	8.52	23.99	11.83
3000万元—5 000万元	73	3.21	1.88	0.70	16.35	8.25	18.15	11.34
1000万元—3 000万元	333	6.46	3.76	1.56	28.81	14.76	36.51	29.00
500万元—1 000万元	290	2.10	1.26	0.36	9.06	5.51	14.19	11.67
100万元—500万元	958	1.95	0.93	0.47	12.90	6.53	16.77	17.15
50万元—100万元	328	0.12	0.02	0.05	2.14	0.99	1.98	2.82
10万元—50万元	451	0.04	−0.01	0.03	1.50	0.57	1.11	2.23
10万元以下	164	0.00	−0.01	0.00	0.31	0.09	0.11	0.40
有色金属冶炼及压延加工业	1 933	38.09	22.93	6.40	214.00	71.54	222.24	85.64
1亿元以上	53	25.64	16.33	3.90	150.86	41.83	135.70	43.18
5 000万元—1亿元	38	4.23	2.29	0.48	19.98	10.01	21.65	9.47
3 000万元—5 000万元	46	2.26	1.31	0.38	10.03	4.01	13.54	5.01
1 000万元—3 000万元	185	3.43	1.81	0.55	17.74	8.03	26.42	11.72
500万元—1 000万元	161	1.16	0.61	0.26	5.97	2.60	9.60	4.97
100万元—500万元	569	1.26	0.60	0.32	7.58	3.84	12.46	7.75
50万元—100万元	224	0.13	0.06	0.04	0.81	0.47	1.48	1.44
10万元—50万元	476	0.06	0.01	0.03	0.83	0.43	1.28	1.75
10万元以下	181	−0.08	−0.08	0.44	0.21	0.32	0.10	0.36
金属制品业	30 461	45.08	29.18	9.66	156.65	101.11	310.66	281.69
1亿元以上	6	1.39	0.98	0.20	3.08	1.41	6.89	1.34
5 000万元—1亿元	17	2.32	1.75	0.46	4.95	3.07	9.39	4.08
3 000万元—5 000万元	50	3.05	2.12	0.63	7.12	4.41	16.38	6.17
1 000万元—3 000万元	473	12.37	8.32	2.45	31.86	20.32	67.26	35.96
500万元—1 000万元	815	8.04	5.30	1.56	24.47	16.33	50.79	35.83
100万元—500万元	5 170	13.22	8.21	2.92	52.81	36.15	106.20	104.88
50万元—100万元	3 598	2.49	1.43	0.68	12.58	8.68	25.06	32.73
10万元—50万元	10 055	1.93	0.96	0.64	14.81	8.97	24.45	44.53
10万元以下	10 277	0.27	0.11	0.12	4.98	1.77	4.24	16.18
机械工业	42 412	183.05	122.20	47.04	988.77	560.04	1122.12	935.05
1亿元以上	113	38.62	25.45	9.28	163.05	85.48	184.58	83.23
5 000万元—1亿元	211	23.02	16.16	6.30	125.43	67.55	128.37	74.14
3 000万元—5 000万元	316	19.04	12.44	4.91	109.07	58.84	110.41	71.77
1 000万元—3 000万元	1 602	41.46	28.68	10.37	231.43	129.87	241.60	182.26
500万元—1 000万元	2 280	23.25	15.73	5.90	133.59	76.44	149.42	136.41
100万元—500万元	10 518	30.14	19.42	7.79	168.22	107.61	230.17	255.28
50万元—100万元	5 800	4.34	2.62	1.31	28.22	18.60	40.97	60.31

全国独立核算工业企业按工业总产值分组的主要指标(八)

(1987年)

行	业	企业单位数(个)	利税总额(亿元)	利润总额(亿元)	企业留利(亿元)	固定资产原值(亿元)	定额流动资金年平均余额(亿元)	工业总产值(按1980年不变价格计算)(亿元)	职工平均人数(万人)
10万元—50万元		12 512	2.92	1.61	1.02	24.05	13.69	32.38	58.62
10万元以上		9 060	0.26	0.10	0.15	5.72	1.96	4.21	13.03
交通运输设备制造业		10 227	55.30	38.87	18.15	368.87	205.95	387.72	290.02
1亿元以上		56	27.42	20.22	9.78	135.71	77.53	155.05	64.85
5 000万元—1亿元		49	3.28	2.10	1.00	39.76	20.89	30.70	20.94
3 000万元—5 000万元		97	4.01	2.73	1.42	36.79	19.28	32.21	26.48
1 000万元—3 000万元		417	8.79	6.26	2.50	69.99	37.25	65.98	51.10
500万元—1 000万元		489	4.10	2.73	1.12	32.04	17.47	32.98	31.83
100万元—500万元		2 285	5.70	3.67	1.63	39.80	24.50	49.69	58.38
50万元—100万元		1 578	1.12	0.68	0.37	7.29	4.62	10.93	15.96
10万元—50万元		3 506	0.83	0.48	0.31	6.31	3.87	9.27	17.22
10万元以下		1 750	0.05	0.01	0.03	1.18	0.53	0.91	3.27
电气机械及器材制造业		14 013	70.60	41.61	13.07	204.44	176.38	470.72	246.82
1亿元以上		57	19.87	12.19	3.44	41.02	32.42	100.63	22.12
5 000万元—1亿元		92	10.19	5.96	1.58	23.07	19.31	63.35	15.86
3 000万元—5 000万元		141	9.05	5.52	1.41	23.26	19.44	52.40	18.01
1 000万元—3 000万元		594	13.95	8.38	2.58	45.53	35.85	95.05	45.96
500万元—1 000万元		762	6.39	3.68	1.26	24.11	21.05	52.00	33.23
100万元—500万元		3 538	8.61	4.65	1.98	33.59	33.49	79.13	69.88
50万元—100万元		2 097	1.49	0.78	0.43	6.44	6.54	15.13	17.97
10万元—50万元		4 451	0.98	0.44	0.34	5.32	5.53	11.80	19.27
10万元以以下		2 281	0.07	0.01	0.05	2.11	2.75	1.23	4.52
电子及通信设备制造业		4 043	42.86	29.46	9.60	174.08	131.20	415.80	145.36
1亿元以上		57	17.34	11.90	3.37	38.57	32.04	162.96	15.90
5 000万元—1亿元		75	5.82	4.07	1.27	20.79	18.92	57.16	13.71
3 000万元—5 000万元		87	3.74	2.59	0.98	17.12	11.92	36.48	11.29
1 000万元—3 000万元		378	9.06	6.62	1.89	45.81	30.87	76.83	34.52
500万元—1000万元		378	2.98	1.93	0.74	22.44	13.95	35.23	20.61
100万元—500万元		1 234	3.39	2.13	1.03	23.99	18.42	38.81	34.67
50万元—100万元		573	0.35	0.17	0.14	2.91	2.64	5.03	7.18
10万元—50万元		888	0.18	0.07	0.08	2.01	1.97	2.75	5.95
10万元以下		373	−0.01	−0.02	0.11	0.48	0.47	0.54	1.54
仪器仪表及其他计量器具制造业		3 434	14.68	10.19	3.56	67.79	48.55	83.03	76.41
1亿元以上		3	0.80	0.53	0.18	4.25	3.32	4.56	1.89
5 000万元—1亿元		4	0.46	0.31	0.06	2.01	1.18	2.00	1.25
3 000万元—5 000万元		20	1.54	1.18	0.30	6.47	4.34	7.90	4.62
1 000万元—3 000万元		145	4.72	3.42	1.12	20.80	13.45	23.10	16.65
500万元—1 000万元		202	2.59	1.80	0.60	12.72	8.23	14.77	12.52
100万元—500万元		997	3.63	2.35	0.96	17.68	13.78	23.78	27.60
50万元—100万元		509	0.46	0.29	0.15	2.15	2.28	3.81	5.54
10万元—50万元		1 054	0.38	0.24	0.14	1.51	1.73	2.85	5.23
10万元以下		500	0.09	0.07	0.05	0.21	0.25	0.26	1.11
其他工业		5 725	5.24	3.32	1.21	16.84	14.61	41.27	43.41
5 000万元—1亿元		1	0.12	0.08	0.01	0.05	0.09	0.70	0.06
3 000万元—5 000万元		5	0.22	0.13	0.02	0.39	0.78	1.15	0.25
1 000万元—3 000万元		56	0.85	0.51	0.09	1.97	2.09	6.83	4.16
500万元—1 000万元		107	0.87	0.57	0.22	2.55	2.11	6.35	4.81
100万元—500万元		768	2.00	1.34	0.49	6.62	5.67	15.25	13.78
50万元—100万元		686	0.58	0.36	0.17	2.03	1.58	4.71	6.17
10万元—50万元		2 165	0.52	0.30	0.18	2.54	1.90	5.36	10.42
10万元以下		1 937	0.07	0.03	0.03	0.70	0.40	0.90	3.76

全国独立核算工业企业按利税总额分组的主要指标(一)

(1987年)

行　　业	企业单位数(个)	利税总额(亿元)	利润总额(亿元)	企业留利(亿元)	固定资产原值(亿元)	定额流动资金年平均余额(亿元)	工业总产值(按1980年不变价格计算)(亿元)	职工平均人数(万人)
总　　计	417 904	1 893.63	1 004.97	343.62	9 157.49	3 143.29	9 906.73	7 096.40
1亿元以上	179	553.64	243.30	60.55	1 570.65	253.14	1 159.15	300.25
5 000万元—1亿元	179	125.02	63.13	17.34	443.75	97.12	388.03	125.70
3 000万元—5 000万元	284	109.13	60.40	18.36	440.20	116.18	404.50	155.33
1 000万元—3 000万元	1 705	278.67	166.80	52.74	1 153.53	395.41	1 226.63	578.14
500万元—1 000万元	2 543	173.79	108.32	34.90	685.91	285.40	868.01	432.88
100万元—500万元	18 231	375.62	238.97	80.13	1 626.81	728.57	2 201.99	1 346.96
50万元—100万元	16 842	117.33	73.82	26.34	577.70	283.94	851.89	650.07
10万元—50万元	68 678	154.23	90.95	37.19	874.41	459.68	1 407.88	1 362.19
10万元以下	309 263	6.21	－40.72	16.07	1 784.53	523.86	1 398.63	2 144.89
煤炭采选业	9 458	－5.63	－14.08	1.18	720.13	62.30	202.79	538.15
1亿元以上	2	1.28	0.87	－0.51	40.25	2.52	10.67	15.30
5 000万元—1亿元	4	1.46	1.02	0.26	42.60	3.03	10.35	17.61
3 000万元—5 000万元	4	1.68	1.37	0.35	32.90	2.47	7.57	13.55
1 000万元—3 000万元	12	1.64	0.47	0.05	92.24	7.16	25.40	54.93
500万元—1 000万元	16	0.75	0.31	0.17	38.42	2.76	9.99	22.36
100万元—500万元	129	2.00	1.32	0.45	39.66	4.76	14.91	36.87
50万元—100万元	202	1.23	0.92	0.35	11.13	1.72	7.18	14.21
10万元—50万元	1 286	2.64	1.84	0.74	26.03	5.41	19.97	46.43
10万元以下	7 803	－18.29	－22.19	－0.68	396.90	32.48	96.75	316.89
石油和天然气开采业	29	52.20	32.63	2.49	507.71	41.65	175.32	64.52
1亿元以上	6	48.69	32.68	1.62	370.40	27.31	141.26	42.05
5 000万元—1亿元	4	2.77	1.26	0.27	50.34	5.14	12.31	9.59
3 000万元—5 000万元	2	0.77	0.24	0.13	15.03	3.90	4.99	3.43
1 000万元—3 000万元	2	0.25	0.08	0.09	21.17	0.96	3.64	2.60
500万元—1 000万元	1	0.09	0.04	0.03	4.04	0.27	1.08	0.27
100万元—500万元	1	0.02	－0.02	0.03	3.01	0.20	0.71	0.64
50万元—100万元	2	0.01	0.01	0.00	0.09	0.00	0.02	0.04
10万元—50万元	1	0.00	0.00	0.00	0.01	0.01	0.00	0.01
10万元以下	10	－0.39	－1.67	0.31	43.63	3.85	11.31	5.89
黑色金属矿采选业	1 270	3.87	3.12	1.30	36.93	6.42	17.38	28.63
5 000万元—1亿元	1	0.54	0.48	0.13	3.20	0.38	1.09	1.09
3 000万元—5 000万元	1	0.48	0.40	0.35	7.66	0.40	1.94	2.14
1 000万元—3 000万元	6	0.76	0.58	0.16	4.82	0.77	1.92	2.49
500万元—1 000万元	6	0.36	0.35	0.12	1.10	0.16	0.59	0.56
100万元—500万元	47	0.90	0.72	0.25	9.48	1.90	4.35	6.26
50万元—100万元	43	0.30	0.25	0.08	2.46	0.58	1.45	2.83
10万元—50万元	218	0.48	0.37	0.14	3.12	1.03	2.94	4.96
10万元以下	948	0.05	－0.03	0.08	5.08	1.20	3.10	8.29
有色金属矿采选业	2 040	9.30	7.89	3.35	103.11	17.20	41.86	62.80
5 000万元—1亿元	1	0.96	0.91	0.20	2.41	0.26	1.48	0.55
3 000万元—5 000万元	2	0.71	0.60	0.04	6.44	1.23	2.60	1.97
1 000万元—3 000万元	13	1.88	1.75	0.50	10.86	1.75	3.93	3.57
500万元—1 000万元	22	1.49	1.29	0.51	12.23	2.12	5.41	5.45
100万元—500万元	150	3.10	2.72	1.23	31.69	5.01	11.52	17.69
50万元—100万元	107	0.76	0.64	0.27	7.25	1.33	3.42	5.46
10万元—50万元	363	0.88	0.68	0.29	8.88	1.98	5.33	8.43
10万元以下	1 382	－0.47	－0.70	0.32	23.37	3.53	8.17	19.67
建筑材料及其他非金属矿采选业	10 092	6.28	4.12	1.78	54.05	11.51	43.51	91.28
500万元—1 000万元	6	0.34	0.24	0.09	3.09	0.39	1.19	1.72
100万元—500万元	88	1.68	1.25	0.46	14.78	2.23	5.23	9.26

全国独立核算工业企业按利税总额分组的主要指标(二)

(1987年)

行　　业	企业单位数(个)	利税总额(亿元)	利润总额(亿元)	企业留利(亿元)	固定资产原值(亿元)	定额流动资金年平均余额(亿元)	工业总产值(按1980年不变价格计算)(亿元)	职工平均人数(万人)
500万元—1 000万元	6	0.34	0.24	0.09	3.09	0.39	1.19	1.72
100万元—500万元	88	1.68	1.25	0.46	14.78	2.23	5.23	9.26
50万元—100万元	152	1.07	0.78	0.25	5.81	1.16	4.68	6.91
10万元—50万元	991	2.05	1.44	0.55	11.22	2.84	11.83	21.34
10万元以下	8 855	1.12	0.41	0.43	19.16	4.89	20.57	52.05
采盐业	607	4.61	2.41	0.99	26.30	4.80	21.80	23.00
5 000万元—1亿元	1	0.95	0.15	0.10	1.74	0.48	1.82	2.04
1 000万元—3 000万元	8	1.13	0.82	0.25	6.37	1.09	4.78	3.15
500万元—1 000万元	9	0.66	0.37	0.15	4.32	0.67	3.59	2.89
100万元—500万元	58	1.31	0.88	0.35	7.11	1.43	7.15	6.14
50万元—100万元	32	0.22	0.09	0.05	1.34	0.23	1.08	1.60
10万元—50万元	156	0.39	0.19	0.08	2.12	0.39	1.75	2.71
10万元以下	343	−0.05	−0.10	0.02	3.30	0.51	1.64	4.47
其他矿采选业	25	0.01	0.01	0.00	0.06	0.02	0.07	0.19
10万元—50万元	4	0.01	0.01	0.00	0.02	0.00	0.02	0.05
10万元以下	21	0.00	0.00	0.00	0.04	0.01	0.04	0.14
木材及竹材采运业	1 337	22.03	13.62	6.89	118.32	20.39	41.66	114.28
3 000万元—5 000万元	4	1.61	1.07	0.44	9.15	1.07	3.15	5.54
1 000万元—3 000万元	57	9.98	6.28	2.94	58.57	9.02	18.76	52.64
500万元—1 000万元	52	3.60	2.05	1.13	21.88	3.77	6.92	19.42
100万元—500万元	207	4.73	3.12	1.51	16.47	3.81	7.15	18.81
50万元—100万元	168	1.17	0.71	0.43	4.81	1.04	2.26	6.31
10万元—50万元	399	0.98	0.58	0.33	3.23	1.08	2.12	5.72
10万元以下	450	−0.04	−0.18	0.12	4.21	0.60	1.30	5.85
自来水生产和供应业	2 836	6.44	5.59	2.72	100.20	3.27	21.41	21.50
3 000万元—5 000万元	2	0.86	0.78	0.26	11.00	0.11	2.14	1.15
1 000万元—3 000万元	8	1.13	1.03	0.35	12.62	0.22	2.78	1.83
500万元—1 000万元	14	0.95	0.84	0.27	8.58	0.19	2.04	1.38
100万元—500万元	89	1.79	1.58	0.68	25.72	0.62	5.49	4.92
50万元—100万元	64	0.45	0.40	0.21	4.54	0.20	1.24	1.11
10万元—50万元	512	1.12	0.97	0.61	13.25	0.80	3.72	4.13
10万元以下	2 147	0.14	−0.01	0.34	24.51	1.12	4.01	6.96
食品制造业	43 664	68.22	42.08	17.67	346.15	126.70	652.84	323.71
5 000万元—1亿元	1	0.51	0.23	0.06	0.90	0.08	1.42	0.42
3 000万元—5 000万元	1	0.30	0.30	0.12	0.32	0.08	1.92	0.18
1 000万元—3 000万元	47	7.51	4.14	1.09	18.76	5.41	27.23	8.05
500万元—1 000万元	142	9.40	5.59	1.79	26.33	6.93	48.49	14.12
100万元—500万元	1 341	26.90	17.47	5.98	96.24	30.27	180.36	64.49
50万元—100万元	1 353	9.37	6.97	2.66	39.15	14.97	89.20	34.14
10万元—50万元	5 765	13.07	9.39	4.04	68.79	29.97	161.66	74.55
10万元以下	35 014	1.16	−2.02	1.92	95.66	38.99	142.54	127.75
饮料制造业	14 706	43.25	13.22	4.73	141.36	93.72	168.53	120.26
5 000万元—1亿元	1	0.89	0.48	0.07	1.05	0.45	0.84	0.24
3 000万元—5 000万元	8	2.90	1.48	0.34	3.76	1.93	4.81	1.57
1 000万元—3 000万元	44	6.20	2.67	0.82	10.82	6.14	13.77	5.34
500万元—1 000万元	107	7.29	2.57	0.67	15.75	9.48	19.40	8.69
100万元—500万元	759	16.04	4.88	1.58	44.31	30.94	52.88	31.14
50万元—100万元	618	4.36	1.09	0.43	16.74	12.14	20.22	14.34
10万元—50万元	2 041	4.58	1.16	0.55	23.24	17.39	29.72	24.55
10万元以下	11 128	0.99	−1.12	0.26	25.69	15.25	26.88	34.39
烟草加工业	304	164.15	6.15	3.29	41.97	49.95	205.33	25.17
1亿元以上	52	125.69	4.92	2.43	26.72	31.93	149.69	13.41
5 000万元—1亿元	29	21.37	0.45	0.33	6.14	7.76	28.63	3.91

全国独立核算工业企业按利税总额分组的主要指标(三)

(1987年)

行业	企业单位数(个)	利税总额(亿元)	利润总额(亿元)	企业留利(亿元)	固定资产原值(亿元)	定额流动资金年平均余额(亿元)	工业总产值(按1980年不变价格计算)(亿元)	职工平均人数(万人)
10万元以下	11 128	0.99	－1.12	0.26	25.69	15.25	26.88	34.39
烟草加工业	304	164.15	6.15	3.29	41.97	49.95	205.33	25.17
1亿元以上	52	125.69	4.92	2.43	26.72	31.93	149.69	13.41
5 000万元—1亿元	29	21.37	0.45	0.33	6.14	7.76	28.63	3.91
3 000万元—5 000万元	19	7.96	0.17	0.18	2.56	2.79	11.35	1.80
1 000万元—3 000万元	38	7.30	0.20	0.17	2.98	3.42	11.10	2.77
500万元—1 000万元	12	0.89	0.12	0.08	0.80	1.37	1.41	0.83
100万元—500万元	38	0.80	0.27	0.08	1.53	2.17	1.92	1.21
50万元—100万元	11	0.08	0.03	0.01	0.16	0.20	0.26	0.21
10万元—50万元	35	0.08	0.02	0.01	0.40	0.15	0.39	0.33
10万元以下	70	－0.02	－0.03	0.00	0.68	0.16	0.58	0.68
饲料工业	3 643	3.97	3.60	2.17	13.28	7.41	47.30	11.59
500万元—1 000万元	2	0.14	0.06	0.01	0.02	0.03	0.32	0.02
100万元—500万元	46	0.77	0.71	0.43	1.91	1.25	6.38	0.90
50万元—100万元	89	0.59	0.55	0.30	1.41	0.75	5.29	0.96
10万元—50万元	913	1.95	1.83	1.10	5.62	3.29	23.83	4.77
10万元以下	2 593	0.53	0.45	0.33	4.31	2.08	11.48	4.93
纺织业	23 026	158.37	99.98	34.31	613.34	348.55	1 325.71	807.55
5 000万元—1亿元	3	1.58	1.20	0.48	3.37	1.51	8.33	3.28
3 000万元—5 000万元	30	11.27	8.19	3.02	25.38	11.55	51.08	21.87
1 000万元—3 000万元	314	52.63	34.73	11.75	136.77	67.95	292.09	128.60
500万元—1 000万元	381	26.61	17.44	5.36	89.81	46.40	184.07	81.87
100万元—500万元	1 960	43.01	27.32	8.37	169.80	93.51	352.18	196.63
50万元—100万元	1 595	11.05	6.85	2.16	49.69	33.81	126.07	83.43
10万元—50万元	5 178	12.07	6.90	2.60	71.99	48.74	185.74	145.35
10万元以下	13 565	0.16	－2.66	0.58	66.53	45.08	126.15	146.52
缝纫业	18 965	20.27	11.96	4.17	65.18	66.54	234.71	210.28
1 000万元—3 000万元	6	0.98	0.76	0.13	1.83	3.99	6.94	1.90
500万元—1 000万元	14	0.88	0.69	0.25	1.69	1.60	5.53	2.43
100万元—500万元	391	7.01	4.85	1.39	13.74	12.35	53.27	24.93
50万元—100万元	540	3.76	2.38	0.72	8.82	8.23	34.47	22.55
10万元—50万元	2 605	5.67	3.19	1.14	18.19	17.86	66.49	58.50
10万元以下	15 409	1.97	0.08	0.54	20.90	22.51	68.01	99.96
皮革、毛皮及其制品业	7 990	11.95	6.96	2.42	43.40	44.61	101.78	94.76
1 000万元—3 000万元	3	0.36	0.28	0.11	0.55	0.45	1.19	0.46
500万元—1 000万元	21	1.44	1.04	0.30	3.23	2.72	5.35	2.77
100万元—500万元	241	4.68	3.05	0.86	12.23	10.93	26.48	13.87
50万元—100万元	248	1.74	1.08	0.34	5.55	5.48	14.06	9.46
10万元—50万元	1 280	2.88	1.56	0.55	10.87	12.06	29.20	26.95
10万元以下	6 197	0.85	－0.05	0.26	10.97	12.96	25.50	41.24
木材加工及竹、藤、棕、草制品业	10 989	10.01	6.59	2.82	50.93	21.45	58.27	80.34
1 000万元—3 000万元	7	1.01	0.78	0.27	4.16	1.55	3.70	2.47
500万元—1 000万元	25	1.66	1.24	0.39	5.53	2.20	5.13	4.53
100万元—500万元	149	3.00	2.04	1.01	14.52	5.60	12.80	17.65
50万元—100万元	176	1.22	0.88	0.28	5.65	2.12	5.71	7.24
10万元—50万元	894	1.90	1.21	0.49	9.46	4.16	11.99	15.81
10万元以下	9 738	1.22	0.44	0.39	11.59	5.82	18.86	32.64
家具制造业	11 381	5.93	3.18	1.27	29.61	21.04	59.73	68.64
500万元—1 000万元	1	0.09	0.06	0.01	0.22	0.18	0.53	0.23
100万元—500万元	78	1.48	0.97	0.32	3.99	2.48	8.99	4.53
50万元—100万元	143	1.00	0.61	0.20	3.36	2.25	7.25	5.77
10万元—50万元	907	1.90	1.09	0.41	8.67	6.03	17.45	16.58
10万元以下	10 252	1.45	0.46	0.34	13.38	10.09	25.50	41.53
造纸及纸制品业	9 762	36.02	18.60	6.10	144.04	45.49	190.78	143.20
1亿元以上	1	1.31	0.96	0.48	4.66	0.35	2.30	0.69

全国独立核算工业企业按利税总额分组的主要指标(四)

(1987年)

行业	企业单位数(个)	利税总额(亿元)	利润总额(亿元)	企业留利(亿元)	固定资产原值(亿元)	定额流动资金年平均余额(亿元)	工业总产值(按1980年不变价格计算)(亿元)	职工平均人数(万人)
5 000万元—1亿元	3	2.00	1.46	0.36	5.56	0.92	3.86	1.37
3 000万元—5 000万元	7	2.79	1.89	0.53	7.66	1.80	6.42	2.75
1 000万元—3 000万元	42	6.36	3.46	1.05	23.17	6.02	21.88	10.17
500万元—1 000万元	57	3.88	2.13	0.58	11.02	3.32	14.69	6.82
100万元—500万元	541	11.32	5.72	1.64	37.69	12.38	55.50	33.13
50万元—100万元	453	3.18	1.43	0.50	14.79	5.31	22.55	15.83
10万元—50万元	1 777	3.89	1.68	0.66	18.38	7.53	34.49	30.50
10万元以下	6 881	1.28	− 0.14	0.32	21.12	7.85	29.08	41.93
印刷业	10 538	17.50	12.97	5.03	76.69	27.85	99.32	98.81
5 000万元—1亿元	2	1.26	1.26	0.20	1.83	0.32	2.00	0.55
1 000万元—3 000万元	6	0.94	0.85	0.28	1.84	0.58	1.74	0.65
500万元—1 000万元	27	1.91	1.62	0.68	6.71	1.91	8.24	3.18
100万元—500万元	290	6.04	4.75	1.82	26.12	7.46	29.28	18.34
50万元—100万元	252	1.73	1.21	0.45	7.59	2.97	10.00	8.26
10万元—50万元	1 802	3.68	2.38	0.98	18.02	7.62	25.41	29.29
10万元以下	8 159	1.94	0.89	0.62	14.58	6.98	22.65	38.54
文教体育用品制造业	3 943	10.28	6.54	2.24	21.44	15.29	55.79	45.88
3 000万元—5 000万元	2	0.81	0.40	0.11	0.19	0.26	1.46	0.31
1 000万元—3 000万元	14	2.01	1.35	0.43	3.05	1.60	6.56	1.45
500万元—1 000万元	20	1.31	0.95	0.31	1.46	1.05	4.10	1.78
100万元—500万元	147	3.20	2.15	0.67	5.34	3.83	16.00	8.58
50万元—100万元	154	1.03	0.66	0.25	2.52	2.02	6.90	5.73
10万元—50万元	638	1.39	0.83	0.31	4.45	3.36	11.70	12.34
10万元以下	2 968	0.53	0.19	0.15	4.43	3.17	9.08	15.70
工艺美术品制造业	10 228	12.49	7.17	2.35	32.31	31.18	101.52	125.16
1 000万元—3 000万元	1	0.12	0.10	0.02	0.05	0.24	0.40	0.05
500万元—1 000万元	13	0.77	0.58	0.19	1.08	1.27	3.20	4.44
100万元—500万元	268	5.16	3.34	0.88	9.24	9.84	34.43	18.01
50万元—100万元	300	2.12	1.18	0.36	4.70	4.70	16.13	12.24
10万元—50万元	1 350	3.02	1.58	0.60	8.71	8.08	26.48	31.21
10万元以下	8 296	1.31	0.39	0.30	8.52	7.05	20.88	59.20
电力、蒸汽、热水生产和供应业	11 407	136.40	64.04	13.15	1 106.35	27.78	312.93	131.76
1亿元以上	21	64.81	30.15	6.27	149.32	3.73	31.12	7.62
5 000万元—1亿元	29	19.89	11.21	0.77	101.35	2.12	33.46	6.05
3 000万元—5 000万元	33	12.20	5.35	0.40	87.30	1.87	23.10	5.28
1 000万元—3 000万元	115	20.13	6.68	0.77	185.28	3.87	50.83	17.56
500万元—1 000万元	76	5.46	2.19	0.57	44.25	1.16	12.07	5.89
100万元—500万元	411	8.27	5.30	1.99	84.71	3.25	17.30	16.49
50万元—100万元	455	3.24	2.43	1.02	35.59	1.84	6.95	9.97
10万元—50万元	1 123	2.76	2.02	0.85	48.42	2.14	7.99	13.81
10万元以下	9 144	−0.35	− 1.28	0.50	370.12	7.78	130.12	49.09
石油加工业	626	109.40	51.80	5.25	158.57	27.97	257.37	34.85
1亿元以上	26	100.51	47.08	5.29	143.79	23.10	232.32	26.93
5 000万元—1亿元	5	3.91	1.85	0.11	4.30	0.85	9.04	1.11
3 000万元—5 000万元	2	0.83	0.42	0.12	1.09	0.17	1.87	0.32
1 000万元—3 000万元	6	1.31	0.64	0.12	2.38	0.66	2.72	0.70
500万元—1 000万元	16	1.11	0.69	0.19	2.43	1.06	3.66	1.07
100万元—500万元	53	1.17	0.77	0.26	2.83	1.18	4.10	2.49
50万元—100万元	25	0.19	0.12	0.05	0.57	0.24	0.92	0.44
10万元—50万元	124	0.27	0.18	0.08	0.59	0.36	1.54	0.76
10万元以下	369	0.10	0.05	0.03	0.59	0.34	1.19	1.03

全国独立核算工业企业按利税总额分组的主要指标(五)

(1987年)

行业	企业单位数(个)	利税总额(亿元)	利润总额(亿元)	企业留利(亿元)	固定资产原值(亿元)	定额流动资金年平均余额(亿元)	工业总产值(按1980年不变价格计算)(亿元)	职工平均人数(万人)
炼焦、煤气及煤制品业	2 038	3.32	1.81	1.77	40.61	4.54	22.49	19.79
1亿元以上	1	1.07	0.82	0.38	3.59	0.28	2.25	0.69
5 000万元—1亿元	1	0.80	0.57	0.19	1.89	0.19	2.22	0.48
1 000万元—3 000万元	7	0.94	0.66	0.46	9.72	0.73	3.30	2.66
500万元—1 000万元	6	0.44	0.31	0.08	2.47	0.38	1.44	0.83
100万元—500万元	39	0.67	0.43	0.25	6.91	0.81	3.24	3.06
50万元—100万元	23	0.15	0.11	0.05	0.57	0.17	0.74	0.60
10万元—50万元	160	0.34	0.23	0.13	2.33	0.63	2.64	2.41
10万元以下	1 801	−1.10	−1.32	0.24	13.13	1.34	6.65	9.05
化学工业	16 228	150.89	78.06	25.32	648.96	176.16	681.82	364.50
1亿元以上	7	33.62	18.01	3.39	114.49	15.81	80.53	16.47
5 000万元—1亿元	21	14.79	8.13	2.60	52.24	9.15	43.40	13.52
3 000万元—5 000万元	32	12.44	5.92	1.86	50.32	11.00	44.87	14.27
1 000万元—3 000万元	152	23.40	11.22	3.33	75.18	22.73	93.55	32.93
500万元—1 000万元	237	16.12	8.15	2.68	53.48	17.24	67.82	28.24
100万元—500万元	1 627	34.14	19.40	6.89	143.64	45.01	176.74	96.68
50万元—100万元	1 211	8.50	5.04	2.02	48.11	15.68	58.69	41.36
10万元—50万元	3 413	7.90	4.07	1.88	53.31	20.60	68.79	56.75
10万元以下	9 528	−0.02	−1.89	0.67	58.20	18.94	47.45	64.30
医药工业	2 664	36.62	27.16	9.17	80.90	51.37	209.96	69.92
1亿元以上	1	2.21	1.84	0.67	2.50	0.55	3.88	0.96
5 000万元—1亿元	1	0.60	0.43	0.17	1.77	0.58	4.14	0.84
3 000万元—5 000万元	5	1.88	1.49	0.61	3.06	1.77	8.91	1.73
1 000万元—3 000万元	62	9.77	7.68	2.64	17.42	9.12	44.20	9.52
500万元—1 000万元	92	6.25	4.69	1.32	11.49	7.38	33.17	7.97
100万元—500万元	518	11.67	8.35	2.62	27.86	19.37	77.34	25.44
50万元—100万元	323	2.32	1.58	0.60	6.49	5.22	17.11	8.00
10万元—50万元	658	1.70	1.07	0.45	6.81	5.26	15.84	9.85
10万元以下	1 004	0.22	0.03	0.09	3.51	2.12	5.39	5.61
化学纤维工业	435	30.97	21.82	3.49	153.45	31.02	149.36	34.55
1亿元以上	3	16.70	11.94	1.20	69.41	10.42	55.46	7.95
5 000万元—1亿元	4	2.60	1.94	0.36	8.73	2.07	11.92	2.13
3 000万元—5 000万元	8	3.11	2.25	0.42	17.66	3.52	14.69	3.40
1 000万元—3 000万元	24	3.85	2.80	0.62	18.94	4.25	22.68	5.39
500万元—1 000万元	30	2.18	1.37	0.37	13.51	3.37	15.69	4.05
100万元—500万元	91	2.11	1.37	0.42	18.77	5.38	21.11	7.34
50万元—100万元	41	0.29	0.16	0.05	2.62	0.74	3.64	1.34
10万元—50万元	65	0.18	0.09	0.04	1.76	0.71	2.53	1.40
10万元以下	169	−0.05	−0.09	0.00	2.04	0.57	1.63	1.54
橡胶制品业	3 587	30.93	10.76	2.93	66.75	39.39	167.37	78.95
1亿元以上	4	4.78	2.20	0.49	3.85	1.56	13.47	1.59
5 000万元—1亿元	2	1.46	0.46	0.08	2.17	1.27	5.24	0.85
3 000万元—5 000万元	11	4.26	1.52	0.38	5.51	3.37	16.95	3.14
1 000万元—3 000万元	44	6.67	2.18	0.49	12.94	6.69	31.44	8.77
500万元—1 000万元	61	4.26	1.38	0.32	8.14	4.53	21.87	8.10
100万元—500万元	262	5.73	1.95	0.61	15.66	9.60	39.54	19.56
50万元—100万元	222	1.55	0.60	0.19	4.74	3.35	12.03	8.34
10万元—50万元	790	1.82	0.64	0.28	7.37	4.94	16.17	14.08
10万元以下	2 191	0.40	−0.18	0.08	6.39	4.09	10.66	14.52
塑料制品业	13 234	23.98	14.50	4.02	110.82	54.62	200.56	131.01
3 000万元—5 000万元	2	0.79	0.60	0.15	5.08	0.87	3.05	0.58

全国独立核算工业企业按利税总额分组的主要指标(六)

(1987年)

行业	企业单位数(个)	利税总额(亿元)	利润总额(亿元)	企业留利(亿元)	固定资产原值(亿元)	定额流动资金年平均余额(亿元)	工业总产值(按1980年不变价格计算)(亿元)	职工平均人数(万人)
1 000万元—3 000万元	12	1.50	1.06	0.17	3.85	1.74	7.50	1.62
500万元—1 000万元	31	2.30	1.62	0.30	6.13	2.60	12.78	2.73
100万元—500万元	455	9.19	6.13	1.41	33.34	14.77	60.14	21.41
50万元—100万元	490	3.39	2.05	0.56	14.21	6.91	27.48	14.90
10万元—50万元	2 317	5.16	2.87	0.99	24.52	14.05	49.64	37.72
10万元以下	9 927	1.65	0.17	0.43	23.69	13.68	39.98	52.07
建筑材料及其他非金属矿物制品业	55 838	93.19	53.41	20.55	554.89	154.18	449.66	748.13
1亿元以上	1	1.10	0.97	0.40	2.29	0.45	1.03	0.81
5 000万元—1亿元	6	3.86	2.81	1.07	13.76	1.78	6.03	3.84
3 000万元—5 000万元	12	4.60	3.33	1.11	12.10	2.14	8.28	5.33
1 000万元—3 000万元	81	13.34	8.98	2.89	54.04	8.28	28.03	18.83
500万元—1 000万元	125	8.34	5.28	1.66	31.35	7.12	26.01	21.27
100万元—500万元	1 336	25.89	16.29	5.03	121.19	30.74	94.31	104.19
50万元—100万元	1 614	11.07	6.58	2.25	60.26	17.34	49.36	69.27
10万元—50万元	9 002	19.11	10.17	4.08	117.37	38.70	112.29	205.94
10万元以下	43 661	5.87	−1.01	2.07	142.51	47.62	124.32	318.66
黑色金属冶炼及压延加工业	2 766	161.52	89.54	39.98	758.22	199.52	534.25	278.84
1亿元以上	31	108.88	61.52	29.08	522.59	101.78	296.50	125.08
5 000万元—1亿元	21	15.67	8.24	3.39	52.90	18.54	49.48	22.88
3 000万元—5 000万元	24	9.36	4.51	1.72	55.92	17.66	36.74	24.83
1 000万元—3 000万元	70	12.96	7.30	2.56	47.55	21.46	53.22	25.78
500万元—1 000万元	61	4.05	2.49	0.86	12.15	5.92	17.11	10.32
100万元—500万元	337	7.28	4.27	1.64	31.41	15.81	38.35	29.83
50万元—100万元	266	1.88	1.08	0.36	9.69	5.34	14.11	11.13
10万元—50万元	693	1.68	0.80	0.31	11.91	6.63	17.11	14.81
10万元以下	1 263	−0.23	−0.66	0.07	14.10	6.39	11.61	14.16
有色金属冶炼及压延加工业	1 933	38.09	22.93	6.40	214.00	71.54	222.24	85.64
1亿元以上	6	9.75	6.65	1.37	48.71	8.05	22.42	13.50
5 000万元—1亿元	14	9.89	6.31	1.51	43.70	15.85	57.43	14.16
3 000万元—5 000万元	6	2.24	1.19	0.33	16.94	4.99	13.88	5.04
1 000万元—3 000万元	47	7.35	4.22	0.99	33.58	14.09	44.87	15.41
500万元—1 000万元	39	2.81	1.75	0.48	22.37	5.36	18.21	5.98
100万元—500万元	208	4.29	2.30	0.80	18.16	8.54	31.88	12.61
50万元—100万元	142	1.01	0.54	0.21	12.58	5.71	11.16	5.11
10万元—50万元	408	0.99	0.47	0.20	4.79	2.82	11.81	5.72
10万元以下	1 063	−0.25	−0.51	9.51	13.16	6.12	10.59	8.12
金属制品业	30 461	45.08	29.18	0.66	156.65	101.11	310.66	281.69
3 000万元—5 000万元	1	0.38	0.26	0.04	0.24	0.41	1.63	0.20
1 000万元—3 000万元	21	3.72	2.92	0.69	7.72	4.10	13.27	4.69
500万元—1 000万元	76	5.08	3.70	1.10	9.25	5.28	18.68	8.47
100万元—500万元	840	16.30	11.18	3.32	40.98	25.93	87.55	49.61
50万元—100万元	912	6.35	4.20	1.28	18.64	12.91	40.74	31.29
10万元—50万元	4 419	9.77	5.93	2.20	38.70	26.97	81.16	80.95
10万元以下	24 192	3.48	1.01	1.02	41.11	25.51	67.63	106.48
机械工业	42 412	183.05	122.20	47.04	988.77	560.04	1 122.12	935.05
1亿元以上	7	11.09	6.44	1.43	6.83	3.92	27.49	4.80
5 000万元—1亿元	9	5.89	4.11	1.76	21.61	9.50	24.35	11.31
3 000万元—5 000万元	31	11.46	7.58	2.67	30.57	18.31	46.80	17.54
1 000万元—3 000万元	211	34.70	25.15	9.61	153.24	84.78	154.11	81.36
500万元—1 000万元	389	26.54	18.77	6.64	125.47	70.22	130.66	81.82

全国独立核算工业企业按利税总额分组的主要指标(七)

(1987年)

行　　业	企业单位数(个)	利税总额(亿元)	利润总额(亿元)	企业留利(亿元)	固定资产原值(亿元)	定额流动资金年平均余额(亿元)	工业总产值(按1980年不变价格计算(亿元)	职工平均人数(万人)
100万元—500万元	2 762	56.19	39.82	13.91	275.57	158.29	320.76	237.02
50万元—100万元	2 359	16.64	11.36	4.03	89.60	53.18	110.88	100.83
10万元—50万元	8 738	20.36	12.97	5.29	123.88	79.99	172.87	191.05
10万元以下	27 906	0.19	−3.99	1.71	162.01	81.85	134.20	209.32
交通运输设备制造业	10 227	55.30	38.87	18.15	368.87	205.95	387.72	290.02
1亿元以上	5	15.33	11.56	6.33	46.12	15.64	64.38	18.20
5000万元—1亿元	5	3.96	2.80	0.92	7.49	3.68	18.44	2.88
3000万元—5000万元	6	2.14	1.67	0.65	12.46	5.54	12.40	6.57
1000万元—3000万元	50	8.48	6.20	2.32	58.13	41.76	56.79	32.31
500万元—1000万元	79	5.39	3.91	1.68	36.06	22.04	33.73	23.20
100万元—500万元	578	12.36	9.03	3.59	91.10	47.58	87.70	66.52
50万元—100万元	461	3.21	2.20	0.88	27.80	16.94	26.89	24.71
10万元—50万元	2 029	4.56	2.91	1.18	38.17	22.73	45.31	51.22
10万元以下	7 014	−0.13	−1.40	0.61	51.55	30.03	42.09	64.41
电气机械及器材制造业	14 013	70.60	41.61	13.07	204.44	176.38	470.72	246.82
1亿元以上	3	4.65	2.89	0.78	5.60	3.56	17.36	2.38
5000万元—1亿元	3	2.12	1.62	0.72	4.21	3.04	6.02	1.69
3000万元—5000万元	16	6.04	3.66	0.95	10.52	8.51	32.14	6.38
1000万元—3000万元	105	17.17	10.85	2.82	38.25	30.85	87.39	22.92
500万元—1000万元	139	9.59	5.65	1.49	23.25	19.54	56.83	18.72
100万元—500万元	818	17.36	10.41	3.14	52.50	44.32	117.57	54.52
50万元—100万元	782	5.39	3.15	1.12	19.44	16.69	42.82	28.58
10万元—50万元	3 039	6.90	3.71	1.49	26.80	26.39	67.23	55.63
10万元以下	9 108	1.38	−0.34	0.55	23.88	23.49	43.36	56.00
电子及通信设备制造业	4 043	42.86	29.46	9.60	174.08	131.20	415.80	145.36
1亿元以上	2	2.16	1.79	0.46	9.54	2.17	7.03	1.82
5000万元—1亿元	8	5.31	3.75	1.22	8.51	8.18	44.74	3.28
3000万元—5000万元	12	4.79	3.45	0.97	7.79	6.76	37.44	3.62
1000万元—3000万元	56	9.19	6.38	1.43	20.48	18.84	78.91	11.65
500万元—1000万元	104	6.98	5.00	1.63	20.09	17.55	57.68	13.86
100万元—500万元	494	10.28	7.22	2.42	49.92	35.80	99.87	39.48
50万元—100万元	397	2.82	1.93	0.70	17.03	11.92	30.90	18.32
10万元—50万元	997	2.46	1.55	0.63	17.91	13.91	34.81	25.70
10万元以下	1 973	−1.13	−1.61	0.15	22.82	16.09	24.42	27.63
仪器仪表及其他计量器具制造业	3 434	14.68	10.19	3.56	67.79	48.55	83.03	76.41
3000万元—5000万元	1	0.47	0.32	0.11	1.60	1.69	2.31	0.84
1000万元—3000万元	12	1.72	1.31	0.37	4.14	3.02	5.05	2.83
500万元—1000万元	32	2.25	1.72	0.40	6.44	5.53	8.88	4.41
100万元—500万元	295	6.19	4.52	1.48	25.16	16.62	30.35	22.65
50万元—100万元	261	1.82	1.23	0.46	9.53	6.30	11.27	11.34
10万元—50万元	880	2.11	1.34	0.56	10.37	8.67	15.88	18.26
10万元以下	1 953	0.11	−0.25	0.17	10.56	6.72	9.29	16.08
其他工业	5 725	5.24	3.32	1.21	16.84	14.61	41.27	43.41
1000万元—3000万元	2	0.29	0.23	0.01	0.05	0.09	0.90	0.07
500万元—1000万元	2	0.12	0.08	0.02	0.25	0.33	0.45	0.17
100万元—500万元	89	1.58	1.15	0.35	2.53	2.60	7.17	4.05
50万元—100万元	156	1.07	0.72	0.22	2.66	2.21	6.76	5.90
10万元—50万元	708	1.55	1.00	0.38	4.74	4.39	12.03	11.62
10万元以下	4 768	0.63	0.14	0.23	6.61	4.99	13.95	21.61

大中小型工业企业工业经济主要指标

指　　标	计算单位	大型企业		中型企业		小型企业	
		1986年	1987年	1986年	1987年	1986年	1987年
一、工业企业单位数	个	2 594	2 888	6 071	6 862	413 301	408 154
二、工业总产值（按1980年不变价格计算）	亿元	2 541.62	2 950.49	1 658.19	1 913.36	4 434.73	5 043.22
三、工业净产值（按现行价格计算）	亿元	1 047.60	1 283.99	571.81	657.16	1 359.28	1 546.56
四、全员劳动生产率	元/人·年	19 880	21 855	16 814	17 995	9 676	10 769
全民所有制工业全员劳动生产率	元/人·年	19 699	21 509	16 281	17 255	11 792	12 510
五、主要财务成本指标							
固定资产原值	亿元	3 595.22	4 107.86	1 604.21	1 884.86	2 721.97	3 165.51
固定资产净值	亿元	2 360.22	2 737.69	1 085.09	1 295.38	1 971.50	2 313.70
流动资金年末占用数	亿元		1 441.36		1 005.36		2 775.67
其中：定额流动资金	亿元		965.21		676.28		1 710.12
产品销售收入	亿元	2 821.70	3 500.90	1 790.66	2 177.40	4 350.87	5 211.78
利润和税金总额	亿元	704.37	830.47	364.97	401.29	595.75	661.60
其中：利润总额	亿元	356.43	416.03	176.75	204.23	344.39	384.69
企业留利	亿元	100.56	124.08	59.31	69.28	128.75	150.27
每百元固定资产原值实现产值	元	79.78	85.89	114.16	117.93	174.01	177.87
每百元固定资产原值实现利税	元	19.59	20.22	22.75	21.29	21.89	20.90
资金利税率	%	22.25	22.60	22.41	20.78	17.76	17.03
产值利税率	%	24.56	23.54	19.93	18.05	12.58	11.75
平均每一职工占有的固定资产	元	28 121	30 428	16 267	17 727	5 939	6 759
平均每一职工创造的利税	元	5 509	6 152	3 701	3 774	1 300	1 413
平均每一职工上交的利税费	元	4 825	5 085	3 115	2 904	882	937
平均每一职工创造的工业净产值	元	8 194	9 511	5 798	6 180	2 966	3 302
平均每一职工占有的企业留利	元	934	919	607	652	282	321

注：本表指标均是独立核算工业企业的数字。

六、中国乡村工业经济

乡办工业分行业主要指标

行　　业	工业企业单位数(个)		工业总产值(亿元)		职工平均人数(万人)	
	1986年	1987年	1986年	1987年	1986年	1987年
全国总计	229 620	219 058	947.99	1 217.09	1 340.56	1 394.92
轻工业	119 880	111 714	489.39	646.84	593.67	634.66
重工业	109 740	107 344	458.60	570.25	746.88	760.26
煤炭采选业	7 484	6 967	29.24	30.40	76.07	73.03
石油和天然气开采业		3		…		0.02
黑色金属矿采选业	1 069	983	3.38	4.24	9.22	8.72
有色金属矿采选业	1 183	1 239	4.60	6.43	9.79	9.83
建筑材料及其他非金属矿采选业	8 860	8 180	22.08	24.33	54.36	51.70
采盐业	402	386	1.39	1.34	2.89	3.07
木材及竹材采运业		426		1.04		1.72
自来水生产和供应业		941		0.84		0.93
食品制造业	26 094	22 814	53.16	66.01	61.60	58.68
饮料制造业	9 995	8 952	19.24	25.49	24.14	25.67
烟草加工业	32	28	0.24	0.41	0.38	0.34
饲料工业	1 722	1 577	2.94	4.21	2.30	2.37
纺织业	9 912	11 138	156.18	210.86	137.78	159.18
缝纫业	8 890	7 475	31.47	44.70	58.99	58.49
皮革、毛皮及其制品业	3 099	3 282	14.35	20.09	21.43	23.41
木材加工及竹、藤、棕、草制品业	8 246	7 083	11.84	13.98	21.05	19.41
家具制造业	6 485	5 983	11.14	14.14	18.41	18.87
造纸及纸制品业	4 343	4 767	21.79	29.89	26.97	30.93
印刷业	2 987	2 898	7.12	9.06	11.57	11.33
文教体育用品制造业	1 128	1 606	6.12	9.93	9.49	13.78
工艺美术品制造业	5 341	6 224	17.85	25.38	46.74	56.30
电力、蒸汽、热水生产和供应业	7 638	7 508	4.15	4.89	10.02	10.18
石油加工业		330		2.72		1.24
炼焦、煤气及煤制品业	1 007	1 100	1.82	2.54	2.73	3.26
化学工业	6 736	7 396	39.90	55.91	33.82	38.22
医药工业		590		7.02		4.13
化学纤维工业		184		6.57		2.57
橡胶制品业	1 239	1 337	8.68	11.49	8.65	10.24
塑料制品业	6 018	6 425	30.11	42.32	35.50	37.99
建筑材料及其他非金属矿物制品业	40 112	39 322	136.88	156.92	335.54	343.40
黑色金属冶炼及压延加工业	1 381	1 246	18.95	24.43	14.41	14.42
有色金属冶炼及压延加工业	783	943	13.60	18.62	5.81	6.71
金属制品业	17 099	16 973	60.85	81.08	74.81	81.69
机械工业	21 362	20 086	110.95	140.57	125.19	127.58
交通、运输设备制造业	2 727	3 054	15.52	23.06	16.94	19.12
电气机械及器材制造业	4 395	5 335	44.46	59.81	31.24	38.20
电子及通信设备制造业	1 001	1 031	11.19	17.75	9.42	10.82
仪器仪表及其他计量器具制造业	713	802	4.10	5.98	4.55	5.16

注：工业总产值按1980年不变价格计算。

各地区乡办工业主要指标

地　　区	工业企业单位数(个)		工业总产值(亿元)		职工平均人数(万人)	
	1986年	1987年	1986年	1987年	1986年	1987年
全国总计	**229 620**	**219 058**	**947.99**	**1 217.09**	**1 340.56**	**1 394.92**
北　京	2 154	2 331	20.79	27.66	21.99	23.41
天　津	1 395	1 474	11.43	16.15	13.06	15.84
河　北	10 795	10 868	30.87	39.56	52.65	54.61
山　西	5 321	5 296	20.61	22.94	30.91	30.93
内蒙古	1 967	2 163	2.82	3.24	8.15	9.13
辽　宁	7 768	8 111	36.90	44.66	58.37	59.00
吉　林	3 434	3 344	8.09	9.67	16.18	16.41
黑龙江	4 185	3 953	11.63	13.38	21.14	20.89
上　海	3 191	3 410	64.04	81.36	57.86	63.65
江　苏	26 620	26 313	263.25	339.86	279.90	293.32
浙　江	28 723	26 791	140.07	187.72	160.14	169.25
安　微	13 371	12 279	22.14	27.05	53.67	54.22
福　建	4 460	4 920	10.59	13.65	23.29	25.62
江　西	7 660	7 809	11.98	14.43	29.69	30.52
山　东	13 417	14 067	77.34	107.47	104.75	116.00
河　南	7 905	7 731	21.75	25.79	47.04	46.41
湖　北	13 181	11 190	35.11	41.14	66.65	62.39
湖　南	11 669	11 849	25.41	33.62	56.98	60.80
广　东	11 279	11 080	54.32	75.82	70.11	78.54
广　西	4 071	3 247	5.47	6.28	13.27	13.10
四　川	28 822	24 209	45.14	53.81	87.85	86.94
贵　州	3 430	2 416	4.23	3.85	11.52	10.00
云　南	4 014	2 875	7.23	7.99	18.44	15.62
西　藏	35		0.04		0.06	
陕　西	6 066	6 230	9.31	11.31	19.05	20.57
甘　肃	2 657	2 442	4.35	5.23	10.95	10.90
青　海	262	239	0.39	0.42	1.00	0.94
宁　夏	660	681	0.95	1.30	2.06	2.30
新　疆	1 108	1 039	1.77	1.71	3.84	3.63

村办工业分行业主要指标

行　　业	工业企业单位数(个)		工业总产值(亿元)		年末全部从业人数(万人)	
	1986年	1987年	1986年	1987年	1986年	1987年
全国总计	**629 064**	**708 034**	**838.49**	**1 165.35**	**1 555.69**	**1 735.21**
轻工业	371 742	408 734	413.63	581.51	701.99	787.47
重工业	257 322	299 300	424.87	583.84	853.70	947.74
煤炭采选业	12 532	13 436	24.68	25.97	53.12	65.29
石油和天然气开采业		3		…		0.01
黑色金属矿采选业	2 224	2 370	2.46	3.88	7.72	9.47
有色金属矿采选业	1 624	2 171	2.17	3.67	4.71	6.98
建筑材料及其他非金属矿采选业	27 362	31 900	29.83	40.84	70.03	93.21
采盐业	1 005	493	0.99	0.73	3.22	2.69
木材及竹材采运业		3 023		2.66		5.21
自来水生产和供应业		388		0.10		0.12
食品制造业	187 775	201 589	60.66	86.62	93.47	116.72
饮料制造业	11 447	12 359	11.68	16.90	18.01	20.17
烟草加工业	61	30	0.08	0.06	0.14	0.27
饲料工业	4 362	4 146	4.86	4.49	4.86	3.56
纺织业	14 926	17 710	83.05	109.95	93.70	104.88
缝纫业	14 395	15 677	27.59	37.13	62.70	65.94
皮革、毛皮及其制品业	5 710	6 467	15.51	21.83	28.27	29.98
木材加工及竹、藤、棕、草制品业	16 955	18 084	13.03	17.35	28.40	29.30
家具制造业	9 681	12 037	9.60	14.48	16.03	19.04
造纸及纸制品业	8 176	9 899	22.61	32.21	35.88	42.45
印刷业	4 575	5 579	9.79	13.61	16.49	18.58
文教体育用品制造业	1 893	2 294	5.27	8.18	10.42	13.20
工艺美术品制造业	13 326	16 759	15.85	23.67	59.30	73.13
电力、蒸汽、热水生产和供应业		8 219		1.27		2.99
石油加工业		475		2.21		1.22
炼焦、煤气及煤制品业	1 245	1 886	1.34	2.64	2.02	3.10
化学工业	9 266	11 432	26.77	42.60	29.57	37.00
医药工业		448		2.32		2.02
化学纤维工业		283		1.97		1.36
橡胶制品业	2 767	2 939	6.43	9.56	9.01	10.73
塑料制品业	14 534	16 816	33.85	46.35	57.38	61.75
建筑材料及其他非金属矿物制品业	126 416	147 985	156.73	209.10	423.75	478.80
黑色金属冶炼及压延加工业	2 609	3 147	12.98	19.49	11.66	13.92
有色金属冶炼及压延加工业	1 630	1 974	8.31	12.73	6.52	7.78
金属制品业	25 750	29 686	57.80	85.14	82.12	94.91
机械工业	34 764	37 954	87.73	123.08	116.69	128.16
交通、运输设备制造业	3 474	3 928	8.47	12.11	11.41	13.13
电气机械及器材制造业	5 636	6 168	23.62	32.54	27.53	28.91
电子及通信设备制造业	1 425	1 791	7.03	11.67	8.90	11.56
仪器仪表及其他计量器具制造业	950	1 029	2.92	3.64	3.95	4.06

注：工业总产值按当年价格计算。

各地区村办工业主要指标

地　　区	工业企业单位数(个)		工业总产值(亿元)		年末全部从业人数(万人)	
	1986年	1987年	1986年	1987年	1986年	1987年
全国总计	629 064	708 034	838.49	1 165.35	1 555.69	1 735.21
北　京	9 221	9 942	24.80	33.82	37.58	39.05
天　津	6 388	6 906	29.71	43.28	38.31	42.03
河　北	41 471	43 431	47.85	64.05	104.22	114.22
山　西	33 406	34 089	30.18	31.90	63.68	67.25
内蒙古	2 666	3 040	1.94	2.53	6.58	7.09
辽　宁	28 580	29 902	50.87	71.40	75.18	81.72
吉　林	6 889	8 545	7.28	11.53	16.32	19.72
黑龙江	9 331	10 953	9.77	13.41	16.15	18.33
上　海	6 373	7 363	39.32	52.70	62.02	64.82
江　苏	58 976	72 764	190.34	268.25	265.66	295.17
浙　江	53 833	52 836	102.42	126.33	154.91	156.75
安　微	20 976	21 912	11.70	17.51	36.86	40.27
福　建	22 856	25 430	16.83	23.46	42.71	45.04
江　西	23 786	25 823	9.63	12.69	27.32	28.54
山　东	78 196	80 779	97.14	147.66	196.57	228.15
河　南	25 132	34 962	38.80	54.62	83.60	104.52
湖　北	42 920	50 865	25.07	37.78	55.11	63.54
湖　南	33 508	41 039	18.37	27.03	49.01	55.75
广　东	39 470	57 401	40.76	69.38	99.08	131.45
广　西	5 706	5 955	3.00	3.64	10.15	10.73
四　川	42 325	42 719	20.89	25.96	55.35	56.41
贵　州	2 552	2 348	1.35	1.18	4.09	3.95
云　南	12 229	11 857	2.08	2.59	7.85	8.25
西　藏	28	10	…	0.01	0.04	0.04
陕　西	16 597	21 118	13.63	17.40	33.42	38.29
甘　肃	2 964	3 234	2.53	3.13	8.44	8.92
青　海	508	465	0.51	0.48	1.61	1.61
宁　夏	632	626	0.38	0.44	1.08	0.90
新　疆	1 545	1 720	1.33	1.21	2.79	2.71

各地区农村合作经营、个体工业主要指标

（1987年）

地　　区	农村合作经营工业			农村个体工业		
	户　数（个）	工业总产值（亿元）	从业人数（万人）	户　数（个）	工业总产值（亿元）	从业人数（万人）
全国总计	**682 898**	**286.15**	**557.57**	**5 061 795**	**452.12**	**1 246.07**
北　京	566	1.59	1.78	10 691	2.00	2.85
天　津	2 471	2.29	2.86	8 552	0.59	1.97
河　北	106 047	48.40	80.36	371 959	47.94	98.27
山　西	7 524	5.07	9.58	69 363	11.49	29.14
内蒙古	2 245	0.67	2.73	44 428	2.50	11.36
辽　宁	9 545	10.91	8.52	172 952	41.07	43.49
吉　林	3 858	1.57	2.28	113 993	12.56	22.49
黑龙江	2 533	0.80	1.80	68 891	6.93	14.79
上　海	3 760	4.49	8.16	7 224	1.15	1.93
江　苏	46 857	18.05	30.98	410 848	38.94	91.65
浙　江	51 309	33.29	50.96	153 017	25.13	46.85
安　微	41 123	12.28	28.40	439 185	27.24	97.86
福　建	22 088	15.47	25.41	10 725	1.75	2.50
江　西	28 812	5.48	16.99	221 098	9.77	43.14
山　东	44 479	19.42	35.04	311 333	38.08	91.79
河　南	73 038	35.48	72.31	590 749	47.79	168.37
湖　北	16 007	5.58	10.68	281 797	19.11	56.48
湖　南	22 478	6.65	13.66	307 903	19.89	68.18
广　东	36 657	21.56	37.99	265 872	30.43	83.11
广　西	18 921	3.80	12.04	171 069	7.84	39.86
四　川	94 481	20.21	55.88	503 997	31.50	106.77
贵　州	16 237	1.86	18.72	171 884	7.48	42.93
云　南	12 634	1.82	9.34	109 138	3.83	22.21
西　藏	49	0.01	0.06	8 133	0.16	1.03
陕　西	11 533	6.93	12.60	134 407	11.09	33.90
甘　肃	6 484	2.00	7.19	54 075	2.63	13.37
青　海	177	0.11	0.21	8 069	0.43	1.55
宁　夏	672	0.14	0.62	17 790	1.09	3.45
新　疆	313	0.22	0.42	23 353	1.71	4.78

七、中国工业知名企业名录

全国主要工业行业产值物耗率最低的10家大中型工业企业（一）

（1986年）

名次	企业名称	产值物耗率（%）	名次	企业名称	产值物耗率（%）
	煤炭采选业		7	武汉肉食冷冻加工厂	38.27
1	云南省小龙潭煤矿	32.71	8	天津市食品公司冷冻厂	38.76
2	山西省盂县石店煤矿	37.53	9	营口市盐化厂	39.11
3	内蒙古自治区马达矿务局	44.59	10	九江油脂化学厂	40.25
4	晋城矿务局	46.15		饮料制造业	
5	七台河矿务局	46.99	1	上海市第三茶厂	10.13
6	渡口矿务局	49.49	2	陕西省西凤酒厂	37.94
7	乌鲁木齐矿务局	49.80	3	邢台市啤酒厂	40.16
8	大同矿务局	50.61	4	国营青岛啤酒厂	40.25
9	开滦矿务局	51.89	5	贵州啤酒厂	42.62
10	霍县矿务局	51.96	6	北京啤酒厂	43.01
	石油和天然气开采业		7	亳县古井酒厂	43.31
1	江苏石油勘探开发公司	29.01	8	鞍山啤酒厂	45.35
2	青海石油管理局	32.90	9	福州市啤酒厂	46.94
3	吉林省油田管理局	33.12	10	重庆啤酒厂	47.11
4	大庆石油管理局	35.89		烟草加工业	
5	胜利油田会战指挥部	44.81	1	宁波卷烟厂	29.32
6	四川石油管理局	48.16	2	杭州卷烟厂	29.40
7	新疆石油管理局	51.16	3	芜湖卷烟厂	30.58
8	中原石油勘探局	51.46	4	上海卷烟厂	31.28
9	河南石油勘探局	52.37	5	兰州卷烟厂	31.47
10	长庆石油勘探局	57.99	6	昆明卷烟厂	31.55
	食品制造业		7	玉溪卷烟厂	31.55
1	北京市南苑植物油厂	16.45	8	南京卷烟厂	32.08
2	沈阳第一冰冻厂	29.93	9	合肥卷烟厂	32.34
3	开平县长沙糖厂	30.09	10	山东潍坊二十里堡烟叶复烤厂	32.43
4	沈阳市第二冷冻厂	32.92		纺织行业	
5	大连台山冷冻厂	35.04	1	常州市割绒厂	27.73
6	浙江省宁波食品冷冻厂	36.08	2	上海第二毛纺厂东沟分厂	33.75

全国主要工业行业产值物耗率最低的10家大中型工业企业（二）

（1986年）

名次	企业名称	产值物耗率（%）
3	国营无锡市绢纺厂	40.11
4	开平县平顺针织厂	40.45
5	济南针织厂	41.54
6	上海工业用呢厂	42.30
7	上海被单漂印一厂	45.68
8	河南第一毛纺织厂	46.27
9	天津畜产分公司绒毛加工厂	47.76
10	鹤山县毛纺织总厂	49.23
	缝纫业	
1	天津市新华制衣厂	56.55
2	青海皮毛被服厂	61.59
3	福建莆田县鞋革厂	64.16
4	北京衬衫厂	66.77
5	青岛西装厂	70.20
6	上海畜产分公司羽绒厂	70.85
7	解放军第3520工厂	71.96
8	解放军第3521工厂	73.33
9	解放军第3508工厂	73.71
10	解放军第3539工厂	74.87
	皮革、毛皮及其制品业	
1	天津畜产分公司皮毛加工厂	38.63
2	广东人民制革厂	60.96
3	解放军第3516工厂	64.47
4	束鹿皮毛制革厂	64.50
5	解放军第3512工厂	65.51
6	沈阳市皮革装具厂	65.61
7	新疆五加渠皮革厂	65.94
8	新疆皮革毛皮工业公司	66.72
9	新疆伊犁州皮革厂	66.75
10	广州市人民制革厂	68.73
	造纸及纸制品业	
1	上海上江造纸厂	19.34
2	北京造纸五厂	47.36
3	河南省漯河第一造纸厂	53.13
4	河南滑县造纸厂	53.18
5	唐海垦丰造纸厂	53.61
6	华丰造纸厂	54.88
7	石河子市造纸厂	55.55
8	福建省青州造纸厂	57.07
9	抚宁县造纸厂	57.17
10	民丰造纸厂	58.38
	电力、蒸汽、热水生产和供应业	
1	新安江水力发电厂	17.65
2	广西恶州水力发电厂	18.99
3	广东省长湖水电厂	19.14
4	富春江水力发电厂	24.12
5	吉安地区电力工业公司	25.34
6	广东省南告水电厂	28.02
7	葛洲坝水电发电厂	29.72
8	新疆库尔勒电力工业公司	30.83
9	山西省天桥水力发电厂	33.20
10	水力电力部丹江口水力枢纽管理局	34.42
	石油加工业	
1	中国石油化工总公司沧州化工厂	33.85
2	哈尔滨炼油厂	38.42
3	中国石油化工总公司前郭炼油厂	40.17
4	锦州石油化工公司锦西炼油厂	42.21
5	锦州炼油厂	42.84
6	大连石油化工总厂	46.99
7	本溪市石油化学厂	48.82
8	抚顺石油化工公司石油一厂	50.33
9	齐鲁石油化工公司	54.76
10	上海高桥石油化工公司炼油厂	54.87
	化学工业	
1	北京市氧气厂	32.91
2	四川省青龙硫磺厂	33.46
3	新疆吐鲁番地区七泉湖化工总厂	37.91
4	包头市第二化工厂	43.09
5	山西音响材料厂	45.25
6	上海吴泾化工厂	45.67
7	中国石油化工总公司北京燕山石油化工公司	46.52
8	上海染料化工三厂	46.82
9	抚顺市氧气厂	46.86

全国主要工业行业产值物耗率最低的10家大中型工业企业(三)

（1986年）

名次	企业名称	产值物耗率(%)
10	湖南建华机械厂	48.43
	医药工业	
1	卫生部上海生物制品研究所	41.82
2	卫生部北京生物制品研究所	43.73
3	兰州生物制品研究所	44.86
4	成都生物制品研究所	47.24
5	卫生部长春生物制品研究所	48.19
6	本溪市第三制药厂	49.16
7	武汉生物制品研究所	49.86
8	华北制药厂	50.65
9	云南白药厂	54.55
10	福州抗菌素厂	56.09
	化学纤维工业	
1	中国石油化工总公司上海石油化工总厂	52.60
2	国营保定化学纤维联合厂	56.50
3	南通合成纤维厂	57.92
4	天津石油化工公司化工厂	62.67
5	四川维尼纶厂	63.62
6	浙江涤纶厂	63.63
7	上海高桥石油化工公司化工二厂	67.14
8	天津市美伦化纤厂	67.52
9	常德市丙纶实验厂	67.52
10	杭州化学纤维厂	68.11
	橡胶制品业	
1	国营无锡市第二橡胶厂	43.58
2	贵州橡胶配件厂	47.79
3	上海正泰橡胶厂	53.51
4	北京橡胶六厂	54.07
5	上海橡胶制品一厂	54.93
6	南京橡胶厂	55.87
7	上海橡胶制品四厂	57.82
8	东风轮胎厂	58.10
9	河南轮胎厂	58.85
10	上海大中华橡胶厂	58.85
	塑料制品业	
1	北京广播电视配件一厂	60.99
2	无锡市塑料铺地材料厂	61.69
3	盘锦市塑料厂	62.21
4	本溪市塑料厂	64.64
5	北京市建筑塑料制品厂	65.04
6	北京化工六厂	67.64
7	北京市泡沫塑料六厂	68.46
8	安庆市燎原化工厂	69.49
9	上海胜德塑料厂	69.65
10	天津市聚氨酯塑料制品厂	69.70
	建筑材料及其他非金属矿物制品业	
1	唐山陶瓷厂	32.41
2	甘肃省张掖地区平原堡砖瓦厂	33.75
3	上海振苏砖瓦厂	36.43
4	国营湖北华光器材厂	36.97
5	上海墙体装饰材料厂	38.05
6	国营157厂	40.03
7	营口市玻璃纤维二厂	40.94
8	齐齐哈尔市富拉尔基砖瓦厂	41.16
9	上海玻璃厂	41.42
10	河南省洛阳水泥厂	41.56
	黑色金属冶炼及压延加工业	
1	首都钢铁公司	46.02
2	鞍山钢铁公司	50.63
3	上海钢铁研究所	52.83
4	昆明钢铁公司	53.65
5	湖南涟源钢铁厂	55.98
6	福建省三明钢铁厂	57.47
7	解放军第2672工程指挥部	57.60
8	浙江横山铁合金厂	60.12
9	西北铁合金厂	60.26
10	新疆八一钢铁总厂	60.51
	有色金属冶炼及压延加工业	
1	广州铝轧延厂	26.70
2	国营734厂	34.17
3	山西省忻州地区钨丝厂	45.53
4	金川有色金属公司	45.81
5	锡矿山矿务局	46.72
6	山东铝厂	54.95
7	上海有色金属研究所	56.21

全国主要工业行业产值物耗率最低的10家大中型工业企业(四)

(1986年)

名次	企业名称	产值物耗率(%)
8	峨眉半导体材料厂	57.36
9	云南锡业公司	58.13
10	大厂矿务局	58.77
	金属制品业	
1	广州市制伞工业公司	46.16
2	贵州虹山轴承厂	47.64
3	上海市劳动机械厂	47.89
4	西安造纸网厂	48.53
5	国营红峰机械厂	48.96
6	贵阳工具厂	49.84
7	国营前进机械厂	50.64
8	广西东江机械厂	50.78
9	福建工模具厂	51.15
10	国营天津庆丰工具厂	52.26
	机械工业	
1	上海市胜利机械厂	19.78
2	国营朝晖电器厂	30.99
3	上海微型轴承厂	31.23
4	广州手表厂	32.87
5	上海第七机床厂	34.22
6	北京兴华机械厂	36.49
7	浙江省五一机械厂	36.55
8	桂林电机厂	36.89
9	国营长新机械厂	37.07
10	国营新华机器厂	37.33
	交通运输设备制造业	
1	威海船厂	30.02
2	国营东方仪器厂	33.89
3	国营清阳机械厂	35.20
4	国营中原电测仪器厂	36.44
5	国营天安电器厂	39.01
6	上海汽车底盘厂	39.32
7	国营巴山机械厂	39.98
8	山西省昔阳拖拉机配件厂	40.91
9	中国民用航空103厂	41.02
10	上海汽车齿轮厂	41.07
	电气机械及器材制造业	
1	长沙电冰箱厂	44.73
2	天津市电炉厂	45.05
3	上海市光明机械厂	47.70
4	解放军第7427工厂	50.18
5	上海市亚明灯泡厂	51.13
6	云南电力修造厂	52.07
7	国营西南专用材料厂	52.36
8	常州牵引电机厂	52.46
9	上海机床电器厂	52.70
10	上海华通开关厂	53.18
	电子及通信设备制造业	
1	华北终端设备公司	15.06
2	国营凯旋机械厂	19.44
3	北京市无线电元件六厂	31.41
4	国营连山机器厂	31.75
5	天津市无线电二厂	31.80
6	广东南和联合企业公司	32.08
7	北京市半导体器件三厂	32.17
8	国营红原无线电厂	32.84
9	国营永红器材厂	33.07
10	黄浦仪器厂	33.29
	仪器仪表及其他计量器具制造业	
1	天津市光学仪器厂	24.87
2	天津市电子仪器厂	27.23
3	天津市无线电一厂	27.40
4	北京无线电仪器二厂	31.70
5	内蒙古电子仪器厂	32.67
6	江西光学仪器总厂	37.00
7	国营永平机械厂	40.75
8	北京计量仪器厂	42.01
9	国营中南光学仪器厂	42.65
10	无锡市建筑材料仪器机械厂	42.97

全国主要工业行业资金利税率最佳的10家大中型工业企业（一）

（1986年）

名次	企业名称	资金利税率（%）	名次	企业名称	资金利税率（%）
	煤炭采选业		8	广西制糖造纸厂	98.34
1	湖南省株州洗煤厂	72.76	9	柳城凤山糖厂	90.57
2	云南省珑潭煤矿	32.50	10	天津市八一面粉厂	83.06
3	山西省盂县石店煤矿	30.68		**饮料制造业**	
4	山西省晋城矿务局	17.54	1	中国酿酒厂	115.97
5	潞安矿务局	12.24	2	哈尔滨中国酿酒厂	107.55
6	峰峰矿务局	9.20	3	陕西省西凤酒厂	91.35
7	大同矿务局	9.14	4	北京酒精厂	89.52
8	汾西矿务局	7.42	5	地方国营泗阳洋河酒厂	87.42
9	大屯煤电公司	7.26	6	青江县樟树四特酒厂	80.43
10	霍县矿务局	5.65	7	山东兰陵美酒厂	80.01
	石油和天然气开采业		8	上海第三茶厂	73.89
1	大庆石油管理局	39.33	9	大连酿酒厂	71.15
2	河南石油勘探局	17.78	10	厦门饮料厂	70.51
3	胜利油田会战指挥部	17.61		**烟草加工业**	
4	玉门石油管理局	13.25	1	上海卷烟厂	981.62
5	华北石油管理局	13.21	2	南京卷烟厂	940.92
6	新疆石油管理局	11.08	3	淮阴卷烟厂	593.22
7	辽河石油勘探局	10.84	4	重庆卷烟厂	420.93
8	大港石油管理局	9.56	5	徐州卷烟厂	393.05
9	中原石油勘探局	5.28	6	沈阳卷烟厂	392.88
10	四川石油管理局	5.25	7	宁波卷烟厂	389.68
	食品制造业		8	河南省安阳卷烟厂	384.78
1	天津第一面粉厂	151.41	9	河南新郑卷烟厂	383.06
2	上海市面粉公司	144.77	10	延吉卷烟厂	374.19
3	大连油脂工业总厂	129.86		**纺 织 业**	
4	北京市肉类联合加工厂	120.44	1	中冠印染有限公司	678.13
5	云南省元江糖厂	108.88	2	上海第十九毛纺厂	250.72
6	崇左县驮卢糖厂	105.02	3	上海工业用呢厂	197.66
7	新疆石河子八一糖厂	101.22	4	上海第十七毛纺厂	140.34

全国主要工业行业资金利税率最佳的10家大中型工业企业(二)

(1986年)

名次	企业名称	资金利税率(%)	名次	企业名称	资金利税率(%)
5	上海绢纺织厂	136.04	5	长征造纸厂	94.49
6	浙江麻纺织厂	135.96	6	红光造纸厂	92.78
7	内蒙古第一毛纺织厂	127.44	7	神州造纸厂	85.55
8	上海元通漂染厂	118.00	8	上海新风铜网造纸厂	84.87
9	天津东亚毛纺厂	114.45	9	华丰造纸厂	81.47
10	上海第二印染厂	122.91	10	贵州省惠水造纸厂	81.30
	缝纫业			电力、蒸汽、热水生产和供应业	
1	北京市大华衬衫厂	63.09	1	上海电力工业局	45.16
2	福建莆田县鞋革厂	47.69	2	浙江省舟山地区电力公司	30.56
3	北京衬衫厂	46.99	3	山东省电力工业局	29.82
4	解放军3502工厂	37.66	4	湖南省双牌水电站	29.38
5	天津市新华制衣厂	36.02	5	河北省电力工业局	27.21
6	青岛西装厂	33.81	6	江苏省电力工业局	25.03
7	无锡光明内衣厂	33.38	7	梧州地区合面狮水力发电厂	25.00
8	解放军3503工厂	32.48	8	华北电业管理局	24.15
9	天津市衬衣厂	29.70	9	甘肃省电力工业局	23.76
10	天津市凤凰制衣总厂	28.84	10	西南电业管理局	23.31
	皮革、毛皮及其制品业			石油加工业	
1	上海皮鞋厂	91.56	1	鞍山炼油厂	370.45
2	上海第二皮鞋厂	64.65	2	上海高桥石油化工公司炼油厂	252.33
3	益民制革厂	55.08	3	大连石油七厂	232.64
4	天津市天津制鞋厂	50.99	4	南京炼油厂	213.76
5	红光制革厂	49.96	5	抚顺石油化工公司石油二厂	205.10
6	北京市革制品厂	43.31	6	天津石油化工公司第一石油化工厂	202.08
7	北京市制革厂	42.70	7	锦州石油化工公司锦西炼油厂	192.62
8	河南新乡市制革厂	35.95	8	天津石油化工公司炼油厂	170.04
9	天津市第一制革厂	31.93	9	锦州石油化工公司锦州炼油厂	160.85
10	解放军3514工厂	29.95	10	中国石油化工公司沧州炼油厂	158.87
	造纸及纸制品业			化学工业	
1	天津市第七人民造纸厂	333.06	1	上海家用化学品厂	266.34
2	上海新安造纸厂	207.44	2	上海助剂厂	190.66
3	中国纸板厂	174.98	3	上海塑料厂	186.02
4	北京造纸五厂	170.56	4	上海开林造漆厂	177.46

全国主要工业行业资金利税率最佳的10家大中型工业企业(三)

（1986年）

名次	企业名称	资金利税率(%)
5	上海振华造漆厂	174.89
6	上海试剂一厂	160.41
7	上海染料化工厂	154.59
8	上海牙膏厂	152.51
9	上海制皂厂	143.62
10	上海造漆厂	113.89
	医药工业	
1	上海信谊药厂	148.86
2	天津市力生制药厂	94.87
3	华北制药厂	91.55
4	上海第四制药厂	82.61
5	上海第三制药厂	80.81
6	上海第六制药厂	79.82
7	上海中药制药一厂	79.13
8	福州抗菌素厂	65.92
9	武汉制药厂	62.08
10	广州市水产制品开发公司	60.71
	化学纤维工业	
1	仪征化纤工业联合公司	146.03
2	上海第十二化学纤维厂	73.24
3	上海第五化学纤维厂	68.63
4	南通合成纤维厂	57.67
5	常州合成纤维厂	55.72
6	浙江涤纶厂	47.39
7	丹东化学纤维工业公司	43.06
8	北京合成纤维厂	37.64
9	国营保定化学纤维联合厂	36.83
10	上海高桥石油化工公司化工二厂	35.74
	橡胶制品业	
1	上海中南橡胶厂	297.67
2	北京橡胶六厂	211.72
3	天津市胶鞋厂	202.42
4	上海正泰橡胶六厂	196.53
5	四川橡胶厂	195.71
6	上海大中华橡胶厂	164.62
7	国营青岛第二橡胶厂	138.10
8	上海橡胶制品四厂	128.18
9	上海橡胶六厂	114.05
10	上海胶带厂	109.32
	塑料制品业	
1	上海化工厂	99.81
2	上海市塑料制品六厂	71.14
3	镇江塑料五厂	71.08
4	上海塑料制品一厂	67.31
5	上海市塑料制品十一厂	54.94
6	北京塑料三厂	52.94
7	北京市泡沫塑料厂	48.16
8	河南省新乡市第二塑料厂	45.62
9	株洲塑料厂	43.18
10	青岛塑料七厂	42.79
	建筑材料及其他非金属矿物制品业	
1	北京保温瓶厂	311.40
2	上海碳素厂	131.19
3	上海玻璃厂	119.36
4	广州水泥厂	101.85
5	江南水泥厂	97.66
6	大连玻璃厂平板分厂	90.35
7	天津市油毡厂	87.45
8	中国水泥厂	83.77
9	华新水泥厂	83.16
10	吉林碳素厂	82.78
	黑色金属冶炼及压延加工业	
1	上海第八钢铁厂	147.40
2	上海新沪钢铁厂	143.39
3	上海矽钢片厂	121.38
4	上海第二钢铁厂	105.94
5	上海钢管厂	82.11
6	天津市无缝钢管厂	76.80
7	天津市冶金实验厂	76.05
8	遵义铁合金厂	75.53
9	营口中板厂	75.23
10	天津市轧钢三厂	73.53
	有色金属冶炼及压延加工业	
1	上海第一钢棒厂	184.09
2	上海东风有色合金厂	133.26
3	上海有色合金线材厂	112.72

全国主要工业行业资金利税率最佳的10家大中型工业企业(四)

(1986年)

名次	企业名称	资金利税率(%)
4	上海沪江铜厂	97.65
5	上海铜带厂	85.20
6	上海有色金属压延厂	78.60
7	上海第一铜管厂	73.34
8	上海铜厂	72.46
9	上海合金厂	67.81
10	包头铝厂	63.12
	金属制品业	
1	湖南省工具厂	124.57
2	天津市第六金属制品厂	123.48
3	天津市电焊条厂	94.52
4	国营614厂	87.46
5	国营615厂	86.64
6	天津市大成五金厂	79.46
7	天津市第五金属制品厂	66.48
8	锦州市焊条厂	64.98
9	上海食品工业印铁厂	64.63
10	青岛钢丝绳厂	64.51
	机械工业	
1	上海高压容器厂	127.36
2	上海标准件三厂	95.07
3	山东新汐工具厂	89.22
4	上海机械刀片厂	77.58
5	上海冷气机厂	72.43
6	上海减速机械厂	72.13
7	上海微型轴承厂	70.72
8	广州自行车工业公司	68.81
9	上海长城电梯厂	65.59
10	中国天津奥的斯电梯有限公司	64.26
	交通运输设备制造业	
1	上海大众汽车有限公司	129.97
2	上海一易初摩托车有限公司	109.37
3	北京第二汽车制造厂	92.32
4	天津市汽车制造厂	77.52
5	广州电梯工业公司	73.95
6	上海第二汽车底盘厂	64.11
7	北京市旅行车股份有限公司	63.53
8	上海客车厂	59.12
9	北京汽车制造厂	58.20
10	上海油嘴油泵厂	56.79
	电气机械及器材制造业	
1	上海整流器总厂	210.61
2	中山市洗衣机厂	166.46
3	天津市绝缘材料厂	139.31
4	无锡电扇厂	127.75
5	上海中国电工厂	125.59
6	上海铜材厂	111.53
7	上海市华东电焊机厂	95.44
8	上海电缆厂	93.86
9	苏州电扇厂	84.58
10	常州绝缘材料厂	80.58
	电子及通信设备制造业	
1	国营南京无线电厂	208.72
2	上海电视十一厂	103.64
3	武汉市无线电二厂	80.47
4	上海无线电十八厂	68.92
5	上海电子管二厂	68.58
6	武汉无线电厂	64.88
7	上海无线电十二厂	64.86
8	京华电子有限公司	63.57
9	上海电子管四厂	63.50
10	南京电视机厂	59.12
	仪器仪表及其他计量器具制造业	
1	上海量具刃具厂	76.12
2	上海自动化仪表一厂	64.32
3	大连仪表厂	53.51
4	上海分析仪器厂	51.97
5	上海自动化仪表厂	49.80
6	大华仪表厂	48.50
7	天津自动化仪表厂	48.20
8	广州航海仪器厂	46.36
9	无锡市建筑材料仪器机械厂	45.48
10	上海仪器仪表成套厂	39.16

全国主要工业行业产值利税率最佳的10家大中型工业企业

（1986年）

名次	企业名称	产值利税率（%）	名次	企业名称	产值利税率（%）
	煤炭采选业		7	天津市食品公司冷冻厂	54.24
1	云南省小龙潭煤矿	57.21	8	浙江省宁波食品冷冻厂	52.23
2	晋城矿务局	28.29	9	大连台山冷冻厂	46.96
3	潞安矿务局	24.84	10	武汉肉食冷冻加工厂	45.18
4	山西孟县石店煤矿	24.16		饮料制造业	
5	煤炭部大屯煤电公司	23.68	1	贵州茅台酒厂	65.34
6	湖南省株洲洗煤厂	18.43	2	山西杏花村汾酒厂	63.97
7	大同矿务局	15.53	3	江苏省泗洪双沟酒厂	61.02
8	汾西矿务局	11.90	4	青江县樟树四特酒厂	60.55
9	鸡西矿务局	11.70	5	国营青岛啤酒厂	60.55
10	平顶山矿务局	10.47	6	牡丹江啤酒厂	54.35
	石油和天然气开采业		7	绍兴市酿酒工商联合公司	53.95
1	大庆石油管理局	30.61	8	北京啤酒厂	53.50
2	吉林省油田管理局	21.71	9	地方国营泗阳洋河酒厂	53.21
3	大港石油管理局	20.70	10	兰州啤酒厂	52.57
4	辽河石油勘探局	15.89		烟草加工业	
5	玉门石油管理局	15.04	1	蚌埠烟叶复烤厂	98.76
6	中原石油勘探局	14.44	2	兰州卷烟厂	83.32
7	华北石油管理局	13.85	3	彬县卷烟厂	69.93
8	新疆石油管理局	12.99	4	杭州卷烟厂	68.69
9	河南石油勘探局	10.48	5	宁波卷烟厂	68.20
10	江汉石油管理局	9.17	6	南京卷烟厂	67.39
	食品制造业		7	赣南卷烟厂	67.08
1	新疆石河子八一糖厂	81.79	8	上海卷烟厂	67.07
2	柳州市肉类联合加工厂	79.28	9	贵阳卷烟一厂	67.05
3	天津市光荣酱油厂	77.81	10	南昌卷烟厂	66.84
4	上海鱼品分公司冷冻三厂	64.34		纺织业	
5	沈阳第一冷冻厂	57.89	1	上海新丰印染厂	187.38
6	浙江省水产供销公司宁波中转站	54.38	2	中冠印染有限公司	149.16

全国主要工业行业产值利税率最佳的10家大中型工业企业(二)

(1986年)

名次	企业名称	产值利税率(%)
3	南州纺织企业有限公司	70.57
4	上海工业用呢厂	54.05
5	上海第二毛纺厂东沟分厂	49.63
6	上海绢纺织厂	44.45
7	上海被单漂印厂	42.25
8	常州市割绒厂	41.12
9	上海第七毛纺织厂	39.81
10	新疆伊犁毛纺织厂	39.64
	缝纫业	
1	上海畜产分公司羽绒厂	30.41
2	北京衬衫厂	19.44
3	天津市新华制衣厂	19.36
4	北京市大华衬衫厂	19.08
5	天津市凤凰制衣总厂	18.32
6	邮电部天津通信设备厂	18.30
7	天津市衬衣厂	17.87
8	无锡光明内衣厂	15.89
9	解放军第3503工厂	15.81
10	国营南京装具厂	14.54
	皮革、毛皮及其制品业	
1	解放军第3516工厂	25.33
2	天津畜产分公司皮毛加工厂	24.11
3	沈阳市皮革装具厂	23.32
4	上海皮鞋厂	22.61
5	束鹿皮毛制革厂	22.56
6	解放军第3512工厂	22.32
7	解放军第3514工厂	22.25
8	新疆皮革毛皮工业公司	22.08
9	北京市制革厂	21.44
10	红光制革厂	20.55
	纸及纸制品业	
1	天津市第七人民造纸厂	112.62
2	贵州省惠水造纸厂	101.31
3	北京造纸五厂	45.67
4	佳木斯造纸厂	38.39
5	江西省第二造纸厂	38.37
6	中国纸板厂	38.06
7	福建省青州造纸厂	37.87
8	国营604厂	35.39
9	华丰造纸厂	34.35
10	广州造纸厂	32.36
	电力、蒸汽、热水生产和供应业	
1	葛州坝水力发电厂	71.66
2	福建省泉州市山美水库管理处	60.57
3	新疆库尔勒电力工业公司	59.11
4	湖南省双牌水电站	58.99
5	山西省天桥水力发电厂	57.78
6	水力电力部丹江口水力枢纽管理局	57.43
7	贵州省电力工业局	54.80
8	辽宁省参窝水库管理局	53.47
9	广东省南告水电厂	52.81
10	吉安地区电力工业公司	50.71
	石油加工业	
1	抚顺石油化工公司石油二厂	47.39
2	大连石油七厂	46.76
3	齐鲁石油化工公司	44.62
4	锦州石化公司锦西炼油厂	44.22
5	上海高桥石化公司炼油厂	43.35
6	锦州石化公司锦州炼油厂	43.31
7	大连石油化工总厂	42.78
8	天津石油化工公司炼油厂	42.17
9	中国石化总公司济南炼油厂	39.76
10	中国石化总公司长岭炼油厂	37.19
	化学工业	
1	北京市氧气厂	48.94
2	辽阳石油化纤公司	44.33
3	北京燕山石化公司	44.05
4	天津市华北氧气厂	43.74
5	上海家用化学品厂	42.47
6	上海炭黑厂	42.01

全国主要工业行业产值利税率最佳的10家大中型工业企业(三)

(1986年)

名次	企业名称	产值利税率(%)	名次	企业名称	产值利税率(%)
7	上海染料化工三厂	41.93		**塑料制品业**	
8	上海高桥石化公司化工厂	41.26	1	北京广播电视配件一厂	28.34
9	上海电化厂	38.62	2	上海化工厂	27.73
10	天津市感光胶片厂	37.46	3	上海市塑料制品六厂	26.91
	医药工业		4	北京市泡沫塑料厂	26.75
1	卫生部北京生物制品研究所	56.81	5	无锡市塑料铺地材料厂	23.99
2	卫生部长春生物制品研究所	51.62	6	上海塑料制品一厂	22.75
3	卫生部上海生物制品研究所	50.36	7	天津市聚氨酯塑料制品厂	22.19
4	华北制药厂	49.23	8	北京市建筑塑料制品厂	22.04
5	兰州生物制品研究所	45.06	9	上海胜德塑料厂	21.83
6	成都生物制品研究所	42.44	10	本溪市轴瓦厂	21.52
7	武汉生物制品研究所	40.05		**建筑材料及其他非金属矿物制品业**	
8	云南白药厂	38.18	1	陕西省耀县水泥厂	132.72
9	中国大塚制药有限公司	37.22	2	北京保温瓶厂	97.16
10	上海第十二制药厂	35.14	3	河北省冀东水泥厂	55.26
	化学纤维工业		4	上海碳素厂	53.40
1	中国石化公司上海石油化工总厂	41.25	5	永登水泥厂	53.00
2	仪征化纤联合公司	37.71	6	山东王村耐火材料厂	51.91
3	国营保定化学纤维联合厂	36.14	7	唐山陶瓷厂	51.54
4	南通合成纤维厂	35.28	8	上海玻璃厂	50.81
5	浙江涤纶厂	34.73	9	内蒙西卓子山水泥厂	49.64
6	天津石油化工公司化工厂	30.79	10	柳州水泥厂	48.55
7	平顶山锦纶帘子布厂	30.25		**黑色金属冶炼及压延加工业**	
8	常州合成纤维厂	26.92	1	首都钢铁公司	49.47
9	杭州化学纤维厂	25.89	2	鞍山钢铁公司	37.46
10	北京合成纤维厂	24.60	3	武汉钢铁公司	34.86
	橡胶制品业		4	马鞍山钢铁公司	34.38
1	上海正泰橡胶厂	41.50	5	昆明钢铁公司	31.46
2	北京橡胶六厂	41.08	6	天津市无缝钢管厂	31.33
3	无锡市第二橡胶厂	39.63	7	冶金工业部舞阳钢铁公司	31.28
4	上海大中华橡胶厂	37.41	8	湖南涟源钢铁厂	31.10
5	上海橡胶制品一厂	37.32	9	福建省三明钢铁厂	30.87
6	上海橡胶制品厂	36.70	10	辽阳钢管厂	29.96
7	东风轮胎厂	35.96		**有色金属冶炼及压延加工业**	
8	国营青岛第二橡胶厂	35.67	1	金川有色金属公司	43.34
9	天津市胶鞋厂	34.80	2	郑州铝厂	35.28
10	上海中南橡胶厂	34.70	3	山东铝厂	33.71
			4	沈阳合金厂	33.12

全国主要工业行业产值利税率最佳的10家大中型工业企业(四)

(1986年)

名次	企业名称	产值利税率(%)
5	上海合金厂	32.60
6	锡矿山矿务局	32.52
7	山西省忻州地区钨丝厂	31.80
8	上海铜厂	31.28
9	上海第一铜棒厂	30.42
10	上海跃龙化工厂	30.21
	金属制品业	
1	西安造纸网厂	41.27
2	国营615厂	40.40
3	国营614厂	39.57
4	上海市劳动机械厂	38.83
5	上海工具厂	36.54
6	沈阳铜网厂	34.72
7	天津市工具厂	33.07
8	上海利用锁厂	30.84
9	青岛钢丝绳厂	30.52
10	北京市钢窗厂	30.20
	机械工业	
1	山东新汶工具厂	109.24
2	德州齿轮厂	65.71
3	广东有色冶金机械厂	59.97
4	上海微型轴承厂	51.61
5	广州手表厂	51.57
6	浙江省五一机械厂	50.74
7	上海新力机器厂	46.90
8	上海光学机械厂	46.85
9	上海减速机械厂	43.94
10	苏州轴承厂	43.68
	交通运输设备制造业	
1	四川省宜宾造船厂	74.48
2	山海关船厂	60.63
3	上海电车修配厂	50.97
4	上海汽车齿轮厂	49.20
5	铁道部北京工程机械厂	46.22
6	中国民用航空103厂	40.62
7	北京齿轮总厂	38.64
8	上海汽车底盘厂	37.62
9	上海汽车传动轴厂	37.33
10	天水铁路电缆厂	37.06
	电气机械及器材制造业	
1	上海市华东电焊机厂	48.25
2	上海机床电器厂	47.02
3	天津市绝缘材料厂	39.99
4	常州绝缘材料厂	39.96
5	焦作铁路电务器材厂	37.40
6	上海华通开关厂	35.10
7	成都电焊机厂	34.99
8	上海电焊机厂	34.94
9	上海整流器总厂	34.37
10	北京椿树整流器厂	34.36
	电子及通信设备制造业	
1	国营南京无线电厂	123.51
2	深圳华强电子工业公司	98.05
3	广东省半导体器件厂	61.01
4	佛山市无线电四厂	56.38
5	天津无线电元件六厂	43.33
6	天津市无线电元件十四厂	43.29
7	北京市无线电元件六厂	40.78
8	广播电影电视部录音机厂	38.92
9	北京无线电元件九厂	38.42
10	云南电视机厂	38.09
	仪器仪表及其他计量器具制造业	
1	天津市无线电一厂	52.66
2	上海量具刃具厂	45.42
3	天津市电子仪器厂	44.73
4	大连仪表厂	44.66
5	无锡市建筑材料仪器机械厂	43.90
6	上海自动化仪表厂	43.89
7	北京电表厂	42.13
8	上海自动化仪表厂	41.75
9	辽宁无线电二厂	40.15
10	大华仪表厂	40.13

全国主要工业企业人均创利税最多的10家大中型工业企业(一)

(1986年)

名次	企业名称	人均利税（元/人）	名次	企业名称	人均利税（元/人）
	煤炭采选业		7	上海市面粉公司	16 200
1	云南小龙潭煤矿	10 800	8	番禺县梅山糖厂	16 200
2	湖南省株洲洗煤厂	10 200	9	邕宁县明阳糖厂	16 100
3	晋城矿务局	3 400	10	新疆石河子八一糖厂	16 100
4	潞安矿务局	2 600		**饮料制造业**	
5	山西盂县石店煤矿	2 200	1	广东运动饮料有限公司	32 100
6	大同矿务局	1 600	2	厦门饮料厂	24 700
7	煤炭部大屯煤电公司	1 600	3	广东食品分公司可口可乐装瓶厂	23 700
8	汾西矿务局	900	4	中国酿酒厂	22 400
9	鸡西矿务局	600	5	山西杏花村汾酒厂	22 200
10	平顶山矿务局	600	6	烟台张裕葡萄酿酒公司	21 600
	石油和天然气开采业		7	广州啤酒厂	19 300
1	大庆石油管理局	24 600	8	国营青岛啤酒厂	17 600
2	胜利油田会战指挥部	6 500	9	绍兴市酿酒业工商联合公司	17 100
3	华北石油管理局	5 500	10	北京啤酒厂	16 900
4	辽河石油勘探局	5 100		**烟草加工业**	
5	大港石油管理局	5 100	1	玉溪卷烟厂	162 800
6	新疆石油管理局	4 100	2	杭州卷烟厂	160 400
7	青海石油管理局	3 800	3	昆明卷烟厂	152 700
8	中原石油勘探局	2 700	4	宁波卷烟厂	133 000
9	玉门石油管理局	2 200	5	上海卷烟厂	131 900
10	河南石油勘探局	2 100	6	芜湖卷烟厂	131 300
	食品制造业		7	广州卷烟二厂	129 600
1	天津第一面粉厂	18 800	8	厦门卷烟厂	129 100
2	天津八一面粉厂	18 700	9	合肥卷烟厂	120 600
3	广东省平沙糖厂	17 900	10	南京卷烟厂	115 500
4	广东红旗华侨农场红旗糖厂	17 400		**纺织业**	
5	广东珠江华侨农场糖厂	17 100	1	珠海南州纺织企业有限公司	36 200
6	广东大旺华侨农场糖厂	16 400	2	上海工业用呢厂	29 600

全国主要工业行业人均创利税最多的10家大中型工业企业(二)

(1986年)

名次	企业名称	人均利税(元/人)
3	上海第二十一漂染厂	20 200
4	上海第十九毛纺织厂	18 900
5	上海第十七毛纺织厂	18 400
6	上海华丰毛纺织厂	17 810
7	鹤山县毛纺织总厂	16 900
8	福州针织厂	16 700
9	上海第二印染厂	16 200
10	天津市针织运动衣厂	16 100
	缝纫业	
1	上海市高户分公司羽绒厂	11 000
2	解放军第3503工厂	5 500
3	江西共青羽绒厂	4 900
4	解放军3502工厂	4 700
5	北京市大华衬衫厂	4 300
6	天津市衬衣厂	3 500
7	北京衬衫厂	3 500
8	天津市市凤凰制衣总厂	3 400
9	天津新华制衣厂	3 400
10	无锡光明内衣厂	2 700
	皮革、毛皮及其制品业	
1	河南新乡市制革厂	11 200
2	益民制革厂	9 200
3	上海皮鞋厂	9 200
4	北京市制革厂	9 000
5	红光制革厂	8 800
6	天津市第一制革厂	8 700
7	上海第二皮鞋厂	7 700
8	哈尔滨制革厂	7 600
9	天津市天津制鞋厂	7 500
10	北京东风制革厂	6 800
	造纸及纸制品业	
1	上海新风铜网造纸厂	120 000
2	红光造纸厂	103 900
3	上海长江造纸厂	82 500
4	天津市第七人民造纸厂	31 800
5	福建省青州造纸厂	22 600
6	潍坊铜板纸厂	16 500
7	中国纸板厂	15 900
8	上海新安造纸厂	15 700
9	佳木斯造纸厂	14 800
10	国营604厂	12 000
	电力、蒸汽、热水生产和供应业	
1	华北电业管理局	158 900
2	葛洲坝水力发电厂	87 100
3	湖南省双牌水电站	26 400
4	山东省电力工业局	21 400
5	广东省海南行政区牛路岭水电站	21 200
6	山西省天桥水力发电厂	20 900
7	甘肃省电力工业局	20 500
8	华东电业管理局	20 100
9	广东省南告水电厂	19 800
10	贵州省电力工业局	18 000
	石油加工业	
1	上海高桥石化公司炼油厂	109 400
2	大连石油七厂	99 100
3	鞍山炼油厂	92 300
4	天津石油化工公司炼油厂	75 300
5	抚顺石油化工公司石油二厂	67 600
6	南京炼油厂	64 000
7	锦州石化公司锦西炼油厂	59 300
8	大庆石油化工总厂	56 700
9	中国石化总公司长岭炼油厂	50 300
10	锦州石化公司锦州炼油厂	48 400
	化学工业	
1	上海家用化学品厂	75 300
2	上海牙膏厂	41 800
3	北京燕山石化公司	37 600
4	上海开林造漆厂	34 100
5	上海制皂厂	32 700
6	上海炭黑厂	31 200
7	上海油墨厂	30 600
8	上海振华造漆厂	28 700
9	上海振兴化工总厂	28 300
10	金陵石油化工公司栖霞山化肥厂	26 000

全国主要工业行业人均创利税最多的10家大中型工业企业(三)

(1986年)

名次	企业名称	人均利税(元/人)	名次	企业名称	人均利税(元/人)
			4	上海化工厂	17 700
	医药工业		5	佛山塑料二厂	16 400
1	上海中药制药一厂	20 800	6	天津市聚氨酯塑料制品厂	13 700
2	中国大〇制药有限公司	19 400	7	北京塑料三厂	12 800
3	信谊药厂	19 100	8	常州市光明塑料厂	11 900
4	天津市力生制药厂	17 800	9	上海市塑料制品十一厂	11 700
5	杭州第二中药厂	16 800	10	常州市勤业塑料厂	11 700
6	华北制药厂	16 400		**建筑材料及其他非金属矿物制品业**	
7	广州光华制药厂	15 000	1	河北省冀东水泥厂	49 400
8	卫生部上海生物制品研究所	13 700	2	陕西省耀县水泥厂	34 900
9	上海第十二制药厂	13 400	3	北京保温瓶厂	23 100
10	上海第三制药厂	13 400	4	上海碳素厂	20 700
	化学纤维工业		5	湘乡水泥厂	20 300
1	南通合成纤维厂	35 700	6	河北省邯郸水泥厂	19 400
2	广东省新会涤纶厂	35 600	7	广东省三水县水泥厂	18 900
3	浙江涤纶厂	30 700	8	北京市油毡厂	16 600
4	仪征化纤工业联合公司	21 300	9	内蒙西卓子山水泥厂	15 400
5	平顶山锦纶帘子布厂	21 300	10	永登水泥厂	15 100
6	上海石油化工总厂	20 800		**黑色金属冶炼及压延加工业**	
7	常州合成纤维厂	17 500	1	上海第八钢铁厂	23 100
8	厦门化学纤维厂	13 000	2	上海新沪钢铁厂	23 100
9	天津石油化工公司化纤厂	11 600	3	天津市无缝钢管厂	22 100
10	北京合成纤维厂	9 500	4	营口中板厂	21 200
	橡胶制品业		5	天津市轧钢三厂	20 500
1	上海大中华橡胶厂	42 100	6	上海钢管厂	20 000
2	上海正泰橡胶厂	41 600	7	上海矽钢片厂	19 900
3	四川橡胶厂	38 300	8	上海第二钢铁厂	18 200
4	国营青岛第二橡胶厂	29 900	9	天津市轧钢二厂	17 900
5	上海中南橡胶厂	26 100	10	天津市中板厂	17 200
6	贵州轮胎厂	21 900		**有色金属冶炼及压延加工业**	
7	河南轮胎厂	21 900	1	西北铜加工厂	29 700
8	东风轮胎厂	21 800	2	上海第一铜棒厂	28 500
9	国营桦林橡胶厂	18 500	3	上海有色合金线材厂	23 000
10	银川橡胶厂	18 400	4	上海铜带厂	21 500
	塑料制品业		5	上海东风有色合金厂	19 000
1	上海市塑料制品六厂	26 400	6	上海沪江铜厂	18 600
2	上海塑料制品一厂	20 500	7	上海有色金属压延厂	17 200
3	北京市泡沫塑料厂	19 700	8	上海铜厂	15 900

全国主要工业行业人均创利税最多的10家大中型工业企业(四)

(1986年)

名次	企业名称	人均利税(元/人)
9	上海第一铜管厂	14 900
10	云南冶炼厂	14 800
	金属制品业	
1	天津市电焊条厂	30 200
2	国营614厂	21 300
3	国营615厂	19 500
4	广东三水县饮料罐制造厂	12 600
5	天津市第六金属制品厂	11 700
6	上海食品工业印铁厂	11 400
7	湖南省工具厂	10 000
8	上海市劳动机械厂	9 400
9	马鞍山市钢丝绳厂	8 500
10	锦州市电焊条厂	8 300
	机械工业	
1	重庆自行车公司	181 300
2	上海手表厂	42 600
3	上海手表二厂	34 400
4	上海手表四厂	34 000
5	徐州锻压机床厂	33 700
6	天津手表厂	27 900
7	上海自行车三厂	26 300
8	上海自行车厂	24 600
9	上海手表三厂	22 300
10	上海高压容器厂	21 900
	交通运输设备制造业	
1	上海大众汽车有限公司	20 900
2	天津市汽车制造厂	19 600
3	宝鸡工程机械厂	17 300
4	北京第二汽车制造厂	16 000
5	北京市旅行车股份有限公司	15 800
6	上海汽车厂	14 800
7	黑龙江客车厂	11 000
8	北京汽车制造厂	10 700
9	上海汽车齿轮厂	9 900
10	第二汽车制造厂	9 600
	电气机械及器材制造业	
1	成都灯泡厂	121 200
2	山东龙口家用电器总厂	57 300
3	上海铜材厂	50 800
4	中山市洗衣机厂	47 000
5	上海电缆厂	29 300
6	杭州洗衣机总厂	25 800
7	北京电冰箱厂	23 500
8	西南电工厂	22 700
9	常州绝缘材料厂	22 100
10	无锡电扇厂	21 000
	电子及通信设备制造业	
1	国营南京无线电厂	66 500
2	云南电视机厂	45 100
3	深圳华强电子工业公司	25 800
4	上海电视一厂	25 100
5	上海电视十一厂	20 200
6	大连显像管厂	19 100
7	上海无线电十八厂	18 500
8	陕西彩色显像管总厂	17 700
9	上海无线电四厂	15 800
10	上海无线电二十厂	15 600
	仪器仪表及其他计量器具制造业	
1	上海福克斯波罗有限公司	21 100
2	大华仪表厂	13 500
3	天津自动化仪表厂	11 600
4	大连仪表厂	11 500
5	上海仪器仪表成套厂	11 100
6	广州航海仪器厂	10 600
7	上海分析仪器厂	10 500
8	上海自动化仪表一厂	9 200
9	上海自动化仪表厂	8 800
10	上海量具刃具厂	7 200

1987年年末职工人数最多的50家工业企业

名次	企 业 名 称	年末职工人数（人）	名次	企 业 名 称	年末职工人数（人）
1	鞍山钢铁公司	213 277	26	阳泉矿务局	67 329
2	胜利油田会战指挥部	152 856	27	铜川矿务局	64 366
3	武汉钢铁公司	135 741	28	第一汽车制造厂	62 867
4	开滦矿务局	118 427	29	西山矿务局	62 237
5	大庆石油管理局	110 875	30	太原钢铁公司	61 265
6	淮北矿务局	107 574	31	吉林化学工业公司	59 214
7	鹤岗矿务局	105 656	32	江苏省电力工业局	59 184
8	大同矿务局	105 309	33	黑龙江省电力工业局	55 689
9	中原石油勘探局	98 990	34	辽河石油勘探局	54 729
10	鸡西矿务局	97 580	35	攀枝花钢铁公司	54 579
11	东北电业管理局	97 037	36	新疆石油管理局	54 458
12	首都钢铁公司	96 164	37	淄博矿务局	53 429
13	平顶山矿务局	95 716	38	西南电业管理局	53 391
14	徐州矿务局	93 299	39	沈阳矿务局	52 737
15	淮南矿务局	89 192	40	义马矿务局	51 186
16	峰峰矿务局	86 358	41	北京矿务局	50 628
17	抚顺矿务局	82 154	42	上海石油化工总厂	50 618
18	本溪钢铁公司	79 504	43	安徽省电力工业局	49 870
19	新汶矿务局	78 270	44	四川石油管理局	49 147
20	阜新矿务局	76 897	45	湖北省电力工业局	48 432
21	包头钢铁公司	73 291	46	七台河矿务局	48 017
22	马鞍山钢铁公司	72 361	47	通化矿务局	47 909
23	双鸭山矿务局	70 981	48	重庆钢铁公司	47 169
24	第二汽车制造厂	70 798	49	焦作矿务局	45 701
25	枣庄矿务局	67 693	50	辽源矿务局	45 120

1987年年末固定资产原值最高的50家工业企业

名次	企业名称	固定资产原值（万元）	名次	企业名称	固定资产原值（万元）
1	大庆石油管理局	1 076 461	26	吉林省电力工业局	302 407
2	上海宝山钢铁总厂	1 012 280	27	开滦矿务局	301 388
3	胜利油田会战指挥部	1 003 423	28	吉林化学工业公司	297 311
4	东北电业管理局	983 200	29	大同矿务局	296 839
5	鞍山钢铁公司	886 973	30	华北石油管理局	291 905
6	武汉钢铁公司	672 115	31	甘肃省电力工业局	291 087
7	辽河石油勘探局	503 672	32	包头钢铁公司	290 522
8	西南电业管理局	484 409	33	四川石油管理局	282 347
9	山东省电力工业局	442 762	34	安徽省电力工业局	281 975
10	中原石油勘探局	442 759	35	浙江省电力工业局	279 064
11	山西省电力工业局	440 018	36	湖南省电力工业局	268 424
12	新疆石油管理局	430 816	37	辽阳石油化纤公司	261 152
13	上海石油化工总厂	413 362	38	大港石油管理局	246 871
14	河南省电力工业局	400 160	39	第二汽车制造厂	241 370
15	江苏省电力工业局	390 760	40	华北电业管理局	219 829
16	广东省电力工业局	379 950	41	云南省电力工业局	211 106
17	淮北市发电厂	361 690	42	太原钢铁公司	207 006
18	首都钢铁公司	358 470	43	上海市电力工业局	205 442
19	黑龙江省电力工业局	355 548	44	鹤岗矿务局	204 444
20	湖北省电力工业局	325 039	45	平顶山矿务局	202 842
21	葛洲坝水力发电厂	323 346	46	马鞍山钢铁公司	189 319
22	北京燕山石化公司	320 707	47	淮北矿务局	186 919
23	河北省电力工业局	305 431	48	鸡西矿务局	185 213
24	西北电业管理局	304 409	49	攀枝花钢铁公司	184 834
25	本溪钢铁公司	302 732	50	江西省电力工业局	182 189

1987年工业总产值(现价)最高的50家工业企业

名次	企业名称	工业总产值(现价)(万元)	名次	企业名称	工业总产值(现价)(万元)
1	大庆石油管理局	1 003 070	26	包头钢铁公司	152 827
2	胜利油田会战指挥部	712 310	27	上海第三钢铁厂	149 071
3	鞍山钢铁公司	600 641	28	抚顺石油二厂	144 840
4	武汉钢铁公司	458 001	29	华北石油管理局	144 031
5	北京燕山石化公司	342 942	30	河南省电力工业局	140 040
6	东北电业管理局	327 359	31	山西省电力工业局	139 482
7	首都钢铁公司	322 490	32	广东省电力工业局	138 602
8	第二汽车制造厂	312 294	33	攀枝花钢铁公司	137 166
9	上海石油化工总厂	275 490	34	黑龙江省电力工业局	136 397
10	大庆石油化工总厂	255 373	35	兰州炼油厂	135 814
11	吉林化学工业公司	253 224	36	马鞍山钢铁公司	133 209
12	上海宝山钢铁总厂	246 279	37	中原石油勘探局	133 157
13	茂名石油工业公司	234 701	38	上海第一钢铁厂	129 210
14	山东省电力工业局	224 877	39	辽阳石油化纤公司	127 327
15	齐鲁石化公司	207 512	40	上海第五钢铁厂	126 986
16	新疆石油管理局	207 507	41	长岭炼油厂	125 921
17	辽河石油勘探局	205 532	42	上海市电力工业局	124 054
18	第一汽车制造厂	202 725	43	锦西炼油厂	123 143
19	上海高桥石油化工公司	202 712	44	河北省电力工业局	120 504
20	金陵石油化工公司南京炼油厂	202 408	45	仪征化纤工业联合公司	119 618
21	大连石油七厂	173 455	46	玉溪卷烟厂	118 192
22	江苏省电力工业局	171 340	47	上海卷烟厂	117 844
23	本溪钢铁公司	165 715	48	安庆石油化工总厂	117 188
24	太原钢铁公司	161 465	49	镇海石油化工总厂	115 978
25	西南电业管理局	161 337	50	大同矿务局	115 663

1987年销售收入最高的50家工业企业

名次	企业名称	销售收入（万元）	名次	企业名称	销售收入（万元）
1	大庆石油管理局	634 239	26	西南电业管理局	161 337
2	鞍山钢铁公司	616 121	27	山西省电力工业局	157 317
3	武汉钢铁公司	495 460	28	湖北省电力工业局	155 500
4	上海石油化工总厂	416 049	29	广东省电力工业局	153 567
5	北京燕山石化公司	409 927	30	辽河石油勘探局	151 452
6	首都钢铁公司	368 222	31	河南省电力工业局	149 427
7	胜利油田会战指挥部	322 093	32	抚顺石油二厂	147 640
8	第二汽车制造厂	287 303	33	上海第三钢铁厂	147 462
9	东北电业管理局	266 290	34	马鞍山钢铁公司	141 553
10	吉林化学工业公司	253 004	35	兰州炼油厂	141 362
11	上海宝山钢铁总厂	244 230	36	河北省电力工业局	140 324
12	茂名石油工业公司	232 134	37	黑龙江省电力工业局	136 867
13	第一汽车制造厂	219 504	38	攀枝花钢铁公司	136 641
14	山东省电力工业局	219 428	39	辽阳石油化纤公司	135 141
15	江苏省电力工业局	215 874	40	上海第一钢铁厂	131 419
16	上海高桥石油化工公司	203 282	41	镇海石油化工总厂	124 219
17	齐鲁石化公司	198 969	42	锦西炼油厂	123 465
18	金陵石油化工公司南京炼油厂	196 605	43	上海第五钢铁厂	123 424
19	大庆石油化工总厂	192 048	44	仪征化纤工业联合公司	123 139
20	本溪钢铁公司	173 712	45	长岭炼油厂	122 303
21	大连石油七厂	169 395	46	浙江省电力工业局	120 892
22	包头钢铁公司	168 553	47	华北电业管理局	118 971
23	太原钢铁公司	167 685	48	玉溪卷烟厂	118 159
24	上海市电力工业局	166 630	49	上海卷烟厂	117 610
25	上海市电力工业局局机关	161 659	50	四川石油管理局	117 087

1987年利税总额最高的50家工业企业

名次	企业名称	利税总额（万元）	名次	企业名称	利税总额（万元）
1	大庆石油管理局	281 541	26	锦西炼油厂	51 779
2	鞍山钢铁公司	219 901	27	河南省电力工业局	50 789
3	首都钢铁公司	156 753	28	上海市电力工业局	50 574
4	北京燕山石化公司	155 329	29	山西省电力工业局	49 678
5	武汉钢铁公司	151 648	30	广东省电力工业局	48 556
6	胜利油田会战指挥部	130 713	31	马鞍山钢铁公司	45 270
7	上海石油化工总厂	110 478	32	兰州炼油厂	45 169
8	第二汽车制造厂	86 454	33	河北省电力工业局	44 862
9	齐鲁石化公司	83 808	34	长岭炼油厂	44 751
10	上海高桥石油化工公司	83 382	35	湖北省电力工业局	43 901
11	大庆石油化工总厂	82 263	36	仪征化纤工业联合公司	42 411
12	山东省电力工业局	80 993	37	大庆电业局	41 342
13	大连石油七厂	79 590	38	锦州炼油厂	41 095
14	上海卷烟厂	76 764	39	常德卷烟厂	40 665
15	玉溪卷烟厂	76 235	40	攀枝花钢铁公司	40 459
16	吉林化学工业公司	73 584	41	抚顺石油一厂	39 691
17	西南电业管理局	69 755	42	西北电业管理局	39 314
18	抚顺石油二厂	69 747	43	蚌埠卷烟厂	38 708
19	江苏省电力工业局	63 568	44	太原钢铁公司	38 200
20	茂名石油工业公司	61 016	45	芜湖卷烟厂	37 832
21	昆明卷烟厂	53 601	46	荆门炼油厂	37 573
22	金陵石油化工公司南京炼油厂	52 726	47	本溪钢铁公司	36 457
23	辽阳石油化纤公司	51 958	48	青岛卷烟厂	36 132
24	甘肃省电力工业局	51 918	49	天津卷烟厂	35 425
25	上海市电力工业局局机关	51 845	50	杭州卷烟厂	34 860

附录一

我国主要工业经济指标同国外比较

工 业 生 产 指 数

（1980年＝100）

国家和地区	1981年	1982年	1983年	1984年	1985年	1986年	1987年
世界总计	**99.3**	**96.8**	**99.5**	**105.7**	**109.0**	**112**	
中　　国①	104	112	124	141	166	181	199
美　　国	102	95	101	112	114	115	120
日　　本	101	101	105	117	122	121	
联邦德国②	98	96	96	100	105	107	108
英　　国②	96	98	102	103	108	110	113
法　　国②	98	97	98	99	98	101	
意 大 利	98	95	92	95	97	99	
加 拿 大②	101	91	97	111	116	119	
澳大利亚	101	90	94	98	102		
苏　　联	103	106	111	115	120	126	
民主德国	105	108	112	117	122	127	131
捷克斯洛伐克	102	104	107	111	115	118	
波　　兰	86	85	90	95	99	103	
匈 牙 利	103	105	106	109	110	112	115
罗马尼亚	103	104	108	116	122	131	
保加利亚	105	110	115	120	124	129	
南斯拉夫	104	104	105	111	114	119	117
印　　度	109	113	120	131	142	149	
印度尼西亚③	109	110	113	123	132	141	
马来西亚	103	109	122	142	137	151	
新 加 坡③	110	104	106	116	107	116	
巴基斯坦③	116	123	136	144	154	164	
孟加拉国	101	96	101	105	103	112	
南 朝 鲜	113	118	137	158	164	195	
墨 西 哥②	109	107	97	102	107	101	
巴　　西	90	90	85	91	99		
阿 根 廷②	85	81	90	92	84	94	

注：①工业总产值指数。②包括建筑业。③制造业生产指数。

国外资料来源：联合国《统计月报》1988年6月。

主要工业产品产量比较(一)

(1986年)

钢		煤炭		原油	
国家	产量(万吨)	国家	产量(万吨)	国家	产量(万吨)
苏联	16 100	中国	89 400	苏联	61 475
日本	9 828	美国	78 754	美国	42 816
美国	7 286	苏联	67 300	沙特阿拉伯	25 022
中国	5 220	民主德国	31 126	中国	13 069
联邦德国	3 713	波兰	25 934	墨西哥	12 623
意大利	2 274	联邦德国	20 144	英国	12 052
巴西	2 123	澳大利亚	19 488	委内瑞拉	9 398
法国	1 784	南非	17 718	伊朗	9 266
波兰	1 715	印度	17 134	尼日利亚	7 277
英国	1 471	捷克斯洛伐克	12 840	加拿大	7 216
世界总计	**68 400**	**世界总计**	**442 500**	**世界总计**	**276 600**

电		载重汽车		水泥	
国家	产量(亿千瓦小时)	国家	产量(万辆)	国家	产量(万吨)
美国	25 449	日本	446	中国	16 606
苏联	15 990	美国	339	苏联	13 512
日本	5 571	苏联	90	日本	7 127
加拿大	4 558	加拿大	78	美国	7 111
中国	4 495	巴西	63	意大利	3 640
联邦德国	4 068	法国	46	印度	3 366
法国	3 364	中国	23	联邦德国	2 644
英国	3 010	英国	23	法国	2 258
巴西	2 016	联邦德国	18	西班牙	2 192
意大利	1 896	意大利	18	巴西	2 526
世界总计	**96 050**			**世界总计**	**91 000**

化肥		硫酸		烧碱	
国家	产量(万吨)	国家	产量(万吨)	国家	产量(万吨)
苏联	3 220	美国	3 340	美国	993
美国	1 815	苏联	2 785	联邦德国	362
中国	1 322	中国	763	苏联	323
加拿大	998	日本	656	日本	308
印度	578	联邦德国	411	中国	252
民主德国	484	法国	396	加拿大	170
法国	443	加拿大	354	法国	152
联邦德国	394	西班牙	340	意大利	104
罗马尼亚	300	波兰	297	罗马尼亚	
波兰	214	英国	233	巴西	
世界总计	**13.630**				

主要工业产品产量比较(二)

(1986年)

塑料和树脂		化学纤维		布	
国家	产量（万吨）	国家	产量（万吨）	国家	产量（亿米）
美国	1 673	美国	383	中国	165
联邦德国	784	日本	177	苏联	96
日本	733	苏联	148	印度	93
苏联	437	中国	102	美国	23
法国	305	联邦德国	99	日本	20
荷兰	291	意大利	71	联邦德国	11
比利时	277	英国	29	法国	8
意大利	224	法国	20	波兰	8
英国				捷克斯洛伐克	7
中国	132			埃及	6

糖		纸和纸板		电视机	
国家	产量（万吨）	国家	产量（万吨）	国家和地区	产量（万台）
巴西	850	美国	5 934	美国	2 299
苏联	835	日本	1 842	日本	1 471
印度	760	苏联		中国	1 459
古巴	735	中国	999	苏联	944
美国	588	联邦德国	864	南朝鲜	896
中国	525	加拿大	600	联邦德国	390
墨西哥	395	芬兰	590	英国	288
法国	373	瑞典	563	巴西	214
联邦德国	348	法国	528	法国	204
澳大利亚	335	意大利	442	意大利	190
世界总计	10 009				

注：①中国为原煤数字，国外为商品煤。②1985年数。③1982年数。

国外资料来源：联合国《统计月报》1988年3月；联合国粮农组织《生产年鉴》 986年。

我国工业主要产品产量居世界位次的变化

	1949年	1957年	1965年	1978年	1980年	1985年	1986年	1987年
钢	26	9	8	5	5	4	4	4
煤	9	5	5	3	3	2	2	1
原油	27①	23	12	8	6	6	4	5
发电量	25	13	9	7	6	5	5	4
水泥		8	8	4	3	1	1	1
硫酸		14	3	3	3	3	3	3
化肥		33	8	3	3	3		
化学纤维		26②		7	5	5	4	4
布		3	3	1	1	1	1	1
糖			8	8	10	6	6	
电视机				8	5	3	3	2

注：①1950年数字。②1960年数字。

制造业增加值的部门构成

（1985年）

单位：%

	美国	日本①	联邦德国②	英国②	法国	苏联②③	匈牙利	南斯拉夫	印度④	南朝鲜②	墨西哥②
制造业总计	100	100	100	100	100	100	100	100	100	100	100
其中：											
食品	8.8	8.0	6.7	9.9	13.6	16.9	5.3	8.5	8.5	6.7	15.1
饮料	1.6	1.6	2.4	3.1	2.7		2.0	2.1	0.7	2.5	6.0
烟草	1.2		2.7	1.2	1.2	0.7	0.5	1.3	1.2	5.2	1.6
纺织	2.7	4.3	2.3	3.2	3.3	10.8	6.1	8.3	14.5	10.6	6.5
服装	2.2	1.5	1.6	2.0	2.2	4.7	2.9	4.2	0.5	4.5	2.4
皮革制品	0.2	0.3	0.6	0.3	0.4	0.6	0.7	1.3	0.3	0.8	0.9
制鞋	0.2	0.2		0.6	0.7	0.9	1.6	2.9	0.3	0.7	1.5
木材制品	1.5	2.2	3.2	1.3	0.7	3.6	0.8	3.1	0.5	0.9	1.7
家具装饰	1.3	1.0		1.5	0.7		1.7	2.6	0.1	0.7	1.1
纸及纸制品	4.1	2.7	2.1	3.0	0.7		2.0	2.3	1.4	2.2	2.6
印刷、出版	7.3	5.2	2.3	6.9	2.7		1.7	2.7	2.2	2.4	2.7
基本化学	4.4	4.0	10.4	6.1	5.6	12.1	6.0	3.7	7.5	4.2	6.7
石油提炼	1.4	1.4	4.9	1.5	7.6		3.6	2.4	3.0	3.7	9.6
橡胶制品	1.1	1.2	1.2	1.1	1.4		1.3	1.6	2.2	2.7	2.4
塑料制品	2.5	3.1	2.5	2.5	1.9		1.5	1.5	0.7	2.1	1.7
陶瓷	0.1	0.4	0.4	0.6	0.3	0.5	0.9	0.4	0.4	0.3	0.9
玻璃及其制品	0.8	0.9	0.8	0.8	1.0		1.3	0.7	0.5	1.0	1.2
非金属制品	2.0	3.3	2.7	3.6	1.7	3.9	3.0	3.0	4.4	3.5	2.9
钢铁	2.4	5.5	6.2	3.5	4.8		3.7	5.8	11.8	7.0	5.5
有色金属	1.1	1.5	1.0	1.3	1.6		1.0	3.0	1.1	1.1	6.1
金属制品	6.2	6.4	5.2	6.0	4.4	30.1	4.0	9.2	2.7	3.9	3.8
一般机械	11.6	12.1	13.0	11.7	13.4		10.6	8.5	8.5	4.5	3.3
电气机械	11.2	14.0	12.0	10.4	7.6		14.2	9.0	8.6	11.9	3.5
运输设备	12.9	10.4	13.0	10.1	12.0		9.5	7.4	9.4	8.5	5.8
其他	11.2		2.8	7.8	5.8	15.2	14.1	4.5	9.0	8.4	9.5

注：①1983年数。②1984年数。③制造业总产值。④1982年数。

国外资料来源：联合国《工业统计年鉴》1984、1985年。

能源生产和消费

单位：标准煤万吨

国家和地区	生产量				消费量			
	1980年	1983年	1984年	1985年	1980年	1983年	1984年	1985年
世界总计	**926 462**	**893 233**	**931 004**	**948 112**	**854 434**	**857 264**	**888 870**	**913 035**
中国	63 735	71 270	77 855	85 546	60 275	66 040	70 904	77 020
美国	204 568	189 785	204 830	201 628	236 446	217 741	226 230	227 627
日本	4 226	4 378	4 331	4 920	43 483	41 580	44 983	44 851
联邦德国	16 342	15 712	15 667	16 073	35 941	33 972	34 699	34 995
英国	28 016	32 519	28 025	32 429	27 099	26 911	26 493	27 679
法国①	5 030	5 768	6 235	6 380	23 725	21 429	21 374	21 929
意大利②	2 627	2 671	2 804	2 852	17 486	17 768	18 519	18 861
加拿大	28 088	27 945	30 882	32 477	25 416	23 618	24 732	25 198
澳大利亚	11 297	13 496	14 542	17 115	9 119	9 204	9 510	10 295
苏联	193 591	205 309	211 444	216 989	147 313	159 232	164 505	170 825
民主德国	8 363	9 157	9 684	10 082	12 178	12 012	12 377	13 062
捷克斯洛伐克	6 644	6 688	6 726	6 680	9 745	9 591	9 867	9 708
波兰	17 384	17 091	17 340	17 535	17 676	16 136	16 730	17 239
匈牙利	2 198	2 233	2 268	2 328	4 056	3 936	4 093	4 163
罗马尼亚	8 571	9 092	9 087	9 065	10 001	10 240	10 165	10 992
保加利亚	1 706	1 888	1 889	1 804	4 732	5 044	5 086	5 189
南斯拉夫	2 858	3 168	3 483	3 658	4 804	5 143	5 730	5 835
印度	11 353	16 033	17 399	18 223	13 938	17 056	17 668	19 297
印度尼西亚	13 404	12 161	13 135	13 126	3 466	4 457	4 150	4 251
菲律宾	169	260	326	320	1 672	1 590	1 530	1 584
泰国	64	417	610	780	1 729	1 897	2 098	2 144
马来西亚	1 978	3 430	4 610	5 029	1 223	1 769	2 136	2 451
新加坡					899	1 620	1 614	1 969
巴基斯坦	1 126	1 397	1 438	1 597	1 665	2 209	2 324	2 515
缅甸	284	278	359	381	217	232	301	327
孟加拉国	162	254	332	374	385	440	516	574
土耳其	1 440	1 631	1 901	2 292	3 193	3 732	4 065	4 548
蒙古	171	192	210	247	261	281	290	344
南朝鲜	1 291	1 449	1 580	1 732	5 234	5 847	6 343	6 659
越南	535	643	512	553	656	736	656	704
埃及	4 597	5 630	6 484	7 054	2 014	2 637	2 972	3 103
尼日利亚	15 377	9 543	10 604	11 238	1 098	2 157	2 153	2 158
墨西哥	19 810	25 894	25 640	24 954	11 861	12 825	12 905	13 249
巴西	3 450	4 962	6 219	7 071	9 249	8 598	8 893	9 377
阿根廷	5 113	5 613	5 651	5 834	4 930	5 163	5 224	5 205

注：①包括摩纳哥。②包括圣马力诺。

国外资料来源：联合国《能源统计年鉴》1985年。

能 源 生 产 构 成

国家和地区	1980年					1985年				
	总计	固体	液体	气体	水电、核电	总计	固体	液体	气体	水电、核电
世界总计	**926 462**	**262 575**	**449 715**	**184 342**	**30 131**	**948 112**	**297 817**	**402 436**	**205 154**	**42 706**
中　　国	63 735	44 232	15 169	1 912	2 422	85 546	62 277	17 879	1 711	3 678
美　　国	204 568	62 645	69 652	65 704	6 567	201 626	66 321	71 102	55 890	8 315
日　　本	4 226	1 708	65	291	2 162	4 920	1 458	79	325	3 058
联邦德国	16 342	12 624	674	2 278	767	16 073	11 756	586	1 993	1 738
英　　国	28 016	10 856	11 647	4 995	518	32 429	7 681	18 267	5 680	801
法　国①	5 030	2 173	303	985	1 568	6 380	1 822	468	720	3 369
意大利②	2 627	70	285	1 629	644	2 852	43	354	1 832	624
加拿大	28 088	3 040	11 941	9 521	3 586	32 477	5 074	12 018	10 897	4 488
澳大利亚	11 297	6 901	3 001	1 226	170	17 115	11 721	3 659	1 558	177
苏　　联	193 591	51 043	87 859	51 690	3 000	216 789	51 428	85 167	75 576	4 619
民主德国	8 363	7 828	8	360	167	10 082	9 405	157	342	178
捷克斯洛伐克	6 644	6 443	14	72	114	6 680	6 385	18	79	198
波　　兰	17 384	16 633	52	659	40	17 535	16 899	34	554	48
匈牙利	2 198	986	403	807	1	2 328	899	412	934	82
罗马尼亚	8 571	1 700	1 749	4 966	155	9 065	2 117	1 608	5 193	146
保加利亚	1 706	1 522	40	23	122	1 804	1 555	43	17	189
南斯拉夫	2 858	1 638	616	257	346	3 658	2 223	607	459	369
印　　度	11 353	9 204	1 367	173	610	18 223	12 661	4 277	515	770
印度尼西亚	13 404	30	11 286	2 072	16	13 126	149	9 674	3 274	29
菲律宾	169	23	78		69	320	83	80		157
泰　　国	64	47	1	0	16	780	194	206	355	45
马来西亚	1 978		1 926	35	17	5 029		3 132	1 850	46
巴基斯坦	1 126	105	71	840	110	1 597	146	183	1 079	190
缅　　甸	284	2	227	45	10	381	6	234	131	11
孟加拉国	162		1	154	7	374		12	353	9
土耳其	1 440	959	339	3	143	2 292	1 834	301	9	148
蒙　　古	171	171				247	247			
南朝鲜	1 291	1 224			67	1 732	1 481			251
越　　南	535	520			15	553	530			23
埃　　及	4 597		4 338	138	126	7 054		6 447	477	131
尼日利亚	15 377	18	15 149	176	34	11 238	5	10 456	751	26
墨西哥	19 810	501	15 556	3 534	219	24 954	614	20 958	3 040	343
巴　　西	3 450	374	1 349	141	1 586	7 071	538	4 013	330	2 190
阿根廷	5 113	33	3 750	1 116	215	5 834	34	3 531	1 945	325

注：①包括摩纳哥。②包括圣马力诺。

国外资料来源：联合国《能源统计年鉴》1985年。

附录二

主要统计指标解释

工业 我国的工业包括以下四个方面的生产活动：①对自然资源的开采，如采矿、晒盐、森林采伐等（但不包括禽兽捕猎和水产捕捞)；②对农副产品的加工、再加工，如粮油加工、食品加工、轧花、缫丝、纺织、制革等；③对采掘品的加工、再加工，如炼铁、炼钢、轧钢、化工生产、石油加工、机器制造、木材加工等，以及电力、自来水、煤气的生产和供应等；④对工业品的修理、翻新，如机器设备的修理、交通运输工具（包括小卧车）的修理等。

1984年以前农村的村及村以下办工业归属农业，1984年及以后划归工业。

独立核算工业企业和非独立核算工业生产单位 从核算形式的角度，按其行政和财务核算是否独立，工业分为独立核算工业企业和非独立核算工业生产单位。

独立核算工业企业，应同时具备下列三个条件：①行政上有独立的组织形式；②经济上独立核算，自负盈亏，编制独立的资金平衡表（或资产负债表)；③有权与其他单位签订合同，并在银行设有独立户头。独立核算工业企业不论是单一性生产或联合性生产的企业，均以整个企业作为一个基本填报单位。

非独立核算工业生产单位，是指不具备独立核算工业企业三个条件，附设于其他企业、事业、机关、团体、学校、科研机构、部队等单位的工业生产单位。但必须同时具备下列三个条件：①有固定的生产场所和生产设备；②有固定的生产工人和学徒在十人以上；③一般单位常年生产，季节性生产的单位全年开工时间在三个月以上。

全民所有制工业(即国营工业) 指生产资料和产品或收入归全民所有的工业企业(单位)。包括中央和地方各级国家机关、部队、科研机构、学校、人民团体和国营企事业单位等举办的全民所有制工业。1957年以前的公私合营和私营工业，后均改造为国营工业，这部分工业的资料不单独分列时，均包括在全民所有制工业内。

集体所有制工业 指生产资料和产品或收入归劳动群众集体所有的工业企业（单位)。包括城市、县、镇（建制镇）以及城(镇)市街道举办的集体所有制工业和农村乡镇办工业、村办工业等。

其他类型工业 指除全民所有制工业、集体所有制工业和个体工业以外的其他经济类型工业企业（单位)。包括全民与集体合营、全民与私人合营、集体与私人合营、中外合营、华侨或港澳工商业者经营、外资经营等工业。

个体工业 指个人参加生产劳动，生产资料和产品或收入归个人所有的一种经济形式。包括城镇个体经营工业和农村个体经营工业。多人合股经营仍领取个体营业执照的也包括在个体经营工业内。

村及村以下工业 包括农村村办工业、农村合作经营工业、农村个体工业。

轻工业 指提供生活消费品和制作手工工具的工业，是为满足人们吃、穿、用需要的工业。按其所使用的原料不同，可分为两大类：①以农产品为原料的轻工业，是指直接或间接以农产品为基本原料的轻工业。主要包括食品制造、饮料制造、烟草加工、纺织、缝纫、皮革和毛皮制作、造纸以及印刷等工业。②以非农产品为原料的轻工业，是指以工业品为原料的轻工业。主要包括文教体育用品、化学药品制造、合成纤维制造、日用化学制品、日用玻璃制品、日用金属制品、手工工具制造、医疗器械制造、文化和办公用机械制造等工业。

重工业 指生产生产资料的工业，是为国民经济各部门提供物质技术基础的工业。按其生产和产品用途，可以分为下列三类：①采掘(伐)工业，是指对自然资源的开采，包括石油开采、煤炭开采、金属矿开采、非金属矿开采和木材采伐等工业；②原材料工业，是指提供国民经济各部门使用的原料、动力和燃料的工业。包括金属冶炼及加工、炼焦及焦炭化学、化工原料、水泥、人造板以及电力、石油和煤炭加工等工业；③加工工业，是指对原材料进行加工制造的工业。包括装备国民经济各部门的机械设备制造工业、金属结构、水泥制品等工业，以及为农业提供的生产资料和化肥、农药等工业。

根据上述划分原则，修理业中修理作业对象是重工业的划为重工业，否则划为轻工业。

大、中、小型企业 大、中、小型企业的划分标准有下列两类：

(1) 按企业产品的年生产能力划分。凡产品比较单一的行业，如电力、原煤、石油、钢铁、有色金属、硫酸、烧碱、纯碱、合成氨、汽车、拖拉机、水泥、平板玻璃、纺织、造纸、制糖、手表、缝纫机、自行车等均以产品生产能力作为划分大、中、小型的标准（生产多种产品的企业，以其主要产品的生产能力来划分）。

(2) 按企业拥有的固定资产原值划分。凡产品种类繁多，难以按生产能力划分的，则以企业的固定资产原值作为划分大、中、小型的标准。

工业总产值 是以货币表现的工业企业在一定时期内生产的工业产品总量，它反映工业生产的总规模和总水平。它包括：在本企业内不再进行加工，经检验、包装入库的成品价值，工业性作业价值，自制半成品、在制品期末期初差额价值（生产周期较长的企业计算）。工业总产值采用“工厂法”计算，即以工业企业作为一个整体，按企业工业生产活动的最终成果来计算，企业内部不允许重复计算，不能把企业内部各个车间（分厂）生产的成果相加。但在企业之间、行业之间、地区之间存在着重复计算。

轻重工业总产值的划分也是按“工厂法”计算的，即一个工业企业在正常情况下生产的主要产品的性质属于轻工业，则该企业的全部总产值作为轻工业总产值；一个工业企业生产的主要产品的性质属于重工业，则该企业的全部总产值作为重工业总产值。

工业企业主要财务指标

(1) 固定资产原值，是指工业企业购买和建筑各种固定资产时，所实际支付的金额，以及以后改建或扩建所追加投资金额的合计。固定资产的来源包括解放后接收的原有固定资产，通过基本建设完成交付使用的固定资产，通过更新改造措施而增加的固定资产等等。

(2) 固定资产净值，是指固定资产原值减去历年已提折旧额后的净额。

(3) 定额流动资金，是指工业企业的储备资金、生产资金、成品资金以及超储积压物资和待处理流动资产损失五项之和。由于对这几项资金实行定额管理，所以称为定额流动资金。

(4) 资金总额，是固定资产净值加定额流动资金之和。

(5) 可比产品成本降低率

可比产品指上年正式生产过、本年继续生产的产品，产品的可比性是按产品的牌号、规格和性能决定的。某些产品经过改革，虽然工艺操作、技术条件比过去有所改变，但其牌号、规格和性能相同，则仍算为可比产品。可比产品总成本就是企业为生产可比产品所支出的成本总额，它是企业产品总成本的一个组成部分，计算可比产品成本降低率，一般是将本年可比产品总成本和本年可比产品产量按上年实际单位成本计算的总成本相对比求得。即

$$\text{可比产品成本降低率（\%）}=\left(1-\frac{\text{本年可比产品总成本}}{\text{本年可比产品按上年实际平均单位成本计算的总成本}}\right)\times 100$$

如果所得结果为正数，表示可比产品成本降低，如结果为负数，则表示可比产品成本升高。

全员劳动生产率 指根据产品的价值量指标计算的平均每一个职工在单位时间内的产品生产量。目前我国的全员劳动生产率是将工业企业的工业总产值除以同一时期全部职工的平均人数来计算的。其公式为

$$\text{全员劳动生产率}=\frac{\text{工业总产值}}{\text{全部职工平均人数}}$$

为了使各年度的全员劳动生产率数字可以比较，1981年以前各年的全员劳动生产率均按指数换算成1980年不变价格。

实物劳动生产率 指根据某种产品实物量计算的平均每个职工（或工人）在单位时间内生产的产品数量。这是通过产品实物来反映劳动者在生产中的劳动效率指标。我国目前有全员实物劳动生产率（通常简称全员效率）和工人实物劳动生产率两个指标。其计算公式分别如下：

$$\text{全员实物劳动生产率（全员效率）}=\frac{\text{产品产量}}{\text{全部职工平均人数}}$$

$$\text{工人实物劳动生产率}=\frac{\text{产品产量}}{\text{生产工人（包括学徒）平均人数}}$$

计算实物劳动生产率的产品产量，是指报告期生产的，并经检验符合质量标准或合同规定的技术要求的合格产品产量。不包括不合格品和废品的数量。

附录三

大、中、小型工业企业划分标准(一)

部门、项目	计算单位		大型		中型		小型	
一、钢铁工业(注1)								
钢铁联合企业	年产钢(指年产能力,下同)	万吨	100	及以上	10—100	以下	10	以下
特殊钢厂	年产钢	万吨	50	及以上	10—50	以下	10	以下
独立炼铁厂	年产生铁	万吨	100	及以上	20—100	以下	20	以下
独立铁矿山	年产铁矿石	万吨	200	及以上	60—200	以下	60	以下
其他黑色金属工业企业(注2)	固定资产原值	万元	5 000	及以上	2 000—5 000	以下	2 000	以下
二、有色金属工业(注3)								
有色联合企业								
镍联合企业	年产金属镍	万吨	3	及以上	0.5—3	以下	0.5	以下
其他重金属联合企业	年产金属	万吨	2	及以上	0.8—2	以下	0.8	以下
采选厂								
砂矿	年采选矿石	万吨	200	及以上	100—200	以下	100	以下
脉矿	年采选矿石	万吨	100	及以上	20—100	以下	20	以下
氧化铝厂	年产氧化铝	万吨	20	及以上	5—20	以下	5	以下
常用金属冶炼、电解厂	年产金属	万吨	3	及以上	1—3	以下	1	以下
常用金属加工厂								
重金属	年产加工材	万吨	3	及以上	0.5—3	以下	0.5	以下
轻金属	年产加工材	万吨	2	及以上	0.3—2	以下	0.3	以下
其他有色金属工业企业	固定资产原值	万元	5 000	及以上	1 000—5 000	以下	1 000	以下
三、煤炭工业								
煤炭矿务局(或独立的煤炭开采企业)	年产原煤	万吨	500	及以上	200—500	以下	200	以下
独立洗煤厂	年产洗精煤	万吨	120	及以上	30—120	以下	30	以下
其他煤炭工业企业	固定资产原值	万元	2 000	及以上	800—2 000	以下	800	以下
四、石油工业								
天然油(气)田	(根据具体情况确定)							
炼油厂	年加工原油	万吨	250	及以上	50—250	以下	50	以下
五、化学工业(注4)								
合成氨厂	年产能力	万吨	15	及以上	4.5—15	以下	4.5	以下
硫酸厂	年产能力	万吨	16	及以上	8—16	以下	8	以下
烧碱厂	年产能力	万吨	3	及以上	0.75—3	以下	0.75	以下
纯碱厂	年产能力	万吨	40	及以上	4—40	以下	4	以下
磷肥厂	年产能力	万吨	50	及以上	20—50	以下	20	以下
乙烯厂	年产能力	万吨	4	及以上	2—4	以下	2	以下
化学纤维单体厂	年产单体	万吨	4	及以上	0.5—4	以下	0.5	以下
合成橡胶厂	年产能力	万吨	3	及以上	0.5—3	以下	0.5	以下

大、中、小型工业企业划分标准(二)

部门、项目	计算单位	大型	中型	小型
塑料厂	年产能力　万吨	3　及以上	1—3　以下	1　以下
橡胶轮胎加工厂	年产能力　万套	100　及以上	20—100　以下	20　以下
农药厂	年产能力　万吨	3　及以上	0.3—3　以下	0.3　以下
磷　矿	年产能力　万吨	100　及以上	30—100　以下	30　以下
硫铁矿	年产能力　万吨	100　及以上	20—100　以下	20　以下
化工联合企业		(三个品种都达到中型标准即为大型)		
其他化学工业企业	固定资产原值　万元	2000　及以上	800—2 000　以下	800　以下
六、电力工业				
1．发电企业	装机容量　万千瓦	25　及以上	2.5—25　以下	2.5　以下
2．供电企业		必须同时具备以下两个条件： 1．年售电量在20亿千瓦小时及以上，营业户数在5万户及以上。 2.66 K V 及以上，变压器总容量在30万千伏安及以上。	必须具备以下条件之一： 1.66 K V 及以上，变压器总容量在20万千伏安及以上和年售电量在5亿千瓦小时及以上。 2．具备大型供电企业条件之一。 3．省会所在地的供电局，如不具备大型、中型上列条件，可列为中型。	
七、机械工业(注5)				
冶金矿山设备厂	年产能力　万吨	2　及以上	0.5—2　以下	0.5　以下
石油化工设备厂	年产能力　万吨	2　及以上	0.5—2　以下	0.5　以下
工程机械厂	年产能力　万吨	2　及以上	0.5—2　以下	0.5　以下
发电设备、大电机厂	年产能力　万千瓦	100　及以上	30—100　以下	30　以下
通用设备厂	固定资产原值　万元	3000　及以上	800—3 000　以下	800　以下
汽车厂（注6）	年产能力　万辆	一般汽车在5及以上	0.5—5　以下	0.5　以下
		重型汽车在0.3及以上	0.1—0.3　以下	0.1　以下
拖拉机厂（注7）	年产能力　万台	轮胎式在2及以上	0.5—2　以下	0.5　以下

大、中、小型工业企业划分标准(三)

部门、项目	计算单位	大型	中型	小型
		履带式在1及以上	0.1—1 以下	0.1 以下
柴油机厂	年产能力 万马力	100 及以上	30—100 以下	30 以下
船舶修造厂	固定资产原值 万元	3 000 及以上	800—3 000 以下	800 以下
其他机械工业企业	固定资产原值 万元	2 000 及以上	800—2 000 以下	800 以下
八、森林工业				
独立森工局	年产木材 万立米	30 及以上	15—30 以下	15 以下
其他森林工业企业	固定资产原值 万元	1 500 及以上	800—1 500 以下	800 以下
九、建材工业(注8)				
水泥厂	年产能力 万吨	100 及以上	20—100 以下 (特种水泥在5及以上	20 以下 (特种水泥在5以下)
平板玻璃厂	年产能力 万标准箱	100 及以上	50—100 以下	50 以下
玻璃纤维厂	年产能力 吨	5 000 及以上	1 000—5 000 以下	1 000 以下
石灰石矿	年产能力 万吨	100 及以上	50—100 以下	50 以下
石棉矿	年产能力 万吨	1 及以上	0.1—1 以下	0.1 以下
石墨矿	年产能力 万吨	1 及以上	0.3—1 以下	0.3 以下
石膏矿	年产能力 万吨	30 及以上	10—30 以下	10 以下
其他建材工业企业	固定资产原值 万元	2 000 及以上	800—2 000 以下	800 以下
十、轻工业(注9)				
化学纤维厂	年产能力 万吨	单体 4 及以上	0.5—4 以下	0.5 以下
		长丝0.8 及以上	0.3—0.8 以下	0.3 以下
		短丝 4 及以上	0.6—4 以下	0.6 以下
棉纺织厂	棉纺锭 万枚	10 及以上	5—10 以下	5 以下
印染厂	年产能力 亿米	1 及以上	0.5—1 以下	0.5 以下
造纸厂	年产能力 万吨	3 及以上	1—3 以下	1 以下
制糖厂	日处理原料 吨	1 000 及以上	500—1 000 以下	500 以下
盐 场	年产能力 万吨	海盐100 及以上	20—100 以下	20 以下
		井、矿盐30及以上	10—30 以下	10 以下
毛纺、麻纺、绢纺厂	纺 锭 万枚	1 及以上	0.5—1 以下	0.5 以下
合成脂肪酸厂	年产能力 万吨	2 及以上	0.5—2 以下	0.5 以下
合成洗涤剂厂	年产能力 万吨	2 及以上	1—2 以下	1 以下
手表厂	年产能力 万只	100 及以上	40—100 以下	40 以下
缝纫机厂	年产能力 万架	50 及以上	15—50 以下	15 以下
自行车厂	年产能力 万辆	100 及以上	30—100 以下	30 以下
塑料制品厂	年产能力 万吨	1 及以上	0.5 —1 以下	0.5 以下
其他纺织、轻工企业	固定资产原值 万元	2 000 及以上	800— 2 000 以下	800 以下

注：1．本标准摘自国家计划委员会一九七八年四月二十二日计计〔1978〕234号《关于试行加强基本建设管理几个规定的通知》中附件三《关于基本建设项目和大中型划分标准的规定》中工业企业部分（对电力工业企业和轻工业企业大中型划分标准，根据水电、纺织、轻工部意见，作了必要补充规定）。原规定中的投资总额是指建设单位的情况，工业生产企业改按全部固定资产原值来划分。

2．凡标准中规定按产品生产能力划分的，都应按产品生产能力标准划分，不按固定资产标准划分；凡没有规定产品生产能力划分标准的，则按固定资产标准划分。有特殊规定的例外。

3．有色金属工业企业按生产不同种类的金属分别规定划分标准。

有色联合企业是指兼事采矿、选矿、冶炼的有色金属工业企业。

轻有色金属一般指比重在4.5以下的有色金属，其中有铝、镁、钠、钾等。钛也列为轻有色金属。

重有色金属一般指比重4.5以上的有色金属，其中有铜、镍、铅、锌、钴、锡、锑、汞、镉、铋等。

常用有色金属一般指以下十种常用有色金属：铜、铝、镍、铅、锌、钨、钼、锡、锑、汞。

4．表中所列磷肥厂的划分标准，原均按折合标准磷肥（即折合含五氧化二磷百分之十八）计算；如折合为含五氧化二磷百分之一百计算，应乘以百分之十八。

5．除轻工业系统的机械企业按轻工业的标准划分外，表中未列明的其他工业系统的机械企业都按其他机械工业企业的标准划分。重型汽车是指八吨及以上的载重汽车、七吨及以上的倾卸车和十五吨及以上的公路牵引车。

6．表中所列汽车厂的大、中、小型标准仅适用于汽车制造厂；汽车改装厂，全年改装汽车能力在一千辆及以上的划为中型，一千辆以下的划为小型；汽车修理厂，固定资产原值在八百万元及以上的划为中型，八百万元以下的划为小型。有些工厂同时从事汽车制造与汽车修理，应按其主要生产活动性质来划分大、中、小型。

7．手扶拖拉机厂不按拖拉机厂的标准划分，而按其他机械工业企业的标准划分。

8．水泥企业按回转窑生产能力划分大、中、小型。用立窑生产的企业一律划为小型。既有回转窑又有立窑的企业，亦按回转窑能力划分。

特种水泥是指特殊用途的水泥，包括油井水泥、白水泥、大坝水泥、快硬水泥、抗硫酸盐水泥、膨胀水泥、堵塞水泥、彩色水泥等。不包括普通水泥、矿渣水泥、混合水泥。

9．纺织工业大、中、小型划分标准作如下补充：

① 棉印染企业规定按年产能力划分，但单一的漂白企业及简单染色厂应同时考虑固定资产原值，未达到八百万元的不能划为中型企业。缫丝企业按设备规模划分，标准与绢纺织企业相同，即缫丝机5000绪及以上为中型厂，10 000绪及以上为大型厂。

② 化学纤维企业规定按长丝或短丝的年产能力划分。有的企业既生产长丝，又生产短丝，则可将长丝能力折合为短丝能力，然后以短丝能力作为划分标准。一吨长丝能力可折合为二吨短丝能力（不能把短丝能力折合为长丝能力计算）。

③ 纺织染联合企业及跨行业生产多品种的企业（如从事棉纺织，同时又生产化纤或针织等产品的联合企业），其主要设备或年产能力虽达不到规定的大、中型企业标准，但固定资产

原值已达到1 500万元及以上（相当于五万棉纺锭的规模）的，可划为中型企业；达到3000万元及以上（相当于十万棉纺锭的规模）可视为大型企业。

④ 单独织布、针织、织绸、纺织器材、化纤浆粕、毛条等企业，按其他纺织企业标准划分，即固定资产原值在800 万元及以上的，划为中型企业；2000万元及以上的，划为大型企业。

附录四

工业部门分类目录

代码	工业部门	细分类	重或轻	说明
01	一、冶金工业			
011	1．黑色金属工业			
0111		(1) 黑色金属矿采选	重(采)	包括锰矿、铬矿、不包括硫铁矿。
0112		(2) 黑色金属冶炼及加工	重(原)	
012	2．有色金属工业			
0121		(1) 有色金属矿采选	重（采）	
0122		(2) 有色金属冶炼及加工	重（原）	不包括铸币。
02	二、电力工业			
0210	3．火电		重（原）	电力工业包括热电厂。
0220	4．水电		重（原）	
0230	5．供电		重（原）	
03	三、煤炭及炼焦工业			
031	6．煤炭工业			
0311		(1) 煤炭开采	重（采）	
0312		(2) 煤炭洗选	重（原）	指独立洗选煤厂。
032	7．炼焦及焦炭化学工业		重（原）	包括煤气。
0321		(1) 炼焦及焦炭化学	重（原）	
0322		(2) 煤气工业	重（原）	
04	四、石油工业			
040	8．石油工业			包括天然油及人造油。
0401		(1) 石油开采	重（采）	不包括天然气开采。
0402		(2) 天然气开采	重（采）	
0403		(3) 石油加工	重（原）	
05	五、化学工业			
0510	9．化学矿开采工业		重（采）	包括硫铁矿、磷矿、天然钾盐、硼酸盐矿及其它化学。不包括石灰石、石膏、钾长石、白土、瓷土等非金属矿及萤石
0520	10．基本化学原料工业		重（原）	包括酸、盐、氯、碱及其它无机化工原料。不包括炸药、雷管、导火线等火工产品。
053	11．化肥农药工业			
0531		(1) 化学肥料	重（制）	不包括骨粉、骨制的磷肥。
0532		(2) 化学农药	重（制）	包括化学原药及其制剂。
054	12．有机化学工业			
0541		(1) 有机合成化学原料	重（原）	包括塑料、合成纤维单（聚合）体、合成橡胶。不包括合成橡胶制品、塑料制品。
0542		(2) 染料染媒	轻（非）	
0543		(3) 油漆颜料	轻（非）	不包括油墨、油漆的喷涂作业。
0544		(4) 化学试剂	重（原）	包括高纯试剂、标准试剂、生物试剂、特种试剂、有机试剂及无机试剂。
0545		(5) 其它有机化学原料	重（原）	

说明：重工业下分为采掘（伐）工业（简称“采”）、原料工业（简称“原”）和制造工业（简称“制”）；轻工业下分为以农产品为原料的工业（简称“农”）和以非农产品为原料的工业（简称“非”）。

续表

代 码	工 业 部 门	细 分 类	重或轻	说 明
055	13．化学药品工业			不包括中药材加工及提炼。
0551		(1) 原料药	轻（非）	
0552		(2) 医用药品	轻（非）	包括鱼肝油等滋补品。
0553		(3) 畜用药品	轻（非）	
056	14．日用化学工业			
0561		(1) 感光化学	轻（非）	包括电影胶片、胶卷。
0562		(2) 肥皂及天然香料	轻（农）	包括香皂。
0563		(3) 合成洗涤剂及合成脂肪酸	轻（非）	
057	15．橡胶加工工业			
0571		(1) 生产用橡胶制品	重（制）	包括轮胎翻新。
0572		(2) 生活用橡胶制品	轻（非）	
058	16．塑料加工工业			包括人造革及制品。不包括人造革皮鞋。
0581		(1) 生产用塑料制品	重（制）	
0582		(2) 生活用塑料制品	轻（非）	不包括乒乓球。
06/07	六、机械工业			以下17至21机械制造工业各细分类均包括本行业专用的铸锻件、器材、附件及其零配件。
061	17．农业机械制造工业			不包括粮食、榨油加工机械、渔轮。
0611		(1) 拖拉机制造	重（制）	包括各种拖拉机及手扶拖拉机。
0612		(2) 机械化农机具制造	重（制）	
0613		(3) 半机械化农具制造	重（制）	
0614		(4) 改良农具制造	轻（非）	
062/063	18．工业设备制造工业			
0621		(1) 动力机器制造	重（制）	包括蒸汽锅炉、原动机、电机及电器设备制造。不包括电气仪表仪器、烧开水用锅炉。
0622		(2) 机床及锻压设备制造	重（制）	包括铸造机械。
0623		(3) 矿山及煤炭工业专用设备制造	重（制）	不包括地质专用的实验室选矿设备。
0624		(4) 石油工业专用设备制造	重（制）	
0625		(5) 冶金工业专用设备制造	重（制）	
0626		(6) 化学工业专用设备制造	重（制）	
0627		(7) 橡胶及塑料工业专用设备制造	重（制）	不包括合成橡胶设备。
0628		(8) 建筑材料工业专用设备制造	重（制）	
0629		(9) 森林工业专用设备制造	重（制）	不包括林用拖拉机。
0631		(10) 粮油工业专用设备制造	重（制）	
0632		(11) 食品工业专用设备制造	重（制）	

续表

代码	工业部门	细分类	重或轻	说明
0633		(12) 纺织工业专用设备制造	重(制)	
0634		(13) 造纸工业专用设备制造	重(制)	
0635		(14) 其他工业专用设备制造	重(制)	除上列工业部门专用设备以外的其它工业专用设备。不包括家用缝纫机。
064	19. 交通设备制造工业			不包括自行车。
0641		(1) 汽车制造	重(制)	包括改装汽车、挂车、摩托车。
0642		(2) 铁道运输设备制造	重(制)	包括铁道机车及车辆、铁道工具及器材、讯号器材。不包括森铁车辆、工矿车辆。
0643		(3) 船舶制造	重(制)	包括工程船、工作船、船用辅机及航用、潜水器材。不包括机帆渔船、水泥船、木船。
0644		(4) 飞机制造	重(制)	
0645		(5) 电车制造	重(制)	包括电车拖车。
0650	20. 建筑筑路机械制造工业		重(制)	不包括挖掘机。
066	21. 生产用其它机械制造工业			
0661		(1) 地质勘探设备制造	重(制)	不包括石油钻采设备。
0662		(2) 仪器仪表制造	重(制)	包括电气仪表仪器、热工仪表、光学仪器、石油地质仪器仪表、纺织仪器、电讯仪器仪表、船用仪器仪表、气象仪器、教学仪器、其它仪器仪表及天平。不包括汽车拖拉机仪表、医用仪器仪表。
0663		(3) 国民经济各部门通用设备制造	重(制)	包括起重运输设备、工矿车辆、各种泵、风机、气体压缩机、冷冻设备、安全消防设备。不包括冰棍机械、天平、木杆秤。
0664		(4) 生产用其他机械制造	重(制)	
067	22. 电子工业			
0671		(1) 生产用整机生产	重(制)	包括各种无线电整机，如电子计算机、广播和电视设备、通讯设备、工业用电子整机、军用电子整机。
0672		(2) 文化生活用整机	轻(制)	包括电视机、电唱机、收音机等。
0673		(3) 无线电器件	重(制)	包括电子管、半导体器件、元件等。
0674		(4) 无线电测量仪器	重(制)	包括功率、频率及时间测量仪、示波器、电压表、电源信号发生器、声学测量仪、综合测试仪及其他无线电测试仪器。

续表

代码	工业部门	细分类	重或轻	说明
0675		(5) 无线电专用设备	重(制)	包括半导体专用设备、电真空专用设备、元件器件专用设备及其他无线电专用设备
068	23．生活用机械制造工业			
0681		(1) 自行车(注1)	轻(非)	
0682		(2) 缝纫机	轻(非)	
0683		(3) 钟表	轻(非)	
0684		(4) 洗衣机	轻(非)	
0685		(5) 医疗器械	轻(非)	不包括玻璃仪器
0686		(6) 文化用机械	轻(非)	包括照相机、留声机、电影机械、幻灯机。
0687		(7) 生活用其它机械	轻(非)	包括计算机、打字机、速印机。
069	24．生产用金属品工业			
0691		(1) 金属结构	重(制)	
0692		(2) 工具	重(制)	包括量具、刃具。不包括匠作工具、铁制小农具。
0693		(3) 电线电缆	重(制)	
0694		(4) 电气用金属品	重(制)	包括蓄电池、特殊灯泡、生产用干电池、矿灯。
0695		(5) 工业用金属品	重(制)	包括滚动轴承、阀门、标准紧固件、工业用搪瓷制品等。
0696		(6) 金属丝绳及制品	重(制)	
0697		(7) 铁制小农具及匠作工具	轻(非)	包括园艺工具及牛马掌。
0698		(8) 建筑用金属制品	轻(非)	
0699		(9) 生产用其它金属品	轻(非)	包括金属包装物及容器、电焊条等。不包括地质专用金属制品。
071	25．日用金属品工业			
0711		(1) 日用电气器具	轻(非)	包括日用电炉、电风扇、电冰箱、手电筒及电池、普通照明灯泡、小电珠。
0712		(2) 日用搪瓷制品	轻(非)	
0713		(3) 日用五金制品	轻(非)	包括日用铝制品、家用食器及炊事用具、刀、剪、锁、金属家具、金属扣、针等日用金属制品。
072	26．机械设备及金属品修理工业			以下(1)至(6)项为生产用修理。
0721		(1) 农业机械修理	重(制)	
0722		(2) 汽车修理	重(制)	
0723		(3) 铁道运输设备修理	重(制)	
0724		(4) 船舶修理	重(制)	
0725		(5) 其它设备修理	重(制)	包括工业设备、建筑筑路设备、电讯设备及其它生产用机械修理。
0726		(6) 生产用金属品修理	轻(非)	
0727		(7) 生活用机械修理	轻(非)	
0728		(8) 生活用金属品修理	轻(非)	

注1．1972年工业部门分类的日用机械部门包括自行车、缝纫机、钟表、洗衣机。

续表

代码	工业部门	细分类	重或轻	说明
0729		(9) 工艺作业	轻（非）	包括独立的电镀、喷镀、印花、研磨等作业。
0730	27．其他机械工业		重（制）	
08	七、建筑材料工业			不包括日用玻璃和日用陶瓷工业。
081	28．水泥工业			
0811		(1) 水泥	重（原）	
0812		(2) 水泥制品	重（制）	包括石棉水泥制品。
082	29．砖瓦石灰及其他建筑材料工业			
0821		(1) 砖瓦石灰	重（制）	不包括水泥砖、水泥瓦、玻璃瓦、瓷质墙地砖。
0822		(2) 土砂石开采	重（采）	
0823		(3) 其它建筑材料	重（制）	包括耐酸材料、油毡、油纸等。不包括陶土管。
083	30．耐火材料工业			
0831		(1) 耐火土石开采	重（采）	包括铁铝矾土矿、菱镁矿、镁矿、白云石、硅石、萤石开采。
0832		(2) 耐火材料制品	重（制）	
084	31．玻璃工业			
0841		(1) 建筑用玻璃	重（制）	
0842		(2) 工业用玻璃	重（制）	包括电器用玻璃、光学用玻璃、玻璃仪器。
0843		(3) 玻璃纤维及制品	重（原）	
085	32．陶瓷工业			
0851		(1) 建筑卫生用陶瓷	重（制）	包括建筑用陶土管。
0852		(2) 工业电气用陶瓷	重（制）	
086	33．非金属矿工业			
0861		(1) 非金属矿采选	重（采）	
0862		(2) 非金属矿加工	重（原）	不包括石料雕刻陈列品。
09	八、森林工业			
0910	34．木材采运工业		重（采）	包括竹材采运。
092	35．木材加工工业			
0921		(1) 锯材及人造板	重(原)	包括胶合板。
0922		(2) 生产用木制品	轻（非）	包括生产用软木制品。
0923		(3) 生活用木制品	轻（非）	包括生活用软木制品。
0930	36．林产化学工业		重（原）	包括松香、栲胶、樟脑、木材干馏与水解。
10	九、食品工业			
101	37．粮油工业			
1011		(1) 碾米磨粉	轻（农）	
1012		(2) 食用植物油	轻（农）	
1013		(3) 工业用油脂	轻（农）	包括非食用动、植物油及其加工。不包括合成脂肪酸。
102	38．制盐工业			
1021		(1) 原盐	轻（非）	包括晒盐、采盐。
1022		(2) 加工盐	轻（非）	

代码	工业部门	细分类	重或轻	说明
1023		(3) 盐化工	轻（非）	
103	39．食品工业			
1031		(1) 屠宰及肉类加工	轻（农）	不包括骨粉、骨胶。
1032		(2) 水产加工	轻（农）	包括水产腌制、干制。
1033		(3) 罐头	轻（农）	
1034		(4) 制糖	轻（农）	包括原糖及加工糖。不包括饴糖、糖果。
1035		(5) 制茶	轻（农）	
1036		(6) 卷烟	轻（农）	包括雪茄烟、烟丝、鼻烟、水烟(青条)等。
1037		(7) 烤烟	轻（农）	
1038		(8) 酿酒	轻（农）	
1039		(9) 蛋乳制品	轻（农）	
1041		(10) 面包、点心、饼干。(注2)	轻（农）	
1042		(11) 糖果	轻（农）	
1043		(12) 清凉饮料	轻（农）	
1044		(13) 调味品	轻（农）	
1045		(14) 其它食品	轻（农）	
11/13	**十、纺织缝纫及皮革工业**			
11	40．纺织工业			包括化学纤维织品。
111		(1) 化学纤维工业		
1111		① 人造纤维	轻（农）	
1112		② 合成纤维	轻（非）	不包括合成纤维单体。
112		(2) 纤维原料初步加工		
1121		① 轧花	轻（农）	不包括弹棉花。
1122		② 洗毛及其它纤维加工	轻（农）	
113		(3) 棉纺织		
1131		① 日用棉纺织	轻（农）	不包括针织品。
1132		② 生产用棉纺织	轻（农）	
114		(4) 毛纺织		
1141		① 日用毛纺织	轻（农）	不包括地毯、毡制品。
1142		② 毛条及生产用毛纺织	轻（农）	
115		(5) 麻纺织		
1151		① 日用麻纺织	轻（农）	
1152		② 生产用麻纺织	轻（农）	
116		(6) 丝绢纺织		
1161		① 日用丝绢纺织	轻（农）	
1162		② 缫丝及生产用丝绢纺织	轻（农）	
1170		(7) 针织品	轻（农）	包括棉、毛、麻、丝、化学纤维等各类原料针织品。
118		(8) 其它纺织品		
1181		① 日用其它纺织品	轻（农）	包括毡制品
1182		② 生产用其它纺织品	轻（农）	包括鱼线、鱼网。
12	41．缝纫工业			
1210		(1) 生活用缝制品	轻（农）	不包括刺绣、纯皮毛缝制品。

注2：1972年工业部门分类的其他食品，包括面包、点心、糖果、饼干、清凉饮料、调味品、制冰、冷藏及其他食品。

续表

代码	工业部门	细分类	重或轻	说明
1220		(2) 生产用缝制品	轻（农）	
13	42．皮革工业			
1310		(1) 制革	轻（农）	
1320		(2) 生活用皮革制品	轻（农）	不包括皮制体育用品。
1330		(3) 生产用皮革制品	轻（农）	
14/15	**十一、造纸及文教用工业**			
14	43．造纸工业			
1410		(1) 纸浆	轻（农）	
1420		(2) 机制纸及纸板	轻（农）	
1430		(3) 加工纸	轻（农）	不包括油毡、油纸、复写纸、誊写腊纸、绝缘纸、纸制品。
1440		(4) 土纸	轻（农）	
15	44．文教艺术用品工业			
1510		(1) 印刷	轻（农）	包括装订。
1520		(2) 油墨	轻（非）	
1530		(3) 制笔	轻（非）	
1540		(4) 文教体育用品	轻（非）	包括文具、科学文教标本、运动用具、乐器、玩具、唱片、影片洗印等。不包括教学仪器。
1550		(5) 工艺美术品	轻（非）	包括地毯、花边、刺绣、戏剧用品及其它工艺美术品。
16/17	**十二、其他工业**			
	45．其他工业			
1610		(1) 火工产品	重（制）	包括炸药、雷管、导火线。
1620		(2) 碳素制品	重（制）	
1630		(3) 绝缘材料	重（制）	
1640		(4) 火柴	轻（非）	
1650		(5) 酒精	轻（农）	
1660		(6) 自来水	轻（非）	
1670		(7) 国药加工提炼	轻（农）	
168		(8) 竹藤棕草制品		
1681		① 生活用竹藤棕草制品	轻（农）	
1682		② 生产用竹藤棕草制品	轻（农）	
1690		(9) 日用玻璃	轻（非）	包括各种保温瓶、镜。
1710		(10) 日用陶瓷	轻（非）	包括日用土器
1720		(11) 饲料工业（注3）	轻（农）	
1730		(12) 其他	轻（非）	一般为轻工业。包括毛发骨角加工、铸币、纸制品、弹棉花、包装作业、木杆秤、油漆作业、煤球等。

注3：1972年工业部门分类的饲料工业包括在其他工业的其他细分类内。

附录五

工业行业分类与工业部门分类目录对照表

工业行业分类（1985年）		工业部门分类（1972年）	
小类	类别名称	代码	类别名称
0810	煤炭开采业	0311	煤炭开采
0820	煤炭洗选业	0312	煤炭洗选
0910	天然原油开采业	0401	石油开采
0920	天然气开采业	0402	天然气开采
0930	油页岩开采业	0401	石油开采
1010	铁矿采选业		
1020	锰矿采选业	0111	黑色金属矿采选
1030	铬矿采选业		
1111	铜矿采选业		
1112	铅锌矿采选业		
1114	镍钴矿采选业		
1115	锡矿采选业		
1116	锑矿采选业		
1117	汞矿采选业		
1119	其他重有色金属矿采选业		
1131	铝矿采选业		
1132	镁矿采选业	0121	有色金属矿采选
1133	钛矿采选业		
1139	其他轻有色金属矿采选业		
1151	金矿采选业		
1152	银矿采选业		
1159	其他贵金属矿采选业		
1161	钨钼矿采选业		
1169	其他稀有金属矿采选业		
1211	采石业	0822	土砂石开采
1212	耐火土石开采业	0831	耐火土石开采
1219	其他土砂石开采业	0822	土砂石开采

续表

工业行业分类（1985年）		工业部门分类（1972年）	
小类	类别名称	代码	类别名称
1221	硫矿采选业	0510	化学矿开采工业
1222	磷矿采选业		
1223	天然钾盐采选业		
1224	硼矿采选业		
1229	其他化学矿采选业		
1291	石棉采选业	0861	非金属矿采选
1292	云母采选业		
1293	石墨采选业		
1294	石膏采选业		
1295	宝石、玉石采选业		
1296	水晶采选业		
1299	其他类未包括的非金属矿采选业		
1310	海盐业	1021	原盐
1320	湖盐业		
1330	井盐业		
1340	矿盐业		
1400	其他矿采选业	0861	非金属矿采选
1510	木材采运业	0910	木材采运工业
1520	竹材采运业	0910	木材采运工业
1600	自来水生产和供应业	1660	自来水
1711	碾米业	1011	碾米磨粉
1712	磨粉业		
1713	面、米制品业	1045	其他食品
1721	食用植物油加工业	1012	食用植物油
1722	非食用植物油加工业	1013	工业用油脂
1731	糖果业	1042	糖果
1732	蜜饯业	1045	其他食品

续表

工业行业分类（1985年）		工业部门分类（1972年）	
小类	类别名称	代码	类别名称
1733	糕点业	1041	面包、点心、饼干
1734	面包业		
1739	其他糕点、糖果业		
1741	甘蔗糖业	1034	制糖
1742	甜菜糖业		
1743	淀粉糖业	1045	其他食品
1744	加工糖业	1034	制糖
1751	屠宰业	1031	屠宰及肉类加工
1752	肉类加工业		
1761	干蛋品加工业	1039	蛋乳制品
1762	冰蛋品加工业		
1763	再制蛋加工业		
1770	乳品加工业		
1780	水产品加工业	1032	水产加工
1791	肉类罐头制造业	1033	罐头
1792	水产品罐头制造业		
1793	蔬菜、水果罐头制造业		
1799	其他罐头食品制造业		
1800	加工盐业	1022	加工盐
1811	氨基酸制造业	1045	其他食品
1812	柠檬酸制造业		
1819	其他食品添加剂制造业		
1821	味精制造业	1044	调味品
1829	其他调味品制造业		
1891	豆制品制造业	1045	其他食品
1892	淀粉及淀粉制品业		

续表

工业行业分类（1985年）		工业部门分类（1972年）	
小类	类别名称	代码	类别名称
1893	代乳品制造业	1045	其他食品
1894	酵母制品业		
1895	酶制剂制造业		
1896	蔬菜加工业		
1897	制冰业		
1899	其他类未包括的食品制造业		
1911	白酒制造业	1038	酿酒
1912	黄酒制造业		
1913	啤酒制造业		
1914	葡萄酒制造业		
1919	其他饮料酒制造业		
1920	酒精制造业	1650	酒精
1931	汽水制造业	1043	清凉饮料
1932	果菜汁饮料制造业		
1933	固体饮料制造业	1045	其他食品
1934	冷饮品制造业	1043	清凉饮料
1939	其他无酒精饮料制造业	1045	其他食品
1940	制茶业	1035	制茶
1990	其他饮料制造业	1045	其他食品
2010	烟叶复烤业	1037	烤烟
2020	卷烟制造业	1036	卷烟
2090	其他烟草加工业		
2110	配合及混合饲料制造业	1720	饲料工业
2120	蛋白饲料制造业		
2130	饲料添加剂制造业		
2190	其他饲料制造业		
2211	轧花业	1121	轧花

续表

工业行业分类（1985年）		工业部门分类（1972年）	
小类	类别名称	代码	类别名称
2212	洗毛业	1122	洗毛及其他纤维加工
2219	其他纤维原料初步加工业		
2221	棉纺业		
2222	棉织业		
2223	印染业	1131	日用棉纺织
2224	棉制品业		
2225	棉线带制造业		
2226	帘子布制造业	1132	生产用棉纺织
2229	其他棉纺织业	1131	日用棉纺织
2241	毛条加工业	1142	毛条及生产用毛纺织
2242	毛纺业		
2243	毛织业	1141	日用毛纺织
2244	毛染整业		
2245	工业用呢、工业用毡制造业	1142	毛条及生产用毛纺织
2249	其他毛纺织业	1141	日用毛纺织
2261	苎麻纺织业	1151	日用麻纺织
2262	亚麻纺织业		
2263	黄、洋、青麻纺织业	1152	生产用麻纺织
2269	其他麻纺织业	1151	日用麻纺织
2271	缫丝业	1162	缫丝及生产用丝绢纺织
2272	绢纺业		
2273	丝织业		
2274	丝印染业	1161	日用丝绢纺织
2275	丝制品业		
2279	其他丝绢纺织业		
2281	棉针织品业		
2282	毛针织品业	1170	针织品
2283	丝针织品业		
2289	其他针织品业		

续表

工业行业分类（1985年）		工业部门分类（1972年）	
小类	类别名称	代码	类别名称
2290	其他纺织业	1182	生产用其他纺织品
2410	服装制造业		
2430	制帽业	1210	生活用缝制品
2450	制鞋业		
2490	其他缝纫业		
2511	轻革业		
2512	重革业	1310	制革
2519	其他制革业		
2521	皮鞋制造业		
2523	皮革衣制造业	1320	生活用皮革制品
2524	皮箱、皮包制造业		
2529	其他皮革制品业	1330	生产用皮革制品
2541	毛皮鞣制业		
2542	毛皮制品业	1320	生活用皮革制品
2610	锯材加工业		
2621	胶合板制造业		
2622	纤维板制造业	0921	锯材及人造板
2623	刨花板制造业		
2629	其他人造板制造业		
2631	生产用木制品业	0922	生产用木制品
2633	日用木制品业	0923	生活用木制品
2640	竹，藤、棕、草制品业	1681	生活用竹、藤、棕、草制品
2710	木制家具制造业	0923	生活用木制品
2730	竹、藤家具制造业	1681	生活用竹、藤、棕、草制品
2740	金属家具制造业	0713	日用五金制品
2750	塑料家具制造业	0582	生活用塑料制品
2790	其他家具制造业	0923	生活用木制品
2810	纸浆制造业	1410	纸浆

续表

工业行业分类（1985年）		工业部门分类（1972年）	
小类	类别名称	代码	类别名称
2821	机制纸及纸板制造业	1420	机制纸及纸板
2823	土纸制造业	1440	土纸
2824	加工纸制造业	1430	加工纸
2830	纸制品业	1730	其他
2900	印刷业	1510	印刷
3011	文具用品制造业	1540	文教体育用品
3013	本册制造业	1540	文教体育用品
3015	笔制造业	1530	制笔
3017	教学标本、模型制造业		
3019	其他文化用品制造业		
3031	各种球类制造业		
3033	各种体育器材制造业		
3039	其他体育用品制造业		
3051	中乐器制造业	1540	文教体育用品
3053	西乐器制造业		
3059	其他乐器及文娱用品制造业		
3060	玩具制造业		
3070	游艺器材制造业		
3090	其他文教体育用品制造业		
3110	雕塑工艺品制造业		
3120	金属工艺品制造业		
3130	漆器工艺品制造业		
3140	花画工艺品制造业		
3150	竹、藤、棕、草工艺品制造业		
3160	抽纱刺绣工艺品制造业		
3170	地毯制造业	1550	工艺美术品
3180	首饰制造业		
3191	陶瓷工艺品制造业		
3192	玻璃料器工艺品制造业		
3193	烟花炮竹制造业		
3194	剧装道具制造业		
3195	发制品制造业		
3199	其他类未包括的工艺美术品制造业		

续表

工业行业分类（1985年）		工业部门分类（1972年）	
小类	类别名称	代码	类别名称
3311	火力发电业	0210	火电
3312	水力发电业	0220	水电
3313	核电业	0210	火电
3319	其他电业		
3320	电力供应业	0230	供电
3330	蒸汽、热水生产和供应业	0210	火电
3410	人造原油生产业	0403	石油加工
3420	原油加工业		
3510	炼焦业	0321	炼焦及焦炭化学
3521	煤气生产业	0322	煤气工业
3522	煤气供应业		
3530	煤制品业	1730	其他
3611	无机酸制造业	0520	基本化学原料工业
3613	碱产品制造业		
3615	无机盐制造业		
3619	其他基本化学原料制造业		
3621	氮肥制造业	0531	化学肥料
3622	磷肥制造业		
3623	钾肥制造业		
3624	复合肥料制造业		
3625	微量元素肥料制造业		
3629	其他化学肥料制造业		
3631	农药原药制造业	0532	化学农药
3633	农药制剂制造业		
3651	有机化工原料制造业	0545	其他有机化学原料
3653	涂料及颜料制造业	0543	油漆颜料
3655	染料制造业	0542	染料染媒
3656	化学试剂制造业	0544	化学试剂
3658	催化剂及各种化学助剂制造业	0545	其他有机化学原料

续表

工业行业分类（1985年）		工业部门分类（1972年）	
小类	类别名称	代码	类别名称
3661	粘合剂制造业		
3662	磁性记录材料制造业	0545	其他有机化学原料
3669	其他有机化学产品制造业		
3721	塑料制造业		
3723	合成橡胶制造业	0541	有机合成化学原料
3725	合成纤维单（聚合）体制造业		
3729	其他合成材料制造业		
3750	林产化学产品制造业	0930	林产化学工业
3760	炸药及火工产品制造业	1610	火工产品
3771	感光材料制造业	0561	感光化学
3772	肥皂及皂粉制造业	0562	肥皂及天然香料
3773	合成洗涤制造业	0563	合成洗涤剂及合成脂肪酸
3774	合成脂肪酸制造业		
3775	硬脂肪酸、硬化油制造业	0562	肥皂及天然香料
3777	香料、香精制造业		
3778	化妆品制造业	0562	肥皂及天然香料
3779	牙膏制造业		
3781	火柴制造业	1640	火柴
3782	动物胶制造业	0562	肥皂及天然香料
3789	其他日用化学产品制造业		
3810	化学药品原药制造业	0551	原料药
3840	化学药品制剂制造业	0552	医用药品
3860	中药材及中成药加工业	1670	国药加工提炼
3870	畜用药品制造业	0553	畜用药品
3880	生物制品业	0552	医用药品
4011	化纤浆粕制造业	1111	人造纤维
4012	粘胶纤维制造业	1111	人造纤维

续表

工业行业分类（1985年）		工业部门分类（1972年）	
小类	类别名称	代码	类别名称
4021	锦纶纤维制造业		
4022	涤纶纤维制造业		
4023	腈纶纤维制造业	1112	合成纤维
4024	维纶纤维制造业		
4029	其他合成纤维制造业		
4110	轮胎制造业	0571	生产用橡胶制品
4130	力车胎制造业	0572	生活用橡胶制品
4140	橡胶板、管、带制品业		
4160	橡胶零件制造业	0571	生产用橡胶制品
4180	再生橡胶制造业		
4210	橡胶靴鞋制造业	0572	生活用橡胶制品
4230	日用橡胶制品业		
4281	轮胎修理业		
4289	其他橡胶制品修理业	0571	生产用橡胶制品
4290	其他橡胶制品业		
4310	塑料薄膜制造业	0581	生产用塑料制品
4330	塑料板、管、棒材制造业		
4350	塑料丝、绳及编织品制造业	0582	生活用塑料制品
4360	人造革、合成革制造业		
4370	泡沫塑料制造业	0581	生产用塑料制品
4380	塑料零件制造业		
4390	塑料包装箱及容器制造业		
4410	塑料鞋制造业	0582	生活用塑料制品
4420	日用塑料杂品制造业		
4490	其他塑料制品业		
4510	水泥制造业	0811	水泥
4521	水泥制品业		
4523	水泥预制构件制造业	0812	水泥制品
4524	石棉水泥制品业		
4529	其他水泥制品和石棉水泥制品业		

续表

工业行业分类（1985年）		工业部门分类（1972年）	
小类	类别名称	代码	类别名称
4531	砖瓦制造业	0821	砖瓦石灰
4532	石灰制造业		
4533	建筑用石加工业	0823	其他建筑材料
4534	轻质建筑材料制造业		
4535	防水建筑材料制造业		
4539	其他砖瓦、石灰和轻质建筑材料制造业		
4541	建筑用玻璃制造业	0841	建筑用玻璃
4542	工业技术用玻璃制造业	0842	工业用玻璃
4543	光学玻璃制造业		
4545	玻璃仪器制造业		
4547	日用玻璃制品业	1690	日用玻璃
4551	玻璃保温容器制造业		
4552	制镜业		
4553	眼镜制造业		
4559	其他玻璃及玻璃制品业		
4561	建筑、卫生陶瓷制造业	0851	建筑卫生用陶瓷
4563	工业用陶瓷制造业	0852	工业电气用陶瓷
4565	日用陶瓷制造业	1710	日用陶瓷
4569	其他陶瓷制品业		
4570	耐火材料制品业	0832	耐火材料制品
4581	冶金用碳素制品业	1620	碳素制品
4582	电工用碳素制品业		
4589	其他石墨及碳素制品业		
4610	石棉制品业	0862	非金属矿加工
4620	云母制品业		
4631	玻璃纤维及其制品业	0843	玻璃纤维及制品
4639	其他矿物纤维及其制品业		
4640	磨具、磨料制造业	0862	非金属矿加工
4690	其他类未包括的非金属矿物制品业		

续表

工业行业分类（1985年）		工业部门分类（1972年）	
小类	类别名称	代码	类别名称
4810	炼铁业	0112	黑色金属冶炼及加工
4820	炼钢业		
4830	钢压延加工业		
4880	铁合金冶炼业		
4911	铜冶炼业	0122	有色金属冶炼及加工
4912	铅锌冶炼业		
4914	镍钴冶炼业		
4916	锡冶炼业		
4917	锑冶炼业		
4918	汞冶炼业		
4919	其他重有色金属冶炼业		
4931	铝冶炼业		
4932	镁冶炼业		
4933	钛冶炼业		
4939	其他轻有色金属冶炼业		
4951	金冶炼业		
4952	银冶炼业		
4959	其他贵金属冶炼业		
4961	钨钼冶炼业		
4969	其他稀有金属冶炼业		
4970	有色金属合金业		
4980	有色金属压延加工业		
5110	金属结构制造业	0691	金属结构
5120	铸铁管制造业	0699	生产用其他金属品
5131	切削工具制造业	0692	工具
5134	模具制造业	0699	生产用其他金属品
5135	手工具制造业	0692	工具
5139	其他工具制造业		
5141	集装箱制造业	0699	生产用其他金属品
5142	金属包装物品及容器制造业		
5150	金属丝绳及其制品业	0696	金属丝绳及制品

续表

工业行业分类（1985年）		工业部门分类（1972年）	
小类	类别名称	代码	类别名称
5161	建筑小五金制造业	0698	建筑用金属制品
5163	水暖管道零件制造业		
5165	金属门窗制造业		
5169	其他建筑用金属制品业		
5171	铁制小农具制造业	0697	铁制小农具及匠作工具
5179	其他农业用金属制品业	0699	生产用其他金属品
5180	金属表面处理及热处理业	0729	工艺作业
5191	搪瓷制品业	0712	日用搪瓷制品
5193	铝制品业	0713	日用五金制品
5195	不锈钢制品业		
5197	刀剪制造业		
5198	制锁业		
5211	厨房及炊事用具制造业		
5213	理发用具制造业		
5215	制伞业		
5219	其他日用金属制品业		
5291	焊条制造业	0699	生产用其他金属品
5299	其他类未包括的金属制品业		
5311	锅炉制造业	0621	动力机器制造
5312	内燃机制造业		
5313	汽轮机制造业		
5314	水轮机制造业		
5315	内燃机配件制造业		
5319	其他锅炉及原动机制造业		
5321	金属切削机床制造业	0622	机床及锻压设备制造
5323	锻压设备制造业		
5325	铸造机械制造业		
5326	机床附件制造业		
5329	其他金属加工机械制造业		

续表

工业行业分类（1985年）		工业部门分类（1972年）	
小类	类别名称	代码	类别名称
5331	起重运输设备制造业		
5333	工矿车辆制造业		
5335	泵制造业		
5337	风机制造业		
5339	气体压缩机及气体分离设备制造业	0663	国民经济各部门通用设备制造
5341	冷冻设备制造业		
5343	风动工具制造业		
5345	电动工具制造业		
5349	其他通用设备制造业		
5351	轴承制造业		
5352	阀门制造业		
5353	液压件及液力件制造业		
5355	气动元件制造业		
5356	密封件制造业		
5357	粉末冶金制品业	0695	工业用金属品
5358	紧固件制造业		
5359	弹簧制造业		
5361	链条制造业		
5362	齿轮制造业		
5369	其他通用零部件制造业		
5371	铸件制造业	0664	生产用其他机械制造
5372	锻件制造业		
5381	矿山设备制造业	0623	矿山及煤炭工业专用设备制造
5382	食品、饮料、烟草工业专用设备制造业	0632	食品工业专用设备制造
5384	粮油工业专用设备制造业	0631	粮油工业专用设备制造
5385	饲料工业专用设备制造业	0635	其他工业专用设备制造
5386	纺织工业专用设备制造业	0633	纺织工业专用设备制造
5388	造纸工业专用设备制造业	0634	造纸工业专用设备制造
5389	印刷工业专用设备制造业	0635	其他工业专用设备制造
5391	制药工业专用设备制造业		

续表

工业行业分类（1985年）		工业部门分类（1972年）	
小　类	类别名称	代　码	类别名称
5392	石油设备制造业	0624	石油工业专用设备制造
5393	化工设备制造业	0626	化学工业专用设备制造
5394	化学纤维设备制造业	0633	纺织工业专用设备制造
5395	橡胶工业专用设备制造业	0627	橡胶及塑料工业专用设备制造
5396	塑料工业专用设备制造业		
5397	木材工业专用设备制造业	0629	森林工业专用设备制造
5398	建筑材料及其他非金属矿物制品专用设备制造业	0628	建筑材料工业专用设备制造
5399	冶金设备制造业	0625	冶金工业专用设备制造
5411	电工专用设备制造业	0635	其他工业专用设备制造
5412	电子工业专用设备制造业	0675	无线电专用设备
5419	其他工业专用设备制造业	0635	其他工业专用设备制造
5421	拖拉机制造业	0611	拖拉机制造
5422	机械化农机具制造业	0612	机械化农机具制造
5424	半机械化农机具制造业	0613	半机械化农具制造
5425	营林机械制造业	0612	机械化农机具制造
5426	畜牧机械制造业		
5427	渔业机械制造业		
5428	拖拉机配件制造业	0611	拖拉机制造
5429	其他农、林、牧、渔业机械制造业	0612	机械化农机具制造
5441	挖掘机制造业	0623	矿山及煤炭工业专用设备制造
5442	压路机制造业	0650	建筑筑路机械制造工业
5443	推土机制造业		
5449	其他建筑机械制造业		
5450	地质专用设备制造业	0661	地质勘探设备制造
5460	医疗器械制造业	0685	医疗机械
5471	电影机械制造业	0686	文化用机械
5472	幻灯机及投影仪制造业		
5474	复印机制造业	0687	生活用其他机械
5475	打字机及油印机制造业		
5479	其他文化、办公用机械制造业		
5481	自行车制造业	0681	自行车

续表

工业行业分类（1985年）		工业部门分类（1972年）	
小类	类别名称	代码	类别名称
5482	缝纫机制造业	0682	缝纫机
5483	钟表制造业	0683	钟表
5484	照相机制造业	0686	文化用机械
5511	商业，饮食业、服务业专用机械制造业	0664	生产用其他机械制造
5512	邮政机械及器材制造业		
5513	水利机械制造业		
5514	环境保护机械制造业		
5515	安全、消防设备及器材制造业	0663	国民经济各部门通用设备制造
5519	其他类未包括的专用设备制造业	0664	生产用其他机械制造
5581	工业设备修理业	0725	其他设备修理
5583	农、林、牧、渔业机械修理业	0721	农业机械修理
5585	建筑机械修理业	0725	其他设备修理
5589	其他机械设备修理业		
5590	其他机械制造业	0730	其他机械工业
5611	机车制造业	0642	铁路运输设备制造
5612	客车制造业		
5613	货车制造业		
5614	铁路专用器材制造业		
5619	其他铁路运输设备制造业		
5621	载重汽车制造业	0641	汽车制造
5623	客车制造业		
5624	小轿车制造业		
5626	特种车辆及改装汽车制造业		
5627	汽车配件制造业		
5630	摩托车制造业		
5640	电车制造业	0645	电车制造
5650	船舶制造业	0643	船舶制造
5670	飞机制造业	0644	飞机制造
5681	铁路运输设备修理业	0723	铁路运输设备修理
5682	汽车修理业	0722	汽车修理

续表

工业行业分类（1985年）		工业部门分类（1972年）	
小类	类别名称	代码	类别名称
5683	电车修理业	0725	其他设备修理
5684	船舶修理业	0724	船舶修理
5685	飞机修理业	0725	其他设备修理
5689	其他交通运输设备修理业		
5690	其他交通运输设备制造业	0664	生产用其他机械制造
5811	发电机制造业	0621	动力机器制造
5812	电动机制造业		
5813	微电机制造业		
5821	变压器制造业		
5822	整流器制造业		
5823	电容器制造业		
5824	开关控制设备制造业		
5827	电器设备元件制造业		
5829	其他输配电及控制设备制造业		
5841	电线电缆制造业	0693	电线电缆
5843	绝缘制品业	1630	绝缘材料
5845	蓄电池制造业	0694	电气用金属品
5846	干电池制造业	0711	日用电气器具
5849	其他电工器材制造业	0699	生产用其他金属品
5861	洗衣机制造业	0684	洗衣机
5862	电冰箱制造业	0711	日用电气器具
5863	电风扇制造业		
5864	空调器制造业		
5865	电热器具制造业		
5869	其他日用电器制造业		
5871	灯泡制造业		
5872	灯头制造业		
5873	灯具制造业		
5879	其他照明器具制造业		
5880	电气机械修理业	0725	其他设备修理

续表

工业行业分类（1985年）		工业部门分类（1972年）	
小类	类别名称	代码	类别名称
5891	电焊机制造业	0621	动力机器制造
5892	工业用电炉制造业		
5899	其他类未包括的电气机械制造业		
6011	传输设备制造业	0671	生产用整机生产
6012	交换设备制造业		
6013	通信终端设备制造业		
6019	其他通信设备制造业		
6031	雷达整机制造业		
6032	雷达专用配套设备及部件制造业		
6070	广播电视设备制造业		
6081	电子计算机整机制造业		
6083	电子计算机外部设备制造业		
6111	电真空器件制造业	0673	无线电器件
6113	半导体器件制造业		
6130	电子元件制造业		
6161	电视机制造业	0672	文化生活用整机
6162	收音机、录音机制造业		
6163	电子计算器制造业		
6181	通信设备修理业	0725	其他设备修理
6182	广播电视设备修理业		
6183	电子计算机修理业		
6189	其他电子设备修理业		
6190	其他电子设备制造业	0671	生产用整机生产
6311	工业自动化仪表制造业	0662	仪器仪表制造
6313	电工仪器、仪表制造业		
6315	光学仪器制造业		
6317	计时仪器制造业		
6318	导航、制导仪器制造业		
6321	分析仪器制造业		

续表

工业行业分类（1985年）		工业部门分类（1972年）	
小类	类别名称	代码	类别名称
6323	试验机制造业	0662	仪器仪表制造
6325	实验室仪器及装置制造业		
6327	农、林、牧、渔仪器、仪表制造业		
6328	地质勘探、钻采、地震专用仪器制造业		
6329	气象、海洋、水文、天文测量仪器制造业		
6331	教学仪器制造业		
6333	核子及核辐射测量仪器制造业		
6334	仪器仪表元件、器件制造业		
6339	其他仪器、仪表制造业		
6340	电子测量仪器制造业	0674	无线电测量仪器
6350	传递标准用计量仪器制造业	0662	仪器仪表制造
6360	量具量仪制造业	0692	工具
6370	衡器制造业	0663	国民经济各部门通用设备制造
6380	仪器仪表及其他计量器具修理业	0725	其他设备修理
6390	其他计量器具制造业	0662	仪器仪表制造
6610	生产用其他产品工业	1730	其他
6620	生活用其他产品工业		